普通高等教育"十三五"规划教材
高职高专实验（训）系列

# 保险综合业务实训教程

主　审　潘卫红
主　编　黄祖梅
副主编　张庆淑

立信会计出版社
LIXIN ACCOUNTING PUBLISHING HOUSE

图书在版编目(CIP)数据

保险综合业务实训教程 / 黄祖梅主编. —上海：立信会计出版社，2016.8
(普通高等教育"十三五"规划教材)
ISBN 978-7-5429-5198-4

Ⅰ.①保… Ⅱ.①黄… Ⅲ.①保险业务—高等学校—教材 Ⅳ.①F840.4

中国版本图书馆 CIP 数据核字(2016)第 193417 号

责任编辑　　陈　昕
封面设计　　南房间

保险综合业务实训教程
**Baoxian Zonghe Yewu Shixun Jiaocheng**

| | | | |
|---|---|---|---|
| 出版发行 | 立信会计出版社 | | |
| 地　址 | 上海市中山西路 2230 号 | 邮政编码 | 200235 |
| 电　话 | (021)64411389 | 传　真 | (021)64411325 |
| 网　址 | www.lixinaph.com | 电子邮箱 | lxaph@sh163.net |
| 网上书店 | www.shlx.net | 电　话 | (021)64411071 |
| 经　销 | 各地新华书店 | | |
| 印　刷 | 常熟市梅李印刷有限公司 | | |
| 开　本 | 787 毫米×1092 毫米 | 1/16 | |
| 印　张 | 16.5 | | |
| 字　数 | 432 千字 | | |
| 版　次 | 2016 年 8 月第 1 版 | | |
| 印　次 | 2017 年 7 月第 2 次 | | |
| 印　数 | 1001—3100 | | |
| 书　号 | ISBN 978-7-5429-5198-4/F | | |
| 定　价 | 35.00 元 | | |

如有印订差错，请与本社联系调换

普通高等教育"十三五"规划教材

高职高专实验(训)系列

**编委会主任** 赵水根

**编委会副主任** 王振华　张学功

**编委会委员** （以姓氏笔画为序）

马荣贵　孔祥慧　宁艳岩　刘爱萍　刘　喆
张效梅　李煜辉　陈爱国　倪天林　琚军红
董云展　韩宗保

行业企业委员（以姓氏笔画为序）
王寿轩　牛宗芬　史　强　石维堂　张连升
张延民　赵永战　赵树亭　臧喜昌

# 总 序 PREFACE

实验(训)教学是高等职业教育教学的重要环节,是培养适应现代经济社会发展的高素质技能人才的重要保障。规范实验(训)教学内容,建立标准化的实验(训)教学流程是完善实践教学体系,推进人才培养规范化,加快发展现代职业教育的重要举措。为此,我们编纂了本套实验(训)系列教材。

本系列教材在编纂过程中,紧密结合行业企业发展实际,坚持应用导向,坚持实践教学与理论教学相衔接,实践内容与职业标准相衔接,实践技能与职业技能鉴定相衔接,把职业岗位所需要的知识、技能和职业素养融入实践教学,构建对接紧密、特色鲜明的实践教学课程体系。

本系列教材在栏目编排上,采用模块化的结构,系统讲解实践教学的各个环节。同时,本系列教材紧贴实践教学内容,采用项目教学、案例教学、工作过程导向教学等教学模式。

为确保教材质量,本系列教材由具有企业一线工作经历和丰富实践教学经验的"双师型"教师编写。在写作方式上,本系列教材力求语言简练、形式活泼、深入浅出。本系列教材以课程为单元,配有丰富的实验(训)案例,是高校教师教授实践类课程的重要参考。

普通高等教育"十三五"规划教材编委会

# 前言 FOREWORD

保险业的发展对整个国家经济的发展具有重要的促进作用,商业保险已成为社会保障体系的重要支柱。当前,我国保险业正处在高速发展时期,保险市场的竞争也日趋激烈,保险经营风险也日趋复杂化和多元化。加强保险公司经营管理的科学化和规范化,就成为各个保险公司孜孜以求的重要目标。一流的人才塑造一流的公司,公司要发展,就要靠人才,包括高端人才和高素质技术技能型人才。高职教育正是以培养既懂理论又会实务的高素质技术技能型人才为目标。为了实现这一目标,高职教育教学必须重视实践教学环节,学生实践能力的培养也必须有相应的实训教材与之配套。目前,市场上专门针对高职教育的保险实训教材少之又少,为了更好地配合保险理论课程,特着手编写本实训教材。

本教材有三大特色:一是采用以项目为导向,以任务为驱动的编写体例,力求使教材内容与组织形式能真正反映岗位工作和社会实践的需要;二是重视实际操作和模拟演练,使学生在学习理论的同时,熟悉保险公司各业务部门的基本工作流程和操作技能,培养学生的实践技能和营销策划能力;三是教材中附有大量案例,以加强对学生分析问题和解决问题能力的训练。这三大特色有利于将学生培养成既有理论知识,又有较强实务操作能力和营销策划能力的专业实务人才。

本教材共分为六个实训项目,教材编写人员都是从事保险专业教学多年的专职教师,并有一定的保险企业一线工作经历。其中项目一至项目四由黄祖梅编写,项目五和项目六由张庆淑编写,全书由黄祖梅负责统稿。

本教材在编写过程中,得到了院系领导的关心和大力支持,得到了新华人寿河南分公司南超、中国人寿郑州市分公司邢建梅和河南财政金融学院金融系保险教研室老师们的大力帮助。本教材参考了大量的保险书籍和最新报刊资料,直接引用了许多专家学者们的相关成果和大量的网络资讯。在此,一并致以诚挚的感谢。

由于编者水平有限,加之时间仓促,教材中的错误和不当之处在所难免,恳请广大读者批评指正,以便在修订时完善。

编　者

2016 年 7 月

# 目录 CONTENTS

**项目一 保险单证认知** ........................................ 1
  任务一 投保单认知 .................................... 1
  任务二 保险单认知 .................................... 17
  任务三 暂保单认知 .................................... 25
  任务四 批单认知 ...................................... 26
  任务五 保险凭证认知 .................................. 27
  实训项目小结 ............................................ 27

**项目二 财产保险业务实训** .................................... 28
  任务一 企业财产保险业务实训 .......................... 28
  任务二 家庭财产保险业务实训 .......................... 44
  任务三 机动车辆保险业务实训 .......................... 64
  实训项目小结 ............................................ 90

**项目三 人身保险业务实训** .................................... 91
  任务一 人身保险产品认知 .............................. 91
  任务二 人身保险需求分析及投保规划 .................... 92
  任务三 人身保险经营流程及操作技能 .................... 94
  任务四 寿险业务流程实训操作 .......................... 129
  实训项目小结 ............................................ 142

## 项目四　保险营销基本技能训练　143
### 任务一　客户开拓技能训练　143
### 任务二　准客户寻找与管理技能训练　151
### 任务三　接触面谈技能训练　156
### 任务四　寿险需求分析与保险建议书设计　168
### 任务五　异议处理技能训练　182
### 任务六　保单促成技能训练　190
### 任务七　转介绍技能训练　195
### 实训项目小结　199

## 项目五　人寿保险售后服务技能训练　201
### 任务一　保单递送服务技能训练　201
### 任务二　理赔服务技能训练　205
### 任务三　保全业务服务技能训练　209
### 实训项目小结　222

## 项目六　展业团队建设与管理技能训练　224
### 任务一　增员与甄选技能训练　224
### 任务二　会报管理技能训练　233
### 任务三　晨会经营技能训练　235
### 任务四　创业说明会与产品说明会会议流程实训　241
### 实训项目小结　250

## 参考文献　251

# 项目一 保险单证认知

## 一、实训目的

通过本实训环节,学生可以对保险合同的各项单证有充分的认知和了解,并能明确各项单证的含义和用途。

## 二、实训要求

学生应结合各项单证的含义及用途,明确各项单证的构成及适用性;对各项单证有充分的感性认知,为后续业务学习打下坚实的认知基础。

## 三、实训设计

在教师的引导下,学生认真观察,明确各项单证的构成;完成对各项单证的认知;巩固所学理论知识;增强认知能力,写出认知实训心得。

## 四、实训内容

(1) 投保单认知。
(2) 保险单认知。
(3) 暂保单认知。
(4) 保险凭证认知。
(5) 批单认知。

## 五、考核标准

本项目的考核采取对认知实训心得进行考核的方式,坚持学生自评和教师考评相结合,两者各占比 50%。

## 任务一 投保单认知

### 一、家庭财产保险投保单

以中国太平洋财产保险股份有限公司为例。家庭财产保险投保单如表 1-1 所示。

表 1-1 家庭财产保险投保单
(交叉销售专用)

| 投保单号 | | | |
|---|---|---|---|
| 投保人资料(投保人与被保险人为同一人时,仅填写被保险人资料) | | | |
| 投保人姓名: | | 联系电话: | |

(续表)

| 投保人地址： | | | | | |
|---|---|---|---|---|---|
| 被保险人资料 | | | | | |
| 被保险人姓名： | | | 联系电话： | | |
| 身份证号码： | | | | | |
| 保险财产地址： | | | | | |
| 邮政编码： | | | 注：团单的被保险人信息请提供明细，谢谢！ | | |
| 安居综合保险 | | | | | |
| 险种 | 保险责任 | 适用范围 | 备注 | | 费率 |
| □安居综合保险B | 火灾、爆炸、水管爆裂；空坠；雷击、暴风、暴雨等自然灾害；建筑或其他固定物体发生倒塌事故；需临时租借房屋所发生的租借费用；第三者的经济赔偿责任；居所附属的安装物、搁置物、悬挂物、管道，因意外事故造成倒塌、脱落、坠落、爆裂致使第三者人身伤亡或财产损失 | 房屋及房屋内装潢；家具、除手提电话和便携式电脑以外的家用电器、床上用品、服装；现金、金银、珠宝、玉器、首饰不承保 | 家庭财产保险金额为保险单最高赔偿限额的70%；对第三者经济赔偿责任的赔偿限额为保险单最高赔偿限额的30%；保险金额最高为100万元 | | 1.2‰ |
| □安居综合保险C | B款+有明显撬窃痕迹的盗窃；入室抢劫 | | | | 1.8‰ |

| 家庭财产综合保险（可投保多份） | | | | | |
|---|---|---|---|---|---|
| □家房无忧 | | | | | 保险费每份200元 |
| 保险保障 | 房屋 | 房屋装潢 | 室内财产 | 便携式电器 | 现金首饰 |
| 主险 | | 200 000 | | 5 000 | 5 000 |
| 附加地震海啸 | | 120 000 | | — | — |
| □家财无忧 | | | | | 保险费每份200元 |
| 保险保障 | 房屋 | 房屋装潢 | 室内财产 | 便携式电器 | 现金首饰 |
| 主险 | | 200 000 | | 5 000 | 5 000 |
| 附加管道爆裂 | | 10 000 | | — | — |
| 附加室内盗抢 | | 5 000 | | 2 500 | 2 500 |
| 附加家用电器用电安全 | | | 5 000 | | |
| 附加家居玻璃意外破碎 | | | 500 | | |
| □家事无忧 | | | | | 保险费每份200元 |
| 保险保障 | 房屋 | 房屋装潢 | 室内财产 | 便携式电器 | 现金首饰 |
| 主险 | | 200 000 | | 5 000 | 5 000 |
| 附加管道爆裂 | | 10 000 | | — | — |

(续表)

| 家庭财产综合保险(可投保多份) | | | |
|---|---|---|---|
| 附加室内盗抢 | 5 000 | 2 500 | 2 500 |
| 租房费用累计赔偿限额 | 3 000元(日租金赔偿限额:100元,免赔天数:5天) | | |
| 第三者责任累计赔偿限额 | 5 000元(每次事故赔偿限额:2 000元,每次事故免赔额:100元) | | |

### 安居自组式家财险＋房屋保险(可投保多份)

☐ 大众型　　　　　　　　　　　　　　　　　　　　　　　　　保险费每份20元

| | 房屋 | 房屋装潢 | 室内财产 | 便携电器 | 现金首饰 |
|---|---|---|---|---|---|
| 自然灾害 | 100 000 | 15 000 | 10 000 | | |
| 外来撞击 | | | | | |
| 火灾爆炸 | | | | | |
| 管道爆裂 | | | | | |
| 室内盗抢 | | | | | |

☐ 白领型 A　　　　　　　　　　　　　　　　　　　　　　　　保险费每份100元

| | 房屋 | 房屋装潢 | 室内财产 | 便携电器 | 现金首饰 |
|---|---|---|---|---|---|
| 自然灾害 | 300 000 | 50 000 | 50 000 | 2 500 | 2 500 |
| 外来撞击 | | | | | |
| 火灾爆炸 | | | | | |
| 管道爆裂 | | | | | |
| 室内盗抢 | | | | | |

☐ 白领型 B　　　　　　　　　　　　　　　　　　　　　　　　保险费每份150元

| | 房屋 | 房屋装潢 | 室内财产 | 便携电器 | 现金首饰 |
|---|---|---|---|---|---|
| 自然灾害 | 300 000 | 50 000 | 50 000 | 2 000 | 2 000 |
| 外来撞击 | | | | | |
| 火灾爆炸 | | | | | |
| 管道爆裂 | | 5 000 | | | |
| 室内盗抢 | | | | 1 200 | 1 200 |

☐ 精英型　　　　　　　　　　　　　　　　　　　　　　　　　保险费每份200元

| | 房屋 | 房屋装潢 | 室内财产 | 便携电器 | 现金首饰 |
|---|---|---|---|---|---|
| 自然灾害 | 500 000 | 100 000 | 70 000 | 2 500 | 2 500 |
| 外来撞击 | | | | | |
| 火灾爆炸 | | | | | |
| 管道爆裂 | | 5 000 | | | |
| 室内盗抢 | | | | 1 250 | 1 250 |

(续表)

| | |
|---|---|
| 投保份数： | |
| 总计保险金额：人民币（大写） | ￥ |
| 总计保险费：人民币（大写） | ￥ |
| 保险期间：自　年　月　日零时起至　年　月　日二十四时止 | |
| 特别约定： | |

投保人声明：

1. 投保人特此声明，本投保单中填写的情况及提供的各项资料均属真实，没有漏报、错报或谎报。保险期间，投保人提供的以上事实情况发生重大变更的，投保人应及时告知保险人。

2. 本投保单适用《中国太平洋财产保险股份有限公司安居综合保险条款C》《中国太平洋财产保险股份有限公司家庭财产综合保险》《中国太平洋财产保险股份有限公司安居自组式家庭财产综合保险》《中国太平洋财产保险股份有限公司房屋保险》条款，保险人已向投保人说明保险条款内容，并就该保险条款中有关责任免除、投保人义务与特别约定等进行了明确说明，投保人确认并同意。除另有约定外，本投保单及投保人提供的其他资料为保险合同的有效组成部分。本保险可购买多份，但保险金额累计以不超过被保险财产实际价值为准，超出部分无效。

3. 《中国太平洋财产保险股份有限公司家庭财产综合保险》条款中对同一保险财产地址附加地震海啸保险条款保险金额不超过主险保险金额的60%，累计保险金额不超过人民币100万元。本条款承保仅限于用于居住的房屋，不适用于营业用途的房屋建筑。日租金赔偿以实际日租赁支出或日租金收入损失计算，但最高不超过RMB100元，赔偿天数不超过30天。第三者责任每次事故赔偿额不超过20万元，累计赔偿额不超过50万元。

| | |
|---|---|
| 投保人签章： | 法定代表人（负责人）： |
| （投保人是单位的由单位盖章，并由单位法定代表人或负责人签字，投保人是个人的由本人签字） | |
| 产险代理人姓名及工号： | 代理人所属支公司/区拓： |
| 产险代理人联系方式： | 经办人及日期： |

## 二、企业财产保险投保单

以中国人保为例。企业财产保险投保单如表1-2所示。

**表1-2　企业财产保险投保单**

投保单位：

保险财产地址：

联系人：　　　　　　　　　　　　　　　　　　　　　电话：

| 保险财产名称 | 保险金额 | 特殊约定 |
|---|---|---|
| | | |
| | | |
| | | |
| | | |
| | | |

| | |
|---|---|
| 保险金额合计人民币 | |
| 保险费率：每千元保额　　　元 | |
| 保险费：人民币 | |
| 保险期限：　个月，自　年　月　日零时起至　年　月　日二十四时止 | |

(续表)

| 注意：本投保单在未经保险公司同意，或未签发保险单之前，不产生保险效力。 | 投保单位签章 | |
|---|---|---|
| 保险单号码：　签发日期：　签章： | | 年　月　日 |

## 三、机动车辆保险投保单

机动车辆保险投保单如表1-3所示。

**表1-3　机动车辆保险投保单**

| 投保人 | 投保人名称/姓名 | | | 投保车辆数 | 辆 |
|---|---|---|---|---|---|
| | 联系人姓名 | | 固定电话 | 移动电话 | |
| | 投保人住所 | | | 邮政编码 | |
| 被保险人 | 自然人姓名 | | 身份证号 | | |
| | 法人或其他组织名称 | | 组织机构代码 | | |
| | 被保险人单位性质 | 党政机关、团体□　事业单位□　军队(武警)□　使(领)馆□<br>个体、私营企业□　其他企业□　其他□ | | | |
| | 联系人姓名 | | 固定电话 | 移动电话 | |
| | 被保险人住所 | | 邮政编码 | | |
| 投保车辆情况 | 被保险人与车辆的关系 | 所有□　使用□　管理□　车主 | | | |
| | 号牌号码 | | 号牌底色 | 蓝□　黑□　黄□　白□　白蓝□<br>其他颜色□ | |
| | 厂牌型号 | | 发动机号 | | |
| | VIN码 | | 车架号 | | |
| | 核定载客 | 人 | 核定载质量 | 千克 | 排量/功率 | kW |
| | 初次登记日期 | 年　月 | 已使用年限 | 年 | 年平均行驶里程 | 公里 |
| | 车身颜色 | 黑色□　白色□　红色□　灰色□　蓝色□　黄色□　绿色□<br>紫色□　粉色□　棕色□　其他颜色□ | | | |
| | 机动车种类 | 客车□　货车□　客货两用车□　挂车□　摩托车(不含侧三轮)□　侧三轮□<br>农用拖拉机□　运输拖拉机□　低速载货汽车□　特种车(请填用途) | | | |
| | 机动车使用性质 | 家庭自用□　非营业用(不含家庭自用)□　出租/租赁□<br>城市公交□　公路客用□　旅游客用□　营业性货用□ | | | |
| | 上年是否在本公司投保商业机动车保险 | 是 | | 否 | |
| | 行驶区域 | 省内和邻省□　市内□　省内和邻省固定路线□　市内固定路线□　具体路线： | | | |
| | 是否为未还清贷款的车辆 | 是□　否□ | 车损险与车身划痕险选择汽车专修厂 | 是□　否□ | |
| | 上年赔偿次数 | 交强险赔款　　次 | 商业机动车保险赔款　　次 | | |
| | 上一年度交通违法行为 | 有　　无 | | | |

(续表)

| 投保主险条款名称 | | | | |
|---|---|---|---|---|
| 指定驾驶人 | 姓名 | 驾驶证号码 | 初次领证日期 | |
| 驾驶人1 | | | 年　月　日 | |
| 驾驶人2 | | | 年　月　日 | |
| 保险期间 | ___年___月___日零时起至___年___月___日二十四时止 | | | |
| 投保险种 | 保险金额/责任限额(元) | 保险费(元) | 备注 | |
| 机动车交通事故责任强制保险 | 死残,医疗费,财产损失 | | | |
| 机动车损失险:新车购置价　元 | | | | |
| 商业第三者责任险 | | | | |
| 车上人员责任险 | 投保人数____人 | /人 | | |
| | 投保人数____人 | /人 | | |
| 附加车上货物责任险 | | | | |
| 附加盗抢险 | | | | |
| 附加玻璃单独破碎险 | 国产玻璃 | | | |
| | 进口玻璃 | | | |
| 附加停驶损失险:日赔偿金额　元/天 | | | | |
| 附加自燃损失险 | | | | |
| 附加火灾、爆炸、自燃损失险 | | | | |
| 附加不计免赔率特约 | 机动车损失险 | | | |
| | 第三者责任险 | | | |
| 附加车身划痕损失险 | 5 000元 | | | |
| 附加新增加设备损失险 | | | | |
| 附加可选免赔额特约 | 免赔金额: | | | |
| 保险费合计(人民币大写): | | | (¥:　　元) | |
| 特别约定 | | | | |
| 保险合同争议解决方式选择 | 诉讼□　提交仲裁委员会仲裁□ | | | |

本保险合同由保险条款、投保单、保险单、批单和特别约定组成。

投保人声明:保险人已将投保险种对应的保险条款(包括责任免除部分)向本人做了明确说明,本人已充分理解。上述所填写的内容均属实,同意以此投保单作为订立保险合同的依据。

| | (续表) |
|---|---|
| 投保人签名/签章： | ____年____月____日 |

| 验车验证情况 | 已验车□ 已验证□<br>查验员签名：<br>____年____月____日____时____分 | | |
|---|---|---|---|
| 初审情况 | 业务来源：直接业务□ 个人代理□ 专业代理□<br>兼业代理□ 经纪人□ 网上/电话业务□<br>代理（经纪）人名称：<br>上年度是否在本公司承保：是□ 否□<br>业务员签字： 年 月 日 | 复核意见 | 复核人签字：<br>____年____月____日 |

注：阴影部分内容由保险公司业务人员填写。

## 四、建筑安装工程险投保单

建筑安装工程险投保单如表1-4所示。

### 表1-4 建筑安装工程险投保单

本投保单由投保人如实和尽可能详尽地填写并签字后作为向本公司投保建筑、安装工程险的依据。本投保单为该工程保险的组成部分。

本投保单在未经保险公司同意或未签发保险单之前不发生保险效力。

投保人： 地址：
联系人： 电话：

| 工程关系方 | 名称和地址 | 是否被保险人 |
|---|---|---|
| 所有人 | | |
| 承包人及其承包能力（级、类） | | |
| 转包人及其承包能力（级、类） | | |
| 其他关系方 | | |

| 工程名称和地址 | |
|---|---|
| 工程期限 | |
| 首批被保险项目运至工地日期 | 年 月 日 |
| 建筑、安装工程期限 | 自 年 月 日至 年 月 日 |
| 保险项目和保险金额 | |

| 保险项目 | 保险金额 | 费率‰ | 免赔额 | 特别约定 |
|---|---|---|---|---|
| （1）建筑安装工程（包括永久和临时工程及物料） | | | | |
| （2）安装工程项目 | | | | |
| （3）场地清理费 | | | | |
| （4）被保险人在工地上的其他财产（列明名称） | | | | |
| （5）建筑、安装用机器、设备及装置（另附清单） | | | | |

保险金额合计：人民币

（续表）

| 保险费：人民币 | |
|---|---|
| 工程详细情况 | |
| 体积：长、宽、高、层数、地下室层数 | |
| 基础施工方法，挖掘深度 | |
| 主体工程施工方法 | |
| 工地及附近自然条件情况 | |
| 地形特点 | |
| 地质及底土条件 | |
| 地下水水位 | |
| 最近的河、湖、海的名称、距离和以往最高、一般和最低水位 | |
| 以往最大降雨量记录 | |
| 以往遭受自然灾害记录 | |
| 请随同本投保单提供下列文件：<br>(1) 工程合同<br>(2) 承包金额明细表<br>(3) 工程设计书<br>(4) 工程进度表<br>(5) 工地地质报告<br>(6) 工地略图<br>(7) 承包人的施工承包许可证<br>(8) 转包人的施工承包许可证 | |
| 保险单号码： | 投保单位签章： |
| 签发日期：　　　签章： | 年　月　日 |

## 五、产品责任险投保单（以华泰财产保险股份有限公司为例）

产品责任险投保单如表1-5所示。

### 表1-5　产品责任险投保单
### PROPOSAL FOR PRODUCTS LIABILITY INSURANCE

投保单号
Proposal No：
尊敬的投保人：
　　欢迎您来本公司投保。请您在保险人明确说明本保险的保险条款后，如实填写本投保单及《保险标的风险询问表》(如有)，并特别注意保险条款及投保单中的保险责任、责任免除及投保人、被保险人义务等内容。
　　Before completing the Application Form and the Schedule of Declared Risks, you should understand completely the insurer's terms & conditions of insurance. Special attention should be drawn to the insurer's terms & conditions and those clauses dealing with exclusions and mitigation.

(续表)

| 投保人<br>Applicant | | | 网址<br>Website | |
|---|---|---|---|---|
| 投保人地址<br>Address of Applicant | | | 邮编<br>Post Code | |
| 联系人<br>Contact | | 电话<br>Telephone | 电子信箱<br>E-mail | |
| 被保险人<br>Insured | | | 网址<br>Website | |
| 被保险人地址<br>Address of Insured | | | 邮编<br>Post Code | |
| 联系人<br>Contact | | 电话<br>Telephone | 电子信箱<br>E-mail | |
| 营业性质<br>Nature of Business | | | | |
| 保险期限<br>Period of Insurance | 个月,自　年　月　日时起,至　年　月　日时止<br>Months From　at To at | | | |

投保产品情况
Information of the Insured Products

| 序号<br>No. | 产品名称<br>Name of Product | 型号规格<br>Standard of Type | 单价<br>Price | 销售额 Sales | | |
|---|---|---|---|---|---|---|
| | | | | 上一年<br>Last year | 本年<br>This year | 明年<br>Next year（Estimate） |
| | | | | | | |
| | | | | | | |
| | | | | | | |

| 原料及零部件<br>Raw Materials and/or Parts | 名称 Name | | 供应商 Supplier | |
|---|---|---|---|---|
| | | | | |
| 直接及间接用途<br>Direct & Indirect Use | | | | |
| 质量标准<br>Standard of Quality | | | | |
| 获得何种许可证<br>Any License(s) | | | | |
| 销售地区<br>Market Area | | | | |

(续表)

| | | | |
|---|---|---|---|
| 投产时间<br>Put Into Production in | | | |
| 产品的包装<br>Description of the Products | | | |
| 产品的历史<br>History of the Products | | | |
| 以往损失索赔情况<br>Loss And Claim in Past Year | 发生时间<br>Time of Occurrence | 事故原因<br>Cause of Accident | 损失金额<br>Loss Amount |
| | | | |
| | | | |
| 赔偿限额<br>Limits of Indemnity | 每次事故赔偿限额 Limits of Indemnity A. O. A.：<br>其中，人身伤亡 Bodily Injury：<br>财产损失 Property Damage：<br>每人限额 Limits of Person： | | |
| | 累计赔偿限额 Aggregate Limits of Indemnity： | | |
| 免赔额/率<br>Deductible | | | |
| 赔偿基础<br>Indemnity Basis | | 追溯期<br>Retroactive | 费率(‰)<br>Rate |
| 预收保险费：币种 （大写） （小写）<br>Deposit Premium Currency | | | |
| 最低保险费：币种 （大写） （小写）<br>Minimum Premium Currency | | | |
| 保险费缴付日期<br>Date of Payment | 年　　月　　日 | | |
| 承保区域<br>Coverage territory | | 司法管辖<br>Jurisdiction | |

其他保障 Other Extensions：

是否已向其他保险公司投保与本保险标的有关的保险？如是，请列明保险公司名称、保险种类、保险金额和主要保险条件：Whether insurance relating to this interest has been effected by any party of the Insured with any other insurance company? If so, please specify name of the insurance company, type of insurance, sums insured and main insurance condition：

(续表)

特别约定 Special Agreement：

1. 本保险合同适用中国保险监督管理委员会 1998 年 12 月 2 日保监发〔1998〕3 号颁布的《财产险 2000 年问题除外责任条款》。

The Contract of Insurance will be subject to those exclusions in respect of property damage arising from the Y2K issue (Millennium Bug), as promulgated by the Chinese Insurance Regulatory Commission (CIRC), December 2nd 1998.

2. 本保险合同自保险人核保并签发保险单后成立，自投保人依约缴费后生效，保险人自本保险合同生效后开始承担保险责任。

This Insurance contract will be effective when the policy is issued by the underwriter and when the insurance premium is received according to the terms of the contract by this company.

3. 本保险合同一律采用书面形式，双方不认可其他形式的约定。

Only the written form contract will be operated, any other form will be not approved.

4. 因履行保险合同发生争议的，一方可向_____仲裁委员会依该会届时有效的仲裁规则申请仲裁。

In the event of any dispute arising from its implementation or enforcement, either of the parties to the Contract of Insurance may make application to the _____ Arbitration Committee, whose judgements shall be given in accordance with such rules of arbitration as are then in effect.

随附产品资料 Together With The Following Documents

| (1) 产品说明书<br>(2) 质量合格证书<br>(3) 安全警告标记<br>(4) 许可证 | Manual<br>Certification of Quality<br>Safety Warning Mark<br>License(s) | (5) 质量检验报告<br>(6) 销售合同<br>(7) 设计图纸<br>(8) 其他 | Quality Inspection Report<br>Contract of Sale<br>Design Drawing<br>Else |
|---|---|---|---|

投保人声明：

1. 本人填写本投保单之前，保险人已就本投保单及所附保险条款的内容，尤其是就保险人免除及减轻责任的条款、投保人和被保险人义务条款及本投保单中的特别约定条款向本人作了明确说明，本人对该保险条款及保险条件已了解并同意接受。

I/we have read and understood the Insurer's Terms & Conditions of Insurance and agree to be bound by these terms and conditions. I/we understand that the Policy is issued strictly on the basis of my/our agreement to these terms and conditions as explained to me/us by the Insurer prior to the completion of the Application Form when my/our attention was drawn to the duties of the Insured and of the Insurer. My/our especial attention was drawn to those clauses dealing with exclusion(s) and mitigation(s) whose implications I/we have fully understood.

2. 本投保单及《保险标的风险询问表》(如有)所填各项内容均属事实，同意以本投保单及《保险标的风险询问表》(如有)作为保险人评定保险标的风险的基础和签发保险单的依据。

I/we declare that the answers given and the statements made on the Application Form and in the Schedule of Declared Risks are in every respect true and accurate and that no information has been withheld which the Insurer might reasonably consider relevant to a decision to accept this proposal. I/we understand that the Insurer is issuing the Policy on the strict basis of the Application Form and the Schedule of Declared Risks as submitted.

投保人签字(盖章)：　　　　　　　　　　　　　　日期：
Applicant's Signature：　　　　　　　　　　　　　Date：

本投保单内容以中文为准。

The interpretation of this proposal shall be subject to Chinese version.

## 六、人寿保险投保单

人寿保险投保单如表1-6所示。

**表1-6　××人寿保险公司人寿保险投保单**

| 保险单编号 | No.： |
|---|---|
| 投保单编号 | No.： |

□体检　□免体检

公司提示：请您在仔细阅读保险条款、投保须知后用黑色水性笔填写本投保单，您必须在此投保单上填报一切有关事实，因为您与本公司之合约将以这些事实为根据，否则所签保单将告无效。如您不清楚某一事项是否重要或如何填写，请与本公司业务员联系。

第一部分

| | |
|---|---|
| 1. 被保险人姓名　　身份证号码　　　　性别　　　　出生日期　年　月　日 | |
| 年龄　民族　单身□　已婚□　职业　职业编码　　　　　　　　（此内容由本公司人员填写） | |
| 住所（如无特别注明，将以此为通讯地址）　　　　　　　　邮编 | |
| 电话号码（宅）　　　　　　　　（办）　　　　　　　　与投保人关系 | |
| 2. 投保人姓名　　身份证号码　　　　性别　　　　出生日期　年　月　日 | |
| 年龄　民族　单身□　已婚□　职业　职业编码　　　　　　　　（此内容由本公司人员填写） | |
| 住所（如无特别注明，将以此为通讯地址）　　　　　　　　邮编 | |
| 电话号码（宅）　　　　　　　　（办） | |
| 3. 受益人姓名　　身份证号码　　　　性别　　　年龄　　　住所 | |
| 与被保险人关系　　　　受益份额 | |
| 受益人为数人且未确定受益份额的，受益人按照相等份额享有受益权。 | |
| 4. 投保险种 | |
| 5. 保险金额（大写）　　　　　　　（￥　　） | |
| 6. 保险份数　份 | |
| 7. 保险期限　年 | |
| 8. 缴费方式　缴 | |
| 9. 缴费期　年 | |
| 10. 开始领取年金年龄　岁 | |
| 11. 领取方式　领 | |
| 12. 领取标准　元 | |
| 13. 红利分派方式 | |
| 14. 保险费　元 | |
| 15. 附加险：<br>保险金额　　　费率　　　起保日期　　　保险期限　　　份数　　　保险费 | |

(续表)

| 16. 保险费合计人民币(大写) | (¥ ) |
|---|---|
| 17. 付款方式　　现金□　　支票□　　自动转账□ | |

第二部分　告知下列事项(必要时本公司可能要求投保人或被保险人作身体检查)。
投保人必须在"关于被保险人"项下填写告知事项。
凡条款列有"免缴未到期保险费责任"的险种,还须同时填写"关于投保人"项下的告知事项。

| 关于被保险人<br>1. 工作单位名称<br>2. 过去2年平均年收入　元。<br>3. 身高　厘米;体重　公斤。 | 关于投保人<br>1. 工作单位名称<br>2. 过去2年平均年收入　元。<br>3. 身高　厘米;体重　公斤。 |
|---|---|

| 关于被保险人 | | | 关于投保人 | |
|---|:---:|:---:|:---:|:---:|
| | 是 | 否 | 是 | 否 |
| 4. 是否从事过现职业以外的职业? | □ | □ | □ | □ |
| 5. 是否参加或计划参加有危险的运动或消遣? | □ | □ | □ | □ |
| 6. 有无机动车驾驶证? | □ | □ | □ | □ |
| 7. 是否有已参加或正在申请中的其他保险? | □ | □ | □ | □ |
| 8. 过去投保人寿保险或申请人寿保险单复效时是否曾被拒绝、延期或要求加收保险费? | □ | □ | □ | □ |
| 9. 是否服食任何成瘾药物或吸毒? | □ | □ | □ | □ |
| 10. (1) 是否经常吸烟,如是:已吸＿＿年,每天＿＿支。 | □ | □ | □ | □ |
| (2) 是否曾经吸烟,如是:已吸＿＿年,每天＿＿支。于＿＿年,因为＿＿停止吸烟。 | □ | □ | □ | □ |
| (3) 是否经常饮酒,如是:已饮＿＿年,每日饮＿＿酒(种类)＿＿(数量)。 | □ | □ | □ | □ |
| 11. 最近健康状况 | | | | |
| (1) 最近一周是否有身体不适?是否服药?是否存在需施行手术的疾病? | □ | □ | □ | □ |
| (2) 最近3个月内是否接受过医生的诊断、检查和治疗?是否住院或手术? | □ | □ | □ | □ |
| (3) 最近6个月内是否持续超过一周有下列症状:疲倦、体重下降、腹泻、淋巴结肿大或不寻常的皮肤病? | □ | □ | □ | □ |
| 12. 过去10年内是否因疾病或受伤住院或手术? | □ | □ | □ | □ |
| 13. 过去10年内是否患有下列疾病: | | | | |
| (1) 冠心病,心肌梗死,风湿性心脏病,肺源性心脏病,先天性心脏病,心肌病,高血压; | □ | □ | □ | □ |
| (2) 脑出血,脑梗死,蛛网膜下腔出血,脑动脉硬化,癫痫,精神病,酒精中毒; | □ | □ | □ | □ |
| (3) 哮喘,慢性支气管炎,支气管扩张症,肺气肿,肺结核; | □ | □ | □ | □ |
| (4) 萎缩性胃炎,溃疡病,溃疡性结肠炎,胰腺炎,肝炎,肝硬化,胆石症,胆囊炎; | □ | □ | □ | □ |
| (5) 肾炎,肾功能不全,尿路结石; | □ | □ | □ | □ |
| (6) 白内障,视网膜疾病,角膜疾病,青光眼,中耳炎; | □ | □ | □ | □ |
| (7) 癌,肉芽肿,白血病,肿瘤,息肉,先天性疾病,遗传性疾病,地方病; | □ | □ | □ | □ |
| (8) 糖尿病,结缔组织病,贫血症,紫癜病,甲状腺病,风湿病,药物过敏,职业病,艾滋病,HIV抗体阳性,乙肝病毒携带,椎间盘突出,疝,痔; | □ | □ | □ | □ |
| (9) 是否有上述(1)~(8)以外的疾病或受伤? | □ | □ | □ | □ |
| 14. 过去5年内是否接受过以下检查? | □ | □ | □ | □ |
| X光、心电图、B超、CT、核磁共振、活体组织检查、尿液检查、血液检查、眼底检查。 | □ | □ | □ | □ |
| 15. 是否有下列身体残疾、功能障碍? | | | | |
| (1) 视力、听力、言语、咀嚼功能障碍; | □ | □ | □ | □ |

(续表)

| | 被保险人 | | 投保人 | |
|---|---|---|---|---|
| | 是 | 否 | 是 | 否 |
| (2) 四肢、手、足、指残疾,胸廓、脊柱变形和功能障碍; | □ | □ | □ | □ |
| 16. 16岁以上女性:目前是否怀孕,如是,怀孕____周。过去5年内是否患有乳腺、子宫、卵巢、输卵管等妇科疾病? | □ | □ | □ | □ |
| 是否曾异常妊娠、剖宫产、异常子宫出血? | □ | □ | □ | □ |
| 17. 直系亲属中是否有人患过结核病、肝炎、肝硬化、糖尿病、肾病、心脏病、中风、高血压、动脉硬化、精神病、癌症、遗传病、艾滋病及相关综合征、HIV抗体阳性或是乙肝病毒携带者? | □ | □ | □ | □ |

说明:(以上4~17项如"是",请列明问题编号及有关需详细说明的内容,包括疾病诊治日期、诊断治疗结果、目前状况、诊治医院名称、医生姓名等。)

特别约定:

声明与授权:

1. 本人谨此代表本人及被保险人声明及同意向贵公司投保上述保险,对保险条款的各项规定均已了解,所填投保单各项及告知事项均属事实并确无欺瞒。上述一切陈述及本声明将成为发出保单的依据,并作为保险合同的一部分。

2. 本人谨此授权凡知道或拥有任何有关本人或被保险人健康及其他情况的任何医生、医院、保险公司、其他机构或人士,均可将所需的有关资料提供给人寿保险公司。此授权书的影印本也同样有效。

被保险人(签名):　　　　投保人(签名):

投保申请日期:　　年　　月　　日

业务员　　代码　　营业部　　经理

公司批注专用

　　　　　　　　　　　　　　　　　　　　年　月　日

## 七、寿险附加险投保单

寿险附加险投保单如表1-7所示。

**表1-7　　　　人寿保险公司附加险投保单**

| 附加险投保单号码 | No: |
|---|---|
| 附加险保险单号码 | No: |

公司提示:主险已经承保,另需投保附加险时,请填写本投保单。

□体检　□免体检

| 第一部分 |
|---|

1. 主险名称:　　　　主险基本保险金额:　　　元(¥　　)

主险保险单号码:　　　　主险责任起止时间:

2. 被保险人姓名:　　　身份证号码:□□□□□□□□□□□□□□□□□□

性别:　　出生日期:　　年　　月　　日

年龄:　　民族:　　未婚□　已婚□　职业:　　职业编码:

(此内容由本公司人员填写)

住所(如无特别注明,将以此为通讯地址):

电话号码(宅):　　(办):　　　　　　　　　　　　邮编:□□□□□□

（续表）

＊若投保人与被保险人非同一人时，请填写下栏。

3. 投保人姓名： 身份证号码：□□□□□□□□□□□□□□□□□□
性别： 出生日期： 年 月 日

年龄： 民族： 未婚□ 已婚□ 职业： 职业编码：
（此内容由本公司人员填写）

住所（如无特别注明，将以此为通讯地址）：
电话号码（宅）： （办）： 与被保险人关系： 邮编：□□□□□□

| 4. 受益人姓名 | 性别 | 身份证号码 | 与被保险人关系 | 受益份额 | 住所 | 邮编 | 联系电话 |
|---|---|---|---|---|---|---|---|
| | | | | | | | |
| | | | | | | | |

＊受益人为数人且未确定受益份额的，受益人按照相等份额享有受益权。

| 5. 附加险名称 | 保险金额 | 交费方式 | 保险费 |
|---|---|---|---|
| （1）意外伤害保险特约□ | | | |
| （2）附加意外伤害医疗保险特约□ | | | |
| ① 意外伤害医疗保险金□ | | | |
| ② 意外伤害医疗津贴□ | | | |
| （3）附加豁免保险费特约□ | | | |
| （4）附加住院医疗日额给付保险特约□ | | | |

6. 保险费合计人民币（大写）： ￥（ ）

7. 付款方式：现金□ 支票□ 自动转账□ 自行交纳□

8. 特别约定

第二部分 告知下列事项（必要时本公司可能要求投保人或被保险人做身体检查）。
投保人必须在："关于被保险人"项下填写告知事项。凡条款列有"免缴未到期保险费责任"的险种，还须同时填写"关于投保人"项下的告知事项。

| 关于被保险人 | 关于投保人 |
|---|---|
| 1. 工作单位名称： | 1. 工作单位名称： |
| 2. 过去2年平均年收入＿元。 | 2. 过去2年平均年收入＿元。 |
| 3. 身高＿＿厘米；体重＿＿公斤。 | 3. 身高＿＿厘米；体重＿＿公斤。 |

| | 关于被保险人 | | 关于投保人 | |
|---|---|---|---|---|
| | 是 | 否 | 是 | 否 |
| 4. 是否从事过现职业以外的职业？ | □ | □ | □ | □ |
| 5. 是否参加或计划参加有危险的运动或消遣？ | □ | □ | □ | □ |
| 6. 有无机动车驾驶证？ | □ | □ | □ | □ |
| 7. 是否需经常驾驶摩托车？ | □ | □ | □ | □ |
| 8. 是否有已参加或正在申请中的其他保险？ | □ | □ | □ | □ |
| 9. 过去投保人寿保险或申请人寿保险单复效时是否曾被拒绝、延迟或要求加收保险费？ | □ | □ | □ | □ |
| 10. 是否服食任何成瘾药物或吸毒？ | □ | □ | □ | □ |
| 11.（1）是否经常吸烟，如是：已吸＿＿年，每天＿＿支。 | □ | □ | □ | □ |

(续表)

(2) 是否曾经吸烟，如是：已吸____年，每天____支。于____年，因为_____停止吸烟。 □ □ □ □
(3) 是否经常饮酒，如是：已饮____年，每日____酒（种类）_____（数量）。 □ □ □ □

12. 最近健康状况

(1) 最近一周是否有身体不适？是否服药？是否存在需施行手术的疾病？ □ □ □ □
(2) 最近3个月内是否接受过医生的诊断、检查和治疗？是否住院或手术？ □ □ □ □
(3) 最近6个月内是否持续超过一周有下列症状：疲倦、体重下降、腹泻、淋巴结肿大或不寻常的皮肤病？ □ □ □ □

13. 过去10年内是否因疾病或受伤住院或手术？ □ □ □ □

14. 过去10年内是否患有下列疾病？

(1) 冠心病　心肌梗死　风湿性心脏病　肺源性心脏病　先天性心脏病　心肌病　高血压 □ □ □ □
(2) 脑出血　脑梗死　蛛网膜下腔出血　脑动脉硬化　癫痫　精神病　酒精中毒 □ □ □ □
(3) 哮喘　慢性支气管炎　支气管扩张症　肺气肿　肺结核 □ □ □ □
(4) 萎缩性胃炎　溃疡病　溃疡性结肠炎　胰腺炎　肝炎　肝硬化　胆石症　胆囊炎 □ □ □ □
(5) 肾炎　肾功能不全　尿路结石 □ □ □ □
(6) 白内障　视网膜疾病　角膜疾病　青光眼　中耳炎 □ □ □ □
(7) 癌　肉芽肿　白血病　肿瘤息肉　先天性疾病　遗传性疾病　地方病 □ □ □ □
(8) 糖尿病　结缔组织病　贫血症　紫癜病　甲状腺病　风湿病　药物过敏　职业病
　　艾滋病　HIV抗体阳性　乙肝病毒携带　椎间盘突出　疝　肛门疾病　阑尾炎 □ □ □ □
(9) 是否有上述(1)～(8)以外的疾病或受伤？ □ □ □ □

15. 过去5年内是否接受过以下检查？
X光　心电图　B超　CT　核磁共振　活体组织检查　尿液检查　血液检查　眼底检查 □ □ □ □

16. 是否有下列身体残疾、功能障碍？

(1) 视力、听力、言语、咀嚼功能障碍； □ □ □ □
(2) 四肢、手、足、指残疾、胸廓、脊柱变形和功能障碍。 □ □ □ □

17. 16岁以上女性：目前是否怀孕；如是，怀孕____周。
过去5年内是否患有乳腺、子宫、卵巢、输卵管等妇科疾病？
是否曾异常妊娠、剖宫产、异常子宫出血？ □ □ □ □

18. 直系亲属中是否有患过结核病、肝炎、肝硬化、糖尿病、肾病、心脏病、中风、高血压、动脉硬化、精神病、癌症、遗传病、艾滋病及其相关综合征、HIV抗体阳性或是乙肝病毒携带者？ □ □ □ □

说明：(以上4～18)项如"是"，请列明问题编号及有关需详细说明的内容，包括疾病诊治日期、治疗结果、目前状况、诊治医院名称、医生姓名等。

---

声明与授权：
1. 本人谨此代表本人及被保险人声明并同意向贵公司投保上述保险，对保险条款的各项规定均已了解，所填投保单各项及告知事项均属事实并确无欺瞒。上述一切陈述及本声明将成为发出保单的依据，并作为保险合同的一部分。
2. 本人谨此授权凡知道或拥有任何有关本人或被保险人健康及其他情况的任何医生、医院、保险公司、其他机构或人士，均可将所需的有关资料提供给人寿保险公司。此授权书的影印本也同样有效。

被保险人(签名)　　　　投保人(签名)　　投保申请日期　　年　　月　　日

业务员　　　代码　　　营业部　　　经理
公司批注专用
　　　　　　　　　　　　　　　　　　　　　　　　年　　月　　日

# 任务二 保险单认知

## 一、财产保险基本险保险单

财产保险基本险保险单如表 1-8 所示。

**表 1-8 财产保险基本险保险单(正本)**

保险单号码：

鉴于_____(以下称被保险人)已向本公司投保财产保险基本险以及附加_____险,并按本保险条款约定交纳保险费,本公司特签发本保险单并同意依照财产保险基本险条款和附加险条款及其特别约定条件,承担被保险人下列财产的保险责任。

| | 投保标的项目 | 以何种价值投保 | 保险金额(元) | 费率(‰) | 保险费(元) |
|---|---|---|---|---|---|
| 基本险 | | | | | |
| | | | | | |
| | | | | | |
| | 特约保险标的 | | | | |
| | | | | | |
| | | | | | |

总保险金额(大写)　　　　　　　(小写)

| | | | | | |
|---|---|---|---|---|---|
| 附加险 | | | | | |
| | | | | | |
| | | | | | |

总保险费(大写)　　　　　　　(小写)

特别声明：发生保险事故时,被保险人未按约定交付保险费,本公司不负赔偿责任。

保险责任期限自　　年　　月　　日零时起至　　年　　月　　日二十四时止

| | | | |
|---|---|---|---|
| 特别约定 | 被保险人地址：<br>电话：<br>邮政编码：_____<br>行业：<br>所有制：<br>占用性质：<br>财产坐落地址：<br>共____个地址。 | | 保险人：　　保险有限公司<br>(盖章)<br>地址：_____<br>邮编：<br>电话：<br>传真：<br>　　　　　　年　　月　　日 |

经(副)理：　　　　　会计：　　　　　复核：　　　　　制单：

## 二、企业财产保险合同

企业财产保险合同范本如下所示。

### 企业财产保险合同样本（以中国人民保险公司为例）企业财产保险条款

#### 保险财产范围

第一条 下列财产可以在保险财产范围以内
　（1）属于被保险人所有或与他人共有而由被保险人负责的财产。
　（2）由被保险人经营管理或替他人保管的财产。
　（3）具有其他法律上承认的与被保险人有经济利害关系的财产。

第二条 下列财产非经被保险人与本公司特别约定，并且在保险单上载明，不在保险财产范围以内
　（1）金银、珠宝、玉器、首饰、古玩、古书、古画、邮票、艺术品、稀有金属和其他珍贵财物。
　（2）牲畜、禽类和其他饲养动物。
　（3）堤堰、水闸、铁路、道路、涵洞、桥梁、码头。
　（4）矿井、矿坑内的设备和物资。

第三条 下列财产不在保险财产范围以内
　（1）土地、矿藏、矿井、矿坑、森林、水产资源以及未经收割或收割后尚未入库的农作物。
　（2）货币、票证、有价证券、文件、账册、图表、技术资料以及无法鉴定价值的财产。
　（3）违章建筑、危险建筑、非法占用的财产。
　（4）在运输过程中的物资。

#### 保 险 责 任

第四条 由于下列原因造成保险财产的损失，本公司负赔偿责任
　（1）火灾、爆炸。
　（2）雷击、暴风、龙卷风、暴雨、洪水、破坏性地震、地面突然塌陷、崖崩、突发性滑坡、雪灾、雹灾、冰凌、泥石流。
　（3）空中运行物体坠落。

第五条 保险财产的下列损失本公司也负责赔偿
　（1）被保险人自有的供电、供水、供气设备因第四条所列灾害或事故遭受损害，引起停电、停水、停气以致直接造成保险财产的损失。
　（2）在发生第四条所列火灾或事故时，为了抢救财产或防止灾害蔓延，采取合理的、必要的措施而造成保险财产的损失。

第六条 发生保险事故时，为了减少保险财产损失，被保险人对保险财产采取施救、保护、整理措施而支出的合理费，由本公司负责赔偿。

#### 除 外 责 任

第七条 由于下列原因造成保险财产的损失，本公司不负责赔偿
　（1）战争、军事行动或暴乱。
　（2）核子辐射或污染。
　（3）被保险人的故意行为。

第八条 本公司对下列损失也不负责赔偿
　（1）保险财产遭受第四条各款所列灾害或事故引起停工、停业的损失以及各种间接损失。

(2) 保险财产本身缺陷、保管不善导致的损坏；保险财产的变质、霉烂、受潮、虫咬、自然磨损以及损耗。

(3) 堆放在露天或罩棚下的保险财产以及罩棚，由于暴风、暴雨造成的损失。

(4) 其他不属于保险责任范围内的损失和费用。

保险金额与赔款计算

第九条　固定资产可以按照账面原值投保，也可以由被保险人与本公司协商按账面原值加成数投保，也可以按重置重建价值投保。上述保险财产发生保险责任范围内的损失，按以下方式计算赔偿金额。

一、全部损失

按保险金额赔偿，如果受损财产的保险金额高于重置重建价值时，其赔偿金额以不超过重置重建价值为限。

二、部分损失

（一）按账面原值投保的财产，如果受损财产的保险金额低于重置重建价值，应根据保险金额按财产损失程度或修复费用与重置重建价值的比例计算赔偿金额；如果受损保险财产的保险金额相当于或高于重置重建价值，按实际损失计算赔偿金额。

（二）按账面原值加成数或按重置重建价值投保的财产，按实际损失计算赔偿金额。

以上固定资产赔款应根据明细账、卡分项计算，其中每项固定资产的最高赔偿金额分别不得超过其投保时确定的保险金额。

第十条　流动资产可以按最近12个月的平均账面余额投保，也可以按最近账面余额投保。上述保险财产发生保险责任范围内的损失，按以下方式计算赔偿金额：

（一）按最近12个月账面平均余额投保的财产发生全部损失，按出险当时的账面余额计算赔偿金额发生部分损失，按实际损失计算赔偿金额。

以上流动资产选择部分科目投保的，其最高赔偿金额分别不得超过出险当时该项科目的账面余额。

（二）按最近账面余额投保的财产发生全部损失，按保险金额赔偿，如果受损财产的实际损失金额低于保险金额，以不超过实际损失为限发生部分损失，在保险金额额度内按实际损失计算赔偿金额，如果受损财产的保险金额低于出险当时的账面余额时，应当按比例计算赔偿金额。

以上流动资产选择部分科目投保的，其最高赔偿金额分别不得超过其投保时约定的该项科目的保险金额。

第十一条　已经摊销或不列入账面的财产可以由被保险人与本公司协商按实际价值投保。该项保险财产发生保险责任范围内的损失，按以下方式计算赔偿金额。

一、全部损失

按保险金额赔偿，如果受损财产的保险金额高于实际价值，其赔偿金额以不超过实际损失金额为限。

二、部分损失

按实际损失计算赔偿金额，但以不超过保险金额为限。

第十二条　被保险人因保险事故发生本条款第六条的费用支出时，本公司按以下方式计算赔偿金额：

（一）固定资产按账面原值加成数或按重置重建价值投保的，流动资产按最近12个月账面平均余额投保的，已经摊销或不列入账面的财产经被保险人与本公司协商按实际价值投保的，根据被保险人实际支出的费用计算赔偿金额。

（二）除按上列方式以外投保的财产，根据保险金额与重置重建价值或出险当时的账面余额的比例计算赔偿金额。

以上费用的最高赔偿金额，以不超过保险金额为限。

第十三条 保险财产遭受损失以后的残余部分,应当充分利用,协议作价折归被保险人,并且在赔款中扣除,必要时可由本公司处理。

## 被保险人义务

第十四条 被保险人应当在签订保险合同之日起15天内按照保险费率规章的规定一次交清保险费。

第十五条 被保险人应当遵守国家有关部门制定的保险财产安全的各项规定,对安全检查中发现的各种灾害事故隐患,在接到防灾主管部门或本公司提出的整改通知书后,必须认真付诸实施。

第十六条 在保险合同有效期内,被保险人名称、保险财产占用性质、保险财产所在地址、保险财产增加危险程度等事项如有变更,被保险人应当及时书面向本公司申请办理批改手续。

第十七条 保险财产发生保险事故时,被保险人应当积极抢救,使损失减少至最低限度,并立即通知本公司查勘现场。

第十八条 被保险人如果不履行第十四条至第十七条规定的各项义务,本公司有权拒绝赔偿,或者从书面通知之日起终止保险合同。

## 其 他 事 项

第十九条 被保险人在向本公司申请赔偿时,应当提供保险财产损失清单、救护费用清单以及必要的账册、单据和有关部门的证明。本公司应当迅速审定、核实。保险赔款金额一经保险合同双方确认,本公司应当在10日内一次支付赔款结案。

第二十条 保险财产发生保险责任范围内的损失,应当由第三方负责赔偿的,被保险人应当向第三方索赔。如果被保险人向本公司提出赔偿请求时,本公司可以按照本条款的有关规定,先予赔偿,但被保险人必须将向第三方追偿的权利转让给本公司,并协助本公司向第三方追偿。

第二十一条 保险财产遭受部分损失经本公司赔偿以后,保险合同继续有效,但其保险金额应当相应减少,由本公司出具批单批注。

第二十二条 被保险人从通知本公司发生保险事故的当天起3个月内不向本公司提交本条款第十九条规定的各种必要单证,或者从本公司书面通知之日起1年内不领取应得的赔款,即作为自愿放弃权益。

第二十三条 被保险人向本公司提供的各种单证、证明必须真实、可靠,如有涂改账册、伪造单证、制造假案等欺骗行为,本公司有权拒绝赔偿或追回已付的保险赔款。

第二十四条 被保险人和本公司发生争议不能达成协议时,按下列_____种方式解决:

　(一)提交_____仲裁委员会仲裁;

　(二)依法向人民法院起诉。

## 企业财产保险投保单

投保人:　　　　　　　　　　　　　　　　　　　　　　　　　　　投保单号:

| | 投保财产项目 | 以何种价值投保 | 保险金额(元) | 费率(‰) | 保险费(元) |
|---|---|---|---|---|---|
| 基本险 | | | | | |
| | | | | | |
| | | | | | |
| | 特约保险财产 | | | | |
| | | | | | |

(续表)

| 总保险金额人民币(大写) | | | | ¥ |
|---|---|---|---|---|
| 附加险 | | | | |
| | | | | |
| | | | | |

| 总保险费人民币(大写) | | ¥ |
|---|---|---|
| 特别约定 | | 占用性质 |

| 投保人地址： | 开户银行： | |
|---|---|---|
| 电话： | 银行账号： | |
| 联系人： | 财产坐落地址： | 本投保单未经本公司签章不发生法律效力。 |
| 行业： | 共____个地址 | ××保险公司签章 |
| 所有制： | | 年    月    日 |
| 本投保人兹声明上述投保人签章各项均属事实,并同意以本投保单作为订立保险合同的依据。 | 年    月    日 | |

本保险也适用于国家机关、事业单位、人民团体投保。
经(副经)理：    经办人：

## 企业财产保险单

保险单号：

鉴于_____(以下称被保险人)已向本公司投保企业财产保险以及附加_____险,并同意按本保险条款约定交纳保险费,本公司特签发本保险单并同意依照本保险公司企业财产保险条款和附加险条款及其特别约定条件,承担被保险人下列财产的保险责任。

| | 投保财产项目 | 以何种价值投保 | 保险金额(元) | 费率(‰) | 保险费(元) |
|---|---|---|---|---|---|
| 基本险 | | | | | |
| | | | | | |
| | | | | | |
| | 特约保险财产 | | | | |
| | | | | | |
| | | | | | |

| 总保险金额人民币(大写) | | | | ¥ |
|---|---|---|---|---|
| 附加险 | | | | |
| | | | | |
| | | | | |

| 总保险费人民币(大写) | | ¥ |
|---|---|---|
| 特别约定 | | 占用性质 |

| 投保人地址： | 开户银行： | |
|---|---|---|
| 电话： | 银行账号： | |
| 联系人： | 财产坐落地址： | ××保险公司签章 |
| 行业： | 共____个地址 | 年    月    日 |
| 所有制： | | |

被保险人收到本保险单后即请核对,如有错误立即通知本公司。

## 三、机动车辆保险单

### （一）交强险保险单

交强险保险单如表1-9所示。

中国保险监督管理委员会监制　　　　　　　　　　　　　　限在××省（市、自治区）销售

**表1-9　机动车交通事故责任强制保险单（正本）**

| LOGO ××××保险公司 | （地区简称）：保险单号： | | | |
|---|---|---|---|---|
| 被保险人 | | | | |
| 被保险人身份证号码（组织机构代码） | | | | |
| 地　　址 | | | 联系电话 | |
| 被保险机动车 | 号牌号码 | 机动车种类 | 使用性质 | |
| | 发动机号码 | 识别代码（车架号） | | |
| | 厂牌型号 | 核定载客　　　人 | 核定载质量 | 千克 |
| | 排　　量 | 功　　率 | 登记日期 | |
| 责任限额 | 死亡伤残赔偿限额 | 100 000元 | 无责任死亡伤残赔偿限额 | 10 000元 |
| | 医疗费用赔偿限额 | 10 000元 | 无责任医疗费用赔偿限额 | 1 000元 |
| | 财产损失赔偿限额 | 2 000元 | 无责任财产损失赔偿限额 | 100元 |
| 与道路交通安全违法行为和道路交通事故相联系的浮动比率　　　　　　　　　　　　　　　　　　　　　　　　　　% | | | | |
| 保险费合计（人民币大写）：　　　　　　　　　　（¥：　　元）其中救助基金（　%）¥：　　元 | | | | |
| 保险期间自　　年　　月　　日零时起至　　年　　月　　日二十四时止 | | | | |
| 保险合同争议解决方式 | | | | |
| 代收车船税 | 整备质量 | | 纳税人识别号 | |
| | 当年应缴 | ¥　　　元 | 往年补缴　¥　　元 | 滞纳金　¥　　元 |
| | 合计（人民币大写）： | | （¥：　　　　元） | |
| | 完税凭证号（减免税证明号） | | 开具税务机关 | |
| 特别约定 | | | | |
| 重要提示 | 1. 请详细阅读保险条款。特别是责任免除和投保人、被保险人义务。<br>2. 收到本保险单后，请立即核对，如有不符或疏漏，请及时通知保险人并办理变更或补充手续。<br>3. 保险费应一次性交清，请您及时核对保险单和发票（收据），如有不符，请及时与保险人联系。<br>4. 投保人应如实告知对保险费计算有影响的或被保险机动车因改装、加装、改变使用性质等导致危险程度增加的重要事项，并及时通知保险人办理批改手续。<br>5. 被保险人应当在交通事故发生后及时通知保险人。 | | | |
| 保险人 | 公司名称：<br>公司地址：<br>邮政编码：　　　　服务电话：　　　　签单日期：　　　　（保险人签章） | | | |
| 核保：　　　　　　　　　　　　　　制单：　　　　　　　　　　　　　　经办： | | | | |

## (二)商业险保险单

商业险保险单如表 1-10 所示。

中国保险监督管理委员会监制　　　　　　　　　　　　　限在××省(市、自治区)销售

**表 1-10　LOGO　××财产保险股份有限公司**

机动车保险单(正本)　　　　　　　　　　　　　　　　　　　地区简称：
　　　　　　　　　　　　　　　　　　　　　　　　　　　　　保险单号：
行驶证车主：　　　　　　　　　　　　　　　　　　　　　　　交强险保单号：

　　鉴于投保人已向保险人提出投保申请,并同意按约定支付保险费,保险人依照承保险种及其对应条款和特别约定承担赔偿责任。

| | 交强险保单印刷流水号 | | | 承保公司 | |
|---|---|---|---|---|---|
| 被保险人 | 名称： | | | | |
| | 证件类型 | | 证件号码 | | |
| 保险车辆描述 | 号牌号码 | | 厂牌车型 | | |
| | VIN 码 | | 车架号 | 发动机号 | |
| | 车辆种类 | | 核定载客 人 | 核载质量 千克 | 已使用年限 年 |
| | 初次登记日期 | | 年平均行驶里程 (千米) | 使用性质 | |
| | 行驶区域 | | | 新车购置价 元 | |
| 指定驾驶人资料 | 主驾驶人姓名 | | 驾驶证号码 | | |
| | 其他驾驶人姓名 | | 驾驶证号码 | | |
| 承保险别 | 不计免赔率 | 折扣金额(±) | 保险金额/责任限额(元) | | 保险费(元) |
| | | | | | |
| | | | | | |
| | | | | | |
| | | | | | |
| | | | | | |
| | | | | | |
| | | | | | |
| | | | | | |
| 保险费合计(人民币大写): | | | | (¥ 元) | |
| 保险期间:自　年　月　日零时起至　年　月　日二十四时止 | | | | | |
| 特别约定 | | | | | |

(续表)

| 重要提示 | 1. 本保险合同由保险条款、投保单、保险单、批单和特别约定组成。<br>2. 本保险合同源于您的投保申请,是向您提供保险保障服务的重要凭据,收到本保险单、承保险种对应的保险条款后,请务必立即仔细核对,如有不符或遗漏,请在48小时内向保险人申请办理变更或补充手续。<br>3. 请详细阅读承保险种对应的保险条款,特别是责任免除和投保人、被保险人义务等内容。<br>4. 被保险机动车因改装、加装、改变使用性质等导致危险程度增加或转卖、转让、赠送他人的,应书面通知保险人并办理变更手续。<br>5. 被保险人应当在交通事故发生后及时通知保险人。<br>6. 投保次日起,您可通过本公司网页、客服热线、营业网点核实保单及理赔等信息。若对查询结果有异议,请联系本公司。 |
|---|---|
| 保险人 | 公司名称:<br>公司地址:　　　　　　　　　　　　　　　　　公司网址:<br>邮政编码:　　　　　客服热线:　　　　签单日期:(保险人签章) |

核保:　　　　　　　　　　　制单:　　　　　　　　　　　经办:

## 四、建筑安装工程险保险单

建筑安装工程险保险单如表1-11所示。

**表1-11　建筑安装工程保险保险单样本**

保险单号码:

| 投保人姓名、地址 | |
|---|---|
| 被保险人姓名、地址及其在本工程中的身份 | |
| 建筑、安装工程名称、地址 | |

本公司依照建筑、安装工程险条款及在本保险单上注明的其他条件,承保下列财产:

| 保险项目 | 保险金额 | 费率‰ | 保险费 | 免赔额 | 备注 |
|---|---|---|---|---|---|
| (1)建筑、安装工程(包括永久和临时工程及物料) | | | | | |
| (2)安装工程项目 | | | | | |
| (3)场地清理费 | | | | | |
| (4)被保险人在工地上的其他财产(另附清单) | | | | | |
| (5)建筑、安装用机器、设备及装置(另附清单) | | | | | |
| (6)其他财产 | | | | | |

总保险金额:人民币(大写)　　　　　　　¥_____
保险期限:____个月:自____年____月____日零时起至____年____月____日二十四时止
保险费:人民币(大写)　　　　　　　　　¥_____
经理签章:　　　　　　　　　　　保险公司盖章:

注意:收到保险单后请核对,如有错误应通知更正。

签章:　　　　　复核:　　　　　登记:　　　　　会计:
　　　　　　　　　　　　　　　　　签单日期:　　年　　月　　日

### 五、人寿保险合同保险单

人寿保险合同保险单如表1-12所示。

**表1-12 人寿保险合同保险单样本**

本公司根据投保人申请,同意按下列条件承保。

No:

| 保险单号码 | | | 投保单号码 | | | |
|---|---|---|---|---|---|---|
| 被保险人 | 姓名: | 性别: | 出生日期: | | 身份证号码: | |
| | 住所: | | | 邮编: | | |
| 投保人 | 姓名: | 性别: | 出生日期: | | 身份证号码: | |
| | 住所: | | | 邮编: | | 与被保险人关系: |
| 受益人 | 姓名 | 性别 | 身份证号码 | 住所 | | 受益份额 |
| | | | | | | |
| | | | | | | |

\* 如无指定受益人,则以法定继承人为受益人。
\* 受益人为数人且未确定受益份额的,受益人按照相等份额享有受益权。

| 保险名称 | | 保险金额 | |
|---|---|---|---|
| 保险项目(给付责任) | | 保险金额 | |
| 保险期间 | | 保险责任起止时间 | |
| 交费期 | 交费方式 | 份数 | |
| 保险费 | 加费 | 保险费合计 | |
| 生存给付领取年龄 | | 领取方式 | |
| 特别约定 | | | |

公司提示:

保险合同由保险单、保险条款、声明、批注以及与合同有关的投保单、更改保单申请书、体检报告书及其他的约定书共同构成。在保险有效期内如发生保险事故,请按条款规定及时与我公司签单机构联系。

签单机构: 　　　　　　邮政编码:
电话: 　　　　　　　　公司地址:
公司签章: 　授权签字业务员:_____(签字)　　出单员:(签字)　　复核员:(签字)
　　　　　　　　　　　　　　　　　　　　　　　　　签单日期:　年　月　日

## 任务三　暂保单认知

保险公司机动车辆提车暂保单如表1-13所示。

**表1-13 保险公司机动车辆提车暂保单**

保险公司(以下称保险人)按照背面所载条款的规定,在本暂保单有效期内,承保下述被保险人所列机动车辆,特立本暂保单。

| 被保险人: | 单位:人民币元 | 暂保单号码: |
|---|---|---|

(续表)

| 序号 | 厂牌型号 | 临牌号码<br>(移动证号码) | 发动机号 | 车辆类型 | | 车辆购置价 | 购车发票号 | 保费 |
|---|---|---|---|---|---|---|---|---|
| | | | | 六座以下(不含)客车 | 其他 | | | |
| | | | | | | | | |
| | | | | | | | | |
| | | | | | | | | |
| | | | | | | | | |

保险期限:20天,自　年　月　日　时起至　年　月　日　时止

| 总保险金额: | 总保险费: | 车辆总数:　　　　辆 |
|---|---|---|

行车路线:自　　　经　　　至

| 特别约定:<br>1. 本暂保单仅承保车辆损失险和第三者责任险,不承保盗抢险。承保责任及责任免除等事项,以中国保监会颁发的机动车辆保险条款为准;第三者责任险的最高赔偿限额为10万元人民币;<br>2. 在本暂保单保险期限内,无有效移动证,或不按规定路线行驶,保险公司不承担赔偿责任;<br>3. 索赔时应交验购车发票正本、移动证正本。 | 保险公司分公司代理点<br><br>签单日期:<br>签章: |
|---|---|
| 注意:<br>1. 收到本暂保单后,请即核对,如有错误,立即通知本公司;<br>2. 收到本暂保单后,请详细阅读背面条款;<br>3. 在获得车辆牌照后,请尽快到注册地的任何一家财产保险公司办理正式保单;<br>4. 机动车辆出险后,必须在48小时内凭本暂保单向本公司报案(报案电话:　　　　) | 被保险人地址:<br>联系人:<br>电话号码:<br>邮政编码:<br>开户银行:<br>银行账号: |

| 经(副)理: | 会计: | 复核: | 制单: | 承办: |
|---|---|---|---|---|
| 电话号码: | 出单地点: | 邮政编码: | 传真: | |

## 任务四　批　单　认　知

批单样本如表1-14所示。

**表 1-14　批单样本**

| 被保险人: | 保险险别: |
|---|---|
| | 保单号码: |
| | 批单号码: |

批　单

批文:


保险公司(签章)　　　　　　　　　　　　　　　　　　　　　　年　月　日

| 经(副)理 | 复核 | 制单 |
|---|---|---|

## 任务五 保险凭证认知

国内水路、铁路货物运输保险凭证如表 1-15 所示。

表 1-15 国内水路、铁路货物运输保险凭证

运简 NO.（　　）

本公司依照国内水路、铁路货物运输保险条款，对下列货物名称、金额等承保运输险：

被保险人：　　　　　　　　　　　　　　　　　　　　　　　　　　投保人：

| 货票号码 | 货物名称 | 数量 | 保险金额 | 费率‰ | 保险费 | 目的地 |
|---|---|---|---|---|---|---|
|  |  |  |  |  |  |  |

| 本保险凭证承保基本险、综合险 | 运输方式 |
|---|---|
| 备注 | 火车　　　　船舶 |
|  | 联运（火车、汽车、船舶、飞机） |

如遇出险，请凭本凭证及有关单证向当地保险公司联系。

> 注意：收到保单后请核对。
> 　　　如有错误应通知更正。

　　　　　　　　　　　　　　　　　　　　　　　　　　　　×××保险公司
　　　　　　　　　　　　　　　　　　　　　　　　　　　　年　　月　　日

# 实训项目小结

　　保险单证是保险业务活动中的重要凭证，是保险双方当事人权利和义务关系的相关证明，也是保险公司与投保人之间的一种契约，它具体规定了双方的权利和义务。在被保险货物遭受损失时，保险单证是被保险人索赔的依据，也是保险公司理赔的主要依据。

　　常见的保险单证包括投保单、保险单、暂保单、批单和保险凭证。认识各类单证，并能准确填制各项单证，是对保险从业人员的基本要求，也是为客户提供高质量保险服务的基础。

# 项目二　财产保险业务实训

## 一、实训目的

本实训环节,帮助学生更好地认识和理解企业财产险、家庭财产险和机动车辆保险等险种;了解企业财产险、家庭财产险和机动车辆保险的活动流程;掌握企业财产险、家庭财产险和机动车辆保险业务活动各环节的基本要求和操作要点;增强学生的产品认知能力和实操技能。

## 二、实训要求

通过实训,学生应对财产保险相关险种有较充分的认知,能准确解读企业财产保险、家庭财产保险和机动车辆保险等相关产品;熟悉企业财产保险、家庭财产保险和机动车辆保险的实务处理。

## 三、实训设计

先让学生结合课堂所学理论知识对保险公司的相关产品进行认知和分析;然后,借助实训教学软件,在教师的指导下,学生分别扮演不同的角色,模拟财产保险业务各环节实训操作,从所扮演的角色出发,熟悉和掌握财产保险从展业到理赔各环节的操作要点及相关技巧。

## 四、实训内容

(1) 企业财产保险产品认知、投保规划、案例分析与业务流程。
(2) 家庭财产险需求分析、产品调查、案例分析与业务流程。
(3) 机动车辆保险的承保、核保、理赔与核赔。

## 五、考核标准

本项目的考核采取形成性考核与终结性考核相结合的方式,形成性考核主要考核学生的信息搜集能力和产品认知度,终结性考核是指学生通过实训教学软件进行的实训考核。两者各占比50%。

## 任务一　企业财产保险业务实训

### 一、企业财产保险认知

#### (一) 企业财产保险产品搜集

学生通过网络,了解和收集国内各财产保险公司的企业财产保险产品(尤其是有特色的险种)。

参考网站:http://www.epicc.com.cn/was5/web/search。

### (二) 企业财产保险产品认知

根据前面搜集的资料,了解企业财产保险的险种条款和费率。

## 二、企业财产保险投保规划

### (一) 企业资料搜集

通过互联网搜集几家企业,了解其经营现状,分析其经营过程中存在的潜在风险。

### (二) 保险建议书设计

根据自己搜集的或者教师所给的企业资料,任选一家企业为其设计投保建议书(如范例所示格式),完成后提交电子文档给老师。

## 三、企业财产保险案例分析

教师提供案例,学生分组讨论和处理案情。各小组组长代表本组展示观点,最后由教师总结点评。

下面给出几个参考案例。

**案例 2-1**

2014年3月30日,某保险公司与沈阳某公司签订了一份财产综合险保险合同。保险标的为维生素E油(一种美国进口的化妆品),保险金额1 000万元人民币,保险费3.2万元人民币,保险期限自2014年3月30日至2015年3月29日。双方在保险单正本特别约定一栏中注明:"加管道破裂险负责氨水泄漏"。保险单签订后,沈阳某公司按约定交纳了保险费。

2014年5月18日,储藏保险标的物的冷冻4号库排污阀密封处泄漏氨水,氨水挥发成氨气熏染了沈阳某公司储存在该库的维生素E油。沈阳某公司当日将情况通知了保险公司,在双方当事人均在现场的情况下,保险公司组织人力将维生素E油搬出冷库晾晒。事后保险当事人双方各请有关检验机构对出险原因和损失结果进行了鉴定,但意见分歧很大。

保险公司以该事故不属于保险责任而拒赔。沈阳某公司于2014年11月10日起诉到人民法院,要求保险公司赔偿1 000万元人民币。保险公司则辩称:冷库氨气泄漏没有造成标的维生素E油的污染变质,冷库管道阀门密封损坏泄漏氨气不是管道破裂,不属于保险事故,不应承担赔偿责任。

请问:本案该如何处理?

**案例 2-2**

2015年5月20日15时,某粉末冶金研究所试验室突然爆炸,致使5人死亡,4人受伤(伤亡人员均未投保),试验设备、仪器仪表、房屋建筑等损坏严重。事故发生后,该研究所向承保其企业财产的保险公司提交了《申请理赔的情况汇报》,索赔金额为385万元,保险公司接到报案后,及时派人到现场勘查确认了此次事故属于保险责任,对此事故估损为200万元左右,并当即预付赔款50万元。由于当事人双方估损反差甚大且互不让步,在争执不下的情况下,保险公司建议聘请某公估行的专家到现场对损失程度进行分析鉴定,此提议得到研究所的同意。

公估行派3位专家围绕受损财产,对原始单证、账目进行了检查,对损毁的财产损失程度逐一进行了鉴定,对损失金额进行了评估,剔除了除外责任,区分了保额不足部分等。最后确定全部损失金额为242.5万元,属于财产保险范围内应赔付的损失金额228.8万元,比研究所索赔金额少157万元。最后公估行专家制定出一份正式的专业评估报告,双方当事人审核。由于评估报告做得科学、细致、规范,使当事人双方都心悦诚服地予以接受。保险公司对鉴定期间花费的交通费、食宿费、测试费、电报电话费、鉴定费共2.4万元全部承担下来,使该案得到较为圆满的解决。

请问:此案对你有哪些启示?

### 案例 2-3

某企业投保企业财产保险综合险,保险金额100万元,保险有效期间从2015年1月1日至2015年12月31日。假设:

(1) 该企业于2月12日发生火灾,损失金额为60万元,保险事故发生时的实际价值为200万元,则保险公司应赔偿多少元?为什么?

(2) 5月18日因发生地震而造成财产损失60万元,保险事故发生时的实际价值为160万元,则保险公司应赔偿多少元?为什么?

(3) 12月18日因下暴雨仓库进水,造成存货损失80万元,保险事故发生时的企业财产实际价值为80万元,则保险公司应赔偿多少元?为什么?

### 案例 2-4

2014年11月,广西柳州市一制衣厂,与某保险公司签订了一份《企业财产保险》综合险保险合同。2015年7月,柳州突降暴雨,24小时雨量平均达到300多毫米,7天降雨1 689毫米。而该企业的位置正处在柳东洪口不远处,7月19日21时,柳州洪峰水位92.43米,洪峰流量3.38万立方米/秒,为20世纪以来的最大洪水,百年一遇。7月17日,制衣厂所在的县防汛指挥部曾下达了进入防汛紧急状态的通告,通告称:预计7月19日柳江水位将达到历史最高水位,经上级政府批准,实施《应急转移方案》。该方案要求所有非防汛人员转移,其财产也一律就近转移到安全地区。第二天,保险公司根据上述方案,对制衣厂发出了《隐患整改通知书》,该通知书规定了该制衣厂必须尽快转移财产,并强调如果不按整改意见办理,保险公司将依《中华人民共和国保险法》的规定解除保险合同,并对合同解除前发生的保险事故不承担赔偿责任。保险公司在将整改通知书送达制衣厂的当天,就派人对制衣厂需要转移的设备、原料及存货进行了清点、登记,制衣厂随后雇车将这些财产转运到了安全地区。后来,由于制衣公司转移及时并未遭受损失。汛期过后,制衣厂随即向保险公司索赔在其转移财产过程中所发生的费用13万元,保险公司则认为这笔财产转移费用不属于保险责任范围内的损失,所以保险公司不应该予以赔偿,双方协商未果,制衣厂于是向人民法院提起诉讼。

制衣厂认为:制衣厂是在保险公司下达《整改通知书》后才转移的,而转移的财产也是在保险公司投保的保险标的,此次转移不是因为制衣厂的原因转移,是因为洪水的原因而转移的,而在保险责任中明确列明,因为洪水的原因导致保险标的受损,是在保险赔偿范围之内的,所以保险公司应对此次转移财产所发生的费用负有赔偿责任。

保险公司认为:其向制衣厂下达的《隐患整改通知书》,是贯彻执行柳州政府所下达的《应急转移方案》这一规定,这既是保险公司行使保护国家财产安全的权利,也是制衣厂尽量保护国家财产安全的义务,所以针对制衣厂在转移财产中所发生的费用,保险公司不予赔偿。

请问:你认为法院该如何判决?并对本案进行点评。

### 案例 2-5

2013年5月,濮阳某玻璃制品厂向濮阳某保险公司投保财产保险综合险,保险项目为固定资产和存货,总保险金额为1 635万元。2014年2月9日晚风雪交加,被保险人厂外35 000 V高压专供线刮断,致使厂房和玻璃溶液等受损。2月10日,濮阳市气象局出具证明,事发当晚最大风速为9米/秒(属5级风),保险公司以事故构不成暴风为由拒赔,被保险人不服诉至濮阳市人民法院,索赔58万余元。

被保险人认为,保险条款对暴风没有注释,保险代理人未尽说明条款义务,致使没有专业知识的被保险人认为,能造成保险标的损毁的大风即为暴风。理由有三:

(1) 保险条款中出现的"暴风、台风、龙卷风"等专业术语的意思内涵和外延没有注释。签订保险合同时,由于保险代理人对专业术语不懂,因此也没有向被保险人说明条款内容。致使没有专业知识的被保险人认为,能造成保险标的损毁的大风即为暴风。如果订立合同前保险公司告知暴风就是11级风,风速为31米/秒,被保险人不会投保。

(2) 在保险合同责任免除条款里,也没有约定哪些风给投保人造成的损失保险人免责。

(3) 保险合同是保险公司提供的格式合同,条款印在保险单反面、字体小、专业术语多,一般人很难读懂,发生争议时法院应作出有利于被保险人的解释。因此,保险公司应予赔偿。

被保险人又提供了一份濮阳市气象局重新出具的气象证明,证明事发当晚瞬时最大风速18米/秒,并证明据中国气象局设定的气象记录表格,有"大风"栏目,无"暴风"栏目。

保险公司在一审时指出,保险监管部门颁布的条款保险公司无权修改,达不到暴风范围,按条款约定理应拒赔,不能一发生争议就作有利于被保险人的解释。

保险公司认为:

(1) 《财产保险综合险条款》是中国人民银行制定并颁布的,并不是保险公司制定的,条款的内容保险公司、被保险人都要遵照执行,保险公司没有权力修改。因此,被保险人将本保险合同定性为霸王合同无事实依据。

(2) 就本案而言,事发当晚濮阳县最大风速为9米/秒,不属于暴风范围。因此,保险公司不应赔偿。

(3) 保险合同是最大诚信合同,应从公平原则出发,综合考虑合同的性质。

依据保险立法本意,并不是说一旦保险合同发生争议,就应当作出有利于被保险人的解释,这样做容易使被保险人产生侥幸心理,找理由图取非法利益。本保险合同条款规定清楚、明确,不存在语义含混不清或一词多义,故不适用有利于被保险人的解释。另外,被保险人主张的损失不真实,证人不具有资质能力,且未出庭作证。

请问:本案该如何判决?对你有哪些启示?

### 案例 2-6

上海一家企业因车间发生火灾导致部分机器设备被烧毁,企业主发现后当即向保险公司报案,进入理赔程序。过了几天,企业主又想到,同时被烧毁的还有部分原材料、半成品及产品,这也是可以索赔的,便再次向保险公司报案。但再次报案时,那些被烧毁的原材料、半成品及产品已经被处理掉,保险公司无法准确定损,由此引发纠纷。

请问:对这部分原材料、半成品及产品的损失,保险公司应该理赔吗?此案对你有哪些启示?

### 案例 2-7

某造纸厂投保企业财产保险,固定资产按原值投保,保险金额为60万元,流动资产按最近账面余额确定,保险金额为30万元,账外财产估价投保,保险金额为4万元。投保后不久便发生火灾,机器设备损失15万元,成品半成品损失10万元,账外财产损失2万元。损失发生后确定固定资产价值为80万元,流动资产出险时账面余额为50万元,账外财产出险时价值为3万元。

请问:保险公司对上述损失应如何赔付?

## 四、企业财产保险业务流程实训

企业财产保险实务是指办理企业财产保险业务的各项具体工作,包括承保、理赔和单证管理三大部分。

### (一) 企业财产保险的承保

**1. 展业**

展业是开展业务宣传,动员企业参加保险的活动总称,是承保前必须进行的。

(1) 展业准备。展业人员在展业前应熟悉或掌握下列情况:①本地区工交、财贸、基建、文教等企业和机关团体单位的户数、机构设置、资产数额及本地区的风险状况;②已参加保险的企业或单位的户数及资产数;③尚未参加保险的企业或单位的户数及资产数;④展业对象的基本情况,如资产的分布情况,生产、经营、财务情况和企业领导人、财务负责人情况;⑤条款、条款解释、费率规章、有关知识及投保单的填写要求。

(2) 展业宣传。展业宣传是与客户交谈,争取客户投保的过程。展业宣传的内容应结合本地区特点和典型案例,说明参加保险的必要性和财产保险条款的主要内容,如保险责任、除外责任、保险金额的确定方法和赔偿处理规定、被保险人义务等。宣传本保险公司的品牌、技术和人才等方面的实力。在承保之前,要求客户填写《财产保险风险情况问询表》(见表2-1)。

**表2-1 企业财产保险风险情况问询表**

本风险情况问询表为　　号投保单的组成部分。投保人应如实、详细填写。
投保人:

**1. 建筑物状况**

| 名称 | 结构 | 高度(米) | 层数 | 占用性质 | 防火措施 | 灭火设施及器材 |
|---|---|---|---|---|---|---|
|  |  |  |  |  |  |  |
|  |  |  |  |  |  |  |
|  |  |  |  |  |  |  |
|  |  |  |  |  |  |  |

说明:(1) 建筑物的结构指钢筋混凝土(A)、砖木(B)、简易建筑(C)。

(2) 建筑物的占用性质指写字楼(A)、商场(B)、宾馆酒楼(C)、娱乐场所(D)、仓库(E)、生产车间(F)、其他(注明)。

(3) 防火措施指禁止吸烟和使用明火(A)、禁止乱拉乱接电线(B)、使用防爆型照明灯具和电器设备(C)、装有导除静电装置(D)、装有防雷电装置(E)、其他(注明)。

(4) 灭火设施及器材指室内消火栓(A)、室外消火栓(B)、火灾自动报警系统(C)、火灾自动灭火系统(D)、手提灭火器(E)、消防水源(F)。

**2. 仓储物品**

(1) 主要物品名称:家用电器　服装　百货

　　燃烧性□　　　　　　　　　　易燃易爆□

　　可燃□　　　　　　　　　　　难燃或不燃□

(2) 易燃易爆物品是否存放在独立的危险品仓库内

　　是□　　　　否□

**3. 生产状况**

(1) 原材料、半成品、成品的名称

(2) 生产工艺采取的是:常温□　常压□　高温□　高压□

(3) 生产过程为：自动化□  手工操作□
(4) 生产过程中有无使用易燃或易爆材料：有□，名称＿＿＿＿＿＿＿。  无□
(5) 生产过程中有无可燃性气体或粉尘产生：有□，名称＿＿＿＿＿＿＿。  无□
(6) 主要危险隐患有几处？坐落地点：

**4. 以往损失情况**
(1) 以往有无发生损失：有□  无□
(2) 暴雨或洪水灾害＿＿＿次，最近一次发生于＿＿＿年＿＿＿月＿＿＿日，造成财产损失金额＿＿＿＿元；
(3) 火灾或爆炸事故＿＿＿次，最近一次发生于＿＿＿年＿＿＿月＿＿＿日，造成财产损失金额＿＿＿＿＿＿元，事故原因＿＿＿＿＿。

**5. 防洪设施及措施**
防洪墙□    防洪闸门□
沙袋□     抽水机□
排、蓄水沟、塘：有□    无□    仓储物品加垫板□
汛期建立24小时值班制度□

**6. 防盗状况**
(1) 防盗设施及措施
围墙防护设施□
防盗警报装置□
专职保安员或门卫□
夜间、公休日和节假日均有人值班□
出入大门登记制度□
(2) 高价物品的保管方法
专管  有□           无□
兼管  有□           无□

**7. 安全生产组织及管理**
(1) 有无组建消防队  专业□  义务□  无□
消防队的人数＿＿＿人    主要装备、设备消防泵＿＿＿台
(2) 有无建立安全生产责任制或防火安全责任制
有□           无□
(3) 有无安全生产或防火安全管理组织
有□，名称＿＿＿＿＿＿＿     无□
(4) 有无制定安全操作规程
有□           无□
(5) 有无取得由消防部门颁发的消防合格证书
有□           无□

投保人（签章）<br>年  月  日

2. 办理承保手续

当展业宣传成功，企业要求参加保险时，展业人员应及时办理承保手续。

(1) 填写投保单。投保单（见表2-2）是企业的法定代表与保险人订立保险合同的文字依据，也是保险人签发保险单、接受投保的重要依据，展业人员应协助投保人按要求详细填写投保单。

投保人对投保单填写的内容核对无误后，在投保人签章处签章，并填上填单日期。投保单经审核无误后，由展业人员加盖私章，一般不得将投保单、明细表带回公司自行更改。投保单经保险人签章后，可作暂保单使用，但最迟不得超过5天签发正式保单。

### 表 2-2　企业财产保险基本险投保单

投保人：　　　　　　　　　　　　　　　　　　　　　　　　　　　　投保单号：

| | 投保标的项目 | 以何种价值投保 | 保险金额(元) | 费率(‰) | 保险费(元) |
|---|---|---|---|---|---|
| 基本险 | | | | | |
| | | | | | |
| | | | | | |
| | 特约保险标的 | | | | |
| | | | | | |
| | | | | | |

总保险金额(大写)　　　　　　　　　　(小写)

| | | | | | |
|---|---|---|---|---|---|
| 附加险 | | | | | |
| | | | | | |
| | | | | | |

总保险费(大写)　　　　　　　　　　(小写)

保险责任期限自　　年　　月　　日零时起至　　年　　月　　日二十四时止

有无就本投保标的向其他保险公司投保相同保险

| 特别约定 | |
|---|---|

兹声明上述所填内容(包括投保标的明细表及风险情况问询表)属实,同意以本投保单作为订立保险合同的依据;对贵公司就财产保险基本险条款及附加险条款(包括责任免除部分)的内容及说明已经了解;同意从保险单签发之日起保险合同成立,发生保险事故时,投保人未按约定交付保险费,保险公司不负赔偿责任。

地址：　　　　　　　　　　　开户银行：
电话：　　　　　　　　　　　银行账号：
联系人：　　　　　　　　　　行业：　　　　　　投保人(签章)
邮政编码：　　　　　　　　　所有制：
财产坐落地址：
共　　个地址：　　　　　　　占用性质：

　　　　　　　　　　　　　　　　　　　　　　　　　　　　　　　年　　月　　日

说明：

(1) 如果投保财产存放在多处地方,须附表注明各处地址、财产项目及金额。

(2) 按系统投保的,可按每一独立核算单位分别填单,也可以一单多户附清单,分别列明单位名称、地址、财产项目、保险金额,保险费率须按户厘定。清单应分别粘贴于保险单正、副本背面,并加盖骑缝章。

(3) 投保人应填写保险单位全称。

(4) 投保财产项目,应根据投保企业账目分别列明,如有与他人共有或代保管的财产,应作注明。

(5) 保险金额,即财产投保的金额。在填写时,应注明不同投保财产项目计算保额的标准,如固定资产是按账面原值还是按账面原值加成数或重置价值计算保险金额,流动资产是按最近 12 个月任意月份的账面余额计算保险金额,对其中产品资金中的产成品(和外购商品)是按生产成本价(或进货成本价)还是按出厂价确定保险金额,都应加以注明。凡以账面为依据确定保险金额的投保财产,须注明所依据的账面时间。凡已摊销或不列入账面的财产应注明实际价值。在实际工作中,由于受价格变动因素的影响,固定资产账面原值往往与现价相差很多,若按账面原值投保,出险后企业很难得到足够的经济补偿。因此,展业人员应动员企业按账面原值加成数投保,或按重置价值投保,但要注意防止超额投保的道德危险因素。

(6) 保险期限一般为1年,保险责任从约定起保的当天零时起,至保险期满日的24时止。约定起保日应在投保人填交投保单的次日,或填交投保单的若干日之后,如投保人要求在投保日当天起保,则只能从当天办妥手续时开始。保险期满投保人要求继续投保的,应另办保手续。

(7) 凡属特约保险财产,投保时须经投保人与保险人事先约定数量和单价。

(8) 附加险是企业财产保险责任的扩展,根据投保人的需要,经保险人同意,可附加保险条款。

(9) 对保险合同中未尽事宜,投保人与保险人双方可通过协商特别约定予以明确。例如,露堆财产,堆放在露天或罩棚下的保险财产以及罩棚,由于暴风、暴雨造成的损失,保险条款规定不负赔偿责任。但是,如果投保人的露堆财产或堆放在罩棚下的财产符合有关仓储规定,有存储、捆扎、遮盖等安全防护措施,经展业人员现场查勘认可后,可特别约定对露天或罩棚下的保险财产以及罩棚本身增加暴风、暴雨责任,并在保险单上加贴露堆财产保险特约条款,以明确保险责任,其费率按照财产保险费率规章规定执行。但露堆的砖坯、盐坨一般不予加保暴风、暴雨责任。另外,处于蓄洪区、行洪区的财产一般不予承保,若企业要求投保,则应在特别约定中注明:对本保险财产,保险公司不负洪水责任,包括政府命令的分洪造成的洪水损失。坐落在江河岸边、低洼地区以及大堤以外当地洪水警戒线以下的建筑物或其他财产,若企业要求投保,应在特别约定中注明:保险财产遭受本县(市)警戒水位线以下的洪水所造成的损失,本公司不负责任。

(10) 投保单中占用性质项,根据财产保险费率规章填写,要反映出类别及号次,类别中工业险、仓储险、普通险分别按(一)、(二)、(三)填写,号次按费率表中(见表2-3和表2-4)相应的阿拉伯数字填写。例如,投保企业为四级工业,占用性质项应填写(一)4。

(11) 占用性质、行业、所有制及保险费率、保险费等内容由展业人员填写。

(12) 地址、电话、联系人、开户银行、银行账号和邮政编码等内容由投保人详细填写。

表2-3 企业财产保险基本险年费率表(按保险金额每千元计算)

| 类别 | 号次 | 占用性质 | 费率 |
| --- | --- | --- | --- |
| 工业类 | 1 | 第一级工业 | 0.6 |
| | 2 | 第二级工业 | 1.00 |
| | 3 | 第三级工业 | 1.45 |
| | 4 | 第四级工业 | 2.50 |
| | 5 | 第五级工业 | 3.50 |
| | 6 | 第六级工业 | 5.00 |
| 仓储类 | 7 | 一般物资 | 0.60 |
| | 8 | 危险品 | 1.50 |
| | 9 | 特别危险品 | 3.00 |
| | 10 | 金属材料、粮食专储 | 0.35 |
| 普通类 | 11 | 社会团体、机关、事业单位 | |
| | 12 | 综合商业、饮食服务业、商贸、写字楼、展览馆、体育场所、交通运输业、牧场农场、林场、科研院所、住宅、邮政、电信、供电高压线路、输电设备 | 1.50 |
| | 13 | 石油化工商店、液化石油气供应站、日用杂品商店、废旧物资收购站、修理行、文化娱乐场所、加油站 | 2.50 |

表2-4　企业财产保险综合险年费率表（按保险金额每千元计算）

| 类别 | 号次 | 占用性质 | 费率1 | 费率2 |
| --- | --- | --- | --- | --- |
| 工业类 | 1 | 第一级工业 | 1.60 | 1.00 |
| | 2 | 第二级工业 | 2.00 | 1.50 |
| | 3 | 第三级工业 | 2.40 | 2.00 |
| | 4 | 第四级工业 | 4.00 | 3.50 |
| | 5 | 第五级工业 | 6.40 | 5.00 |
| | 6 | 第六级工业 | 8.00 | 7.00 |
| 仓储类 | 7 | 一般物资 | 1.50 | 1.00 |
| | 8 | 危险品 | 3.00 | 2.00 |
| | 9 | 特别危险品 | 5.00 | 4.00 |
| | 10 | 金属材料、粮食专储 | 1.00 | 0.50 |
| 普通类 | 11 | 社会团体、机关、事业单位 | 1.60 | 1.00 |
| | 12 | 综合商业、饮食服务业、商贸、写字楼、展览馆、体育场所、交通运输业、牧场农场、林场、科研院所、住宅、邮政、电信、供电高压线路、输电设备 | 2.40 | 2.00 |
| | 13 | 石油化工商店、液化石油气供应站、日用杂品商店、废旧物资收购站、修理行、文化娱乐场所、加油站 | 3.00 | 3.00 |

备注：费率1适用于华东、中南、西南地区；费率2适用于华北、东北、西北地区。

## 知识链接

### 工业险级别划分原则

鉴于工业险费率的厘定，应兼顾到保险单位使用的原材料、主要产品、工艺流程、危险程度等因素，所以对有些单位虽使用同样的原料或生产同样的产品，但由于工艺流程及设备现代化程度不同，在厘定费率时也予以区别对待；对有些单位虽然名称相同，但由于生产内容与名称并不相符，如军工机械制造改产民用消费品等，类似情况应按实际生产的内容确定费率。划分原则如下。

一级工业险：

（1）以钢铁为原材料的金属冶炼、铸造及各类重型机械、机器设备制造、钢铁制品、部分纯钢铁制品等工业。

（2）耐火材料、水泥、砖厂制品等工业。

二级工业险：

（1）一般机械零件制造修配工业。

（2）以金属为主要原材料，兼用少量塑料及非金属材料的机械系列制造、修配工业。

（3）兼有少量喷烘漆等工艺的五金零件制造修配工业。

三级工业险：

（1）以部分金属或一般物资为主要原材料的仪器及副仪器、轻工、塑料制品、电子、电器、电机仪表、日常生活用品等工业。

(2) 生产过程比较安全,危险性小的日用化学品工业。

四级工业险:

(1) 以竹、木、皮毛或一般可燃物资为原材料或以一般危险品进行化合生产并在生产过程中有一定危险性的工业。

(2) 棉、麻、丝及其制品;塑料、化纤、化学、医药等制造加工工业。

(3) 以油脂为原料的轻工业。

(4) 文具、纸制品工业。

五级工业险:

(1) 以一般危险品及部分特别危险品为主要原料进行化合征税、制氧、挥发性化学试剂以及塑料、染料制造等工业。

(2) 大量使用竹、木、草为主要原材料的木器家具、工具、竹器、草编织品制造工业及造纸工业。

(3) 油布、油纸制品工业。

六级工业险:

以特别危险品如赛璐珞、磷及其他爆炸品为主要原材料进行化合生产的工业、染料工业。

(2) 实地查勘检验。即由展业人员对投保财产进行风险调查和危险查验,以确定是否予以承保,展业人员应主要了解下述情况:①保险财产所处环境;②投保财产主要危险隐患或重点防护部位及防护措施;③有无正处于危险状态中的财产;④各种安全管理制度是否健全;⑤防灾安全措施;⑥以往损失情况等。

经实地查验危险后,应作出是否予以承保的决定。如果可以承保,则将投保单及明细表交业务负责人审核,并于起保日前送交内勤。

(3) 缮制保险单。内勤接到投保单及明细表后,必须进行全面审核,在核对无误后再缮制保险单(见表2-5和表2-6),并将保险单号码填写在投保单上。保险单正、副本一式两份,要做到字迹清楚、书写端正、内容完整、数字准确;制单完毕后,制单员要在保险单副本上加盖私章,同时开出保险费收据一式三联,与保险单正、副本一起送复核员复核。

**表 2-5　财产保险基本险保险单(样本)**

鉴于_____(以下称被保险人)已向本公司投保财产保险基本险以及附加_____,并按本保险条款约定交纳保险费,本公司特签发本保险单并同意依照财产保险基本条款和附加险条款及其特别约定条件,承担被保险人下列财产的保险责任。

|  | 投保标的项目 | 以何种价值投保 | 保险金额(元) | 费率(‰) | 保险费(元) |
|---|---|---|---|---|---|
| 基本险 |  |  |  |  |  |
|  |  |  |  |  |  |
|  |  |  |  |  |  |
|  |  |  |  |  |  |

(续表)

| | 投保标的项目 | 以何种价值投保 | 保险金额(元) | 费率(‰) | 保险费(元) |
|---|---|---|---|---|---|
| 基本险 | 特约保险标的 | | | | |
| | | | | | |
| | | | | | |
| | | | | | |

| 总保险金额(大写) | | (小写) | | | |
|---|---|---|---|---|---|
| 附加险 | | | | | |
| | | | | | |
| | | | | | |

总保险费(大写)　　　　　　　　　(小写)
特别声明:本公司在被保险人履行交付保险费义务后开始承担保险责任。
保险责任期限:自　　年　　月　　日零时起至　　年　　月　　日二十四时止

| 特别约定 | |
|---|---|

被保险人地址:
电话:
行业:
所有制:
占用性质:
财产坐落地址:　　　　　　　　　　　　　　　　　　　　×××公司×××分公司(签章)
共　　个地址:　　　　　　　　　　　　　　　　　　　　　　　年　月　日

### 表2-6　财产保险综合险保险单(副本)

保险单号码

　　鉴于_____(以下称被保险人)已向本公司投保财产保险综合险以及附加_____险,并按本保险条款约定交纳保险费,本公司特签发本保险单并同意依照财产保险综合险条款和附加险条款及其特别约定条件,承担被保险人下列财产的保险责任。

| | 投保标的项目 | 以何种价值投保 | 保险金额(元) | 费率(‰) | 保险费(元) |
|---|---|---|---|---|---|
| 综合险 | | | | | |
| | | | | | |
| | | | | | |
| | | | | | |
| | 特约保险标的 | | | | |
| | | | | | |
| | | | | | |

(续表)

| | 投保标的项目 | 以何种价值投保 | 保险金额(元) | 费率(‰) | 保险费(元) |
|---|---|---|---|---|---|
| 总保险金额(大写) | | (小写) | | | |
| 附加险 | | | | | |
| | | | | | |
| | | | | | |

总保险费(大写)　　　　　　　　(小写)
特别声明:本公司在被保险人履行交付保险费义务后开始承担保险责任。

保险责任期限:自　　年　　月　　日零时起至　　年　　月　　日二十四时止

| 特别<br>约定 | |
|---|---|

被保险人地址:　　　　　　　　　　　　　　　　电话:
行业:　　　　　　　　　　　　　　　　　　　　邮政编码:
所有制:
占用性质:　　　　　　　　　　　　　　　　　××财产保险股份有限公司
财产坐落地址:　　　　　　　　　　　　　　　　(签章)
共　个地址　　　　　　　　　　　　　　　　　　年　　月　　日

经(副)理:　　　　　会计:　　　　　复核:　　　　　制单:

被保险人收到保险单后请立即核对,如有错误立即通知本公司。

(4) 复核签章。单证复核是承保工作的最后一道程序,也是确保承保质量的关键环节,必须由业务素质较高的人员担任。复核内容如下:①缮写项目齐全,保险单与投保单各项内容、数字相符,无错漏;②分项保险金额与总保险金额正确无误;③保险费率厘定无误;④保险费计算及大小写准确无误;⑤对应附加特约条款的业务,应将有关特约条款贴在保险单正本背面和副本正面的上方,并加盖骑缝章。

(5) 收取保险费。缮单员出具保险单后,应立即开出"应收保费通知书",要特别注明保险费须在什么日期前交付,以便分清责任。

保险人应按保险单上列明的保险费金额缮写收据。保险单、保险费收据等单证经复核并加盖印章后,由展业人员将保险单正本、保险费收据第三联送交被保险人并收取保险费。在发送保险单前,内勤应填写"发送保险单签收单"一式两份,一份自留备查,另一份交被保险人签收后退回归档。内勤根据保险单副本登记"企业财产险业务日报表"一式三份,自留一份代业务登记,其余交会计、统计各一份。每天业务终了,内勤应将当天保险单副本、保险费收据第二联交会计入账。会计在保险单副本上加盖"收讫章"或"已转账"戳记,注明日期,并加盖会计人员私章后退交业务部门。

3. 办理批改手续

保险单签发后,保险事项若有变动,如被保险人名称、保险财产所在地址、保险财产危险程度等,被保险人应及时提出书面申请办理批改手续,经审核同意并签章后,再连同保险单一并交保险人凭此签发"批单"。批单文字应力求简练,一式两份,由内勤签妥后,分别贴在保险单正、副本上,并分别加盖骑缝章。被保险人的申请批改书应与投保单一起存档。

凡保险费有增减变化的,应在批单上列明加费或退费公式。对应加收保险费的,在签发批单的同时,应开具加收保险费收据一式三份,其中第三联与批单正本送被保险人收取加收的保险费,第二联与批单副本送会计部门,会计签章后将批单副本退交业务部门。对按规定需要退费的,签发批单时,可多复写一份副本送会计,所退保险费应由被保险人出具收据。

4. 到期通知

保险责任到期前1个月,应通知被保险人办理续保手续,一般应根据保险登记簿填写"到期通知书",尽可能由展业人员逐户送达,以便到期前办妥续保手续,避免保险中断。

### (二) 企业财产保险的理赔

理赔的实务手续可按下列程序进行。

1. 受理案件

受理案件是指保险财产发生损失后,被保险人根据保险条款的规定,及时通知保险人,保险人登记相关报案信息,核对被保险人投保情况并作出是否派员赴现场查勘的过程。

(1) 接受报案。接到报案后,保险人应详细询问案情,并做好报案记录。主要内容包括:被保险人的名称、保险单号码、出险日期、出险原因、出险地点、受损情况、报案人姓名、联系电话及方式等。

(2) 查抄保单。根据被保险人口头报案,业务内勤应及时抄录有关保险单、批单副本,并与报案记录内容核对。抄单时要特别注意被保险人的名称是否相符、出险日期是否在保险有效期内、受损财产是否在承保财产范围之内等,以便在实地查勘前对被保险人的财产承保情况做到心中有数。

(3) 登记立案。接到出险通知后,内勤要及时在"出险案件登记簿"上编号立案,编号要反映出险别,根据报案先后,冠以各地简称及年份。当一次灾害事故(如一次火灾)同时有几个被保险人发生损失时,应分别编号立案。对以电话或上门口头通知出险的,应根据口头通知先行编号立案。出险案件无论应否赔付,均应编号立案。赔案编号后,业务内勤应将已编案号填在出险通知书上,送业务负责人签署处理意见,然后将抄单一并交理赔人员签收处理,并建立专卷或案袋,以后有关该案的各项记录、单证、报告等文件均应汇归卷内。有关往来文件要注明案号,以便查调案卷。

2. 现场查勘

现场查勘是指当保险财产遭受保险事故时,保险人到灾害事故现场实地了解出险情况和核定损失的工作。理赔人员在赶赴现场查勘前,应做好各种准备,如校对查抄的单底和"出险通知书",了解保险标的承保情况和应负的保险责任,携带查勘所必需的工具、用具等,并及时与被保险人联系,立即奔赴灾害事故现场。现场查勘至少应两人同往,其主要内容有:

(1) 出险时间。保险责任期限是从约定的保险起讫日期当天零时开始至保险期满日24时为止。在发生灾害事故时,需查明出险时间是否在保险有效期限之内,如在投保时已经出险或期满后未办理续保手续而出险的,保险人不能负责,应拒绝受理。

(2) 出险地点。要确实了解出险地点是否与保单上的保险地址相一致。

(3) 出险原因。出险原因是多种多样的,但保险责任却是有一定范围的。

(4) 发生灾害事故后,需查明出险原因是否属于保险责任范围,以确定应否赔偿。在查清出险原因之前,理赔人员不要轻易表态。

(5) 现场拍照。现场拍照是为了对受损保险财产的损失情况提供证据,在拍摄时应注意显示出险地点、现场概貌、财产损失状况等情况,也可绘制受灾现场平面图。

(6) 现场施救处理。理赔人员赶往灾害现场时,如果灾害尚未得到控制或正在蔓延,应立即会同被保险人及有关单位共同研究并采取紧急措施进行施救,尽量减少损失。如果灾害事故已经制止,应督促并协助被保险人立即对受灾现场进行清理,共同研究整理、保护受损财产的措施,防止损失程度加重，并做好对施救、整理所需劳力、费用等有关情况的书面记录。对易变质、易腐烂的受损财产，在经双方协商确定贬值程度或损余价值并报经有关部门批准后，应立即尽快处理，以减少损失。

（7）查对财会账表。及时查阅有关财务账册是现场查勘的任务之一，通过查阅总账、明细分类账、资产登记簿、资产卡片、仓库保管账、出入库单据和记录等，可落实受损保险财产项目、账面数额和价格标准，剔除未保财产。对损失较大的案件要及时封账。

（8）估计损失金额。查账后，对受损的保险财产要进行估损工作，即对受损保险财产的品名、数量、损失程度、损失金额以及处理办法要有大致的估计。

（9）索取出险证明及损失清单。被保险人申请赔款时，应提供有关部门出具的出险证明、事故报告和有关单证。理赔人员应督促、协助被保险人尽快办妥上述事项。出险证明、损失清单等单证都须加盖公章。

（10）现场查勘报告。现场查勘完毕后要缮制"现场查勘报告"。报告应由查勘人员缮制，要求内容完整、情节清楚、文字简练，并应由一人缮写、一人复核、两人签章。

3. 责任认定

责任认定是理赔工作的一项重要内容，它的任务是确定该赔案是否属于保险责任范围，并作出赔与不赔和赔偿范围的过程。为此，应根据理赔人员提供的现场查勘报告，包括查勘记录和理赔单证，对照保险条款列举的责任范围和除外责任认真审核。审核时要特别注意出险日期是否在保险责任有效期内、出险地点是否与保单载明的地址相符、受损财产是否属于被保险人具有可保利益的保险财产、费用开支属灾前预防性的还是属灾后抢救性的等内容。由于客观情况错综复杂，保险条款不可能包罗万象，因此，在处理赔案和分析责任时，要正确掌握条款精神，实事求是地对具体情况进行具体分析。在实际工作中，下列问题应注意掌握。

（1）关于施救、抢救、保护费用的掌握。施救、抢救、保护费用的掌握原则是"必要"和"合理"，其实际效果应能尽量减少保险财产的损失。例如：① 邻居发生火灾，根据保险财产的可燃性以及当时的风力、风向和燃烧处所的距离等情况，如确有波及可能，对抢运保险财产的费用以及事后搬回原处的费用都可以负责。② 保险财产因抗洪抢险而搬动，事后原堆存地点确系被洪水所淹，其撤走和搬回的费用都可负责。③ 抢救保险财产搬运至最近的安全地点的存仓租金，包括"以船代仓"的租费，可以负责。但在危险状态消除后应及时搬回，否则延期的存仓费用应由被保险人自负。④ 对因施救保险财产造成的施救工具的损坏、灭失和直接用于施救的物资消耗可以负责，但不包括各种器材装备的折旧费用，也不包括公安消防队扑救火灾时损坏、灭失的消防器械及消耗的燃料、灭火剂。⑤ 在抢救保险财产过程中，因抢救所必需而又无法避免损坏的他人财产，如果应由被保险人赔偿，保险人可酌情负责。⑥ 被抢救出来的保险财产的临时堆存、摊晒、整理、监护等各种合理费用及因整理需要临时搭盖简易货棚的，其工时费用可以负责。⑦ 为使受损保险财产减少损失而支出的费用，如整理分档或改装、包装费用等，保险人可以负责。⑧ 经被保险人同意，需请外企业或技术人员对受损保险财产进行技术鉴定、检验、估价而开支的鉴定、检验、估价费用可以负责。⑨ 洪水灾害后，为整理保险财产而支付清理淤泥的合理费用可以负责，但其清理范围应限于保险财产本身。对于因生产、交通、环境卫生等需要而清除淤泥的费用不应负责。⑩ 本企业职工参加施救、保护受损保险财产的人工费用一般可以负责，此项费用可按该企业平均基本工资标准计算，但所需整理时间应事先约定好，人数亦要认真核实。⑪ 在施救保险财产过程中，本企业职工发生伤亡事故所支出的医药费、葬验费、抚恤金及治疗期间的工资等，不属于施救费用赔偿范围。外企业人员如享有劳保或公费医疗的，也不予负责。

（2）关于赔偿责任的掌握。要特别注意以下几点：① 对政府或有关管理部门已发出通知、要求限期予以修理的房屋、建筑物等,如因被保险人没有如期修理而受暴风、暴雨等灾害事故造成倒塌的,一般不负赔偿责任。② 对未直接受水浸泡的保险财产,但因靠近附近的洪水或暴雨积水而受潮变质,不负赔偿责任。但对某些物资,如棉花、卷烟,底层被水浸泡,上层虽未直接浸泡,但其受潮与进水有着必然联系,因此对其受潮变质损失应予负责。③ 经有关部门鉴定,因洪水、暴雨积水浸泡导致房屋、建筑物出现裂缝、倾斜、地基下沉等现象,应予以负责。④ 保险财产转移地点后受损,如未办理批改手续,原则上不予负责。但因习惯上的加工、代销或其他正当原因在本市或本县范围内转移地方的,经查又确属已投保的保险财产,可考虑负赔偿责任。

对经审核确属保险责任的案件,如果损失金额基本落实,但理赔手续一时尚不能结束,只要被保险人确实急需资金早日恢复生产经营,经领导批准,一般可在估计损失金额的50%幅度内预付赔款,保户应填写"预借赔款申请书"。

对不属于保险责任的案件,应经过慎重研究后作出拒赔结论。经办人员须填写"拒赔或注销案件报告表",由领导签批或报请上级公司核准后,向被保险人发出书面通知,并登记"拒赔(注销)案件登记簿"。

对无法确定责任的疑难案件,应报上级公司审批。

根据国家法律规定或有关约定,应由第三者负责的保险责任范围内的保险事故,如果被保险人有要求,保险人可以先予赔偿。但被保险人须填具"权益转让书"。内勤要登记"追偿第三者责任赔偿登记簿"。

4. 损失核定

在保险责任认定后,根据被保险人提供的财产损失清单、费用支出原始单据和现场查勘掌握的情况逐项加以核定,最终确定赔款数额。在核定损失时应注意以下几个方面。

(1) 核定受损保险财产的范围。应分别核实受损的固定资产和流动资产:① 固定资产。保险单上固定资产项目的保险金额与投保时账面金额或按规定加成后的金额是否相一致;受损固定资产所属的会计科目是否属于固定资产明细账卡上登记的保险财产;投保单上未注明投保的财产,不属保险财产,如租用、借用或代保管的财产、为外企业修理的机器设备、新增加的固定资产、未入账的固定资产等,应予剔除不赔。② 流动资产。受损流动资产所属的会计科目是否属于保险财产;保险单上流动资产的保险金额与投保时最近12个月某个月份的账面余额是否相一致;凡保险单上未注明投保的财产,不属保险财产,如未入账的物资,代购、代销或代保管的物资,已经摊销完毕而尚在使用的低值易耗品等,应予剔除不赔。

(2) 核定受损财产数量。根据被保险人提供的损失清单,会同被保险人共同盘点核对受损财产数量,查明报损是否准确。对完整无损的、全损的和部分受损的尚可利用的各类物资,应分别清点核实。

(3) 核定受损财产金额。对于受损的固定资产,应逐项核定损失程度及损失金额,如果核定有技术上的困难,应及时聘请有关专家作技术鉴定。对于受损的流动资产,要查对材料、半成品、产成品的报损单价是否与账面单价一致。

总的来说,在核定损失时,应注意有无诸如以少报多、以无报有、以劣充好、以旧换新、小损大修,以及有无转嫁滞销、残次、报废物资,有无计价不合理,有无不该列报的施救费用,有无将差货、错款和自然损耗一并报损等虚报损失数量、损失程度、扩大损失范围的情况。

受损财产经逐项核定后,理赔人员应填制"保险财产损失清单",经由被保险人和保险人签章认可后,可作为计算赔款的依据。

5. 损余处理

损余物资处理应严格遵守财政税务制度和有关规定。

(1) 合理作价并在赔款中扣除。根据保险条款的规定,保险财产遭受损失后的残余部分,应坚持物尽其用的原则,根据其可利用程度,合理作价折归被保险人,并从赔款中扣除。如果双方达不成协议,可报经公司领导批准收回处理。

(2) 收回损余物资的手续。收回损余物资须填制"损余物资回收单",由被保险人盖章。

(3) 损余物资处理前的鉴定。对技术性能较强或比较复杂的损余物资的处理,可请有关专门技术人员先行鉴定后再处理,未经保险公司同意,投保企业不得自行削价处理。

(4) 损余物资处理的手续。处理收回的损余物资时,须填制"损余物资处理单"。损余处理后的收入,必须按规定冲减赔款。

(5) 登记"损余物资回收、处理登记簿"。收回或处理损余物资时,应登记"损余物资回收、处理登记簿",以备查。

6. 赔款计算

保险财产经核定损失后,即可按条款规定的赔偿处理方式计算赔偿,并相应扣除残余价值。根据赔款计算结果,编制"赔款计算书",其中各栏应根据保险单底、现场查勘报告及有关证明单据详细核对填写,赔款计算栏应按保险标的损失、施救费用、损余收回等分项列明计算公式,然后再计算汇总。"赔款计算书"一式两份:一份附赔案卷内,另一份作会计支出凭证,经复核签章后连同其他单证一并送交审核。

7. 赔付结案

(1) 核对并审批各项单证。审核员要对赔案的各项单证和资料,即出险通知书、保险单抄件、出险证明、保险财产损失清单、现场查勘报告、技术鉴定书、损余物资回收处理单、赔款计算书等,进行认真计算核对,在"赔款计算书"上签章,并按核赔权限送有关领导审批。超过本公司核赔权限的,应按规定报上级公司审批,经批复后再进行赔付。如有预付赔款的,应在核定的赔款中扣除。

(2) 签发"赔款通知书"。会计部门收到"赔款计算书"及其案卷单证后,经复核后无误即发出"赔款通知书",一式三份,一份用作通知保户,并由保户留存,保户凭此领取赔款并交收款收据。另两份由保户盖章后退回,其中一份交会计部门作付款凭据,另一份交业务部门放入赔案卷内,这两联均须盖赔讫章,并有经办人员的签章。

(3) 缮制"赔款批单"。支付赔款后,业务内勤应缮制"赔款批单",一式三份,一份交保户贴在保险单正本上,另一份附在保险单副本上,还有一份附在赔案卷内。批单上要批明赔款后的保险单有效保险金额,计算有效保险金额时应扣除保险标的赔款。

(4) 登记"赔款案件登记簿"。赔付结束后,应将赔案编号、被保险人名称、保险单号码、出险日期、保险责任、赔付日期、赔付金额等内容登入"赔款案件登记簿"。重大赔案按规定报上级公司。如属第三方责任,应同时进行"权益转让及追偿处理"登记。

(三) 企业财产保险的单证管理

1. 主要单证

(1) 承保环节包括:①投保单及附表;②保险单及附表;③保险费收据;④批单;⑤财产保险风险情况问询表。

(2) 理赔环节包括:①出险通知书;②保单抄件;③出险证明;④保险标的损失清单;⑤出险查勘报告;⑥技术鉴定书;⑦预借赔款申请书;⑧权益转让书;⑨赔款计算书;⑩赔款批单;⑪赔款收据;⑫上级公司批准文件。拒赔或注销案件报告(备案)表。

2. 单证印制

财产保险投保单、保险单格式由总公司统一设计,其他单证由省级分公司统一设计,各分公司自行印制。

### 3. 单证保管

投保单、保险单、明细表按保单号码顺序每 50～100 页为一册，每册加上封面，并注明保险单起止号码，装订成册。批改申请书、批单分别附在投保单和保险单上。带有号码的作废保险单加盖"作废"戳记，并连同副本一起按顺序号装订。

理赔案卷单证摆放顺序为：案件结论、决定在前。其他单证按赔案工作程序排列。案卷内有批复的，批复在前。诉讼性案件判决材料在前。各种单证均采用三孔一线的方式装订，要求整齐、美观、方便利用。赔案根据案情的复杂程度，可一案一卷或一案数卷。案卷卷皮的规格根据当地档案行政管理部门的统一要求，可使用硬卷皮或软卷皮。

保险单证保管要严格按照档案管理办法执行。保险单须保管 5 年以上；30 万元以下赔案不超过 15 年；30 万元及 30 万元至 100 万元赔案要长期保管（16 年至 50 年）；100 万元以上赔案要永久保存。

# 任务二　家庭财产保险业务实训

## 一、家庭财产保险需求分析

学生以小组为单位，以了解某商品住宅小区居民客户的家庭财产风险需求为目的，设计家庭财产风险调查表，并上交电子文档，内容及格式自拟。根据调查情况，分析可能造成家庭财产损失的潜在风险，并进行家庭财产保险需求分析。

范例：学生宿舍财产风险调查问卷

1. 宿舍所在楼层及房号
2. 宿舍应居住人数
   实际居住人数
3. 宿舍楼建筑结构
   钢筋混凝土□　　　　砖木□　　　　　　简易建筑□　　　　　其他_____
4. 宿舍楼建造时间
5. 楼道及走廊是否有安全警示标志？
   是□　　　　　　　　否□
6. 安全警示标志及防火措施有哪些？
   禁止吸烟和使用明火□　　　　　　　　禁止乱拉乱接电线□
   使用防爆型照明灯具和电器设备□　　　装有导除静电装置□
   装有防雷电装置□　　　　　　　　　　室外消火栓□
   火灾自动报警系统□　　　　　　　　　火灾自动灭火系统□
   手提灭火器□　　　　　　　　　　　　消防水源□
   紧急疏散通道□　　　　　　　　　　　其他_____
7. 宿舍现有电器设备
   电视□　　　　　　电脑□　　　　　　空调□
   风扇□　　　　　　电热水器□　　　　取暖器□
   电吹风□　　　　　其他
8. 是否有大功率电器（1 000 W 以上含 1 000 W）？
   是□　　　　　　　　　　　　　　　　否□

9. 是否有私拉电线及插座？
   是□                                              否□
10. 宿舍门锁钥匙除了宿舍成员之外还有谁持有？
    没有了□                                         有□，_____
11. 双休日及节假日宿舍成员
    全部外出□       偶尔全部外出□      常有人在宿舍□      都不外出□
12. 上课的时候是否还有人留在宿舍？
    有□                                             没有□
13. 宿舍是否存放有易燃易爆品？
    有□                                             没有□
14. 是否有人在宿舍内抽烟？
    多数□           少数□              没有□
15. 是否养有宠物？
    没有□                                           有，养的宠物是_____
16. 宿舍内墙、天花板是否有材料脱落迹象？
    有□                                             没有□
17. 是否使用架床？
    是□                                             否□
18. 如果使用架床，是否有明显松动迹象？
    是□                                             否□
19. 学校是否检查宿舍安全情况？
    经常□           偶尔□              定期□              从来没有□
20. 宿舍管理制度是否允许外来人员进入宿舍？
    允许□           不允许□             规定时间□          需要登记□
21. 是否有宿舍管理员？
    有，24小时在岗□                                  有，但并不是24小时在岗□
    没有□
22. 贵重物品出入宿舍大门是否需要做相关登记？
    需要□                                           不需要□
23. 晚上关闭宿舍大门禁止出入？
    否□                                             是，关门的时间是_____

## 二、家庭财产保险产品调查

学生以小组为单位，通过网络了解国内各主要财产保险公司的家庭财产保险产品现状，并尝试为某一具体客户选择合适的家庭财产保险产品。

例：李先生想为自己的单反数码相机和笔记本电脑投保家庭财产保险，但不清楚保险公司是否有承保此类财产的保险产品出售，请你为其寻找。找到后以小组为单位完成产品介绍书（PPT格式），课堂随机抽查演示。

## 三、家庭财产保险案例分析

教师提供案例，学生分组讨论和处理案情。各小组组长代表本组展示观点，最后由教师总结点评。

下面给出几个参考案例。

### 案例 2-8

小张于 2014 年 4 月 21 日在陕西某保险公司购买了"家庭财产保险"三份。当日,保险公司向其出具了该险种的保险单。承保范围为:房屋及附属设施、房屋装修。保险期间为:2014 年 4 月 22 日至 2015 年 4 月 21 日。2014 年 9 月 21 日,一场大雨后,小张的房子出现墙体裂缝。小张遂到保险公司报案,认为损失属于承保范围,请求按保险合同的约定给予赔偿。保险公司对造成裂缝的原因进行鉴定后认为,损失的造成是由于房屋存在固有的缺陷,在免责范围内,故拒绝赔偿。双方协商未果后,小张诉至法院。

请问:法院该如何判决?

### 案例 2-9

李先生出差回家发现家里被盗,第一时间拨打 110 报警。10 日后,李先生突然想起自己购买过家庭财产保险,遂打电话通知保险公司。保险公司了解情况后,以在出险后未及时通知为由拒绝赔偿。

请问:保险公司的拒赔合理吗?为什么?

### 案例 2-10

2015 年 2 月,宋某将自己的一间两层木质结构的老屋以 4 万元的保险金额投保,保期为 1 年。保单正面注明:"本公司收到上述保险费,同意按照背面所载家庭财产保险条款的规定承担责任。"该保险单背面保险金额项中规定:"由被保险人根据财产实际价值自行确定,保险方不负核实责任。"赔偿处理项中规定:"保险财产遭受责任范围内的损失时,本公司根据保险财产的实际损失,并按照当天的实际价值计算赔款,但最高赔偿不超过保险金额。"宋某接受了保险单上的上述条款,与保险公司签订合同。合同订立后的同年 9 月 5 日,因宋家发生火灾,宋某投保房屋全部烧毁。出险后,保险公司确定受损房屋的建筑面积为 91 平方米,根据当地同类房屋造价、折旧价、市场交易价综合分析,确定按每平方米 304 元价格赔偿宋某,计 2.73 万元。而宋某认为,自己投保 4 万元,应赔 4 万元。双方争执不下,宋某于同年 12 月 20 日向人民法院起诉。

请问:你认为法院该如何判决呢?

### 案例 2-11

2014 年 3 月 6 日,家住某县郊区的赵某将自己所拥有的房屋及室内财产向县保险公司投保了家庭财产保险,保险期限自 2014 年 3 月 7 日 0 时至 2015 年 3 月 6 日 24 时止,房屋保险金额为 10 万元,家用电器的保险金额为 5 万元,家具的保险金额为 1 万元。床上用品及衣物的保险金额为 3 万元,保险金额共计 19 万元,保险费率 2‰。3 月 6 日,赵某将保费一次交清。家庭财产保险单上记载:生产营业用的房屋、机器设备、工具原材料、产品、商品等生产资料,保险人不予承保。8 月 22 日,赵某的房屋被火烧毁,室内的家用电器、家具、床上用品及衣物也损失严重,估计损失金额达 10 万元。事故发生后,赵某向县保险公司提出了索赔。县保险公司在现场调查时发现烧毁的残渣中有大量的木材,经邻居询问得知:赵某家一直从事家具的加工,院内堆满木材油漆,房屋内放满了家具。

县保险公司认为,赵某未履行如实告知义务,拒绝了赵某的索赔申请。

赵某认为,县保险公司在承保时并未向其询问房屋的使用性质,因此自己已经履行如实告知义务,且可认为是保险公司的弃权行为,日后不得因为房屋的使用性质而反悔。

请问:该保险公司的拒赔决定合理吗?拒赔理由是否具有说服力呢?

### 案例 2-12

某市居民李某将其家庭财产向保险公司投保了家庭财产保险,保险期限自 2014 年 3 月 8 日零时起至 2015 年 3 月 7 日 24 时止,保险金额为 83 000 元。2015 年春节期间,李某为其刚刚 8 岁的儿子买了 200 元左右的各式烟花爆竹。2 月 16 日上午,李某与其妻到朋友家去做客,将儿子留在家中。李某与其妻走后,其子感到清静无聊,将李某藏的烟花翻出,在屋里玩,将一只爆竹点着,花炮在屋里乱窜喷火,其余烟花爆竹也被相继点燃,导致大火燃起。所幸李某之子逃出门外,只有皮肉之伤,但当大火被扑灭后李某清点家财时,发现衣服、被褥、家用电器、家具等均有不同程度的损坏,经保险公司核定,损失为 38 450 元。对这起火灾,保险公司认为,根据家财险保险条款规定,被保险人及其家庭人员的故意行为,属于本保险的除外责任,火灾是李某之子故意行为所致,因此保险公司不承担赔偿责任。而被保险人李某则认为,其子并非故意纵火,而只是玩耍不慎导致室内财物被烧,不应视为被保险人家庭人员的故意行为。

请问:保险公司是否应该赔偿?为什么?

### 案例 2-13

2015 年 1 月 5 号,某单位职工方某投保了该市保险公司开办的统保家庭财产保险,保险金额 27 万元,其中房屋 20 万元,家用电器 5 万元,床上用品及衣物 2 万元,保险期限自 2015 年 2 月 1 日至 2016 年 1 月 31 日。2015 年 3 月 16 日,方某决定重新装修房子,花钱请了一个路边装修队。施工过程中,一装修工人休息时抽烟,随手将烟头扔在木屑堆上,不慎引起火灾,方某的房屋损失 4 万元,家用电器损失 2 万元,床上用品及衣服损失 1 万元。随后,被保险人方某向保险公司报案并提出索赔。

请问:保险公司该如何处理?〔要求:①要有案情分析(应该如何处理,依据是什么?);②要得出结论;③要说明本案例。〕

### 案例 2-14

2014 年 5 月 30 日,方某向保险公司投保了家庭财产险,保险金额 16 000 元。其中楼房两间,保险金额 6 000 元,保险费 12 元;房屋以外财产保险金额 10 000 元,保险费为 20 元,保险期限自 2014 年 5 月 30 日零时起,至 2015 年 5 月 29 日 24 时止。由本村代理人张某填写家庭财产保险集体投保分户清单,该清单上方某投保财产的详细地址未填。代理人张某收取了方某交纳的保险费 32 元,并出具保险公司家庭财产保险费收据。方某于 2014 年 2 月租用本村祠堂用来堆放家具、杉木、三轮残疾人用车、新鲜猪肉等不保财产均被烧毁,并计损失 19 800 元。事故发生后,保险公司派员到现场对起火原因、施救经过、损失情况进行调查核实。方某向保险公司提出索赔遭到拒绝,方某遂诉至法院。

请问:法院该如何判决?你从本案中能得到哪些启示?

## 四、家庭财产保险业务流程实训

### (一)家庭财产保险展业承保

1. 投保验险

投保验险工作要注意以下几个方面。

(1)查清房屋结构、占用性质、建造时间及尚可使用年限,判明是否危房。
(2)查明房屋附近有无危险因素,查明房屋坐落地点,判明是否处于低洼易涝地段。
(3)查明是否违章建筑。
(4)农村居民只承保有人居住的房屋,其他房屋不保。

2. 风险评估

(1)房屋坐落在蓄洪区、行洪区或处在江河岸边、低洼地区以及防洪堤以外当地常年警戒水位线以下的。

(2) 无人居住的房屋。即房屋比较破旧,房主忽视其管理、维修,而且长年无人居住的房屋。

(3) 处于危险状态下的财产。即财产由于外界环境已发生或即将发生危险。

例如,邻近地已发生洪水,由于财产本身陈旧即将发生危险或危险程度明显增加。又如,由于财产所有人放松对财产的管理,或财产已超出正常使用期限等,而使财产处于危险状态。

以上情况风险程度很高,不宜承保。

3. 承保条件

原则上承保属于被保险人生活自用的家庭财产,对个体工商户的营业用器具、工具、原材料、产成品、商品、房屋机器设备和出租做工商业用的房屋,均不适用本保险。

4. 缮制保险单

(1) 被保险人。被保险人的名称必须填写法定名字,不得简写,单位集体的名称填写公章的名称。

(2) 地址。单位集体保险单,投保单(见表 1-1)的地址应填写投保单位办公地址,明细表应填写被保险人的保险标的地址。个人保险单,其财产坐落地址要详细,每张投保单只能填写一个财产坐落地址。

(3) 必须填写分项财产的保险金额。

(4) 对承保一些特别贵重的保险财产(摄影器材、家用电脑、金银首饰、钞票、债券等)或新产品(难以确定是否属于保险财产范围),必须经双方协商同意,并在保险单的"特约财产"栏内列明财产名称、型号、费率和保险金额。

(5) 对保险合同中未尽事宜,被保险人与保险人双方可通过协商,在"特别约定"栏内予以明确。

5. 复核保险单

单证复核是承保工作的最后一道程序,也是确保承保质量的关键环节,必须由业务素质较高的人员担任。

复核保险单的内容包括:被保险人的姓名、财产坐落地址、职工人数是否有误;缮写项目是否齐全,保险单与投保单各项内容、数字有无错漏;分项保额与总保额是否正确无误;保险费计算及大、小写是否正确无误;费率厘定是否正确;保险期限起讫时间是否正确无误;对附加的特约条款正确粘贴在保险单正本背面及副本正面上方,并加盖骑缝章。

经复核无误后,复核员要在保险单正、副本上加盖业务专用章及复核员私章,并在"承保登记簿"上签章,把保险单正本和保险费收据交被保险人。

6. 收取保险费和储金

(1) 根据与投保人商定的投保金额或投保人自行估价确定的投保金额,按"家庭财产保险费率表(见表 2-7)"厘定的费率匡算出保险费或保险储金。

(2) 无论是否发生过赔款,保险储金终归被保险人所有。保险人只提取储金的实得利息作保险收入,如果保户不按规定年限要求中途退保,应根据条款的规定收取一定的保险费。

表 2-7 家庭财产保险费率表

| | 项　　目 | 1 年 | 3 年 | 5 年 |
| --- | --- | --- | --- | --- |
| 综合险 | 房屋:楼房 | 0.8‰ | 0.6‰ | 0.4‰ |
| | 房屋:平房 | 1.6‰ | 1.2‰ | 0.8‰ |
| | 室内装潢 | 1.0‰ | 0.8‰ | 0.6‰ |
| | 室内财产 | 1.0‰ | 0.8‰ | 0.6‰ |

(续表)

| | 附加险种 | 1年 | 3年 | 5年 |
|---|---|---|---|---|
| 附加险 | 盗抢保险 | 3.0‰ | 2.5‰ | 2.0‰ |
| | 家用电器用电安全险 | 1.0‰ | 0.8‰ | 0.6‰ |
| | 现金、首饰盗抢保险 | 1.5‰ | 0.8‰ | 0.6‰ |
| | 管道破裂及水渍保险 | 1.0‰ | 13‰ | 10‰ |
| | 自行车盗窃责任险 | 15‰ | 13‰ | 10‰ |
| 附加第三者责任险 | 赔偿限额 | 1万元 | 2万元 | 5万元 |
| | 1年 | 4.0‰ | 3.0‰ | 2.5‰ |
| | 3年 | 3.5‰ | 2.5‰ | 2.0‰ |
| | 5年 | 3.0‰ | 2.0‰ | 1.5‰ |

(3) 交纳保险费或保险储金是保险生效的前提条件。因此，被保险人应在投保时一次交清保险费或保险储金。对集体统保交费确有困难的投保单位，可经双方协商后分期付款，但最多不超过三期。分期交费必须在保险单"特别约定"栏注明分期交费日期及金额。

7. 批改事项

(1) 保险财产地址变更。由被保险人填写"批改申请书"（一式三联）并将保险凭证、身份证交与保险人，经审核符合批改要求，由内勤人员通过计算机出具批单批改地址，并在批改登记簿中登记后，一并送复核员；经复核无误后，在批单上加盖公章及复核员私章，然后把其中一联贴在保险单正本，并加盖骑缝章交被保险人，另一联贴在保险单副本并加盖骑缝章归档。

(2) 赔付后保险金额的冲减。家庭财产长效还本保险和家庭财产两全还本保险赔偿后当年保险金额做相应冲减，下一个保单年度保险金额自动恢复。普通家庭财产保险在保险金额内赔偿后，须冲减保险金额，由保险人通过计算机出具批单，分别附在保险单正副本上。

(3) 保单的遗失。由被保险人亲自填写"批改申请书"并将身份证交保险人，通过计算机调出保险单，经审核无误后，通过计算机开出批改过的保险单，并送复核员；经复核无误后，加盖公章及复核员私章，其中一联交被保险人，另一联附在保险单副本上留存备查。

(4) 退保。要求被保险人携带身份证和保险凭证，亲自办理，填写"批改申请书"，经查对原承保资料无误后，通过计算机办理退保手续，收回被保险人保险单正本，加盖"退保"戳记，并在保险单下部注明退保日期，被保险人证件上的名称和编号（第三者代办的，还需注明代办人的身份证名称和编号），在开户登记簿和销户登记簿上登记，开出退保险费收据（批单）后，送复核员复核。如果属于不按规定年限中途要求退保的，根据条款的规定收取一定的保费。经复核无误，复核员加盖公章和复核员私章，并请退保人在退保险费收据（批单）和销户登记簿上签名，然后把原保险凭证及退保险费收据送会计部门办理退保险费。

(5) 保险项目或保险金额的增加。承保的家庭财产保险业务，保户要求增加保险项目或保险金额，应由被保险人填写"批改申请书"，保险人根据保户要求增加的保险项目或保险金额开出批单，并根据新增部分按现行费率计算应收保险费或储金，开出保险费收据，送复核员复核无误，在批单上加盖公章及复核员私章，然后把其中一联贴在保险单正本，并加盖骑缝章交被保险人，另一联贴在保险单副本并加盖骑缝章归档。

8. 对批改事项的几点要求

(1) 批单应贴在保险单正(副)本正面,并加盖骑缝章。

(2) 批改后保险责任即行终止的,应将保险单正本收回注销。

**(二) 家庭财产保险核损理赔**

1. 接报案

(1) 接到报案时应详细询问被保险人姓名、保险单号码、出险日期、出险原因、出险地点、估计损失、联络方法等情况,并记录下来,同时协助被保险人填写"出险通知书"。被保险人用电话或请他人代报案的,在见面时,应要求被保险人填写"出险通知书"。

(2) 根据报案记录内容查找保险单、批单、分户清单进行核对,如被保险人姓名和保险财产地址是否相符,保险单是否有效等。

(3) 对重大的和超出核赔权限的报案,应迅速先以电话联系方式向上级公司报告出险情况,并要求一起查勘。

2. 现场查勘

现场查勘是理赔工作的主要环节,是了解标的出险情况,掌握第一手资料,处理赔案的重要依据。查勘工作质量的好坏,对赔案能否及时、准确、合理地理赔起着关键性的作用。

因此,查勘人员必须按照查勘工作的要求、方法和步骤进行。

(1) 查明出险地点对审核保险责任有着密切的关系,要查实出险地点是否与保险单上的保险地址相一致,受损的财产是否属于保险财产。

(2) 查明出险原因,首先要了解出险的事实经过,查明是属于直接原因还是间接原因,是自然因素还是人为因素。对出险原因比较复杂的案件,要深入实地调查,采取多听、多问、多看的方法和步骤来进行,凡与情节有出入的更要反复求证,索取书面的证明。同时做好对当事人、见证人的调查询问工作,并认真做好笔录,并请被调查人签字。

(3) 查明灾害事故所涉及的范围,拍摄灾害事故对财产造成损失程度的照片,主要包括受损财产、完全损毁的财产、部分损毁的财产三部分,根据灾害情况,估算出灾害事故所造成的损失金额。

(4) 在案情尚未查清原因之前,理赔人员切忌主观武断,轻易表态,草率地肯定或否定是否属于保险责任,以免给处理赔案造成被动。必要时,应及时向本部门负责人和公司领导汇报、分析案情,重大疑难案件还应向上级公司报告。

查勘工作完毕后,理赔人员要求被保险人提供有关部门出具的事故证明等有关单证,并将"出险通知书"发给被保险人填写。

(5) 缮制现场查勘报告。根据现场查勘记录,缮制现场查勘报告。

3. 核定损失

业务科负责人应根据保险单、出险通知书、查勘记录、查勘报告书、出险证明以及被保险人提供的损失清单、原始发票等,确定保险责任。查勘人员应详细汇报现场及调查掌握的情况,提出分析意见。

审定保险责任必须根据条款列举的责任范围和除外责任来确定应该理赔还是拒赔。

由于客观情况错综复杂,保险条款不可能包罗万象,因此在处理赔案、分析责任时要本着实事求是的原则,具体情况具体分析。如属除外责任,应按照拒赔案件的审批规定办理。批准后,应当向被保险人发出拒绝赔偿通知书并加以解释说明,并注销案件。

家庭财产保险如果出现无账可查,要根据现场查勘登记的情况,保户开列的损失清单,按照承保时分项的保险金额和财产损失程度,与保户协商核实损失数额。核定损失主要通过查事物、查情况、询问左邻右舍、核对修理费用单据等,对保险条款上列明的不保财产应予剔除,从而核定受损保险财产范围及损失金额,通过整理现场,核对受损的财产,根据不同受损财产的情况与投保人协商,可以洗涤的进行洗涤,可以修理的进行修理,然后凭有关单据由保险公司给付其支出的费用。对无法修理使用的财产,按照市价对照其新旧程度进行折旧计算赔偿金额。对局部损失的财产按修复费用赔偿,不计提折旧。

由于是分项承保,故应分项理赔,每项的赔偿金额不能超过其本项的保险金额,也不能相互调剂,总赔偿金额不能超过保险单的总保险金额。由于集体投保单位多,职工的家庭可能有一户多单投保的情况,或有些明显超额投保的,遇有这种情况,在发生赔款时,其总赔偿金额应以不超过当时的实际损失金额为限,如果多单投保不同的保险公司,应按照其保险金额与总保险金额总和的比例承担赔偿责任。

发生应由第三方负责赔偿的赔案时,如保户提出要求,可先予赔偿。由保户填写"权益转让书",并应登记"追偿第三者责任赔偿登记簿"。

4. 赔款计算

1) 房屋、室内装潢及其附属设备的赔偿计算

(1) 保险金额大于或等于保险价值。当发生全部损失(指房屋全损)时,计算公式为:

$$赔款=(保险价值-残值)\times(1-年折旧率\times房屋已使用年限)$$

当发生部分损失(指房屋部分损失)时,计算公式为:

$$赔款=保险价值\times损失程度$$

或

$$赔款=修理费用$$

(2) 保险金额低于保险价值。当发生全部损失(指房屋全损)时,计算公式为:

$$赔款=(保险金额-残值)\times(1-年折旧率\times房屋已使用年限)$$

当发生部分损失(指房屋部分损失)时,计算公式为:

$$赔款=保险金额\times损失程度$$

或

$$赔款=修理费用(或损失金额)$$

2) 室内财产的赔偿计算

室内财产的损失赔偿一般采用第一危险赔偿方式,即在发生保险责任范围内的损失时,应按实际损失与保险金额的较小者赔偿,而不是按责任比例分摊损失。

3) 施救费用的赔偿计算

(1) 凡被施救的财产中包含了未保险的财产,而且保险财产与未保险财产所用施救费无法分清时,应按以下公式计算:

$$应付施救费用=施救费用\times(所施救的保险财产价值\div所施救的全部财产价值)$$

(2) 施救费用应与保险财产赔款分别按两个保险金额计算,均以不超过保险金额为限。

(3) 计算保险财产赔款不需要比例分摊的,施救费用也不需要比例分摊;计算保险财产赔款需要比例分摊的,施救费用也适用相同的比例分摊。

4) 重复保险的赔偿责任计算

$$赔款=按损失情况计算后的金额\times(保险金额\div保险金额总和)$$

(1) 赔款计算书是支付赔款的正式凭证,应根据保险单的内容,现场查勘报告及有关证明详细校对填写各栏,要求项目齐全,数字准确,字迹清晰。赔款计算一栏应按标的损失、残值扣减、施救费等分列清楚,并列明计算公式。

(2) 赔款计算书一式两份(如赔款超过核赔权限,应增加一份),必须加盖业务专用章。一份附赔案卷内,另一份作为会计支付凭证,经复核签章后,连同其他单证一起送交审核人员审核。

5. 赔付结案

审核员应计算、核对下列有关单证:出险通知书、保险单抄件、出险证明、损失清单、现场查勘报告、赔偿计算书等。审核无误后,审核员在赔款计算书上签章,并送经理签批。

如超过核赔权限,应按规定报上级公司审批。

会计部门收到赔款计算书及案卷单证,复核无误后,及时开出"赔款收据"一式三联,一联由保户留存,另两联由保户签章后退回,一联留会计部门作付款凭据,另一联留赔案卷内。会计部门退还的赔讫案卷,内勤要认真检查赔讫章及经办人员签章是否加盖齐全。

支付赔款后,属于普通家庭财产保险赔案部分损失的,内勤应缮制"赔款批单"一式三份,一份交保户贴在保险单正本上,另一份附赔案卷内,还有一份贴在保险单副本上。批单上应批明赔款后的各分项有效保险金额。如保户要求恢复当年保险金额时,按短期费率补交保险费。储金性家庭财产保险赔款后不用冲减保额。

赔案结束后,应将赔案编号、被保险人名称、保险单号码、出险日期、出险原因、赔讫原因、赔讫日期、赔付金额等内容登入"赔款案件登记簿"。

损余物资的处理:对受损财产的残值与被保险人分歧过大,确需收回作损余物资处理的,对收回的损余物资要严格按规定手续办理,并列清单,列明损余物资的名称、数量、损失程度,由被保险人盖章。填制"损余物资回收单"一式三份,一份附赔案卷内,另一份交会计入账,还有一份交保管人员核实、登记留存。收回的损余物资要妥善保管,及时处理,防止损失。

## 五、家庭财产综合险实训操作流程(以国泰安保险公司综合业务实训软件为例)

**案例** 房主钱泰美,联系电话:13545466392;身份证号码:311121197907274814;地址:海河市顺义区健康街327号;邮编:145297;以自身名义为其房屋购买了一份2016年7月28日零时起效的1年期家庭财产综合险,保障内容为:家庭财产险(房屋20万元,房屋装修20万元,室内财产50万元),附加地震保险(房屋50万元,房屋装修20万元,室内财产15万元),附加盗抢综合险2万元,附加水暖管爆裂损失险5万元,附加家用电器安全险10万元,房屋名称:健康街327号。

(一) 承保

1. 录单

1) 险种选择

点击"新增业务"按钮,弹出险种选择对话框进行险种选择。选择"家庭财产保险"/"家庭财产综合保险"/【新增】按钮,进入家庭财产综合保险投保信息填写界面。

2) 基本信息填写

根据案例信息录入基本信息,如图2-1所示。完成后点击【保存】按钮进行保存,保存成功的投保单会自动存储在暂存界面。

需注意的有以下几项:

(1) 争议处理,选择仲裁则需填写仲裁地,选择诉讼则不填写。

(2) 保险起止期,保险起期默认为系统日期第二日0时,保险起期必须大于投保日期(即大于系统时间),保单一经生成不可批改保险期限,保险期默认为1年。

3) 客户信息填写

准确录入客户信息,如图2-2所示。填写完成之后点击【保存】按钮进行保存。

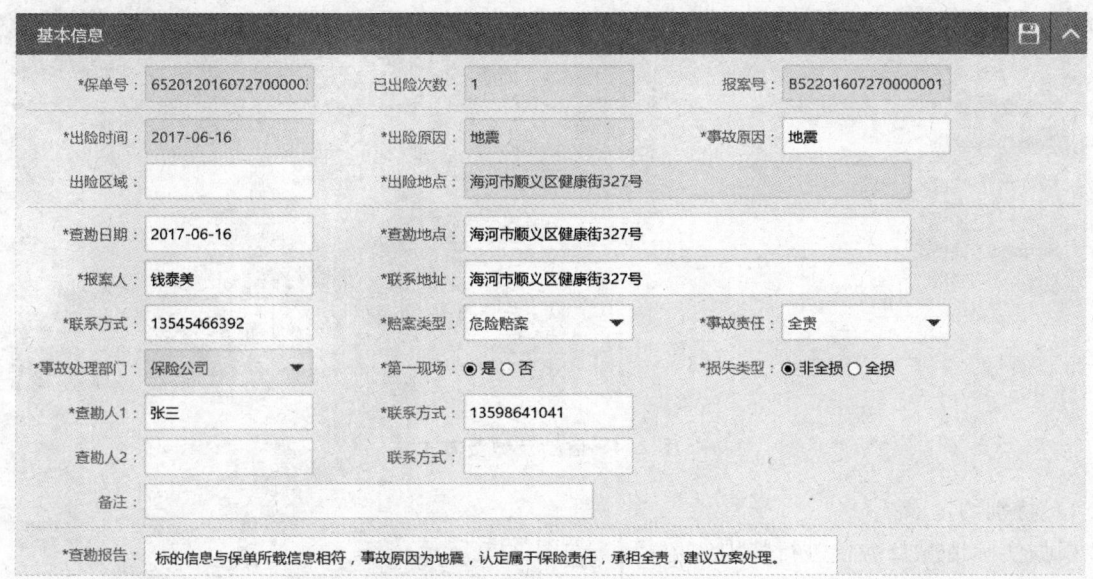

图 2-1　基本信息

图 2-2　客户信息

4）标的信息填写

据实填写标的信息，如图 2-3 所示。填写完成之后点击【保存】按钮进行保存。

图 2-3　标的信息

5）险别及缴费方式确定

（1）依次添加家庭财产险房屋 20 万元、房屋装修 20 万元、室内财产 50 万元，附加地震保险房屋 50 万元、房屋装修 20 万元、室内财产 15 万元，附加盗抢险 2 万元，附加水暖管爆裂险 5 万元，附加家用电器安全险 10 万元。点击【计算】按钮进行保费计算，如图 2-4 所示。

（2）付费方式选择划卡时，核保通过后在"出单员——承保——见费出单"界面进行缴费处理，付费方式选择支票时，核保通过后在"财务专员——收款确认——投保收款确认"界面进行收款确认，点击【保存】按钮进行保存处理。

项目二　财产保险业务实训 / 53

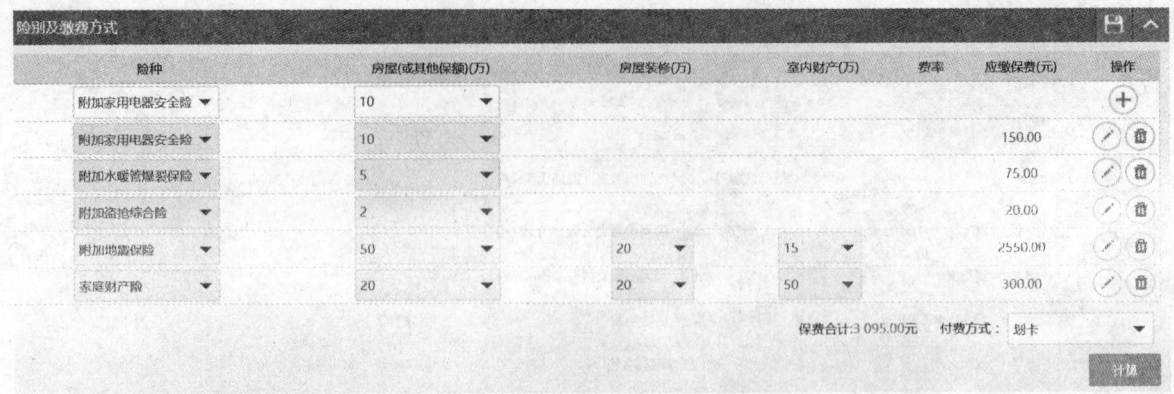

图 2-4　险别及缴费方式

6）特别约定录入

根据实际情况及需要进行特别约定录入，如图 2-5 所示。

图 2-5　特别约定

7）其他承保信息录入

根据实际情况及需求进行其他承保信息的上传。选择附件类型，点击【选择图片】按钮选中要上传的图片，点击【上传】按钮即可，如图 2-6 所示。

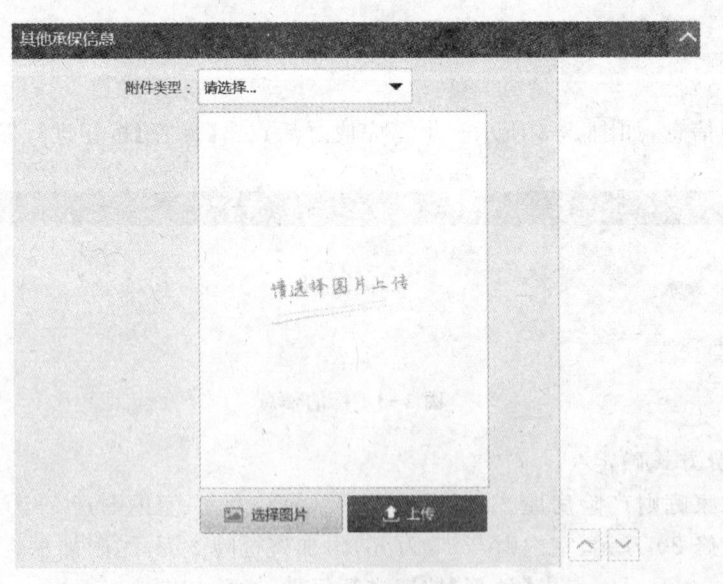

图 2-6　其他承保信息

8）申请核保

完成以上信息填写后，将需要备注上报的信息填写在上报说明中，点击【申请核保】按钮申请核保。

2. 批改处理

1) 系统及角色选择

系统选择"财产保险业务系统",角色选择"出单员",点击【确定】按钮进入财险业务的出单员角色。选择承保业务下的批改处理,进入批改操作。批改处理界面分为:"暂存——待修改——已申请核保"。暂存界面用于新增批改申请单及查找暂存的批改申请单,可进行修改和删除操作。待修改界面用于查找自行撤回、核保人下发打回修改的批改申请单,可进行"修改"和"删除"操作。已申请核保界面用于查找待核保、预核通过、有效批单状态的批改申请单或批单,对核保状态的批改申请单可进行查看(点击申请单号)和撤回操作(撤回的批改申请单在待修改界面),对预核通过和有效批单状态的批改申请单或批单可点击申请单号进行查看。

2) 批改——变更投保人/被保险人

将原有投保人"钱泰美"变更为"张小马",被保险人"钱泰美"变更为"张小马",身份证号码:311121198801010010,深圳市南山区桂庙路6号,联系电话:15626553333。

（1）点击【新增批改】按钮新建一个批改单,输入保单号,系统自动输出该保单的相关信息,选择批改原因"变更投保人、被保险人信息"(客户在进行变更投保人、被保险人的批改申请时需要填写批改申请书,原投保人、被保险人身份证复印件和新的投保人、被保险人的身份证复印件)。

（2）确定保单号及批改原因后点击【批改】按钮进入批改明细页面,在基本信息界面确定批改起期(批改起期需在保单有效期内)、投保人、被保险人和证件号码等信息,点击【保存】按钮进行保存操作。

（3）变更客户信息证件号码为"311121198801010010",点击【保存】按钮。

（4）变更标的信息中被保险人与标的关系为"使用",点击【保存】按钮。

（5）根据需要添加特别约定。

（6）在以上操作完成之后,点击【确定】按钮,回到批改页面,填写收款人信息(当出现退费情况时需要填写),保存。

（7）其他批改信息上传,需要上传批改申请书、原投保人与被保险人、新投保人与被保险人身份证等资料。

（8）申请核保。

至此,家庭财产综合险批改——变更投保人/被保险人的批改申请完成,核保通过之后就生成有效批单。

3. 注退处理

1) 系统及角色选择

系统选择"财产保险业务系统",角色选择"出单员",点击【确定】按钮进入财险业务的出单员角色。

2) 注退操作

选择承保业务下的"注退处理",进入注退操作。注退处理界面分为:"暂存——待修改——已申请核保"。"暂存"界面用于新增注退申请单及查找暂存的注退申请单,可进行修改和删除操作。"待修改"界面用于查找自行撤回,核保人下发打回修改的注退申请单,可进行修改和删除操作。"已申请核保"界面用于查找待核保、有效注退单状态的注退申请单或注退单,对待核保状态的注退申请单可进行查看(点击申请单号)和撤回操作(撤回的批改申请单在待修改界面),对有效注退单状态的注退单可进行点击申请单号进行查看。

## (二) 核保

### 1. 核保投保单

1) 核保投保单——未处理

对未核保的投保申请单可进行查看和核保操作,点击申请单号进行投保申请单明细的查看;点击操作按钮进行核保操作。

填写核保意见"通过"或"不通过",选择不通过时在备注栏填写不通过的原因,点击【确认】按钮核保操作成功,如图 2-7 所示。核保成功后投保单状态变为"预核通过",对预核通过的投保单可在"出单员见费出单"或"财务专员收款确认"界面进行缴费处理。若重复投保,则只可选择投保不通过,保单状态变为"预核不通过",出单员可在待修改中查看并修改完成,然后重新申请核保。

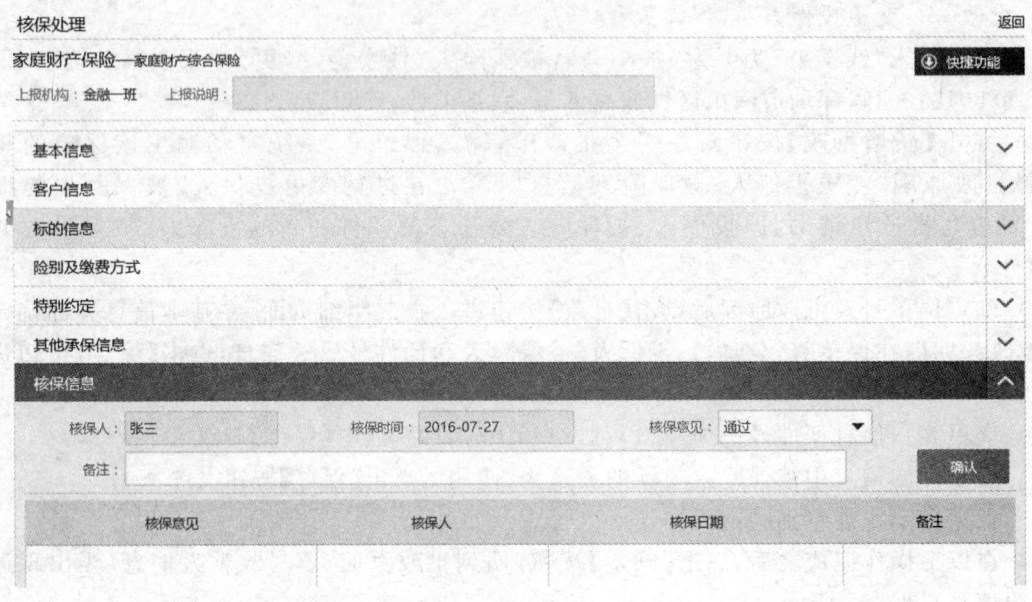

图 2-7 核保处理

2) 核保投保单——已处理

对已核保的投保申请单可进行查看操作,点击申请单号进行投保申请单明细的查看。

### 2. 核保批改申请单

1) 核保批改申请单——未处理

对未核保的批改申请单可进行查看和核保操作,点击申请单号进行批改申请单明细的查看;点击操作按钮进行核保操作。

填写核保意见"通过"或"不通过",选择不通过时在备注栏填写不通过的原因,点击【确定】按钮核保操作成功。如果保费无变化或需要退还保费,则核保成功后批改申请单状态变为有效批单;如果需要缴费,则核保通过后状态为"预核通过"。预核通过的批改申请单可在"出单员见费出单"或"财务专员收款确认"界面进行缴费处理。

2) 核保批改申请单——已处理

对已核保的批改申请单可进行查看操作,点击申请单号进行投保申请单明细的查看。

### 3. 核保注退申请单

1) 核保注退申请单——未处理

对未核保的注退申请单可进行查看和核保操作,点击申请单号进行注退申请单明细的查看;

点击操作按钮进行核保操作。

填写核保意见"通过"或"不通过",选择不通过时在备注栏填写不通过的原因,点击【确定】按钮核保操作成功。核保成功后投保单状态变为有效注退单,可到财务专员付款确认界面进行支付操作。

2)核保注退申请单——已处理

对已核保的注退申请单可进行查看操作,点击申请单号进行注退申请单明细的查看。

(三)缴费

核保通过后,即进入缴费环节。角色切换到"出单员",点击【缴费处理】按钮进行缴费,如图2-8所示。

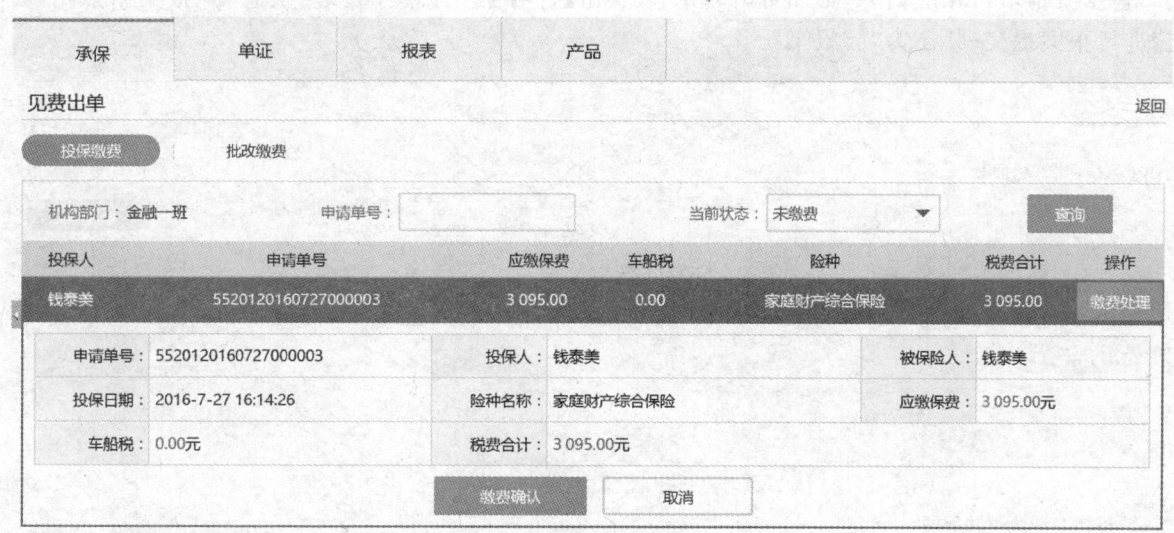

图 2-8  缴费处理

客户缴费后,点击【缴费确认】按钮确认缴费,如图2-9所示。

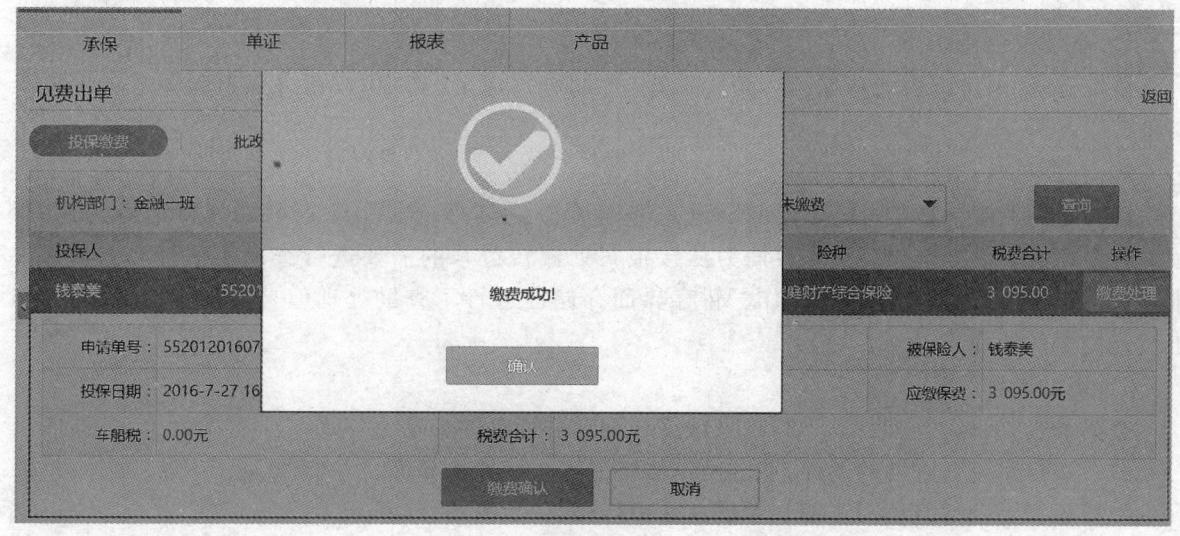

图 2-9  缴费确认

(四) 理赔

1. 接报案

1) 查询及新增报案

角色切换到"接报案专员",选择"非车险报案",输入查询条件查询需要查找的报案,或点击【新增报案】按钮新增报案。

2) 新增报案信息

2017年06月16日04:05许,保单6520120160727000003承保的位于海河市顺义区健康街327号房屋因地震造成损失,房主钱泰美(联系电话13545466392)报案,并随即通知保险公司,经抢救挽回了部分损失,但仍造成了重大损失。

根据案情填写相应信息,如图2-10所示,点击【保存】进行暂存处理,状态为"报案";点击【提交】进行报案提交,状态为"已报案"。

图2-10 新增报案信息

2. 查勘

1) 系统及角色选择

系统选择"财产保险业务系统",角色选择"查勘员",点击【确定】按钮进入财险业务的查勘员角色。

2) 查勘员角色业务选择

选择查勘业务下的"非车险查勘",进入非车险查勘处理。非车险查勘处理界面分为:待处理——暂存——已处理。待处理界面为从接报案处流转过来的需要进行查勘的案件和查勘核赔未通过的案件,可进行查勘处理操作。暂存界面存储已进行了查勘处理但是还未提交的案件,可进行查勘操作处理。

3) 查勘操作

查勘员张三(联系电话:13598641041)接到调度进行案件查勘。

(1) 选择要进行查勘的案件,点击操作按钮进入查勘操作界面。

(2) 根据查勘情况填写查勘基本信息并进行保存,如图2-11所示。

(3) 根据查勘的损失信息和购买的险种进行相应的损失信息填写,如图2-12所示。

(4) 据实填写查勘意见并保存,如图2-13所示。

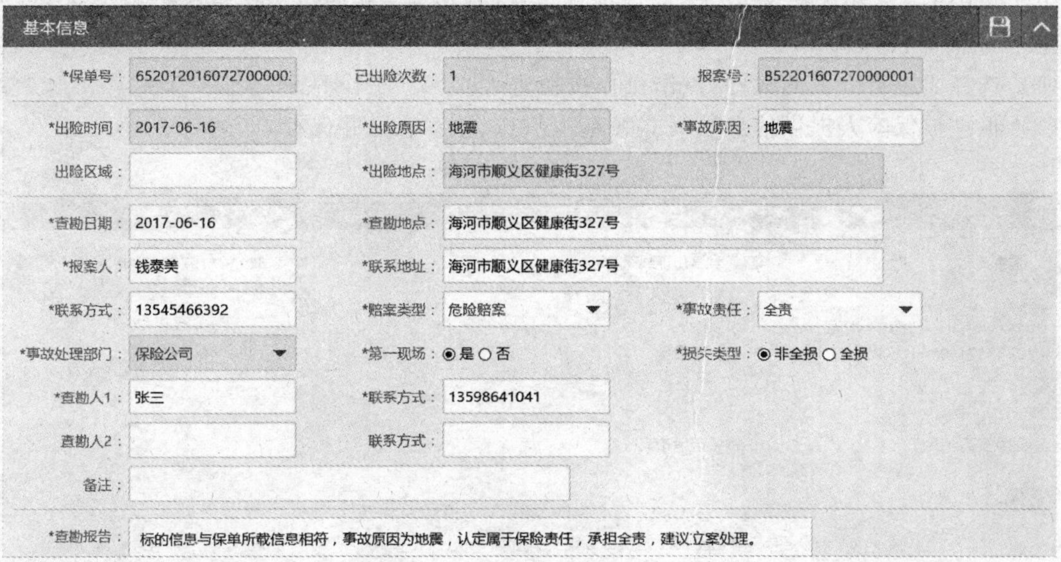

图2-11 查勘基本信息

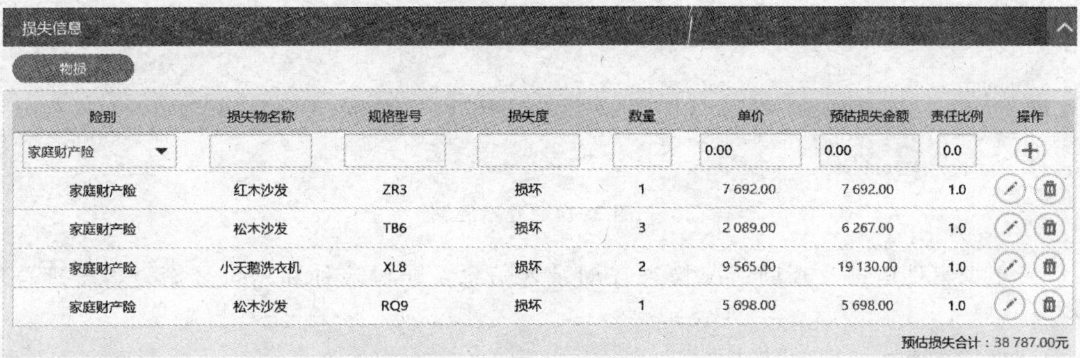

图2-12 查勘损失信息

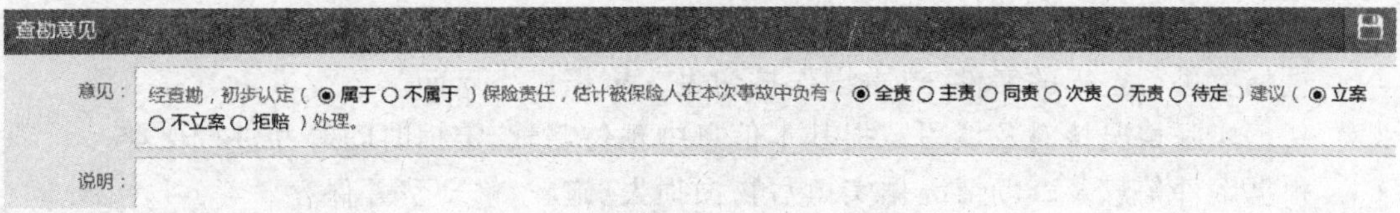

图2-13 查勘意见

（5）上传查勘照片、查勘报告影像、保单等资料影像。

（6）在以上操作完成后点击【提交】按钮，则查勘完成。

3. 立案

钱泰美向保险公司提出了索赔申请，提交的索赔单证完整且符合要求，收款人账号：7443571408541162；开户行：国泰安商业银行天港市分行；手机号码：13545466392。查勘员张三经现场查勘认定标的信息与保单所载信息相符，事故原因为地震，属保险责任，承担全责，建议立案处理。损失包括红木沙发-ZR3损坏1件（预估损失单价7 692元），松木沙发-TB6损坏3件（预估损失单价 2 089 元),小天鹅洗衣机-XL8 损坏 2 件(预估损失单价 9 565 元),松木沙发-RQ9 损失 1 件(预估损失单价 5 698 元)。

(1) 选择要进行立案的案件,点击操作按钮进入"立案"操作界面。

(2) 根据被保险人提供信息填写立案基本信息、立案意见并保存,如图 2-14 所示。

图 2-14 立案信息

(3) 根据案件信息及查勘情况检查查勘录入信息及赔付险种和赔付金额是否合理合规,并保存。

(4) 据实补充相关影像资料。

(5) 在以上操作完成后点击【提交】按钮,则立案完成。

4. 定损

角色切换至"定损员",根据案件情况及公司规定进行定损核算处理。

(1) 选择要进行定损的案件,点击操作按钮进入定损操作界面。

(2) 根据实际情况核对及填写定损基本信息中预付赔款、定损时间等并进行保存。

(3) 根据案件信息及查勘情况据实填写物损损失、施救/修理费并保存。

(4) 据实补充影像资料。

(5) 在以上操作完成后点击【提交】按钮,则定损完成。

5. 核赔

角色切换至"核赔员",选择需要核赔的案件,点击操作按钮进行核赔操作,如图 2-15 所示。点击【报案信息】【查勘信息】【立案信息】【定损信息】进行相应详情查看。

(1) 报案信息,如图 2-16 所示。

(2) 查勘信息,如图 2-17 所示。

(3) 立案信息,如图 2-18 所示。

(4) 定损信息,如图 2-19 所示。

## 核赔

**非车险核赔**

报案信息　查勘信息　立案信息　定损信息

赔案号：
核赔意见：通过
机构部门：金融一班　　　核赔人：张三　　　核赔日期：2017-06-17
备注：

确定

图 2-15　核赔操作

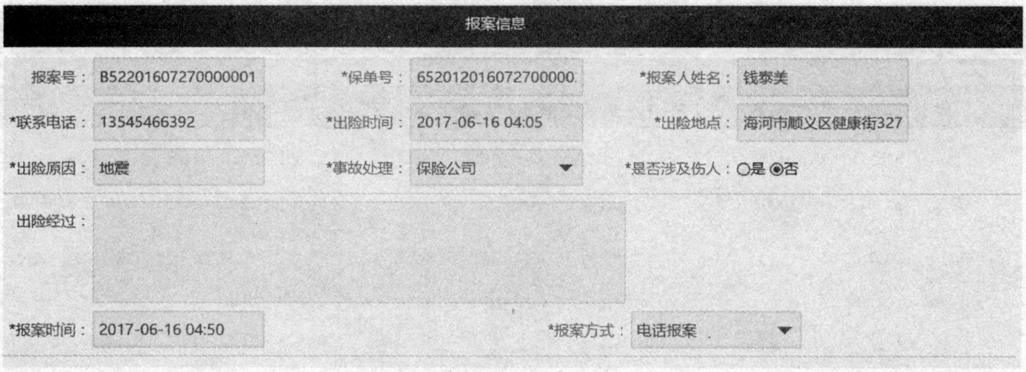

**报案信息**

| | | |
|---|---|---|
| 报案号：B52201607270000001 | *保单号：652012016072700000 | *报案人姓名：钱泰美 |
| *联系电话：13545466392 | *出险时间：2017-06-16 04:05 | *出险地点：海河市顺义区健康街327 |
| *出险原因：地震 | *事故处理：保险公司 | *是否涉及伤人：○是 ●否 |

出险经过：

*报案时间：2017-06-16 04:50　　　　　　　　　*报案方式：电话报案

图 2-16　报案信息

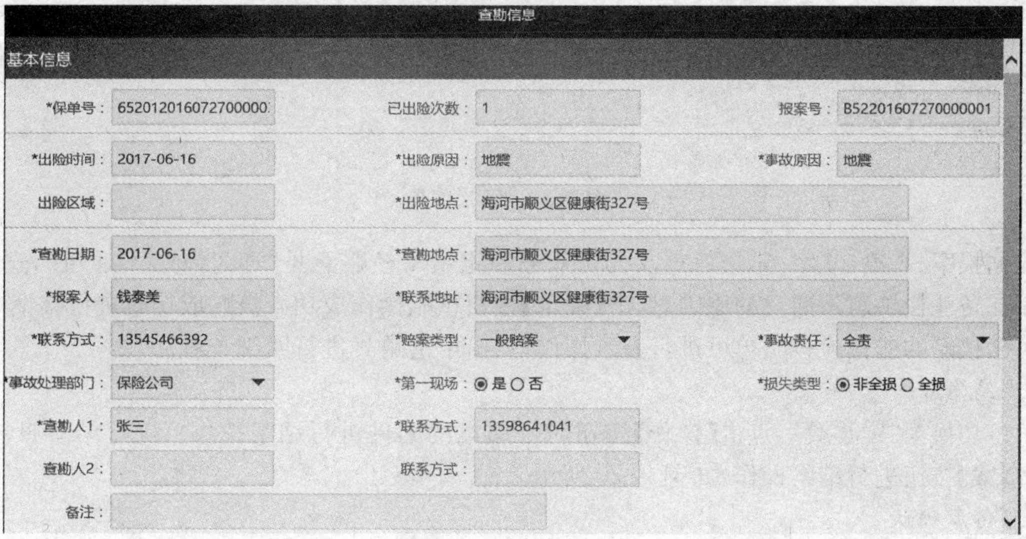

**查勘信息**

基本信息

| | | |
|---|---|---|
| *保单号：652012016072700000 | 已出险次数：1 | 报案号：B52201607270000001 |
| *出险时间：2017-06-16 | *出险原因：地震 | *事故原因：地震 |
| 出险区域： | *出险地点：海河市顺义区健康街327号 | |
| *查勘日期：2017-06-16 | *查勘地点：海河市顺义区健康街327号 | |
| *报案人：钱泰美 | *联系地址：海河市顺义区健康街327号 | |
| *联系方式：13545466392 | *赔案类型：一般赔案 | *事故责任：全责 |
| *事故处理部门：保险公司 | *第一现场：●是 ○否 | *损失类型：●非全损 ○全损 |
| *查勘人1：张三 | *联系方式：13598641041 | |
| 查勘人2： | 联系方式： | |
| 备注： | | |

图 2-17　查勘信息

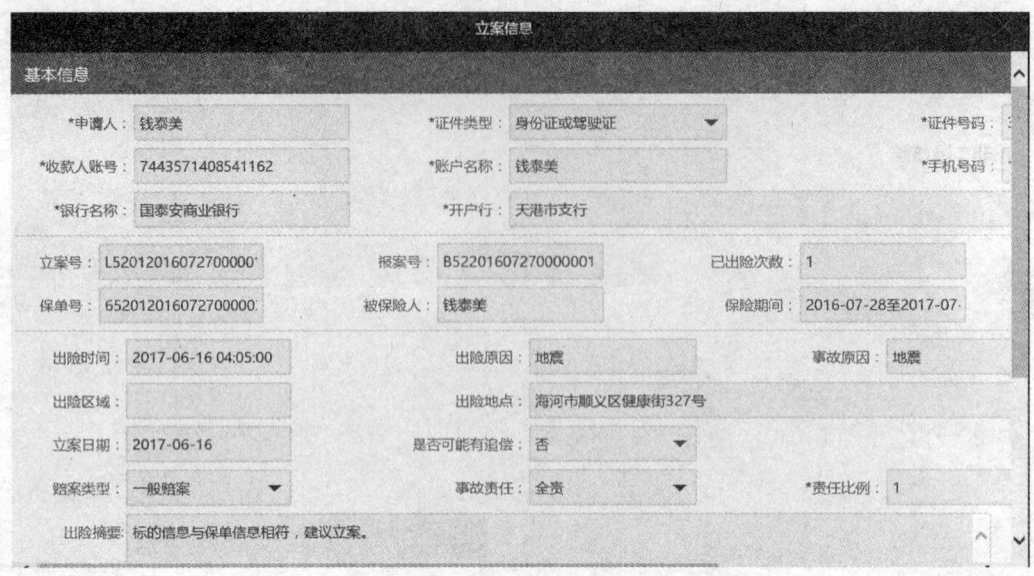

图 2-18　立案信息

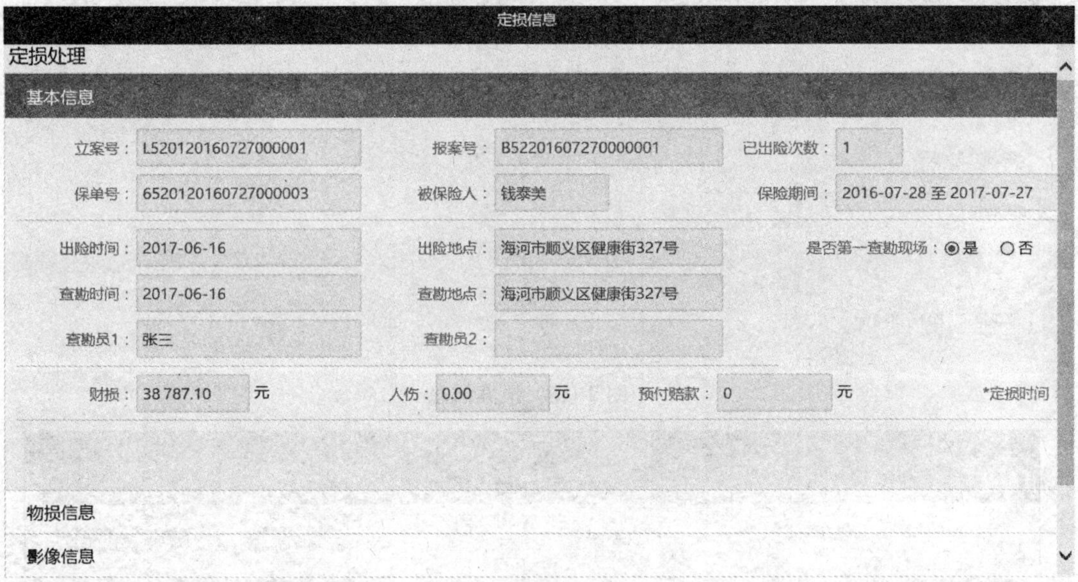

图 2-19　定损信息

根据报案、查勘、立案、定损信息及公司业务规定填写核赔意见"通过"或"不通过",选择不通过时需在备注栏填写不通过的原因,点击【确定】按钮核赔操作成功。核赔成功后进行结案处理。

对已核赔的非车险核赔单可进行查看操作,点击申请单号进行明细查看。

6. 结案

角色切换至"定损员",点击【操作】按钮对待结案的案件进行结案操作。确定结案日期,点击【确认结案】按钮进行结案操作,如图 2-20 所示。

7. 付款确认

角色切换至"财务专员",选择"付款确认"/"非车险理赔付款确认",点击【付款处理】按钮对待付款案件进行付款,如图 2-21 所示。

图 2-20 结案操作

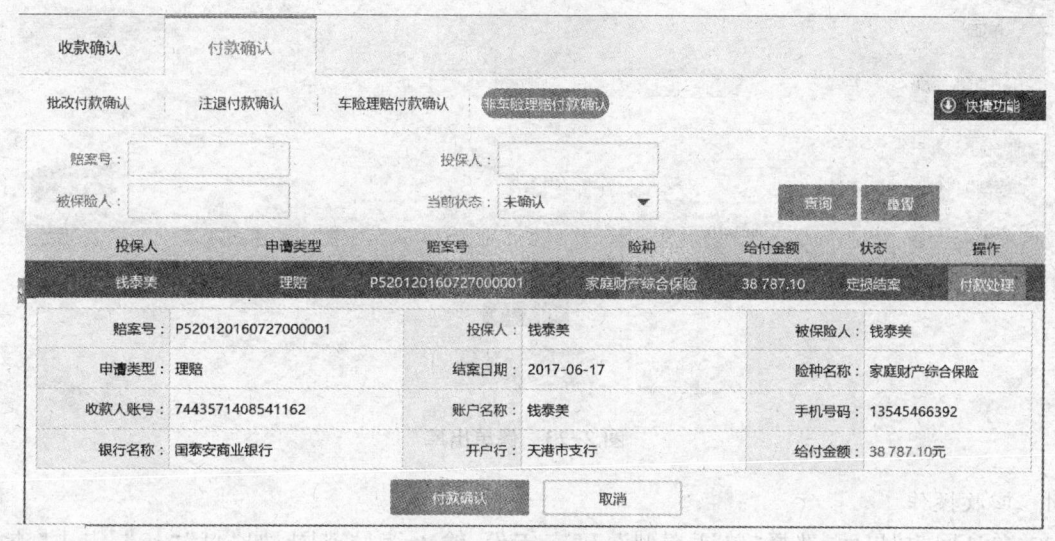

图 2-21 付款处理

付款成功后,点击【付款确认】按钮确认付款。

(五) 单证管理

1. 单证查询

在单证查询界面,确定"单证类型",输入单证年份(2016,默认输出),输入编号范围,如"01""20",点击【查询】按钮,根据查询条件在列表中输出满足查询条件的结果;可查看单证的状态及当前持有人。

2. 入库操作

在单证管理员处,点击"入库操作",单证类型选择"家庭财产综合保险保单",选择编号范围,输入要入库的单证数量,点击【单证分配】按钮即可显示要入库的单证,再点击【入库确认】按钮完成单证入库操作,如图 2-22 所示。

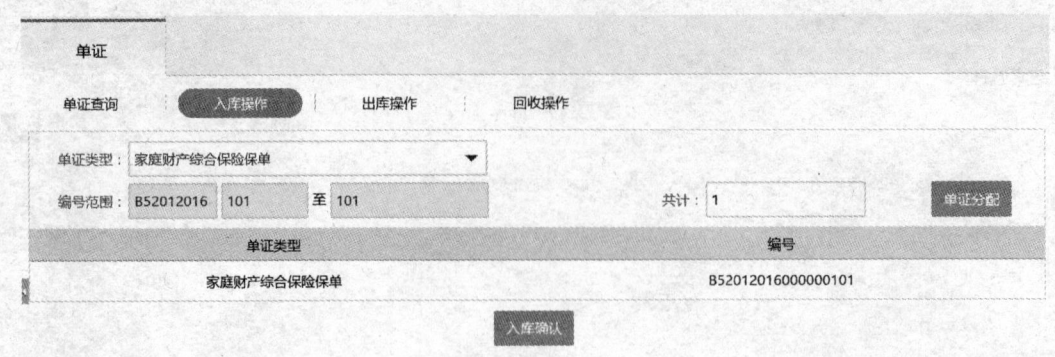

图 2-22　保单入库

3. 出库操作

在单证管理员处,点击"出库操作",单证类型选择"家庭财产综合保险保单",确定年份,输入编号范围,点击【查询】按钮即输出已入库的家庭财产综合保险保单。钩选要出库的单证,点击【出库确认】按钮完成单证出库操作,如图 2-23 所示。

图 2-23　保单出库

4. 回收操作

在"单证回收"界面,选择"单证类型",确定年份,输入编号范围,如"41""45",点击【查询】按钮,在列表中输出符合查询条件的单证。

钩选需回收的单证,点击【回收确认】按钮弹出"回收确认"界面,选定回收至角色,点击【确认】按钮,回收成功。

## 任务三　机动车辆保险业务实训

### 一、机动车辆保险的承保

（一）展业

1. 展业准备

（1）掌握基础理论知识:如我国《保险法》《合同法》《交通法》等法规,保险条款,简单的机动车辆构造原理、车型识别和常见车型的价格。

（2）掌握当地市场基本情况：如所管辖区车辆拥有量，车险的需求等相关资料。

（3）保前调查：如调查客户的信誉度、拥有车辆的车型等。

（4）制定展业计划，确定展业目标。

2. 展业宣传

（1）各分支机构根据本地保险市场特征，宣传本公司车险名优品牌以及机构网络、人才、技术、资金、服务等优势。

（2）宣传基本、附加险条款的主要内容和承保理赔手续。

3. 展业方式

（1）展业坚持以自办为主，利用柜台服务、上门展业、电话预约承保等。

（2）广泛与代理公司、经纪公司、独立代理人及车辆管理部门、银行、海关、控购办等合伙。

（3）要遵守法律、法规规定。

## （二）签发保险单证

1. 告知

（1）依照我国《保险法》及监管部门的有关要求，严格按照条款向投保人告知投保险种的保障范围，特别要明示责任免除及被保险人义务等条款内容。

（2）对车险基本险和附加险条款解释容易发生置疑，特别是责任免除条款。

（3）应主动提醒投保人履行如实告知义务。

（4）应对保户详细解释拖拉机和摩托车保险采用定额保单和采用普通保单承保的差异。

（5）在客户投保险种选择与本公司因风险合理控制、有条件限制的承保险种之间有差别时，应耐心做好宣传解释工作。

2. 检验行驶证和车辆

重点检验的车辆是：

（1）第一次投保的车辆。

（2）未按期续保的车辆。

（3）单保三者险后，申请加保车损险的车辆。

（4）申请增加投保盗抢险、自燃险及玻璃破碎险的车辆。

（5）使用年限超过7年的或接近报废的车辆险。

（6）特种车辆或发生重大损失事故后修复的车辆。

3. 填具投保单

投保人、厂牌号、车辆种类、号牌号码，等等。

4. 计算保费

1）核定填写费率

（1）依据投保人填写的车辆情况，业务人员根据《机动车辆保险费率规章》的有关规定，按照车辆的种类、车辆使用性质、是否对车上责任险选择投保等因素确定费率。

（2）费率的确定应注意以下几点：投保车辆兼有两类使用性质的，按高一类的费率档次确定。费率表中未列明且无法归类的投保车辆，或价值过高、风险集中的投保车辆，应特约承保，另定费率。同一车辆涉及多项费率要素调整的计算办法。当同一车辆根据费率表规定享有多项费率调整时，上浮部分应累积计算。

2）计算填写保费

（1）1年期保费，根据费率表查定的费率及相应的固定保费、机动车辆保险费率使用说明规定，按公式计算保费。

（2）短期保险费计算。保险期限不足1年，按短期费率计算。短期费率分为两类：按日计算保费和按月计算保费。

5. 提车暂保单、摩托车/拖拉机定额保单

（1）提车暂保单。

（2）摩托车/拖拉机定额保险单。

6. 核保

（1）本级核保。

（2）上级核保。

7. 缮制和签发保险单证

（1）缮制保险单：根据核保人员签署的意见制定。

（2）复核保险单：复核人员接到投保单、保险单及其附表应认真核对。

（3）收取保险费：投保人办理交费手续，财务人员开具发票。

（4）签发保险单、保险证。

8. 保险单证补录

手工出单的机动车辆保险单、批单、提车暂保单、定额保单，必须逐笔补录到公司计算机动车辆保险业务数据库中，补录应在出单后10个工作日内完成。单证补录前应经专人审核、检查。

（三）单证的清分与归档

1. 单证的清分

（1）对已填具的投保单、保险单、保费收据、保险证等，业务人员应及时进行清理归类，投保单的附表要粘贴在投保单背面，并加盖骑缝章。

（2）对留存业务部门的单证，由业务内勤按要求整理、装订，并将装订成册的保险单证在有效期内由业务部门指定专人妥善保管。

2. 归档统计

（1）登记业务部门应建立登记簿，将承保情况逐笔登记，并编制承保日报表。

（2）归档每一套承保单证的整理顺序为：保费收据、保险单副本、投保单及其附表。按保险单号码顺序排列，装订成册，封面及装订要按档案规定办理，并标明档案保存期限。

> **思考**
> 展业前应做哪些准备？
> 展业有哪些方式？

## 二、机动车辆保险的核保

（一）各级公司核保权限

1. 省公司核保权限

车辆损失险：单车保险金额500万元以下；第三者责任险：单车责任限额500万元以下。

2. 分公司核保权限

车辆损失险保险金额或第三者责任险责任限额：一级权限公司260万元以下（含260万元，下同）；二级权限公司180万元以下；三级权限公司100万元以下。

附加险承保权限：车上责任险每座责任限额20万元以下，其他附加险保险金额或责任限额150万元以下。

（二）核保人员工作职责

1. 宣传核保政策

2. 负责投保单的初核

（1）手续完备。

(2) 内容完整。
(3) 文字清楚。
(4) 新车购置价、实际价值确定合理。
(5) 条款选用准确。
(6) 投保险种是否符合公司规定。
(7) 费率应用准确。

3. 执行验车承保
(1) 审核是否按公司的验车规定验车。
(2) 对验车人工作质量监督、考核。

4. 核对投保单录入内容与投保单填写内容是否一致

核对投保单录入是否准确,并且初步审核同意按照投保单项目承保时,在投保单"复核意见"栏签字。

### (三) 核保内容
(1) 投保要素是否齐全。
(2) 被保险人的性质确定、选择的条款种类、费率表选择是否正确。
(3) 险种组合、各险种的保险金额(责任限额)确定是否符合规定。
(4) 新车购置价确定是否准确。
(5) 折旧率是否符合规定,实际价值是否确定合理。
(6) 续保保费调整、保费折扣是否计算准确。
(7) 短期保险是否按照规定采用月费率、日费率。
(8) 是否符合本公司的核保规定。

## 三、机动车辆保险的理赔

### (一) 机动车辆险理赔工作的特点和基本原理

1. 理赔的特点
(1) 被保险人的公众性。
(2) 损失率高且损失幅度较小。
(3) 标的流动性大。
(4) 受制于修理厂的程度较大。
(5) 道德风险普遍。

2. 理赔工作的基本原则
(1) 树立为保户服务的指导思想,坚持实事求是原则。
(2) 重合同,守信用,依法办事。
(3) 坚决贯彻"八字"理赔方针。

### (二) 机动车辆保险理赔步骤

1. 报案
(1) 出险后,客户向保险公司理赔部门报案。
(2) 内勤接报案后,要求客户根据出险情况立即填写《业务出险登记表》。
(3) 内勤根据客户提供的保险凭证或保险单号立即查阅保单副本并抄单,以及复印保单、保单副本和附表。
(4) 确认保险标的在保险有效期内出险,要求客户填写《出险立案查询表》。予以立案,并按报案顺序编写立案号。

(5) 发放索赔单证。
(6) 通知检验人员，报告损失情况及出险地点。

2. 查勘定损
(1) 检查人员在接保险公司内勤通知后1个工作日内完成现场勘察和检验工作。
(2) 要求客户提供有关索赔单证。
(3) 指导客户填列有关索赔单证。

3. 签收审核索赔单证
(1) 营业部、各保险公司内勤人员审定客户交来的赔款索赔单证，对手续不完备的客户说明需补的单证后退回客户，对单证齐全的赔案应在"出险报告书"上签字后，将黄色联交还被保险人。
(2) 将索赔单证及备存的资料整理后，交产险部核保科。

4. 理算复核
(1) 核赔科经办人接到内勤交来的资料后审核，单证手续齐全的交本人签字。
(2) 所有赔案必须在3个工作日内理算完毕，交核赔科负责人复核。

5. 审批
(1) 产险部权限内的赔案交主管理赔的经理审批。
(2) 超产险部权限的逐级上报。

6. 赔付结案
(1) 核赔科经办人将已完成审批手续的赔案编号，将赔款和计算书交财务划款。
(2) 财务对赔付确认后，除赔款收据和计算书红色联外，其余取回。

(三) 案例分析

### 案例 2-15

#### 对索赔人员的资格认定

某实业公司向当地某保险公司投保一辆丰田面包车，投保险别包括车辆损失险、第三者责任险和盗抢险等。2015年1~3月间，该车两次出险，均由该单位司机姜某办理索赔手续。因该车的投保业务也是由姜某办理，保险公司理赔人员没有要求其出示委托证明。5月，姜某到保险公司报案称车辆丢失，同时办理了索赔手续。同年9月，本案理赔完毕，依据姜某出具的委托付款函，保险公司将赔款人民币11万元支付到指定的第三人某装潢设计公司账户上。2015年11月，被保险人实业公司派人到保险公司催取赔款，保险公司方知赔款被姜某骗去。原来，姜某7月被实业公司辞退，但其仍继续以被保险人的名义进行索赔，且某装潢设计公司也已倒闭不存在了。

[案例评析]

单位所有的车辆在办理保险时，一般都以单位自身作为投保人和被保险人，因此只有单位具有保险金的受领权。但单位作为法人或非法人组织，所有活动都要通过其内部工作人员或其委托的其他人员或组织完成任务，且须以单位的名义办理。所以，保险人在办理单位所有车辆的承保、理赔业务时，应当要求单位的工作人员出示能够证明其身份的有关证件，包括身份证、工作证和单位的介绍信或委托书等，并将主要证明复制，以保存证据。赔款应用转账支票，现金支付时要特别从严掌握，以防止骗保、骗赔等事件的发生。

就本案而言，保险人在理赔过程中没有审核索赔人员的身份，并根据姜某个人出具的委托付款函将赔款转至第三方账户，因此对赔款被冒领负有责任。作为被保险人的实业公司，在姜某被辞退后没有及时通知保险人，也给姜某骗取赔款以可乘之机。因此，双方都有过错，应当分别承担相应的责任。保险人应向真正的被保险人支付保险金,但可增加相应的免赔额。

**案例 2-16**

### 被保险人赔款被他人冒领,应如何处理

某甲为其个人用车办理了车辆手续。保险车辆在保险期限内发生保险事故,保险公司迅速理赔,并向某甲发出了领取赔款通知书。3日后,一名自称是被保险人某甲妻子的某乙来到保险公司领取赔款,称某甲现在外地出差,无法前来领取赔款,并出示了自己的身份证、某甲的身份证复印件和两人的结婚证,于是,理赔人员向其支付了全部赔款。不料几日后,被保险人某甲又前来领取赔款,并告知已与某乙离婚,某乙是为了使理赔人员向其支付全部赔款而冒充自己的妻子,并要求保险公司向自己支付赔款,保险公司拒绝了某甲的请求,某甲遂将保险公司诉至法院。

[案例评析]

根据我国《保险法》的有关规定,被保险人享有保险金的请求权。因此,发生保险事故后,保险人应当向保险单上列明的被保险人支付保险金。当然,被保险人可委托其他人代其行使保险金的请求和受领权,但这种情况需要保险人切实查明被保险人与受托人之间的真实关系,谨慎支付赔款。在某些情况下,也可能出现私有车辆被保险人家庭成员之间经济并不独立,因此由家庭成员尤其是配偶、父母等代行某些本人的财产权利在法律上是能够得到认可的。但即使是在这种情况下,也需要保险人注意查证代领人与被保险人之间的真实关系,其后才能向代领人支付赔款。本案中的某乙自称是被保险人某甲的妻子,并能够向保险人提供两人的身份证件及两人的结婚证,使保险人有充分理由相信两人的婚姻关系在存续期间,因此向某乙支付赔偿的行为并无过错。某甲不应再向保险人索要赔款,而应向其前妻某乙追索。

## 四、机动车辆保险理赔的案卷制作和管理

**(一) 理赔案卷制作**

编制损失计算书。在编制时应注意的问题:
(1) 有关单据和证明要齐全。
(2) "机动车辆损失计算书"是支付赔款的正式凭证,各栏要根据保险单、查勘理赔工作报告填写。

**(二) 赔案综合报告书**

赔案综合报告书包括的要素有如下几项:
(1) 保险标的的承保情况。
(2) 事故情况。
(3) 保险责任确定的情况。
(4) 损失费用核定情况。
(5) 赔款分项计算情况及总赔款数。

**(三) 赔案材料的整理与装订**

一般顺序如下:
(1) 赔案审批单。
(2) 赔案综合报告书及赔款计算。
(3) 出险通知书。
(4) 机动车辆保险单抄件。
(5) 保险车辆出险查勘记录。
(6) 事故责任认定书、事故调解书或判决书及其他出险证明。

(7) 保险车辆损失估价单。
(8) 第三者责任损失估价单。
(9) 损失技术鉴定书或伤残鉴定书、事故照片。
(10) 有关原始单据、赔款收据、权益转让书。

### (四) 理赔案卷的管理

登记的主要内容有:归档日期、案卷编号、被保险人的姓名等,登记簿要指定内勤人员专职管理,便于查找调阅案卷。

## 五、机动车辆保险现场查勘

### (一) 查勘的主要内容及要求

(1) 查明出险时间。
(2) 查明出险地点。
(3) 查明出险车辆的情况。
(4) 查实车辆的使用性质。
(5) 查清驾驶人员姓名、年龄、驾驶证号码及准驾车型,验证驾驶证是否有效,是否是保险人及其所允许的驾驶员。
(6) 查明出险原因。
(7) 施救、清理受损财产。
(8) 确定损失情况。
(9) 弄清楚责任划分情况。
(10) 重大赔案应绘制事故现场草图。
(11) 询问记录。
(12) 拍照存查。

### (二) 确定保险责任

调查是否在保险责任范围,是否向第三者追偿,是否是被保险人自己的责任。

### (三) 案例分析

#### 案例 2-17

**间接故意损坏路面应拒赔**

某保险公司承保的一辆某外运公司的集装箱卡车,由驾驶员张某夜间驾驶行至某施工路段,因其未注意"前方施工请绕行"警示棒和"靠左侧行驶"的指示标志,便驾车从道路右侧土路通行,行使 500 米后,发现前方有路障,车辆无法通过,张某于是驾车打左方向冲上左侧正在养生的水泥路面。因水泥路面与土路有一定的高度差,集装箱卡车拖上正在养生的水泥路面,但挂车无法拖上。待天亮后,张某又叫来其他车将其集装箱挂车拖上养生水泥路面。张某又驾车在养生路面上向前行驶,在养生路面上再次遇到了路障,无法通过。张某在养生路面上数次倒车,一直倒到了第一次上水泥路面的地方,向左大转弯,车碾过了盖麻袋的养生路面,驶下了水泥路,在左侧土路上行驶,直至被当地交警追上,经勘查,张某由于在养生路面行驶造成水泥路面严重毁坏,损失巨大。外运公司就第三者的路面损失向保险公司提出了索赔申请。

[案例评析]

本案可以从以下两个方面来判断保险人是否应当承担赔偿责任:
(1) 本案中保险车辆造成路面损失是否属于"意外事故"。因为只有在保险车辆发生意外事故造成第三者损害情况下,才可能构成第三者责任险的保险责任。本案中驾驶员张某未注意到警示标志误行入右侧土路,并在对养生路面有所了解的情况下,叫其他车将本车拖上养生路面,在养生路面上行驶并数次倒车,造成养生路面损坏。其损坏并非由行为人不可预见且无法控制的突发性事件造成,而是已经预见到并可以避免的,所以不属于《机动车辆保险条款》第二条所指的"意外事故"。

(2)驾驶员张某知其行为会导致损害结果,却放任该结果的发生,其行为已构成间接故意,属《机动车辆保险条款》第六条第二款的责任免除范围。

综上所述,该起案件不属于第三者责任险的保险责任范围,保险人无须承担赔偿责任。

## 六、机动车辆保险的核赔

### (一)核赔内容及步骤

1. 审核单证

(1)审核确认被保险人按规定提供的单证、证明及材料是否齐全有效,有无涂改、伪造。

(2)审核经办人员是否规范填写赔案有关单证并签字,必备单证是否齐全。审核索赔单证、机动车辆保险索赔申请书、事故责任认定书、事故调解书、道路交通事故快速处理决定书、判决书或出险证明文件、有关原始费用单据、机动车行驶证复印件、机动车驾驶证复印件等。

(3)签章是否齐全。

(4)审核所有索赔单证是否严格按照单证填写规范认真、准确、全面填写。

2. 核定保险责任

(1)被保险人与索赔人是否相符,驾驶员是否为保险合同约定的驾驶员。

(2)出险车辆的厂牌型号、牌照号码、发动机号、车架号(即车辆识别代码,简称车驾号)与保险单证是否相符。

(3)出险原因是否属保险责任。

(4)出险时间是否在保险期限内。

(5)事故责任划分是否准确合理。

(6)赔偿责任是否与承保险别相符。

3. 核定车辆损失及赔款

(1)车辆定损项目、损失程度是否准确、合理。

(2)更换零部件时,是否按规定进行了询报价,定损项目与报价项目是否一致。

(3)换件部分拟赔款金额是否与报价金额相符。

(4)残值确定是否合理。

4. 核定人员伤亡及赔款

(1)根据查勘记录、调查证明和被保险人提供的"事故责任认定书""事故调解书"和伤残证明,依照国家有关道路交通事故处理的法律、法规规定和其他有关规定进行审核。

(2)核定伤亡人员数、伤残程度是否与调查情况和证明相符。

(3)核定人员伤亡费用是否合理。

(4)被抚养人口、年龄是否真实,生活费计算是否合理、准确。

5. 核定其他财产损失赔款

根据照片和被保险人提供的有关货物、财产的原始发票等有关单证,核定财产损失、损余物资处理等有关项目和赔款。

6. 核定施救费用

根据案情和施救费用的有关规定,核定施救费用有效单证和金额。

7. 审核赔付计算
(1) 残值是否扣除。
(2) 免赔率使用是否正确。
(3) 赔款计算是否准确。

(二) 核赔程序

属本级公司核赔权限的,经核赔人员签字后,报经理室审批;属上级公司核赔的,核赔人员提出核赔意见,由经理室签字后,由业务处理中心直接报上级公司核赔。

结案时,《机动车辆保险赔款计算书》上赔款的金额必须是最终审批金额。在完善各种核赔和审批手续后,方可签发《机动车辆保险领取赔款通知书》,通知被保险人。

上级公司核赔根据不同的案件,侧重审核以下内容:
(1) 普通赔案的责任认定和赔款计算的准确性。
(2) 有争议赔案的旁证材料是否齐全有效。
(3) 诉讼赔案的证明材料是否有效,我方的理由是否成立、充分。
(4) 拒赔案件是否有充分证据和理由。

(三) 案例分析

### 案例 2-18

#### 未受伤第三者的误工费,是否应赔偿

王某于2015年购买一辆捷达牌轿车,并在当地的保险公司投保了车损险,第三者责任险以及盗抢险等附加险。一天早晨,王某驾车去单位上班,由于时间较紧,所以车子开得很快,结果在强行超越一辆正常行驶的出租车时,由于操作不当与出租车相撞,致使出租车前部损坏,所幸出租车司机没有受伤。事故发生后,王某及时向交警部门和保险公司报了案。交警了解情况后,认定王某负事故全部责任,并对车辆进行了损失核定,初步估计修理出租车需要3天的时间。出租车司机考虑到这3天无法营运,损失将近千元,当面向王某和保险公司提出3天的误工费的赔偿请求。保险公司的理赔人员当即告诉他,只有在第三者受伤的情况下,保险公司才负责赔偿误工费,由于你没有受伤,保险公司对你的误工损失不予赔偿。

[案例评析]

本案所反映问题的实质是对未受伤者的误工损失应当如何理解和定性,以利于保险公司根据法律的规定和保险合同的约定正确处理该项费用。根据机动车辆保险条款的规定,保险人在第三者责任险项下只负责承担两种责任:一是对第三者的财产直接损毁的赔偿责任,二是对第三者人身伤亡的赔偿责任。对于后者,我国《道路交通安全法》规定了较为详细、明确的赔偿范围和标准,其中包括事故受害人因人身伤亡而造成的误工费用。因此,误工费属于人身伤害损害赔偿的范围之内。

对于本案中出租司机的误工损失,则应认定为一种间接的财产损失,即预期的可得利益的减少。而被保险人对第三者的间接财产损失赔偿责任不属于第三者责任保险的保障范围,而是属于责任免除条款中"停驶、停业"的间接损失。因此,虽然本案中第三者可以向被保险人请求赔偿其因停驶造成的误工费用,但保险人对该项费用不负赔偿责任。

### 案例 2-19

#### 被保险人无责的代位求偿案件,赔偿时是否应当扣免赔

从事油料运输的个体运输户刘某,将其自购的油罐车向当地某保险公司投保了车损险和第三

者责任险。在保险期限内，刘某在运输过程中与一辆大货车相撞，造成油罐车罐体泄漏起火，两车均被烧毁。交警部门认定，大货车方的驾驶人应负该起事故的全部责任，并调解由大货车方承担刘某在事故中的全部损失。但大货车的车主明确表示，自己既无可供赔偿的财产也没有参加保险，因此无力对刘某赔偿。刘某在向对方索赔无果的情况下，将对方起诉至人民法院，并向保险公司提出了赔偿请求。保险公司在对案情进行充分了解后，表示赔偿刘某车辆的损失，但要扣除20%的免赔额。刘某对此提出异议，认为自己在事故中并无责任，保险公司扣免赔的做法是没有依据的。双方亦由此产生了纠纷。

[案例评析]

根据《机动车车辆保险条款》规定，车辆损失险和第三者责任险在符合赔偿规定的金额内实行绝对免赔率，免赔率主要根据驾驶员在事故中所负责任的大小来确定，对于驾驶员在事故中无责任的情形，条款并没有规定实行免赔。因此，对于驾驶员无责的保险事故实行免赔，在保险合同中并没有明确的依据。

驾驶员无责而造成保险标的的损害主要是由于两种原因：一是由于自然灾害，二是由于第三方的责任造成。对于后者，保险人在向被保险人支付赔款后，则取得向第三方的代位求偿权。其中有两种观点较具有代表性：一种观点认为，被保险人在保险人向第三方代位求偿过程中，有协助求偿的义务，如保险人向被保险人全额支付赔款后，被保险人怠慢于履行协助义务，不利于保护保险人的利益；另一种观点认为，保险标的的损失应由第三方负责全额赔偿，保险人的赔偿实际上是代替第三方向被保险人承担赔偿责任，既然第三方负责事故的全部责任，则应该全部实行免赔。这两种观点，实际上是对保险人代位求偿权理解的偏差。代位求偿案件的事故应属于保险责任范围之内，对于此种案件，被保险人有权直接向保险人请求赔偿，前提是不放弃对第三方的索赔权。如果被保险人在取得赔款后怠慢于履行协助追偿义务，则可以此为由限制被保险人获得保险赔偿的权利。

综上所述，本案中保险人对驾驶员无责的事故实行20%的免赔，在法律上和现行《机动车辆保险条款》中均没有明确的依据，因此该做法是错误的，保险人应当严格按照保险合同的规定向被保险人履行赔偿义务。

## 七、机动车辆保险实训操作流程(以国泰安保险公司综合业务实训软件为例)

以交通事故责任强制保险(简称交强险)业务为例。

**案例** 机关团体客户深州市组织部，联系电话：15684816677；组织机构代码：797707271；地址：深州市南山区福寿街714号；该客户于2016年7月27日花费109 900元购买了一辆国产红色福特2011款嘉年华1.5 L两厢自动运动型轿车，车辆发动机号：44QA0727OR1077，车架号：LO9095046VH113454，用于非营业客车(机关团体，事业单位)，6座以下客车，并于当日以自身名义投保了次日生效的保险，购买1年期交强险并办理了入户手续，车牌号为江S8JY4R。

(一) 承保

1. 录单

1) 险种选择

点击【新增业务】按钮，弹出险种选择对话框进行险种选择。选择"机动车辆保险——机动车交通事故责任强制保险"新增按钮，进入交强险投保信息填写界面。

2) 基本信息填写

根据客户提供的身份证、驾驶证、组织机构代码等证件信息填写相应信息，如图2-24所示。完成后点击【保存】按钮进行保存，保存成功的投保单会自动存储在暂存界面。

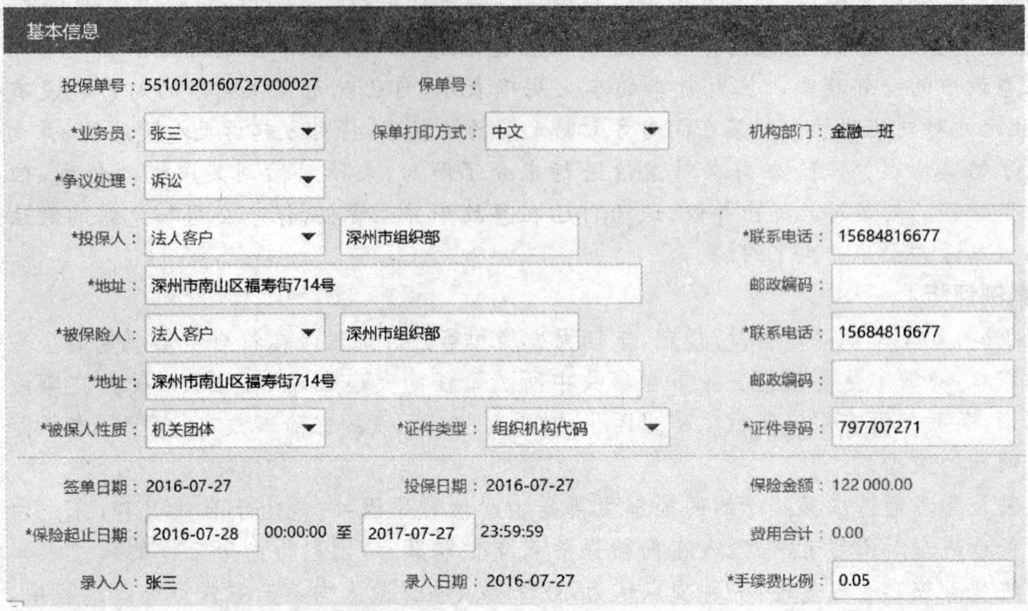

图 2-24 基本信息

需注意的有：
(1) 争议处理，选择仲裁则需填写仲裁地，选择诉讼则不填写。
(2) 投保人和被保险人要根据具体情况选择"个人客户"或"法人客户"。
(3) 被保险人性质根据客户性质据实进行选择。
(4) 证件类型据实选择相对应的"身份证或驾驶证""护照""组织机构代码"或"其他"；
(5) 保险起止期，保险起期默认为系统日期第 2 日 0 时，保险起期必须大于投保日期（即大于系统时间），保单一经生成不可批改保险期限（特别说明：根据交强险设定的意义，交强险保险起期应为即时生效；保险期为 1 年。以下四种情况除外：境外机动车临时入境，机动车临时上道路行驶，机动车距规定报废期不足 1 年的，保监会规定的其他情形）。

3）车辆信息填写

根据客户提供的行驶证、车辆发票、车辆合格证或车辆登记证书进行车辆信息填写，如图 2-25 所示。完成后点击【保存】按钮进行保存。

图 2-25 车辆信息

车型代码可在系统内置的车型库进行查询选择。除此,新车购置价和排量等行驶证上没有体现的信息也可通过车型查询相应信息,选择确认后系统自动输出相关信息。

"初次登记日期"填写的是行驶证上的注册日期,据此系统自动识别输出"车龄"和"新旧车标志"。

4) 车船税计算

根据实际情况选择纳税标志"纳税"或减税、免税、完税,并填写相应的信息,如图2-26所示,完成后点击【保存】按钮进行保存。对新车的车船税起始年月为车辆登记月份,截至年月为当年的12月;对旧车的起始年月为当年的1月,截至年月为当年的12月。

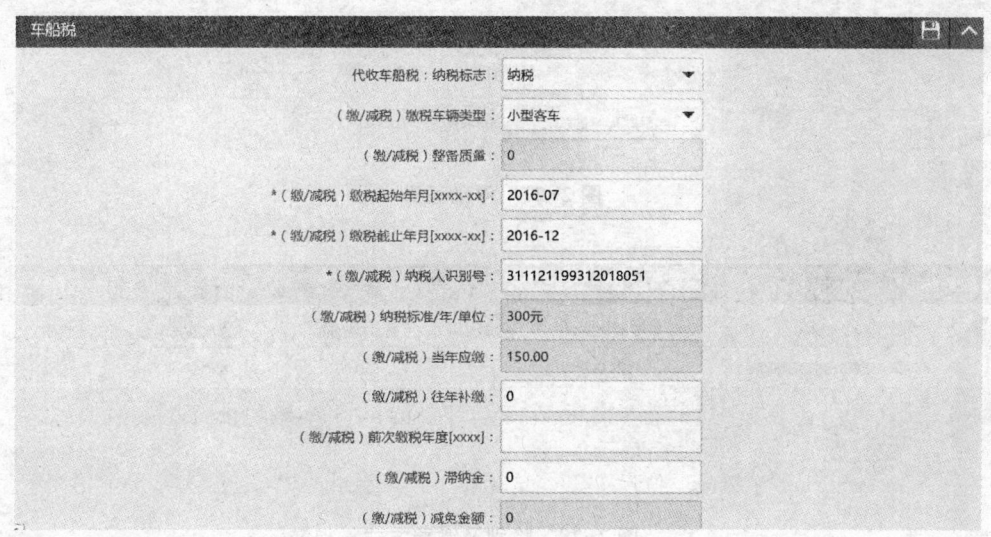

图2-26 车船税

5) 确定浮动系数

点击"浮动系数"按钮进行浮动系数查询和确定。"费率浮动A(与道路交通事故相联系的浮动比例)""费率浮动A(与道路交通事故相联系的浮动原因)""费率浮动(不浮动原因)"和"费率浮动后的总体折扣"是根据发动机号和车架号查询到的浮动系数结果输出或计算的,不能进行手动修改。"费率浮动B(与道路交通安全相联系的浮动比例)""费率浮动B(与道路交通安全相联系的浮动原因)""费率浮动C(与道路交通安全违法行为相联系的浮动)""费率浮动(酒后驾驶情况——饮酒)"和"费率浮动(酒后驾驶情况——醉酒)"可根据实际情况输入,参与浮动系数的计算,确定最终的"费率浮动后的总体折扣",如图2-27所示。确定后点击【保存】按钮进行保存。

6) 险别及缴费方式确定

点击【计算】进行保费计算。若付费方式选择"划卡",核保通过后在"出单员——承保——见费出单"界面进行缴费处理;若付费方式选择支票,核保通过后在财务专员——收款确认——投保收款确认界面进行收款确认,如图2-28所示。点击【保存】按钮进行保存处理。

7) 特别约定录入

根据实际情况及需要进行特别约定录入。在特别约定文本框中输入信息,点击【保存】按钮,在下方显示添加成功的信息;点击【编辑】按钮,可在信息所在的文本框编辑;点击【删除】按钮,确认后即可。

8) 其他承保信息录入

根据实际情况及需求进行其他承保信息的上传。选择附件类型,点击【选择图片】按钮选中要上传的图片,点击【上传】按钮即可。对已上传图片,选中图片的缩略图,可点击下载或删除。

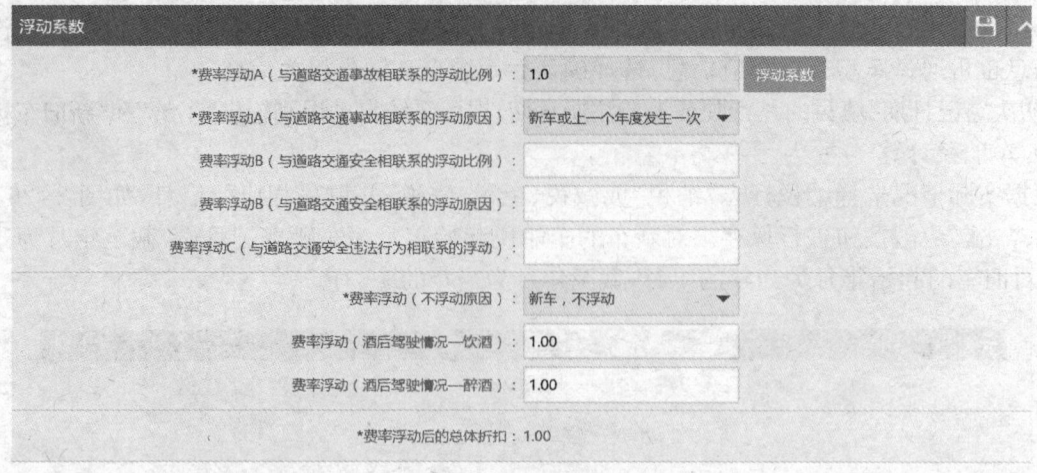

图 2-27 浮动系数

图 2-28 险别及缴费方式

9）申请核保

完成以上信息填写后,可将需要备注上报的信息填写在上报说明中,点击【申请核保】按钮申请核保。

至此,投保交强险流程结束。若核保员核保通过,可根据缴费方式到出单员见费出单处或财务专员收款确认处,进行缴费确认即可生成有效保单。

2. 批改处理

以保单号为 6510120160727000001 的交强险进行批改操作。

1）变更车辆使用性质/车辆类型

将原有"家庭自用"性质的车辆使用性质变更为"非营业客车（企业）"。

（1）点击【新增批改】按钮新建一个批改单,输入保单号：6510120160727000001,系统自动输出该保单的相关信息,选择批改原因"变更使用性质、车辆类型"（客户在进行变更使用性质的批改申请时需要填写批改申请书,提供变更过使用性质的车辆行驶证）。

（2）确定保单号及批改原因后点击【批改】按钮进入批改明细页面,在基本信息界面确定批改起期（批改起期需在保单有效期内）,点击【保存】按钮进行保存操作。

（3）修改车辆信息中的"使用性质"为"非营业客车（企业）",点击【保存】按钮进行保存操作。

（4）在险别及缴费方式页面需要重新计算保费,因为使用性质的改变会影响保费变化。

（5）根据需要添加特别约定。

（6）在以上操作完成之后,点击【确定】按钮,回到批改页面,填写收款人信息（当出现退费情况时需要填写）,保存。

(7) 其他批改信息上传,需要上传批改申请书、新的行驶证等资料。

(8) 申请核保,在以上操作完成之后申请核保。

至此,变更车辆使用性质的交强险批改申请完成,如果不需缴费或退费则核保通过之后就生成有效批单,若需要补交保费,则在见费出单或财务专员处进行缴费确认之后生成有效批单。

2) 变更投保人/被保险人

将原有投保人"许炳思"变更为"张小马",被保险人"许炳思"变更为"张小马",身份证号码:311121198801010010,深圳市南山区桂庙路6号,联系电话:15626553333。

(1) 点击【新增批改】新建一个批改单,输入保单号:65101201607270000001,系统自动输出该保单的相关信息,选择批改原因"变更投保人、被保险人信息"(在进行变更投保人、被保险人的批改申请时需要填写批改申请书,并上传原投保人/被保险人的身份证复印件和新的投保人/被保险人的身份证复印件)。

(2) 确定保单号及批改原因后点击【批改】按钮进入批改明细页面,在基本信息界面确定批改起期(批改起期需在保单有效期内)、投保人、被保险人和证件号码,点击【保存】按钮进行保存操作。

(3) 修改车辆信息中的"被保险人与车辆关系"为"使用",点击【保存】按钮进行保存操作。

(4) 根据需要添加特别约定。

(5) 在以上操作完成之后,点击【确定】按钮,回到批改页面,填写收款人信息(当出现退费情况时需要填写),保存。

(6) 其他批改信息上传,需要上传批改申请书、原投保人/被保险人身份证资料、新投保人/被保险人身份证资料等资料。

(7) 申请核保,在以上操作完成之后申请核保。

至此,变更投保人/被保险人的交强险批改申请完成,核保通过之后就生成有效批单。

3) 过户

"许炳思"将粤 B00000 的车辆转卖给"国泰安财产保险股份有限公司";组织机构代码:69067825-5;使用性质为非营业;地址:广东省深圳市福田区航海路1号;电话:075587898080;进行批改操作。

(1) 点击【新增批改】新建一个批改单,输入保单号:65101201607270000001,系统自动输出该保单的相关信息,选择批改原因"过户"[客户在进行过户批改申请时需要填写批改申请书,提供原投保人的身份证件、新投保人的身份证件(组织机构代码证等)、新车车辆行驶证等]。

(2) 确定保单号及批改原因后点击【批改】按钮进入批改明细页面,在基本信息界面修改"投保人""被保险人""联系电话""被保险人性质""证件类型""证件号码"等信息,确定批改起期(批改起期需在保单有效期内),点击【保存】按钮进行保存操作。

(3) 修改车辆信息中的"行驶证车主"为"国泰安财产保险股份有限公司","使用性质"为"非营业客车(企业)",点击【保存】按钮进行保存操作。

(4) 在车船税界面将"纳税人识别号"变更为:690678255。

(5) 在险别及缴费方式页面重新计算保费,因为使用性质的改变会影响保费变化。

(6) 根据需要添加特别约定。

(7) 在以上操作完成之后,点击【确定】按钮,回到批改页面,填写收款人信息(当出现退费情况时需要填写),保存。

(8) 其他批改信息上传,需要上传批改申请书、新的行驶证等资料。

(9) 申请核保,在以上操作完成之后申请核保。

至此，变更车辆使用性质的交强险批改申请完成，如果不需缴费或退费则核保通过之后就生成有效批单，当需要补交保费时在见费出单或财务专员处进行缴费确认之后生成有效批单。

4）注退处理

例：交强险保单 6510120160727000001 承保的粤 B00000，发动机号：H8003824558，车架号：LE4HG5G5J78U75244 的梅赛德斯——奔驰 SCL 轿车由于质量问题，厂家进行收回，因此投保人国泰安申请了退保。

（1）点击【新增业务】按钮，建立一个新的注退申请单。

（2）输入要退保的保单号：6510120160727000001；选择退保原因、生效日期；填写收款人账号、手机号码、账户名称、银行名称、开户行等信息，而相关的被保险人、保险期限、保险金额、退还保费等字段通过自动加载或计算进行输出，之后进行保存操作。

（3）上传注退申请书、保单原件、标志、投保人身份证件等资料的影像资料。

（4）以上操作完成之后，点击【申请核保】按钮。

至此，交强险注退申请完成，核保通过后注退生效，由财务专员进行支付操作。

3. 核保

1）核保投保单

（1）核保投保单——未处理。对未核保的投保申请单可进行查看和核保操作，点击申请单号进行投保申请单明细的查看；点击【核保】按钮进行核保。填写核保意见"通过"或"不通过"，选择不通过时在备注栏填写不通过的原因，点击【确认】按钮核保操作成功。核保成功后投保单状态变为"预核通过"，对预核通过的投保单可在出单员见费出单或财务专员收款确认界面进行缴费处理。若重复投保，则只可选择投保不通过，保单状态变为"预核不通过"，出单员可在待修改中查看并修改完成，然后重新申请核保。

（2）核保投保单——已处理。对已核保的投保申请单可进行查看操作，点击申请单号进行投保申请单明细的查看。

2）核保批改申请单

（1）核保批改申请单——未处理。对未核保的批改申请单可进行查看和核保操作，点击申请单号进行批改申请单明细的查看；点击【核保】按钮进行核保。填写核保意见"通过"或"不通过"，选择不通过时在备注栏填写不通过的原因，点击【确认】按钮核保操作成功。如果保费无变化或需要退还保费，核保成功后批改申请单状态变为有效批单。如果需要缴费，则核保通过后状态为"预核通过"，预核通过的批改申请单可在出单员见费出单或财务专员收款确认界面进行缴费处理。

（2）核保批改申请单——已处理。对已核保的批改申请单可进行查看操作，点击申请单号进行投保申请单明细的查看。

3）核保注退申请

（1）核保注退申请单——未处理。对未核保的注退申请单可进行查看和核保操作，点击申请单号进行申请单明细的查看；点击【核保】按钮进行核保操作。填写核保意见"通过"或"不通过"，选择不通过时在备注栏填写不通过的原因，点击【确定】按钮核保操作成功。核保成功后投保单状态变为有效注退单，可到财务专员付款确认界面进行支付操作。

（2）核保注退申请单——已处理。对已核保的注退申请单可进行查看操作，点击申请单号进行注退申请单明细的查看。

4. 缴费

1）投保缴费——未缴费

在出单员处点击【见费出单】即进入缴费处理界面，对状态为未缴费的投保缴费单可进行缴费处理。点击【缴费处理】按钮打开缴费界面,查看分项税费,点击【缴费确认】缴费成功,如图2-29所示。缴费成功的申请单变为"有效保单"。

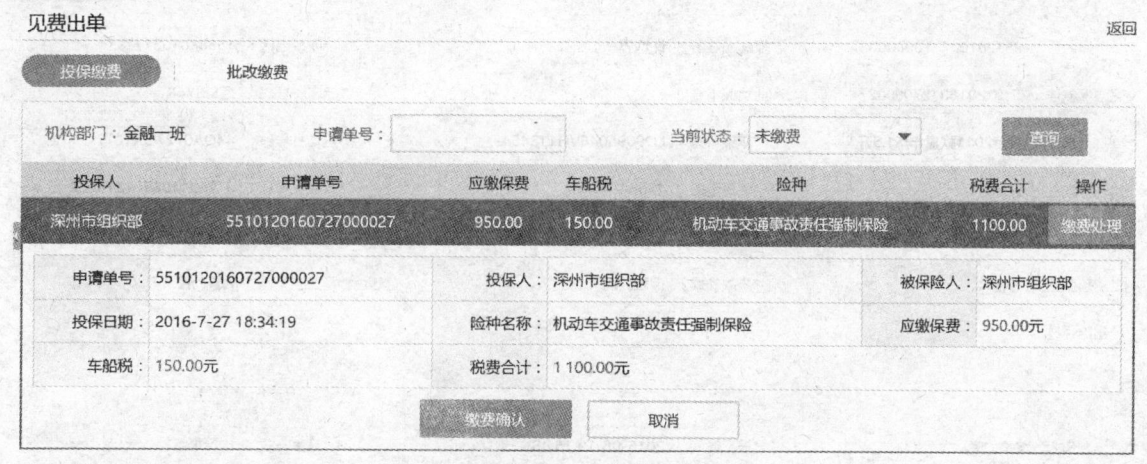

图 2-29 投保缴费

2)投保缴费——已缴费

对状态为已缴费的投保缴费单可进行缴费明细查看操作,点击【查看详情】展示缴费的详细信息。

3)批改缴费——未交费

对状态为未缴费的批改申请单可进行缴费处理。点击【缴费处理】打开缴费界面,点击【缴费确认】缴费成功,缴费成功的申请单变为"有效保单"。

5. 出单

选择要打印的某条记录,确定【单据类型】,点击【打印预览】按钮进入打印参数输入界面。输入交强险保单的印刷号,选择【打印模板】和【打印目的】,点击【打印】按钮进行单据打印,打印之后该单证状态为"已使用"。

(二)理赔

1. 接报案

1)查询及新增报案

输入查询条件查询需要查找的报案,点击【新增报案】按钮新增报案。对状态为"报案"的案件可以通过操作按钮修改报案信息,通过点击报案号查看报案信息。

2)新增报案信息

许炳思(驾驶证号:311121198607278664,准驾车型A1;联系方式:15684816677;联系地址:深圳市南山区福寿街714号)于2016年8月19日15:48驾驶红色福特2011款嘉年华1.5 L两厢自动运动型标的车(车牌号:江S8JY4R,发动机号:44QA0727OR1077,车架号:LO9095046VH113454,交强险保单号:6510120160727000027)在海北市宝安区向阳路387号与秦丰哲驾驶的三者车(车牌号:江KUDN61;发动机号:91TY0727IF2059;车架号:LEL64879XHI955134)发生了碰撞事故,造成标的车、三者车损失及标的车、三者车人受伤。许炳思报警,并随即通知保险公司,车辆现在位于事故现场。

根据案情填写相应信息,如图2-30所示。点击【保存】进行暂存处理,状态为"报案";点击【提交】进行报案提交,状态为"已报案"。

图 2-30　报案信息

### 2. 查勘

选择查勘业务下的车险查勘，进入车险查勘处理。车险查勘处理界面分为：待处理——暂存——已处理。待处理界面为从接报案处流转过来的需要进行查勘的案件和查勘核赔未通过的案件，可进行查勘处理操作。暂存界面存储已进行了查勘处理但是还未提交的案件，可进行查勘操作处理。已处理界面存储已查勘过的案件，可点击报案号查看查勘详情。

2016年8月19日，查勘员张三（联系方式：15788238598）接到调度前往东湖市通州区玄武街820号进行现场查勘，现场查勘的情况为：标的车（江S8JY4R）为报案人孙顺赫（驾驶证号：311121198607278664；准驾车型：A1；初次领证日期：2016年2月3日；联系方式：15684816677；联系地址：深州市南山区福寿街714号）驾驶。三者车为车主蒋学煜（驾驶证号311121198407274271；准驾车型：A1；初次领证日期：2015年2月7日；联系方式：15209402808）驾驶的2014年9月19日登记注册的江JIQCCD；发动机号：81ZS0727FJ4370；车架号：LV2435250UW315898的2012款路虎神行者2 2.0T SI4 SE汽油版；车辆交强险保单号：65101790898048281 65；商业险保单号：65103618 51799786573；承保公司为中国平安保险。标的车信息与保单所载信息相符，且驾驶员无违法事项，事故原因为转向失灵，认定属保险责任，标的车负同责，建议立案处理。损失项目包括三者车右前副灯损坏（预估损失300元），三者车左前挡风玻璃损坏（预估损失400元），树木NSB-66损毁6棵（预估损失单价600）。三者车乘客钱温思（身份证号：311121198707272031）下肢骨折（预估医疗费2 400元），已送往盘龙市第三人民医院治疗。

查勘操作如下所示。

（1）选择要进行查勘的案件，点击【查勘处理】按钮进入查勘操作界面。

（2）根据查勘情况填写查勘基本信息并进行保存，如图2-31所示。

（3）根据案件信息及查勘情况，填写标的车信息（如图2-32所示）和三者车信息（如图2-33所示），并进行保存。

（4）据实填写查勘拓展信息（如图2-34所示）并保存。

（5）根据查勘的损失信息和标的车购买的险种进行相应的损失信息填写：① 标的车损失信息；② 三者车损失信息（如图 2-35 所示）；③ 物损信息（如图 2-36 所示）；④ 标的车人伤信息；⑤ 三者车人伤信息（如图 2-37 所示）。

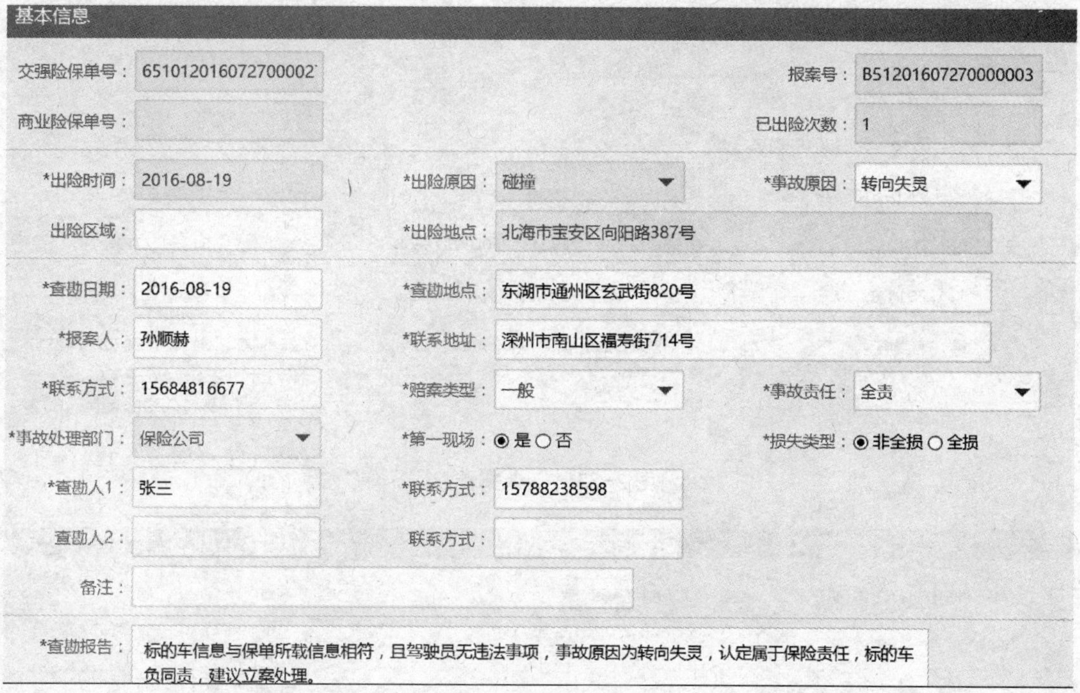

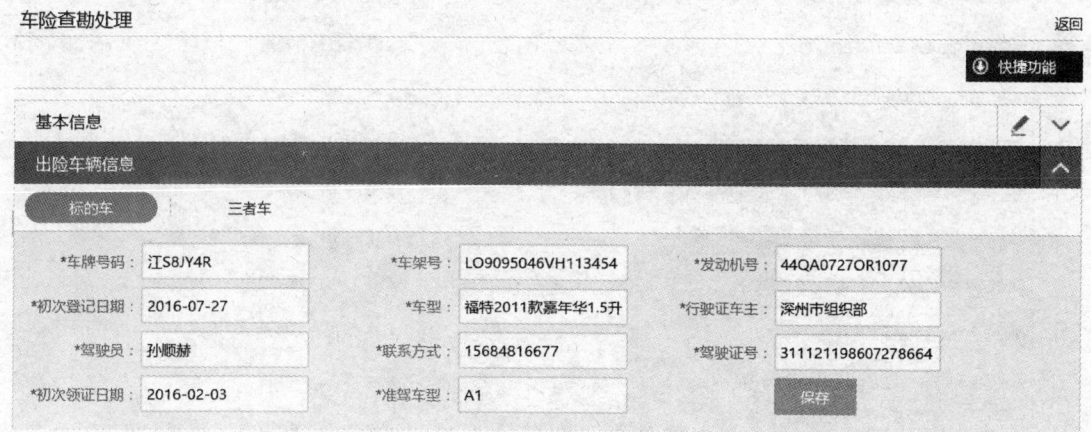

图 2-31　查勘基本信息

图 2-32　标的车信息

（6）据实填写查勘意见（如图 2-38 所示）并保存。
（7）上传查勘照片、查勘报告影像、交警事故认定书影像、保单等资料影像（如图 2-39 所示）。
（8）在以上操作完成后，点击【提交】按钮，则查勘完成（如图 2-40 所示）。

3．立案

（1）选择要进行立案的案件，点击操作按钮进入立案操作界面。

图 2-33　三者车信息

| | 查勘拓展信息 | | |
|---|---|---|---|
| 1 | 保险车辆的车牌号码、发动机号码、车架号与保单上所列明的是否一致 | ●是 ○否 ○不确定 | |
| 2 | 出险时间是否在保险有效期内 | ●是 ○否 ○不确定 | |
| 3 | 出险时间接近保险起讫期的，有无相应时间证明 | ●是 ○否 ○不确定 | |
| 4 | 实际使用性质与保单上所载明的是否一致 | ●是 ○否 ○不确定 | |
| 5 | 保险车辆驾驶员情况与报案人所述是否一致 | ●是 ○否 ○不确定 | |
| 6 | 保险车辆驾驶员的驾驶证是否有效 | ●是 ○否 ○不确定 | |
| 7 | 保险车辆驾驶员准驾车型与实际车辆是否一致 | ●是 ○否 ○不确定 | |
| 8 | 使用各种专用机械车、特种车的人员是否有国家有关部门核发的有效操作证 | ●是 ○否 ○不确定 | |
| 9 | 驾驶营业性车辆的驾驶员有无国家有关行政管理部门核发的有效操作证 | ●是 ○否 ○不确定 | |
| 10 | 保险车辆驾驶员是否为被保险人允许的驾驶员 | ●是 ○否 ○不确定 | |
| 11 | 保险车辆驾驶员是否为保险合同约定的驾驶员 | ●是 ○否 ○不确定 | |
| 12 | 保险车辆的驾驶员是否酒后驾驶 | ●是 ○否 ○不确定 | |
| 13 | 事故处理损失痕迹与事故现场痕迹是否吻合 | ●是 ○否 ○不确定 | |
| 14 | 事故是否涉及第三方人员伤亡 | ●是 ○否 ○不确定 伤 1 人，亡 0 人 | |
| 15 | 事故是否涉及第三方财产损失 | ●是 ○否 ○不确定 | |
| 16 | 事故是否涉及本车人员伤亡 | ○是 ●否 ○不确定 伤 0 人，亡 0 人 | |
| 17 | 第三者车辆是否已向其承保公司报案、索赔 | ●是 ○否 ○不确定 | |
| 18 | 是否向其他保险公司投保 | ●是 ○否 ○不确定 | |
| 19 | 事故车辆是否配置防盗装置 | ●是 ○否 ○不确定 | |

图 2-34　查勘拓展信息

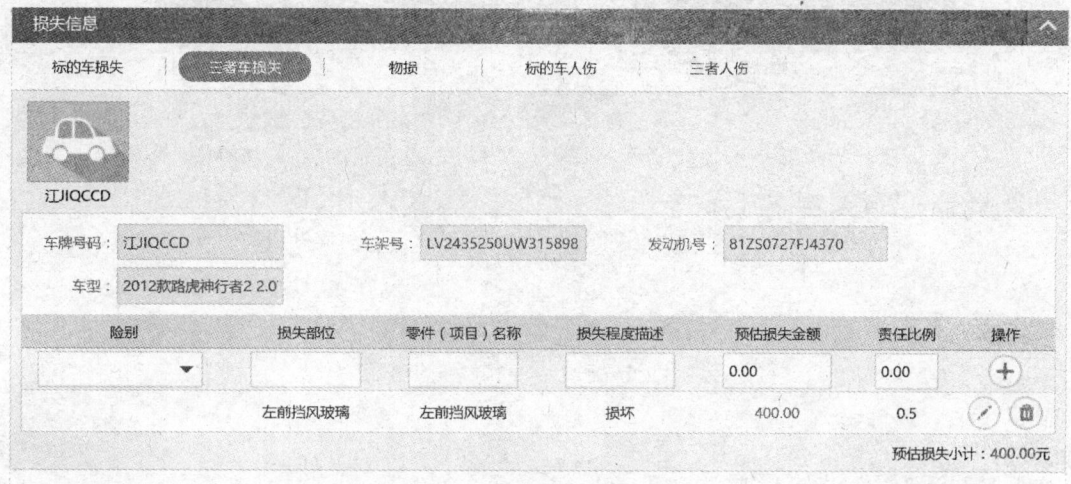

图 2-35　三者车损失信息

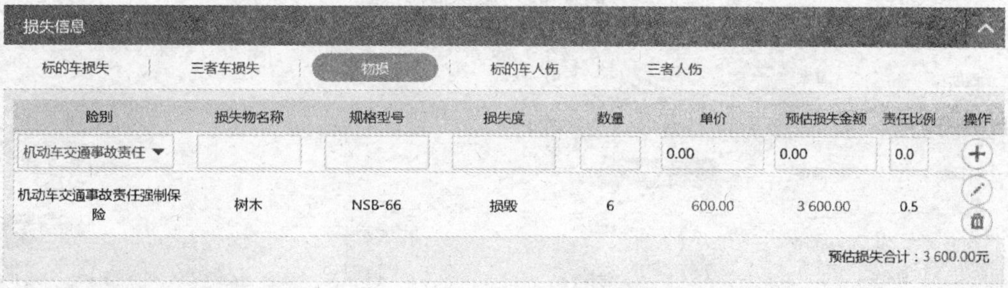

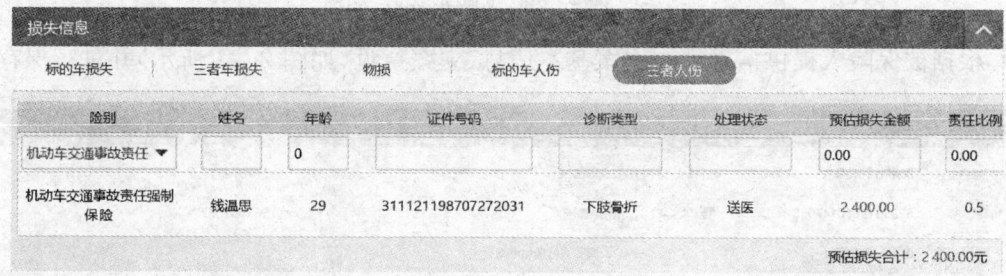

图 2-36　物损信息

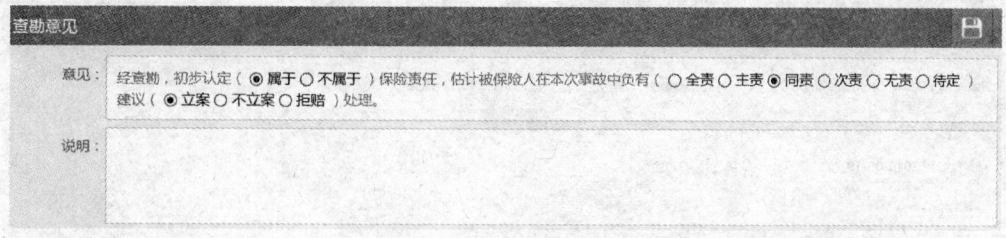

图 2-37　三者车人伤信息

图 2-38　查勘意见

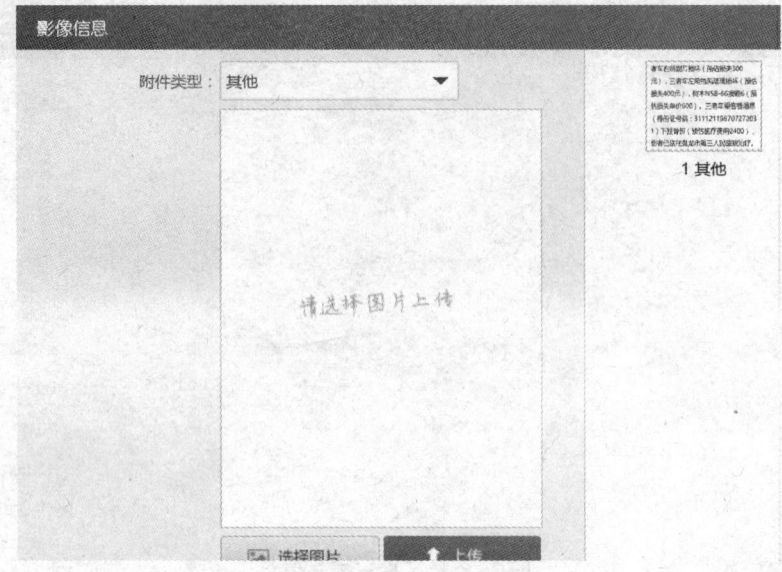

图 2-39 影像信息

图 2-40 查勘完成

(2) 根据被保险人提供信息填写立案基本信息、立案意见(如图 2-41 所示)并进行保存。

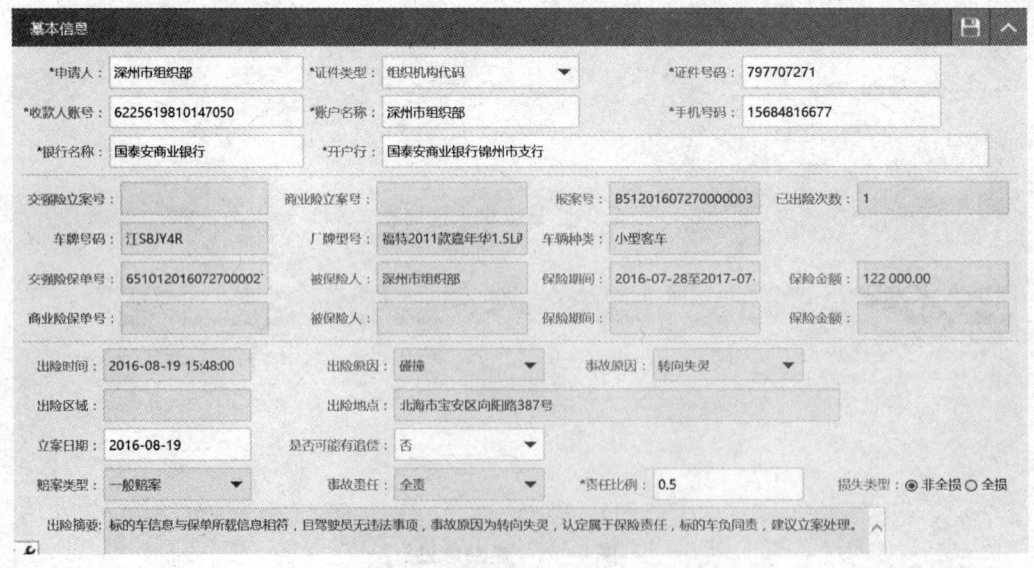

图 2-41 立案基本信息与立案意见

（3）根据案件信息及查勘情况检查查勘录入信息及赔付险种和赔付金额是否合理合规，并进行保存。具体包括：①标的车损失信息；②三者车损失信息；③物损信息；④标的车人伤信息；⑤三者人伤信息。

（4）据实补充相关影像资料。

（5）在以上操作完成后点击【提交】按钮，则立案完成。

4．定损

定损员根据案件情况及公司规定进行定损核算处理。

（1）选择要进行定损的案件，点击【定损】按钮进入定损操作界面。

（2）根据实际情况核对及填写定损基本信息中预付赔款、定损时间等，并进行保存。

（3）根据案件信息及查勘情况，据实填写标的车修理、损失、施救/修理费、三者车修理、损失、施救/修理费并进行保存，如图 2-42 所示。

| 损失险别 | 保额/限额 | 预估损失金额 | 配件名称 | 损失金额 | 责任比例 | 免赔率 | 免赔额 | 赔款金额 | 操作 |
|---|---|---|---|---|---|---|---|---|---|
| 机动车交通事故责任 | 122 000.00 | 400.00 | 左前挡风玻璃 | 400.00 | 0.5 | 0.00 | | 400.00 | |

图 2-42　车损信息

（4）根据案件信息及查勘情况，据实填写物损损失、施救/修理费，并进行保存，如图 2-43 所示。

| 损失险别 | 保额/限额 | 预估损失金额 | 物损名称 | 损失金额 | 责任比例 | 免赔率 | 免赔额 | 赔款金额 | 操作 |
|---|---|---|---|---|---|---|---|---|---|
| 机动车交通事故责任 | 122 000.00 | 3 600.00 | 树木 | 3 600.00 | 0.5 | 0.00 | | 3 600.00 | |

图 2-43　物损信息

（5）根据案件信息及查勘情况，据实填写人伤信息及各项费用清单，并进行保存，如图 2-44 所示。

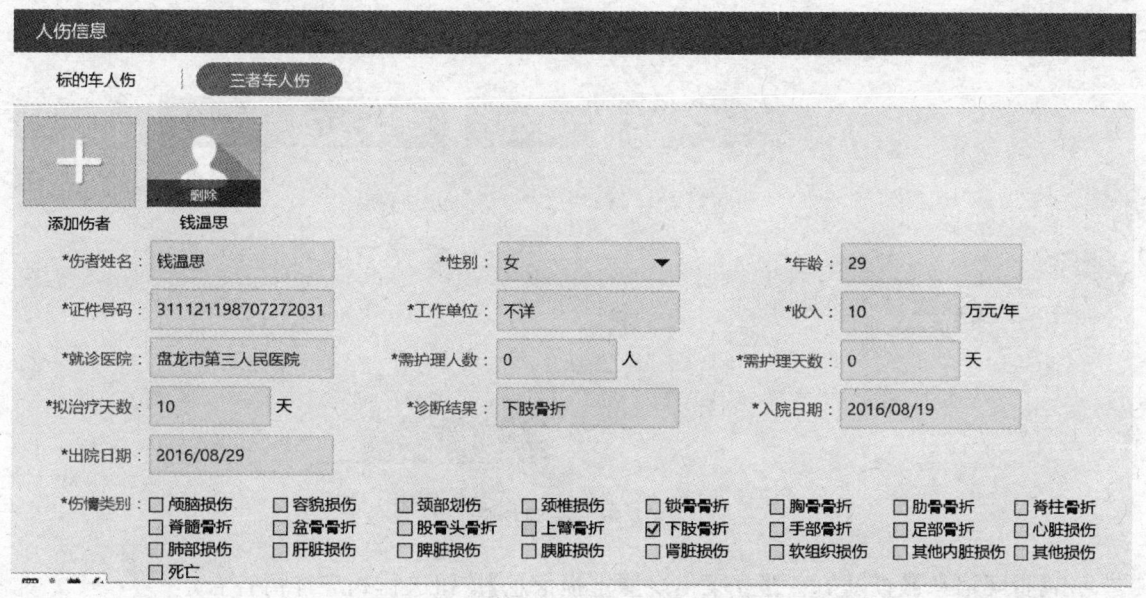

图 2-44　人伤信息

(6) 据实补充影像。
(7) 在以上操作完成后点击【提交】按钮,则定损完成,如图 2-45 所示。

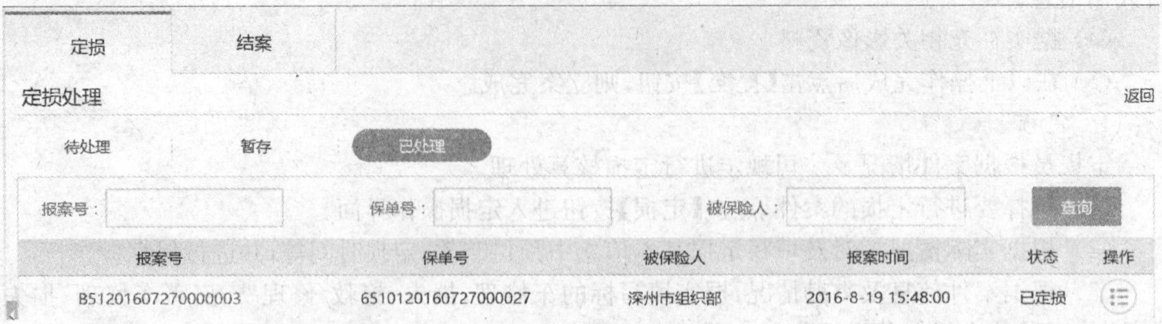

图 2-45 定损完成

注意:在确定损失时要注意购买险种的保额/限额,相应的免赔率等问题;交强险的赔偿限额为:机动车在道路交通事故中有责任时,死亡伤残赔偿限额 110 000 元人民币,医疗费用赔偿限额 10 000 元人民币,财产损失赔偿限额 2 000 元人民币;机动车在道路交通事故中无责任时,死亡伤残赔偿限额 11 000 元人民币,医疗费用赔偿限额 1 000 元人民币,财产损失赔偿限额 100 元人民币。

5. 核赔

1) 车险核赔——未处理

对未核赔的车险核赔可进行查看和核赔操作,点击报案号进行明细查看;点击【操作】按钮进行核赔操作,如图 2-46 所示。

图 2-46 车险核赔

点击【报案信息】【查勘信息】【立案信息】【定损信息】按钮进行相应详情查看。
(1) 报案信息,如图 2-47 所示。
(2) 查勘信息,如图 2-48 所示。

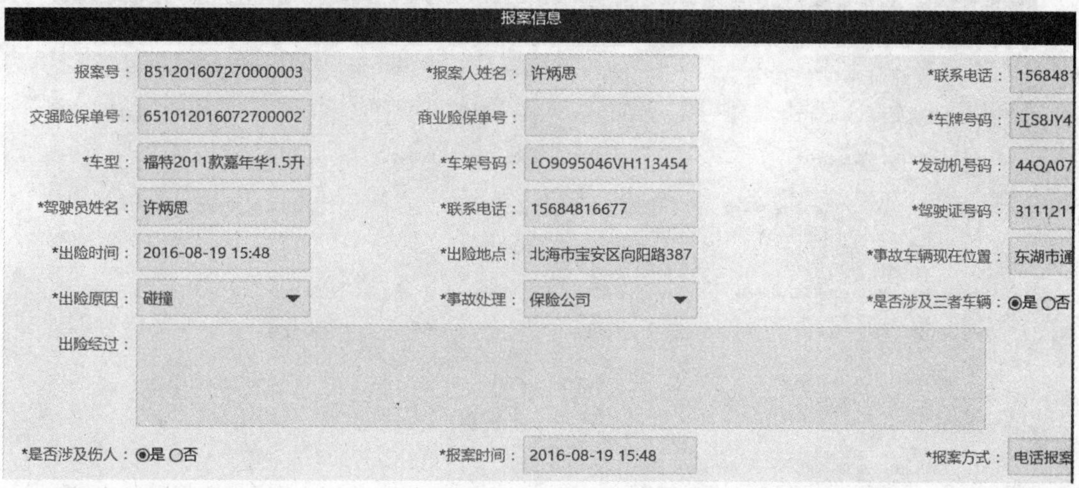

图 2-47　报案信息

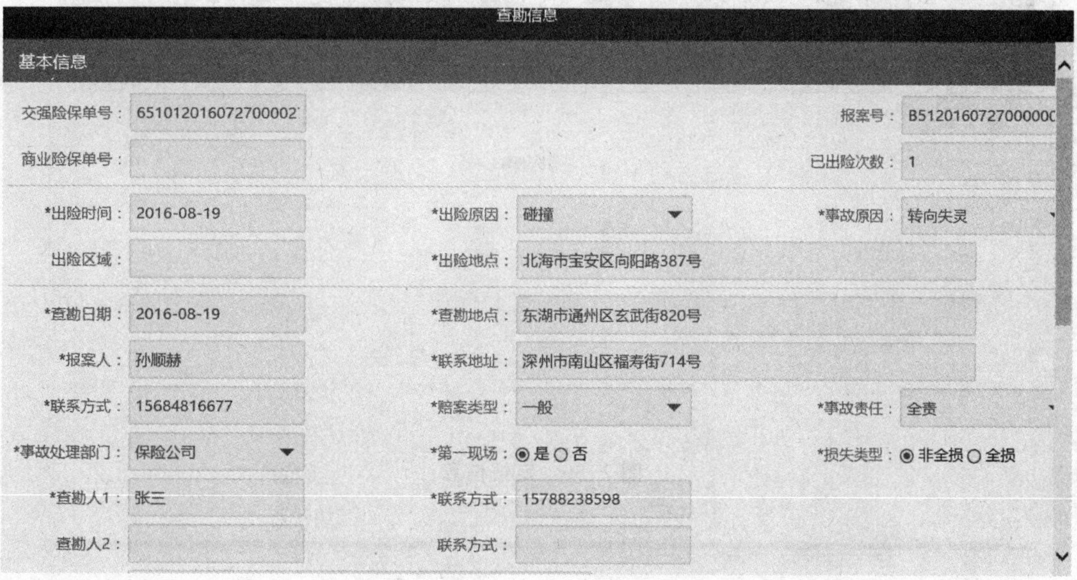

图 2-48　查勘信息

（3）立案信息，如图 2-49 所示。
（4）定损信息，如图 2-50 所示。

根据报案、查勘、立案、定损信息及公司业务规定填写核赔意见"通过"或"不通过"，选择不通过时在备注栏填写不通过的原因，点击确定按钮核赔操作成功。核赔成功后进行结案处理。

2）车险核赔——已处理

对于已核赔的车险核赔单可进行查看操作，点击申请单号进行明细查看。

6．结案

1）车险结案——待处理

对待处理下的待结案件可进行结案操作，点击结案处理操作按钮进行结案操作，确定结案日期，点击【确认结案】按钮完成结案。如图 2-51 所示。

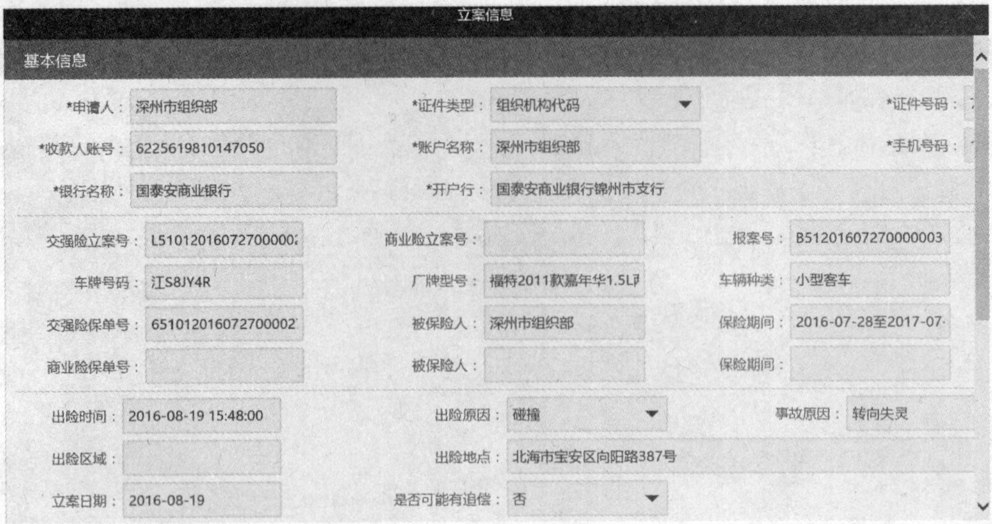

图 2-49  立案信息

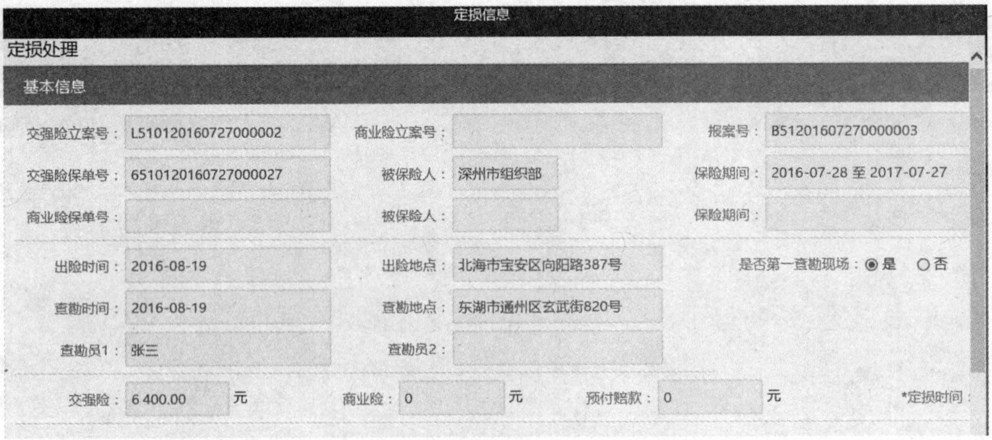

图 2-50  定损信息

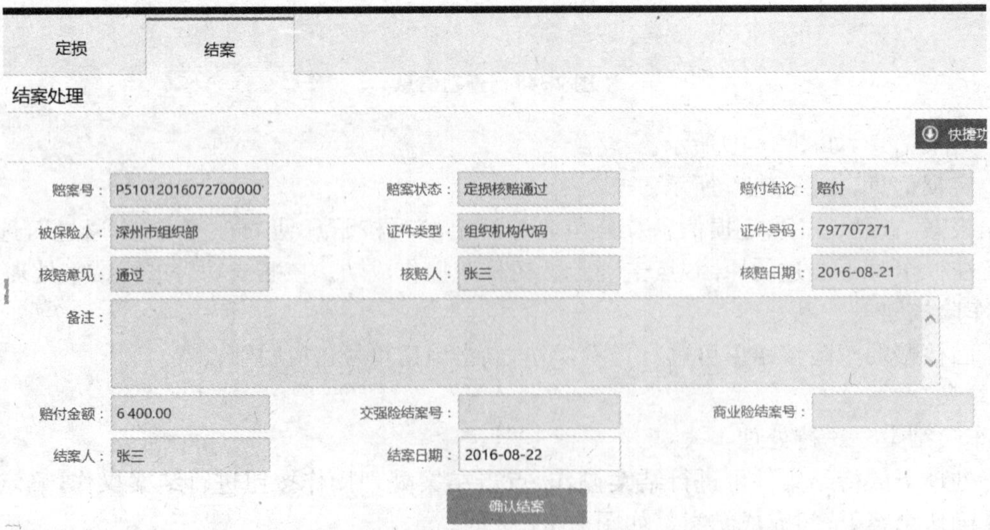

图 2-51  确认结案

2) 车险结案——已处理

对已处理的案件可进行查看操作,点击赔案号进行明细查看。

7. 付款确认

在财务专员处选择"付款确认"/"车险理赔付款确认",点击【付款处理】按钮对待付款案件进行付款,如图 2-52 所示。付款完成后点击【付款确认】按钮确认付款。

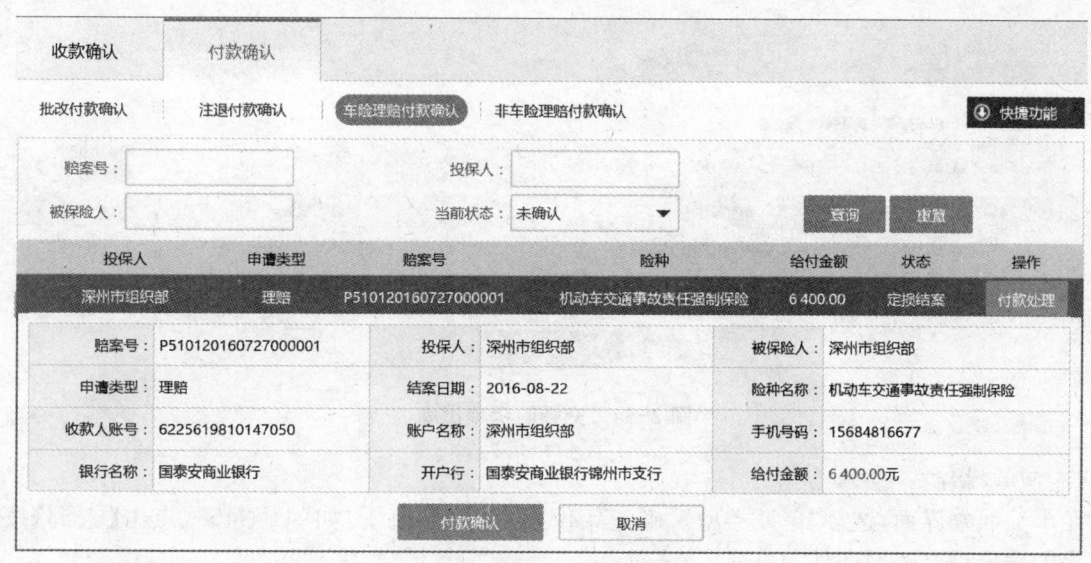

图 2-52　付款处理

（三）单证管理

1. 单证查询

在单证查询界面,确定"单证类型",输入单证年份(2016,默认输出),输入编号范围,如"01""20",点击【查询】按钮,根据查询条件在列表中输出满足查询条件的结果;可查看单证的状态及当前持有人。

2. 入库操作

在单证管理员处,点击"入库操作",单证类型选择"机动车交通事故强制责任保险保单",输入要入库的单证数量,点击【单证分配】即可显示要入库的单证。点击【入库确认】按钮完成入库操作,如图 2-53 所示。

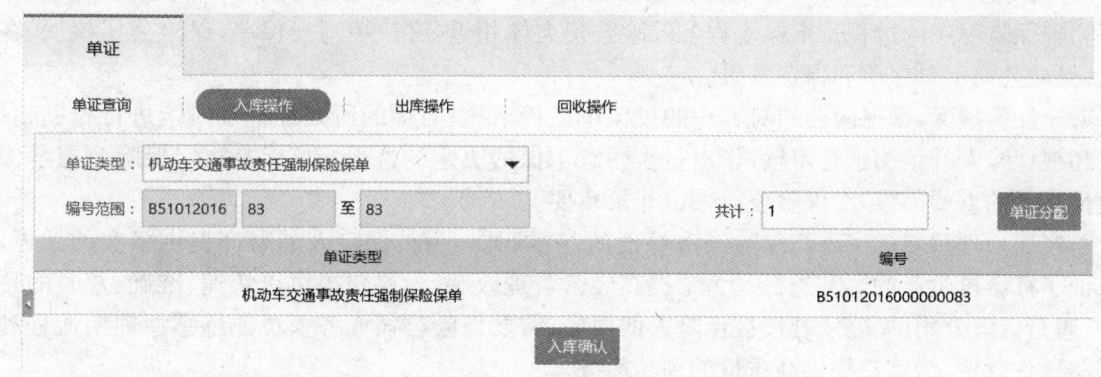

图 2-53　交强险保单入库

### 3. 出库操作

在单证管理员处,点击"出库操作",单证类型选择"机动车交通事故强制责任保险保单",确定年份,输入编号范围,点击【查询】按钮即可输出符合查询条件的已入库交强险保单,钩选要出库的单证,点击【出库确认】按钮完成单证出库操作,如图2-54所示。

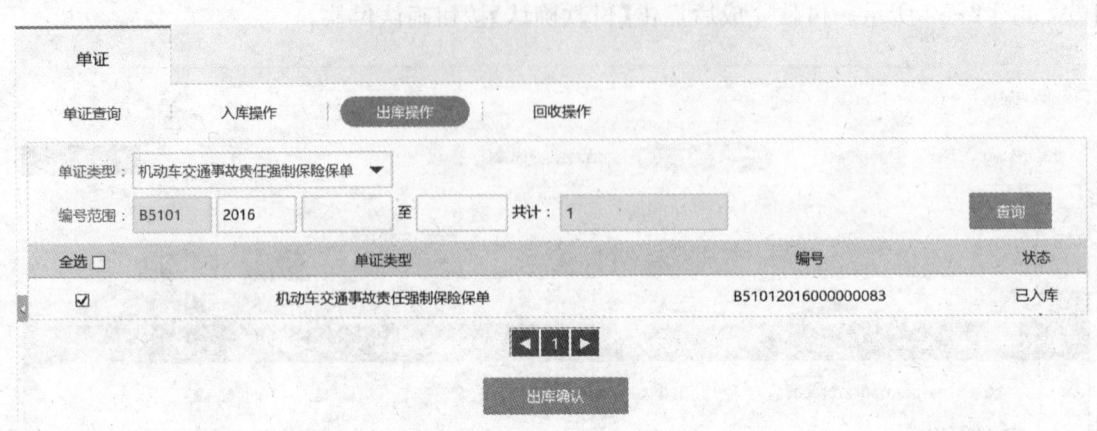

图 2-54 交强险保单出库

### 4. 回收操作

在单证回收界面,选择"单证类型",确定年份,输入编号范围,如"41""45",点击【查询】按钮,在列表中输出符合查询条件的单证。

钩选需回收的单证,点击【回收确认】按钮弹出回收确认界面,选定回收至角色,点击【确认】按钮,回收成功。

# 实训项目小结

买保险犹如买衣服,适合自己的就是最好的。因此,每一份保险计划都应该是为客户量身打造的。这就要求我们在展业的过程中首先要帮助客户做好需求分析,根据客户需求选择产品、制定规划。

财产保险业务流程包括展业、承保、核保和理赔,本实训项目以企业财产险、家庭财产险和机动车辆保险为例,介绍了几类财产保险的作业流程。

财产保险承保是保险行销员完成业务拓展之后,对投保人的保险需求给以书面形式的确定,从而完善保险程序的过程。承保流程各保险公司大体相近,客户填写投保单,保险公司核保、客户缴费、保险公司出具保单和保费发票。

财产保险核保,即保险公司对客户的投保单进行审核、对标的所处环境及风险进行查勘、对投保人和被保险人的信用进行审核,作出是否同意承保的决定的过程。核保是决定保险公司承保业务质量高低的重要因素,对保险公司来说非常重要。

财产保险理赔贯彻了财产保险经济补偿的基本职能,为被保险人的财产提供坚实的保障,从而保证了社会再生产的顺利进行。为了提高经营管理效率,为保户提供更快速、准确、及时的理赔服务,履行保险公司的义务,补偿被保险人的损失,需要保险公司业务人员熟练掌握理赔流程和应用理赔操作软件,为客户提供高质量的理赔服务。

# 项目三 人身保险业务实训

## 一、实训目的

学习本实训环节,使学生熟悉寿险公司业务经营管理的基本流程,熟练掌握承保、核保、缴费、单据打印和理赔业务的主要内容及相关环节的操作要点与技能;培养学生具有相应水平的实务工作能力,能解决承保、核保、理赔业务中的实际问题,增强其日后就业与发展的竞争力。

## 二、实训要求

通过实训,学生应对人身保险相关险种有较充分的认知,能准确解读各类人身保险产品;熟悉人身保险的实务处理。

## 三、实训设计

先让学生结合课堂所学理论知识对保险公司的相关产品进行认知和分析;之后,借助实训教学软件,在教师的指导下,学生分别扮演不同的角色,模拟人身保险业务各环节实训操作,从所扮演的角色出发,熟悉和掌握人身保险从展业到理赔各环节的操作要点及相关技巧。

## 四、实训内容

（1）人身保险产品认知。
（2）人身保险需求分析及投保规划。
（3）人身保险经营流程及操作技能。
（4）寿险业务流程操作训练。

## 五、考核标准

本项目的考核采取形成性考核与终结性考核相结合的方式。形成性考核主要考核学生的信息搜集能力和产品认知度,终结性考核是指学生的投保规划结果和通过实训教学软件进行实训考核的结果。两者各占比50%。

## 任务一 人身保险产品认知

### 一、人身保险产品搜集

学生通过网络,了解国内各人寿保险公司的人身保险产品现状,并分别搜集一款寿险产品、健康险产品和人身意外伤害保险产品。

### 二、人身保险产品认知

根据前面搜集的资料,了解各险种的产品特色和保险条款,并对各险种的产品特色、条款和保单利益进行分析说明。

# 任务二 人身保险需求分析及投保规划

## 一、背景案例

### 案例 3-1

李先生 2015 年 29 岁,已婚,李太太 26 岁,有一个女儿 3 岁,上幼儿园。目前李先生在广州一家贸易公司上班,月收入 7 000 元(税前),年终奖约相当于 2 个月工资(税前),已工作 6 年,有社保,没有其他保险;李太太也在广州一家广告公司工作,做文员,月薪 5 500 元(税前),年终奖约相当于 2 个月工资(税前),已工作 4 年,有社保,没有其他保险。三险一金相当于个人工资的 23%,税后家庭全年收入 130 925 元。

目前开支有:月日常消费 3 500 元,房租 1 800 元,年旅游费 10 000 元。目前,李家有活期存款 50 000 元,定期存款 70 000 元,股票基金市值 130 000 元。李家没有住房。

李先生希望有自己的住房(80 万左右),孩子受到良好的教育,自己和太太在规定的时间退休,家庭生活安稳,希望有一部自己的汽车(16 万左右)。

目前 5 年以上商业贷款年利率 5.94%,按月计息,5 年以上期限公积金贷款年利率 3.87%。目前社会平均工资年 3.36 万元(2 800×12),年收入增长率按 7% 计算,股票基金投资报酬率按 10% 计算,债券基金按 6% 计算,货币市场基金按 3% 计算,退休前退休准备金投资按 8% 报酬率,退休后生活备用金投资按 4% 报酬率计算,生活费用考虑通胀和社会进步每年增加 5%,退休后的开支按退休前的 75% 计算。学费和生活费高中目前按 1 年 1.2 万元计算,大学目前按 1 年 1.6 万元计算,学费上涨率按年率 4% 计算,留学费用按每年 20 万元计算(留学 2 年),上涨率也是按 4% 计算。

李先生觉得光有社保,风险保障似乎不够完备,但又不知道该如何加以规划。

### 案例 3-2

王先生:36 岁、硕士毕业,在国有科研机构任高级工程师,工作稳定,收入会随其资历的增长而不断上涨。

王先生除有基本社保外,还购买了 20 年定期寿险及意外险;王太太:35 岁、在事业单位工作,收入稳定。目前仅有基本社保,无其他商业保险。

儿子:8 岁、小学二年级(即今年 9 月将升入三年级)。儿子昭昭仅有社保及杭州市少儿住院医疗互助基金。

王先生月收入 7 000 元,王太太月收入 5 000 元。两人的工作都非常稳定,收入还会随着资历的增长而不断上升(王先生估计每年上升幅度 5%)。此外,一套投资房租金收入每月有 2 800 元。每月,三口之家基本花销为 2 000 元,养车及娱乐费用需 2 300 元,为儿子备下 500 元医疗费,儿子每年学费及各种兴趣班费用平均下来每月大约 1 000 元。

王先生和王太太年终奖金共有 25 000 元(主要来自先生),年度花销主要在孝敬老人和旅行方面。家中 4 位老人都已退休,都有社保和退休金,能够保障生活且健康状况良好,每年孝亲费 6 000 元。每年全家旅行费用也在 6 000 元左右。

目前,一家人住在单位分的公房中,两室一厅 83 平方米,不需要房租。2014 年年初,王先生家购得一套 100 万元的商品房(目前用于出租,市值保守估计 140 万元),首付款中 15 万元是向朋友的借款(尚未归还),另商业贷款 70 万元(等额本金方式,21 年还清),目前余额为 67 万元左右,

2015年每月要还4 000多元。一家人还拥有现值5万元的汽车一辆、现金及活存3万元、货币基金2万元、股票基金10万元、债券基金18万元。

现在王先生希望为太太和儿子配置商业保险，约定在5年内还清朋友借款，希望在2012年年底购买一套经济适用房，并计划3年后换车，最大理财目标是筹得养老金100万元。

### 案例3-3

陈先生拥有一个令人羡慕的三口之家，夫妇俩人均为36岁，有一个读小学一年级的女儿，7岁。陈先生在一家外资企业做部门主管，月薪5 000元，年终奖金40 000元；妻子是某事业单位财务主管，月薪4 000元，年终奖3 800元。双方都有社保，陈先生有一间上海市区石库门亭子间（仅有使用权）用于出租，每年的租金收入7 200元，如现在出售能卖到18万元。一家人目前在外环购置一套60万元的新房，首付30万元，贷款30万元分20年还，还款额度2 500元/月。

陈先生家庭财务支出比较稳定，女儿1年的教育费用（含辅导班支出）在1万元左右，太太办的美容卡每年需要5 000元，一家人平均每月的日常生活开支为3 000元，家庭应酬支出平均每月500元，每年旅游支出1万元。

家里有即将到期的定期存款13万元，活期存款2万元。陈先生夫妻除房贷外目前无其他贷款。除社保外夫妻俩人没有投保其他商业保险，女儿的人身意外保险是学校统一缴纳的。

陈先生想知道拥有社保，风险保障是否完备？如果不足，还需要补充哪些保险？

## 二、保险需求分析及投保规划

学生以小组为单位，结合自己家庭的实际情况或在上述给定的案例背景下，先分析客户个人或家庭所可能面临的人身风险，进而分析其保险需求，在此基础上为客户作出初步的投保规划，并上交电子文档，内容及格式自拟。

### 任务演示

**案例背景**

24岁的小林在两年前进入一家国有企业工作，企业效益连年增长。小林的收入也水涨船高不断增加。目前，他的年收入约为5万元，单位的福利保障齐全。小林轻而易举跻身"小资"行列。喜欢新生事物的他酷爱户外运动，基本上每月工资没有剩余，单身生活过得不亦乐乎。

半年前，小林结识了一位女友，日常开销急速增加，甚至出现了透支现象。这种工作和生活状态持续了大半年时间。由于生活缺少规律，小林又突发肠炎，住院开销了一小笔。虽然医疗保险报销了一部分，但他还是隐隐地感到，需要对自己的财务状况做一个合理规划，尤其是社保之外的保险。

**风险需求分析**

小林目前单身，且父母尚不需要赡养，家庭责任较轻。但消费习惯不好，需要注意资金的存储。另外，喜欢户外运动，意外风险较高。

**保险方案推荐**

（1）意外险：推荐便宜方便的意外险卡单，若从事高危运动还需购买专门的意外险。
（2）健康险：可作为对社会医疗保险的有效补充。
（3）投资险：在储蓄的同时获得一定的投资收益。

**客户提示**

保险并不是通过一次的咨询或购买就可以适用一生的。小林的事业正处于上升期，家庭未来也会面临众多变化，例如结婚、父母退休等，都会引起保险需求的变化，因此需要及时地调整自己的保险规划。

## 任务三　人身保险经营流程及操作技能

### 一、承保业务流程及操作技能

#### (一) 承保业务的主要环节和操作要点

承保是指保险人接受投保人的申请并与之签订保险合同的全过程。从严格意义上讲,一项保险业务的接洽、协商、投保、审核、配证、收费和建卡等都属于承保工作。承保是寿险业务处理中最复杂、最频繁、最集中的环节,其业务主要包括以下环节。

1. 制定承保方针

承保是寿险公司进行风险筛选的一个过程,寿险公司经营风险的高低在很大程度上取决于这一环节的把关程度,因而寿险公司一般都设有专职的承保部门,由它制定与公司目标相一致的承保方针和编制承保手册。

2. 获取和评价承保信息

承保人通常是在综合各种信息和个人判断的基础上决定是否接受投保人的投保申请。为了作出准确、合理的承保决策,承保人必须从投保单、业务员报告书、体检报告书、调查报告书和病例摘要报告书等方面取得各种信息,分析和评价投保人面临的风险。

(1) 人寿保险投保单应由以下几个部分组成:投保人、被保险人及受益人,投保事项,转账授权,健康告知,财务及其他告知,说明栏,投保人、被保险人声明和授权,详见表 1-6。

(2) 投保单填写注意事项,如表 3-1 所示。

表 3-1　投保单填写注意事项

| 项目 | 注意事项 |
|---|---|
| 姓名 | 填写的姓名应与有效证件姓名一致 |
| 证件 | 公司认可的有效证件为居民身份证、军官证、少儿出生证。<br>1. 身份证号码应为 18 位。<br>2. 身份证号码应与出生年月日相符(否则需附身份证复印件)。<br>3. 身份证尾数应与性别相符(否则需附身份证复印件)。<br>身份证的倒数第二位为性别代码,奇数为男性,偶数为女性 |
| 年龄 | 客户已到生日(生日当天):年龄＝申请年度－出生年度<br>客户未到生日:年龄＝申请年度－出生年度－1 |
| 职业代码 | 填写的职业名称应与职业代码一致,并且类别与客户工作性质相符 |
| 住址与邮寄地址 | 住址与邮寄地址务必填写翔实、完整,邮寄地址栏必须写明门牌号码 |
| 联系回访电话 | 务必填写投保人正在使用的家庭/单位电话、移动电话号码 |
| 受益人资料 | 1. 为避免给付纠纷,最好明确受益人,不提倡选择"法定"。<br>2. 有多个受益人时,应在特别约定栏详细填写受益人资料、受益比例/受益顺序(填写格式:姓名、年龄、生日、证件号、与被保险人关系、受益比例或顺序)。<br>3. 以死亡为给付条件时,受益人不能填写被保险人。<br>凡保险条款中注明满期/生存保险金受益人为被保险人本人的,公司不接受其他指定与变更,"满期/生存保险金受益人"只能选择"被保险人"本人 |

(续表)

| 项目 | 注意事项 |
| --- | --- |
| 投保事项 | 1. 一张投保书只填写一份主险。<br>2. "保险金额/份数/档次"栏：注意填写单位，保险金额通常以"元"为单位；特别注意以"份数"为单位的，应以"份"作为单位。<br>3. 附加定期险及附加两全险的必须填写保险年期。<br>4. 附加短期险"缴费年期"一般与主险一致，也可以选择比主险短的缴费年期，但不得超过投保规则规定的最高投保年龄。<br>5. 投保单中的险种、金额与暂收收据中内容一致。<br>6. 严禁修改险种、保险金额、保险期限、缴费年期、保险费、银行账号 |
| 银行转账 | 1. 银行首期转账时，投保单与转账协议中的银行名称、账号务必填写一致。<br>2. 期缴件银行转账时，务必仔细填妥银行名称和账号位数，确保无误。<br>3. 转账银行应为公司划账范围内的银行（具体机构自定），账号必须为投保人个人人民币活期储蓄（结算）账号。<br>4. 投保书及转账协议中的转账授权必须由户主亲笔签名授权 |
| 红利选择 | 1. 分红险趸交保费时，红利方式不能选择"抵交保费"。<br>2. 分红险客户为弱体加费件时，红利方式不能选择"增额保险" |
| 投连账户 | 进入账户的资金比例必须是10%的整数倍 |
| 健康/财务告知 | 1. 投保带有投保人保费豁免责任的险种时，需告知投保人健康状况。<br>2. 投保带有其他被保险人的险种时，需同时告知被保险人和其他被保险人的健康状况。<br>3. 告知事项为"是"时，必须详细填写"说明栏"。<br>4. 被保险人有理赔记录时，请详细告知治疗状况、恢复情况、目前状况并附病史及出院小结（复印件） |
| 客户亲笔签名 | 1. 客户资料栏中，客户姓名务必和声明与授权栏中投保人、被保险人/法定监护人、其他被保险人/法定监护人亲笔签名一致。<br>2. 暂收收据中，投保人姓名务必与投保单中投保人姓名一致 |
| 笔误处理 | 客户身份识别资料（不包括联系地址和电话）、受益人资料、投保事项、健康及财务告知（包括说明栏内容）、投保人/被保险人签名严禁做任何修改 |

（3）一般投保规则注意事项，如表3-2所示。各级机构在具体使用中，会因为机构特点做适当调整。因此，在使用中，以机构最终确定并下发业务人员的投保规则为准。

表3-2 一般投保规则注意事项

| 投保人 | 1. 年满18周岁；<br>2. 对被保险人具有保险利益（本人、配偶、子女、父母、与被保险人有抚养、赡养或者扶养关系的家庭其他成员、近亲属）；<br>3. 投保人的年交保费一般不得超过其年收入的20%；<br>4. 投保人或被保险人有一方为异地，则不予受理 |
| --- | --- |

(续表)

| | |
|---|---|
| 被保险人 | 1. 以周岁为准,以费率表所列年龄为限,0岁一般指出生满28天且健康出院的婴儿;<br>2. 未满10周岁的被保险人累计人身险保额限为20万元,已满10周岁但未满18周岁的不得超过50万元,请注意向当地两核管理部咨询;<br>3. 被保险人的人身险保险金额与投保人年收入的关系:<br>  被保险人投保年龄  人身险保险金额与年收入的倍数关系<br>    18~35周岁        ≤20倍<br>    36~50周岁        ≤15倍<br>    51周岁以上        ≤8倍 |
| 职业代码 | 1. 投保主、附加寿险各类职业每万元基本保额增加额外保费:五类职业趸交交费方式下加费200元,年交方式下每年、每万元加费20元;六类职业趸交交费方式下加费500元,年交方式下每年、每万元加费50元;<br>2. 职业类别为一类和二类并有摩托车驾驶执照的被保险人,其意外险按三类职业收费;<br>3. 五类以及以上职业和其他风险较高者不适用购买交清增额保险的红利方式;<br>4. 从事两种以上职业的被保险人,以职业类别较高者确定费率 |
| 最低保费限制 | 1. 主险500元(期交),3 000元(趸交);<br>2. 意外主险150元(成年人),100元(未成年人) |
| 最低保额限制 | 1. 任一险种(主险、附险)保险金额应为10 000元的整数倍;<br>2. 以份额计算的险种最低份额不得低于1份;<br>3. 津贴型险种日额应为10元的整数倍 |
| 附加险 | 1. 交费方式与主险一致;<br>2. 交费年期不得超过其对应主险交费年期;<br>3. 保险期限不得超过其对应主险保险期限;<br>4. 主险为趸交方式,不能附加短期险 |
| 可保选择权 | 新合同保险期限不得超过原合同的保险期限 |
| 孕妇投保 | 1. 不得投保意外险及附加短期险;<br>2. 投保累计寿险风险保额或重疾保额限30万元;<br>3. 怀孕7月以上至产后1个月内不得投保所有含重大疾病保险责任的保险 |

(4) 拒保疾病/情况如表3-3所示。

表3-3 拒保疾病/情况

| | |
|---|---|
| 拒保疾病/情况 | 1. 癫痫,智力发育不全,脑外伤后遗症,精神科疾病如痴呆、精神后遗症等;<br>2. 重度残疾,如两肢以上断离,双目失明,手指缺失四指以上而从事危险工作者;<br>3. 慢性酒精中毒;<br>4. 严重高血压(血压超过180/110 mmHg);<br>5. 严重肝病,如肝硬化,慢性活动性肝炎;<br>6. 糖尿病控制不良及糖尿病合并并发症(如糖尿病伴尿蛋白);<br>7. 脑血管病,如脑梗死、脑血栓、脑血管畸形、颅内动脉瘤等;<br>8. 高危妊娠延期;<br>9. 患有重大疾病条款中列明的任何一种重大疾病;<br>10. 吸毒、性病、艾滋病或HIV阳性 |

(5) 业务员报告书。客户填写完成投保单并缴纳首期保费后,业务员应对以下内容进行初步核查,并填写"业务员报告书",以中国平安保险公司为例,如表3-4所示。

表3-4　业务员报告书(样本)

单证代码:1473

## ××××人寿保险股份有限公司
### 业 务 员 报 告 书

业务员姓名:　　　　　　　　　　　　业务员部组:
业务员代码:　　　　　　　　　　　　投保书条形码:

**A. 被保险人有关资料**(所有申请,必须填写此部分)
1. 姓名:_____　性别:_____　年龄:_____
2. 学历:①硕士　②本科　③大专　④中专　⑤高中　⑥初中　⑦小学　⑧其他
3. 你认识被保险人多久?
4. 投保经过:
   ①业务员推销　②客户自己提出　③客户单位提出　④其他
5. 投保目的:
   ①保障家庭收入　　②投资理财　　③作为贷款抵押(请提供贷款证明)　　④保证子女教育费用
   ⑤保全遗产　　⑥养老保障　　⑦医疗费用保障　　⑧关键人物保险　　⑨其他
6. 目前从事何种职业?_____;从事本职业年限:____年
7. 估计全年收入(包括基本工资和红利):去年____万元;前年____万元
8. 从外观看,被保险人是否成病态或有生理缺陷? ①是　②否,若是,请说明
9. 你是否曾听闻被保险人有疾病或接受医生治疗? ①是　②否,若是,请说明

**B. 投保人有关资料**(如投保人非被保险人本人,必须填写此部分,若投保人与被保险人为同一人,则仅填写4~7项部分)
1. 姓名:____　与被保险人关系:____
2. 学历:①硕士　②本科　③大专　④中专　⑤高中　⑥初中　⑦小学　⑧其他
3. 目前从事何种职业?_____;从事本职业年限:____年
4. 估计全年收入(包括基本工资和红利):去年____万元;前年____万元
5. 家庭住宅所有权状况:①租用　②自置　③按揭　④亲属住房　⑤单位住房　⑥其他
6. 出行交通工具:①私家车　②公务车　③公共交通　④其他
7. 投保人兴趣爱好:①文艺　②影视　③旅游　④体育　⑤购物　⑥投资　⑦数码产品
   ⑧宠物　⑨收藏　⑩餐饮　⑪其他
8. 投保人拥有本公司以外的产品:①无　②证券账户　③信用卡　④人身保险　⑤财产险
   ⑥信托投资　⑦其他

**C. 高额保件**(本次投保人身险保额50万以上)招揽过程说明:(请说明与投保人的认识途径,招揽的时间、地点、方式)

业务员声明:
以上报告的情况属实,如有不实见证或报告,本人知道该承担相关责任。
业务员签字:　　　　　　　　业务员联系电话:　　　　　　　　年　　月　　日

3. 接单初审

承保内勤接收业务员递交来的投保资料,进行初审。投保材料一般包括投保单、业务员报告书、委托银行代收保险费协议书。

接单初审是新单进入保险公司的第一天,主要是将明显不合格的投保件剔除,以尽可能减少因投保单填写不合格、投保资料不齐全导致其他后续业务处理工作不能正常进行。内勤人员根据

客户签字后的投保单逐项认真审核,投保单上的保险费金额应与暂收收据、委托银行代扣保险费协议书上的金额一致,填写应准确无误,再看投保人的基本情况是否符合公司的承保要求。如果有误,退回给业务员纠正;如果无误,则在"新单登记簿"上登记。初审注意事项如表3-5所示。

表3-5 初审注意事项

| 满足填写要求 | 仔细学习投保书填写、收据填写和其他单证填写的注意事项,确保单证填写符合公司的要求 |
|---|---|
| 投保事项 | 注意不同险种投保的一般规则和特殊规则,确保所投保的险种、保额/份数、保险年期、缴费年期、主附险搭配等符合投保规则的要求 |
| 备齐资料 | 投保书、对应暂收收据或委托银行转账协议书、业务员报告书、相关病历资料(如告知疾病史和住院史)及保险公司规定的其他投保资料 |

4. 专业核保

业务内勤初审也称快速核保,预收录入同时是一种电脑核保的过程,能通过快速核保和电脑核保的投保单称为正常保件或标准保件,随即进入出单程序,不能通过的称为问题保件或非标准保件,需要医务上的支持,即相应的体检,也称为医务风险选择。有的还需要派工作人员到投保人、被保险人生活和工作的环境走访,向其家属、邻居和同事调查了解有关情况,即作生存调查。专业核保人员根据体检和生存调查的结果,对被保险人的风险进行分类,根据投保规则和核保规定作出相应的核保结论,确定承保费率或拒保。

5. 作出承保决定

保险承保人通过收集有关的信息资料并对这些信息经过承保选择和承保控制之后作出相应的承保决定。根据投保人投保条件的不同,分别给予下列四种不同的承保决定。

(1) 正常承保。投保人的投保条件符合寿险公司承保手册中的标准,寿险公司按标准费率承保,并出具保险单,至此对投保人的投保要约进行书面承诺。

(2) 条件承保。对于低于承保标准,但经适当调整仍可进行承保的,寿险公司通过增加限制性条件或加收附加保费的方式予以承保,并出具保险单。如在人身保险中条件承保有年龄增加法、保险金削减法、附加保费法和缺陷部位除外法等。年龄增加法适用于递增型风险的人,将被保险人的年龄增加一个固定年数加以承保。保险金削减法适用于递减型风险的人,承保时按正常费率承保,但在一定期间内按比例减少保险金给付。附加保费法适用于固定型额外风险的人,在承保时保险人征收一定金额的额外保费。

(3) 延期处理。当被保险人危险因素的程度不明确,无法给予准确合理的风险评估时,核保人员常采用暂时不予承保,即延期处理。对于延期承保的投保申请可在到达延期年限后或资料依据齐备能够供核保人员正确评估被保险人风险时重新投保。

(4) 拒绝承保。如果投保人的投保条件明显低于保险人的承保标准,保险人就会拒绝承保,从而避免寿险公司经营风险过大,保证偿付能力,以实现寿险公司经营的目标。

6. 缮制保单

制单内勤将暂收收据号快速连续输入,电脑则根据暂收收据号自动生成保单号,并连续打印出正式保单,根据保单号由专人负责打印正式收据并加盖保费业务结算专用章。清分人员将投保书、暂收收据、委托银行代扣保险费协议书、保单和正式收据等单证按其所列用途进行清分,加盖保险合同专用章,并配齐保险合同的封面、现金价值表、保险条款、投保单副本和保险合同送达书等文件,然后将其成套装订,在相应交接本上登记后装箱,由通勤车传至各初审收银岗后,再由业务员交到客户手中。

保险单证的缮制要及时,采用计算机统一打印,做到内容完整、数字准确、不错不漏、无涂改。

保单上注明缮制日期、保单号码,并在保单的正副本上加盖公章和私章。如有附加条款,将其粘贴在保单的正本背面,加盖骑缝章。

7. 递送保单

业务员从递交投保单的窗口领取保险合同登记后送达客户的同时,请客户填写"保险合同送达书",并将回执部分剪下交由业务人员送回公司存档。

8. 整理归档

承保内勤每天分险种将当天的业务汇总成日报表,连同保费暂收收据和保险费交给财务部门,财务部门核对后,在保费暂收收据业务留存联上加盖财务收讫章后返回承保内勤。内勤人员每天将回执单录入,将保费收据、保险合同副本和原始投保材料整理好放在一起,装进档案袋中,放进卷柜,月底统一登记后归入档案室保存。

此外,为了获得充分的保障,许多投保人还投保了意外伤害险或健康险作为附加险。附加险应填写相应的附加险投保单,连同主险的投保单一并交上去,一起核保。附加险的生效对应日应与主险的生效对应日相同,续保时附加险是没有宽限期的,应提前办理续保手续。

承保业务流程如图 3-1 所示。

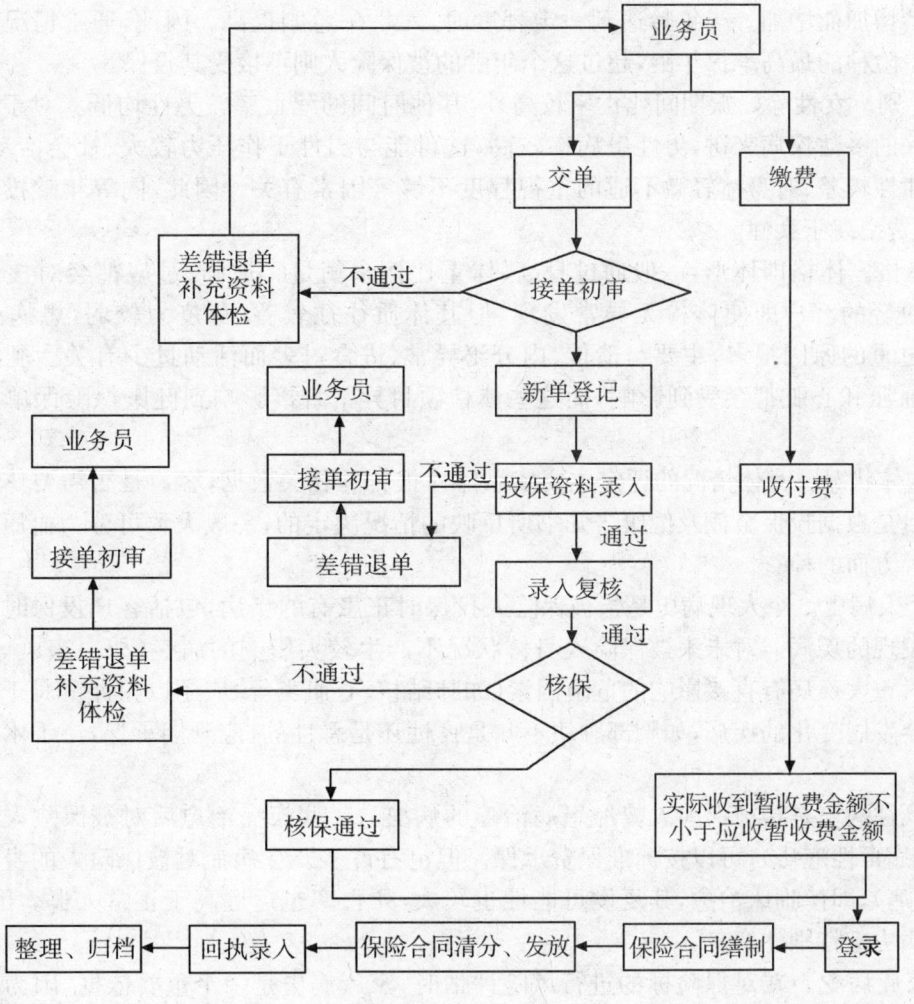

图 3-1 承保业务流程

## （二）核保业务的主要内容

核保是承保工作的核心,核保业务的主要内容包括核保选择和核保控制两个方面。

### 1. 核保选择

核保选择的目的在于提高投保人或被保险人对保险标的的责任感。核保选择表现在两个方面:一是尽量选择同质风险的标的承保,从而使风险在量上得以测定,以期风险的平均分散;二是淘汰那些超出可保风险条件的保险标的。

### 2. 核保控制

核保控制是指保险人对投保风险作出合理的承保选择后,对承保标的具体风险状况运用保险技术手段,控制自身的责任和风险,以合适的承保条件予以承保。承保控制的对象主要有两类:一类是风险较大但保险人还是予以承保的标的,保险人为了避免承担较大的保险风险必须通过承保控制来限制自己的保险责任;另一类是随着保险合同关系的成立而诱发的两种新的风险,即道德风险和心理风险。

## （三）人身保险核保风险因素分析

### 1. 健康因素

（1）年龄。年龄是风险选择时所要考虑的最重要因素之一,因为死亡概率和人身伤害概率一般随着年龄增加而增加。当年龄达到一定程度时,死亡率急剧提高。因此,通常情况下寿险公司都规定每一险种的最高承保年龄,超过这个年龄的被保险人则不接受其投保。

（2）性别。女性除妊娠期间死亡率较高外,其他时间的死亡率较男性均低。对于重大疾病保险中所承保的多数疾病来讲,男性患病率较高,这可能与男性工作压力较大、社会活动频繁、生活习惯和规律性较差、对身体轻微不适的重视程度不够等因素有关。因此,同等年龄投保重大疾病险,男性的费率高于女性。

（3）体格。体格即体形,一般通过身高、体重比例来衡量。过胖、过瘦都会对核保结论有影响。体重过轻的客户即使体检无异常发现,但其体质往往较差,免疫力较弱,患病的概率也较大。体重过重的原因很多,主要与遗传、内分泌异常、进食过多而活动过少有关。肥胖客户的血糖、血脂、血压和心脏都会受到影响,而这些体检项目异常直接影响到健康保险保单所承保的险种责任。

（4）身体状况。身体情况的评定主要依靠体检报告的相关数据,客户是否需要体检以及做何种体检项目是根据投保金额及健康告知书所反映的情况决定的,一般大致可分为血压、心电图、尿液和血液等方面的检查。

（5）个人病史。个人现病史是指被保险人投保时正患有的疾病,包括客户投保时告知正患疾病和体检发现的疾病。对未来被保险人身体状况不产生较大影响的病症（如白癜风等）可按标准体承保。对重大疾病有直接影响的危险因素（如肺结核、心肌炎等）应予以拒保。对于现病史不能判断是否会发展变化的疾病,如胸部肿块不知是良性还是恶性的,应延期承保,待手术确诊后再进行判断。

个人既往病史是指被保险人曾经患病治疗的病史。一些疾病治愈后对被保险人的身体无严重影响（如病毒性疱疹）,可以按标准保费承保。但也有许多既往病症对被保险人的身体有重大影响（如冠心病）,即使临床治愈,其复发可能性也较大,死亡率也远远高于正常人群。因此,在核保时对既往病史应特别注意。

（6）家族病史。在对保险标的进行风险评估时,家族病史是一个重要依据,因为有些疾病是容易遗传的,如糖尿病、高血压等。一些传染性疾病虽然其本身并不一定遗传,但是由于母亲在怀孕或分娩时将此疾病传给婴儿（如乙型肝炎）,此类人员的子女投保时应通过体检等方法进行筛选。

2. 非健康因素

(1) 保险利益。保险利益是指投保人对保险标的具有的法律上承认的利益。投保人对下列人员具有保险利益：本人；配偶、子女、父母；前项以外与投保人有抚养、赡养或者扶养关系的家庭其他成员、近亲属。除前款规定以外，被保险人同意投保人为其订立合同的，视为投保人对被保险人具有保险利益。在核保具体操作中，关于被保险人同意规定的应用范围相对严格，必须要求投保人与被保险人之间存在一定的经济利益关系，主要包括以下关系类型：① 雇佣关系。企业对于具有合法雇佣关系的人员具有保险利益。② 合伙人关系。一方合伙人对另一方合伙人具有保险利益。③ 债权债务人关系。债权人对其债务人具有保险利益。④ 其他合法关系，如合理的经济利益关系。

(2) 职业。职业不同，其所具有的危险程度不同，对死亡率的影响也不同。在对残疾收入保险的准被保险人的核保中，职业因素更为重要。寿险公司应充分分析准被保险人因职业致残的可能性，那些工作环境中存在较大的疾病或意外事故风险或者从事季节性工作者通常被认为是"不受欢迎"的投保者，家庭主妇也被视为具有劣质残疾收入保险风险，因为她们一旦发生残疾，保险人很难确定他们是否一直在工作、何时重新工作。

一般的人寿保险公司都订有危险职业的最高保险金额及职业等级费率作为核保的依据。当职业变更时，应予以重新划分职业类别，并审定新的保险费率。核保人员对于职业危险的核保是根据职业分类表进行的，对具有较高职业风险等级的常采用加费承保和限额承保。

(3) 习惯、嗜好。对有不良生活习惯，如饮酒、抽烟、滥用药物、体态肥胖，并伴有高脂血症、高血压等症状的客户，核保时要作为重点。

(4) 投保履历。了解过去是否曾投保保险或目前正在申请保险，是否曾被加费、延期或拒保，是否有过理赔记录等。

(5) 兼职状况。兼职工作使人们经常处于过分紧张状态，其危险性比无兼职状况者高。

(6) 生活环境。被保险人生活环境的好坏通常与生活收入状况有密切关系，同时亦与教育程度、家庭成员和社交环境是否复杂有关。恶劣的环境势必对人的身心健康造成不利影响，从而增加死亡率。如居住地处于市中心，一方面噪声对健康产生不良影响，另一方面也易发生交通事故，所以环境也就不可避免地成为人寿保险核保必须考虑的因素之一。

3. 财务因素

财务核保在核保中占据重要地位。其目的在于确定合理的保额，减少逆选择、骗保骗赔和退保等现象。财务核保时，核保人员需要综合分析影响保险需求的诸多因素，包括被保险人的年龄、职业、收入、性别和婚姻状况等，据此来综合判断被保险人的真实财务状况和合理保险需求。

(1) 财务核保的审核资料。财务核保的审核资料包括以下几个方面：① 投保单中的基本信息。② 财务问卷。被保险人累计风险保额在50万元以上的，填写《高保额财务问卷》。③ 生存调查资料中包含的财务资料，如生存调查问卷、生存调查报告。④ 其他收入证明资料、薪金收入证明，如每月工资单、纳税证明等。⑤ 其他收入及资产拥有权的证明，如房产证、购买汽车证明或股票交割单等。⑥ 其他客观性的可帮助评估被保险人经济价值的资料。

(2) 财务核保的要点：① 投保人所投保的险种，年缴保费一般应控制在本人年均收入的20%以内。② 被保险人的合理累计风险保额由被保险人的经济价值确定，即由其本人的收入能力决定，核保中一般根据其本人年均收入的倍数确定。不同年龄段下被保险人年收入与最高保险金额的倍数关系参见表3-6。③ 如果投保申请超出上述比例计算的保险金额，核保人员应综合分析其投保动机、保障需求和收入状况,如果并未发现有异常情况,可以考虑予以承保,但此类超额幅度应控制在120%以内。

表3-6 保险金额与收入的倍数关系表

| 年龄 | 现行收入的倍数 | 年龄 | 现行收入的倍数 |
| --- | --- | --- | --- |
| 20~24岁 | 20 | 45~49岁 | 11 |
| 25~29岁 | 18 | 50~54岁 | 9 |
| 30~34岁 | 17 | 55~59岁 | 8 |
| 35~39岁 | 15 | 60~64岁 | 6 |
| 40~44岁 | 12 | 65岁和65岁以上 | 5 |

案例3-4

请你根据下列投保信息摘要,运用所学的知识与技能分析作为专业的核保人员在收到这样的投保资料时,该如何处理?

客户投保信息摘要如下:

年龄:55周岁;性别:女;职业:家庭妇女;健康:告知正常。

家族史:无异常,丈夫已身故。

投保人:女儿;职业:农民;受益人:女儿;年收入:1万元;所缴保费:0.6万元。

保险经历:无任何投保经历。

投保计划:世纪长乐分红保险10万元;

附加意外伤害保险10万元;

吉祥相伴定期保险10万元。

体检结果:身高159 cm,体重53 kg,血压138/81 cm,尿常规正常,乙肝五项均(—),SGPT(—),SGOT(—),TB(—),DB(—),CH(—),TG(—),Bun(—),Cr(—),心电图正常,胸透及B超显示肝胆脾胰双肾及妇科均正常。

调查结果:老年家庭妇女,丈夫已身故,独居。无收入,由两位子女提供每月200元的生活费。本次由女儿投保,职业为农民,年收入实际约1万元,投保人及其丈夫均未购买保险。

[案例评析]

本案例中被保险人为老年家庭妇女,累计人身险保额30万元,女儿为其投保,也是身故受益人。投保书告知女儿年收入1万元,年缴保费0.6万元。被保险人健康状况良好。经过核保分析,得出以下结论。

(1)初步审核投保单后,从中可以看出该单被保险人的保障需求应以养老为主,而本单的保险计划却以死亡保障为主,核保人应对此单发出生存调查通知,主要了解投保人的投保动机、经济来源及该保险计划设计者是投保人还是保险展业员。

(2)在本案例中,女儿为母亲购买保险,投保人年收入仅1万元,每年需拿出0.6万元来支付保费。投保人为家庭经济收入来源者,最需要保险保障,但未购买任何保险。而被保险人无收入,非投保人家庭经济的提供者,本次投保以死亡保障为主,而不是以被保险人的养老或医疗为保障,若发生保险事故,不会给投保人带来经济上的损失,投保人反而会因此受益。据此,本案例无论从保险需求还是保险动机上来看都不合乎情理。若通过生存调查发现,该单的投保意愿是良好的,由于投保人、被保险人不甚了解保险,而保险展业员仅仅从个人利益出发,没有根据客户的实际情况设计投保计划。则应对投保人重新设计投保险种,同时对保险展业员进行核保教育。

(3) 根据投保人的收入情况,年缴保费约0.2万元是比较合适的(收入的20%)。根据此保费,重新调整投保计划。

核保结论:降低意外伤害险投保金额,变更投保险种,改投以养老年金险或重大疾病险为主的险种。

### 案例 3-5

2015年2月12日,王先生通过保险展业员林某投保个人寿险,保额为20万元。根据寿险公司的核保规定,王先生在2月15日到寿险公司接受体格检查,结果查出肝功能异常:HBAb(+),显然王先生属于次健体。2月18日,根据核保规定和体检的情况,寿险公司作出附加条件承保的决定,即比正常体增加一定的保费,王先生表示同意,并缴纳了增加的保费,于是寿险公司当日出具正式保单并送达客户,王先生在保单回执上签字确认。

谁料,2月22日,王先生竟来到寿险公司出具了某医院为其所作的肝功能检验报告,检验结果显示的是HBAb(-),与寿险公司的检验结果不同。王先生认为,医院的检验报告与寿险公司所作的检验相比更具有权威性,两者不符,说明寿险公司的检验存在问题,按照寿险公司的检验结果不仅使自己投保同样的保险比别人多交了保费,而且等于判定自己有肝炎。为此,王先生要求寿险公司赔偿其经济损失和精神损失3万元,否则将采取非常行动。

寿险公司的回答是:如果对寿险公司的检查结果有异议,可以到寿险公司重新复查,也可以到寿险公司的定点医院进行复查;如果认为交费不合理,可以退保,但这两种意见都遭到了王先生的拒绝。

[案例评析]

本案例中被保险人王先生在医院和在寿险公司的体检结果不同,主要是保险医学与临床医学的差异所致。临床医学面对的是疾病患者,是以治疗的可能性为目的的,偏重于对现症的减轻和治疗,对一些小的症状或检验值只要患者目前没有不适的感觉,即可以忽略。而保险医学面对的是被保险人群体,看重的是疾病对死亡率的影响,对一些体检有异常并无不适的被保险人,只要其未来会影响到死亡率,就有可能会加费承保,甚至拒保。因此,两种体检结果不同完全是可能的,也是客观的。另外,被保险人自己在医院做的体检是否失实还值得验证,由于人体本身的特殊性及体检手段可能存在的缺陷,难以要求不同时期的体检报告中所有的指标同一。因此,即使体检结果有差异,也不能排除这些因素的影响,被保险人拒绝复查使得寿险公司无法判断这两次体检结果差异的原因。

可见,寿险公司并不存在不当之处。同时还须说明,寿险公司体检的目的是决定承保的条件,并不是诊断病情,也从来不会为任何被保险人的任何疾病作结论性诊断,王先生根据寿险公司的体检结果主观臆断自己患有肝炎,声称寿险公司对自己造成了经济损失和精神损失,实属无理行为。

### (四) 核保业务流程及操作技能

核保的过程就是保险人对保单申请人的风险状况进行评估、选择和分类的过程。由于个体的差异性和信息在申请人和保险人之间的不对称分布,使得核保的过程较为复杂。一份寿险保险合同的成立通常需经过多个步骤审核(见图3-2)。

1. 初审

1) 保险展业员初审

保险展业员初次审核称为"第一次风险选择"。做好第一次的核保工作可以避免逆选择,提高

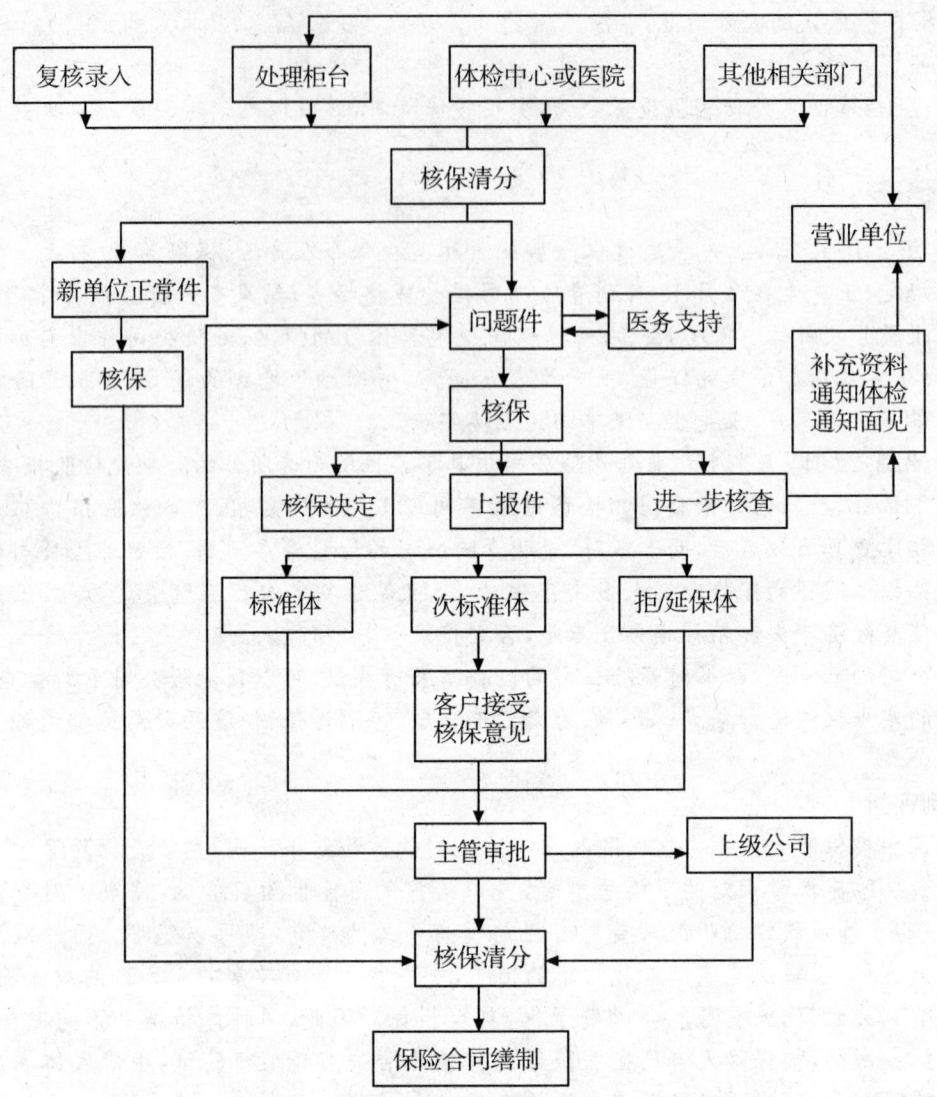

图 3-2 人寿保险业务核保流程图

工作效率,减少合同纠纷,它是保险展业员应尽的责任。保险展业员的初审方式与内容如下。

(1) 面晤。面晤的目的在于排除道德风险。保险展业员一定要亲自面见被保险人,做到以下两个方面:① 了解投保人的投保动机;确定投保人、被保险人、受益人之间的关系;分析其购买保险的目的是为了获得保险保障和投资,还是其中存在着道德风险。② 指导投保人填写投保单,投保单上的内容特别是健康和财务的告知务必请投保人、被保险人详细、清晰地填写,并让各自亲笔签名(未成年人由其法定监护人代签),不得相互代签或由保险展业员代签。

(2) 观察。保险展业员应详细观察被保险人的健康状况及生活环境,具体包括以下几个方面:① 被保险人的体格、外观、脸色、行动是否正常;② 被保险人有无残疾、智力和功能障碍;③ 被保险人的家庭情况、工作、居住环境如何。

(3) 询问。保险展业员应对被保险人的健康情形、职业及告知等作技巧性的询问,主要包括以下几个方面:① 投保的目的、投保的历史(应问明所投保的公司、险种、总投保额、既往有无被加费、限额、延期或拒保等);② 被保险人的既往病史、家族史;③ 被保险人的职业及使用工具的具体情况。

（4）了解投保人的经济能力。一方面，评估投保人的续期缴费能力，即考察其所缴保费和其收入是否相匹配，通常情况下，投保人所缴的所有保费之和不超过其年收入的20%，否则会导致保单失效率大幅上升。另一方面，评估投保人所购买的保险累计保额是否合适，购买超额保险易诱发道德风险。

（5）填写业务员报告书。保险展业员应根据对投保人、准被保险人的面试、观察和询问的结果如实填写业务员报告书。报告书要保险展业员亲笔填写，填写内容应实事求是，对被保险人及投保人的特殊情况要作补充说明。

（6）检视整个投保书。投保单内容有无遗漏，投保人、被投保人和保险展业员有无签章等。注意有无不实告知，是否签名等。

2）内勤人员初审

保险展业员将投保书、保费暂收收据和委托银行代扣保险费协议书等投保文件交初审内勤，初审内勤按寿险公司的规定对有关投保资料进行审核。

（1）内勤初审主要内容：① 投保书及相关报告书、通知书是否填写完整。② 年龄审核。投保人与被保险人的年龄都应为周岁。③ 身份证是否填满，是否有性别关系错误，身份证是否过期。④ 收费地址及所属地区邮编填写是否详细、准确。⑤ 被保险人职业、工种与类别是否匹配。⑥ 健康与财务告知栏是否全部填写，是否有说明，说明是否同投保书提示项目相符。⑦ 投保人、被保险人及保险展业员是否都有签名，保险展业员所属部门标记是否完备。⑧ 业务员报告书是否填写完整。⑨ 缴费方式选择"委托银行转账"方式的投保书是否附有《委托银行代扣保险费协议书》。⑩ 是否有过多涂改或应重填项目。⑪ 暂收收据回收时，"正式收据"签收栏是否有客户签字。⑫ 初审未通过的投保文件退回营销部门进行修正。初审通过的投保文件由初审员在投保书上签章后进行收银录入。

（2）初审注意事项：① 填写要求是否规范。仔细审核投保书、收据和其他单证的填写是否规范，确保各类单证填写符合寿险公司的要求。② 投保是否符合投保规则。注意不同险种投保的一般规则和特殊规则，确保所投保的险种、保额/份数、保险年期、交费年期、主附险搭配等符合投保规则的要求。③ 资料是否齐全。初审应备的资料主要有：投保书、对应暂收收据或委托银行转账协议书、业务员报告书、相关病历资料（如告知疾病史和住院史）及寿险公司规定的其他投保资料。

不难看出，初审工作所要审查的事项也是投保书填写中需要严加注意的事项。投保书填写完整、准确、清晰，符合投保规则的要求，就能够确保顺利通过初审，使投保资料及时交付机构契约部，避免因重复修改、补充投保资料造成时间上的损耗和对客户的打扰。

**实战演练 3-1**

1. 实战内容：寿险投保单的初审
2. 实战目的：提高学生核保初审的操作技能
3. 实战演练操作

投保单的初审工作主要由初审员来完成。投保单初审主要审查投保单的填写是否规范、投保单是否违反投保规则等。通常，投保单填写不规范或违反了投保规则，一经机构契约部发现，都将以"问题件"的形式返回到保险展业员和客户的手中。从根本上说，绝大多数的"问题件"都是因投保书填写不规范、不准确，对投保规则认识不足所造成的，主要包括普通填写错误、投保规则的违反及其他错误等，参见表3-7、表3-8和表3-9。

表 3-7　部分普通填写类的问题件

| 类型 | 问题描述 | 原因 |
| --- | --- | --- |
| 身份证、生日、年龄、身高、体重 | 1. 身份证号码不足位 | 1. 笔误<br>2. 确为不符,但未附身份证复印件 |
| | 2. 身份证号码与出生日期不符 | |
| | 3. 身份证号码尾数与性别不符 | |
| | 4. 生日不存在 | |
| | 5. 年龄有误 | 年龄计算错误 |
| | 6. 身高、体重未填写 | 漏填 |
| 职业代码 | 1. 未填写或不存在 | 遗漏或填写错误 |
| | 2. 职业代码与相应险种保费有误 | 未考虑职业代码的加费问题 |
| | 3. 职业代码与所填职业不符 | 职业代码查找错误或填写错误 |
| 住址或邮寄地址 | 字迹无法辨识,邮寄地址不够详细 | 填写不够清晰、全面 |
| 投保人、被保险人或监护人、连带被保险人或监护人签名 | 1. 姓名字迹不清,无法辨识 | 填写不够清晰 |
| | 2. 声明或授权栏中的签名与客户资料中的姓名不符(监护人除外) | 笔误或其他 |
| | 3. 被保险人或连带被保险人未成年,不得在声明或授权栏中签名 | 应该由法定监护人签名(法定监护人姓名) |
| 受益人或连带受益人 | 1. 姓名不清或未填写 | 填写不够清晰、完整或有遗漏(受益顺序、受益比例等) |
| | 2. 资料不全(多个受益人更需注意) | |
| | 3. 死亡给付的受益人不能为被保险人,死亡给付的连带受益人不能为连带被保险人 | 受益人的确不符合投保规则 |
| | 4. 补偿型健康险生存受益人或连带生存受益人只能为被保险人或连带被保险人本人 | |
| 交费年期 | 1. 对应险种交费年期有误 | 笔误或险种条款理解有误 |
| | 2. 未填写主险、附加险交费年期 | |
| 银行账号 | 1. 账号错误或账号不足位 | 填写错误或遗漏 |
| | 2. 银行不在公司划账范围 | 银行选择错误 |
| | 3. 缴费账号户主的名字与持有人签名不一致 | 笔误或其他 |
| 附属资料 | 病历资料等 | 告之病史,请附相关资料 |
| 涂改资料 | 客户身份识别资料(不包括联系地址、电话)、投保事项、健康及财务告知(包括说明栏内容)严禁作任何修改 | 违反投保书填写规定 |
| 其他 | 1. 其他修改处无投保人签名确认 | 填写不完整必然造成问题件的下发 |
| | 2. 投保书中各项填写不完整,有遗漏 | |

**表 3-8　违反投保规则类的问题件**

| 类型 | 问题描述 |
| --- | --- |
| 投保人资格 | 1. 年龄未满 18 周岁 |
|  | 2. 对被保人或连带被保人无可保利益 |
|  | 3. 年交保费超过投保人年收入的 20% |
| 被保险人资格 | 年龄不符合投保规则或不在对应主险或附加险承保范围内 |
| 附加险 | 1. 附加险交费年期大于主险交费年期 |
|  | 2. 附加险保险年期大于主险保险年期 |
|  | 3. 附加险所附加的主险为趸交方式 |
|  | 4. 附加险保额与对应主险保额的比例不符合投保规则 |
| 最低保额 | 不符合对应险种最低保额限制 |
| 最低保费 | 不符合所在机构或对应险种最低保费限制 |
| 红利选择 | 趸交方式不能选择抵交保费的红利方式 |

**表 3-9　其他类的问题件**

| 类型 | 问题描述 |
| --- | --- |
| 身份证 | 寿险公司电脑库中有相同身份证的不同客户 |
| 职业代码 | 寿险公司电脑库中已有该客户的职业代码与投保书中代码不一致 |
| 通知 | 退还客户病历资料 |
| 累计保额 | 最新投保与历史投保累计保额超过投保规则要求 |

2. 体检医师核保

体检医师核保是"第二次风险选择",是指核保人员根据被保险人的年龄、身体健康状况、既往病史及现病状况认为需对被保险人进行进一步身体状况检查的人员实施体检,必要时进行器械检查、X光检查和化学检查等,以判断其是否符合承保要求,是否要特别加费,或予以延期、拒保。

3. 核保人员的核保

核保人员核保是"第三次风险选择",是指核保人员根据初审资料、体检报告书、病历、特别问卷(如高血压调查表、肝病调查表、驾照问卷、高保额问卷和职业问卷等)、投保单和高额保件财务状况报告书等资料再次进行审核,确定对被保险人可否承保或者以何种条件进行承保的过程。这一过程的主要步骤如下。

1) 初步审核

核保人员在收到投保人、保险展业员所提供的基本资料后,即可按照有关要求,根据公司的投保规则及经营政策对所提供的资料检查核对,以确定资料是否齐全,是否需进一步补充资料,客户的投保需求是否超出了公司的有关规定和承受能力等,具体内容如下。

（1）客户申请险种的保险金额是否超出了有关规定。为保证投保人的持续缴费能力和防范可能存在的道德风险，寿险公司都设有财务核保指标。

（2）若是老客户，必须核查有无不良投保记录。

（3）对投保金额巨大，或告知声明遗漏，或核保人员认为有疑问的保件，有必要对投保人和被保险人作进一步的资料收集。如要求被保险人对身体的某一部位进行体检，对其家庭收入进行专门调查等。

（4）确定承保条件。根据被保险人的危险程度，按照有关手册确定其保险费率。

2）进一步收集资料

对投保金额巨大，或告知声明有异常、遗漏，或核保人员在初步审核过程中发现有疑点的保件，有必要进一步收集有关资料。如对健康状况有疑点时，可要求被保险人进一步提供病历资料，填写健康问卷或要求被保险人体检，以获得进一步的健康资料；对财务状况有疑问的，有针对性地要求被保险人补充客观有效的财务证明文件或专人调查，以确定保险需求是否合理。

3）综合分析，查定核保手册

核保人员根据投保资料对影响被保险人死亡率的有利因素及不利因素进行综合分析，依据核保手册，运用数理查定方法，以标准体的死亡率为基准，查定被保险人的额外死亡率，并以此确定被保险人所处的危险等级，决定承保的条件。

4）确定承保条件

核保人员依被保险人的危险程度把被保险人划分为标准体、次标准体、拒保体。对次标准体，核保人员依据其危险程度作出加费、附加承保条件、限额、缩短保险期限、改变缴费方式等决定，以达到危险选择的目的。常见的高危性职业见表3-10。

表3-10　常见的具有高危险性的职业

| 职业 | 工　种 |
| --- | --- |
| 高空作业者 | 航空执勤、飞机试飞员、电台天线维修人员、钢骨结构工、空调安装维修工等 |
| 爆破工作者 | 火药制造者、工程爆破人员 |
| 海上工作者 | 海上打捞、海上捕鱼、海上钻探、潜水员等 |
| 矿业、采石和坑道工作者 | 井下采矿、爆破采石工 |
| 军人 | 武装警察、爆破兵、空中服勤者 |
| 运动和娱乐人员 | 特技演员、驯兽员 |
| 其他 | 特种营业人员、起重机操作工、土木工等 |

5）作出核保决定

作出核保决定即由核保人员对准被保险人进行风险评估，作出核保决定。在这一阶段一般有快速核保和电脑核保之分。

### 案例3-6

被保险人王某，女性，38周岁，已婚，有一子，北京郊区农民。其夫为其投保终身住院补贴保险2份，重大疾病险保额9万元，寿险保额6万元。年缴保费3 818元，20年缴，保险责任终身。其父和其子顺序受益。无其他投保记录。

告知情况：4年前因急性肾炎住院治疗3周。此后，时有眼睑、下肢水肿，间断服药，无系统检查及治疗。体检项目及结果：身高 162 cm，体重 60 kg；BP：140/95 mmHg；血红蛋白 9.5%；尿蛋白（＋）；超重血 BUN7.8 mmol/L；腹部 B 超显示双肾轻度弥漫性病变。

补充病历资料：提供的住院病历资料及出院后门诊就诊记录提示慢性肾炎诊断明确，病情控制不稳定。

[案例评析] 核保在人寿保险的业务流程上起着承前启后的作用，是寿险公司盈利的重要保障，也是建立寿险业务秩序的重要保障。由于王某双肾轻度弥漫性病变，且病情控制不稳定，风险较高，属于健康类保险和寿险的拒保体。也就是说，对王某的住院补贴保险、重大疾病保险和寿险的投保申请，保险公司的核保结论会是拒绝。不过，对意外伤害保险、意外医疗保险和保障水平不高的养老保险产品，王某还是可以购买的。

4. 生存调查

生存调查是"第四次风险选择"，是指保险人为保证经营的稳定性，在承保前和承保后，对被保险人的健康状况、财务状况及投保动机等实施的全方位调查。生存调查主要有保险合同成立前的调查和保险合同成立后的调查。

1）保险合同成立前的调查

生存调查人员应进一步收集资料，辅助核保人员作出可否订立保险合同和确定承保条件的决定。针对保额较大或有疑问的保件，为了避免投保人、被保险人因过失未如实告知或故意隐匿、不如实告知，需要进行生存调查。

2）保险合同成立后的生存调查

保险合同成立后，生存调查人员可在客户申请复效、变更、加保等项目时进行生存调查，或者进行抽样跟踪观察。如有疑问或核保结论不正确，可对已成立的保险合同作相应的处理。

3）生存调查的注意事项

生存调查人员是寿险公司的行政编制人员，其一举一动既代表公司形象，又影响客户的投保心理，故对下列问题应高度注意。

（1）生存调查人员对调查准备要详尽，如对投保单上有关的客户基本资料、告知情况、投保内容、体检结果要做到心中有数，从而明确此次的查证重点，然后以电话与客户联系后再前往拜访。

（2）在进行生存调查拜访时应先做好"打交道"的工作，再渐渐引进主题，并随时注意客户的反应及对调查环境的观察。与客户交谈时，态度要诚恳、亲切有礼，并且注意服装仪表的整洁端庄，切勿使客户产生不良印象或反感。

（3）拜访时间一般可跟客户预约，也可采用"突然袭击式"。拜访时间的长短应视实际状况及客户对生存调查人员的态度好坏而决定。

（4）调查的最佳地点为被保险人的住宅，因为从被保险人住宅的环境及装潢可以了解其生活基本状况及受教育程度。此外，调查地点为被保险人的工作单位，可以借此了解其工作环境、工作性质及担任的职务。一般情况下，不要接受被保险人的要求于第三地点进行调查。

案例 3-7

**高端客户的核保**

2015 年年初，某公司高管刘先生欲购买人寿保单，在保险展业员最初为刘先生设计的保险计划中，各类寿险保额 200 万元，意外险 800 万元，合计保险金额达到了 1 000 万元，年缴保费近 3 万元。接手该业务的某合资寿险公司相当谨慎，对刘先生的健康和财务状况作了充分的核保。但由于保额太高，这张保单还必须向签约的再保险公司——中国人寿再保险公司分保。

由于中国人寿再保险公司将承担这张保单的绝大多数风险,在核保时更加慎重。最后,中国人寿再保险公司建议,意外险保额必须降低一半,否则不予分保。理由是按照目前惯例,寿险和意外险保额的比例一般不得低于1:3。

客户刘先生和保险展业员均感到郁闷。保险展业员认为,按照惯例,个人寿险可投保的保额上限一般在年收入的15~20倍。如果这样计算,刘先生1 000万元的保额相对于他的年收入而言并不过分。

对此,中国人寿再保险公司的一位高管表示,由于该保单的保额达到普通人的近100倍,保险金额过于庞大而保费相对较低,使得道德风险发生的概率也成倍增加,这是中国人寿再保险公司不得不谨慎的原因。

[案例评析]

核保是寿险公司控制风险的主要手段,对高保额的保单,寿险公司要特别进行健康核保和财务核保,以避免道德风险的发生。本案例中,刘先生的保额高达普通人近100倍,虽符合投保保额可在年收入的15~20倍,但为避免道德风险的发生,寿险公司应降低保额承保。

### 案例3-8

## "胖客户"如何核保

肥胖症通常是指体重超过参考体重20%或更多,肥胖症可以通过测量身高和体重来诊断,或用体格指数(BMI)加以描述。

一、肥胖对保险费率的影响

肥胖容易引起多种并发症,加速衰老和死亡,是疾病的先兆、衰老的信号。据统计,肥胖者并发脑栓塞与心衰的发病率比正常体重者高1倍,冠心病发病率比正常体重者高2倍,高血压发病率比正常体重者高2~6倍,糖尿病发病率比正常人约高4倍,胆结石发病率比正常人高4~6倍。更为严重的是,肥胖者的寿命将明显缩短,据报道,超重10%的45周岁男性,其寿命比正常体重者要缩短4年。

一般来说,寿险公司的费率与三个方面的因素有关,即预定死亡率、预定利率及预定费用率,其中任何一项发生改变都会导致保险费率的变化,如死亡率的增加会导致费率的提高。综上所述,肥胖者的实际死亡率明显高于寿险公司制定费率时的预定死亡率,所以当肥胖人群投保时,寿险公司会相应提高保费。另外,不同的年龄及性别,其死亡率也是不相同的,比如男性的死亡率高于女性,年老者的死亡率高于年轻者,故在制定费率的时候,男性的费率高于女性,年老者的费率高于年轻者,寿险公司会针对不同人群收取不同的保费。

二、针对肥胖者核保处理的具体步骤

(1) 如果被保险人的BMI超出了理想范围,寿险公司会要求其体检,根据体检结果决定是否加费,加多少费用。

(2) 寿险公司对体重超标者进行体检还要综合考虑其血脂、血压的数值,身体状况及其年龄,然后决定是否对其上浮保费。如果肥胖者处于BMI的临界点,体检又合格,一般是不会对其增加保费的。

(3) 一旦客户在体检后被认为"肥胖"且发现一些健康隐患,寿险公司除了可能会加收保费外,还有可能与客户约定相关的责任免除协议。如果寿险公司认为客户过于肥胖不适合承保,就会拒保。

[案例评析]

本案例中,寿险公司根据客户的体检结果综合考虑提高保费,不仅不是歧视,恰恰是一种公平的体现。保险是一种"一人为众,众人为一"的互助行为。正常情况下,为了体现保险的公平性,确保同一险种的投保人是在同一个健康水准上投保,寿险公司就把健康状况的评估作为核保的重要环节,从而保证同一险种的所有投保人都能获得同等的风险补偿机会。

## 二、理赔业务流程及操作技能

### (一) 理赔作业流程及操作技能

寿险理赔是寿险公司履行保险责任、兑现保险合同承诺的过程,是指当保险人在被保险人发生保险事故,受益人提出索赔请求后,根据保险合同审核保险责任,并处理保险金给付的法律行为。寿险公司必须建立一套标准的理赔流程以便其理赔人员能遵照标准流程进行理赔。一般来说,寿险公司的理赔流程包括:报案受理、立案处理、理赔审核(初审)、理赔调查、理赔计算(核定)、复核、审批、结案及归档等环节。人寿保险理赔流程参见图3-3。人寿保险理赔的相关内容如表3-11所示。

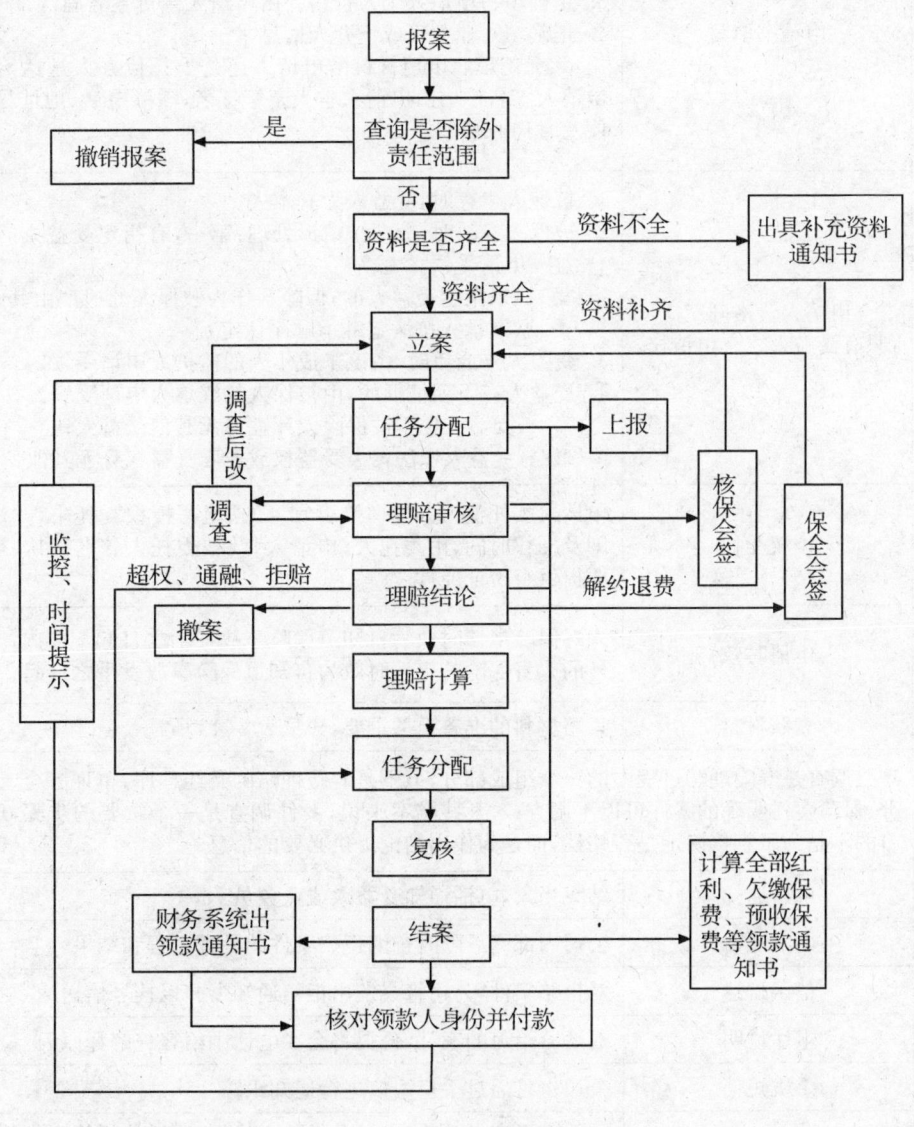

图3-3 人寿保险理赔流程图

表 3-11  人寿保险理赔的相关内容

| 流程 | 项目内容 | 说明 |
| --- | --- | --- |
| 报案 | 报案期限 | 投保人、被保险人或者受益人于保险事故发生之日起 5 或者 10 日内（不同险种、不同公司要求的报案时间不同）应通知保险公司；重大事故尽可能即时报案。 |
| | 报案方式 | 上门报案、电话（传真）报案、业务员报案。 |
| | 其他相关规定 | 1. 应按规定在公司定点医院治疗。<br>2. 安心险客户超期（超 15 天）应填写住院延期申请表。<br>3. 了解保单状况包括保险期限、保险责任、是否宽限期出险、失效等，及时提醒客户。 |
| 申请 | 申请书填写 | 1. 正确填写事故者个人资料。<br>2. 详细填写事故经过。<br>3. 正确填写申请人个人资料并由申请人亲自签名确认。<br>4. 正确填写业务员或代办人信息。<br>提示：无论理赔申请材料由申请人还是委托代办人送达给保险公司，申请人签名栏均由申请人本人亲笔签名；联系电话、地址尽量详尽，以便及时沟通联系。 |
| | 申请人资格确定（只有受益人才有申请权） | 1. 被保人生存时，受益人为其本人。<br>2. 被保人身故时，分两种情形处理：第一，有指定受益人的，由指定受益人申请受领。<br>第二，未指定受益人的，保险金作为被保人的遗产由其继承人申请受领（继承人按法定继承顺序认定）。<br>3. 受益人未成年时，由该未成年人的监护人申请受领。<br>4. 受益人有下列情形，由被保人的继承人申请受领：<br>第一，受益人先于被保险人死亡且无其他受益人；<br>第二，受益人依法丧失受益权或放弃受益权且无其他受益人 |
| | 授权委托 | 申请人委托他人办理理赔事宜，必须填写授权委托书，并注明授权范围及授权时间，由委托人（申请人）及被委托人签名确认，被委托人还要提供身份证原件 |
| | 申请时效 | 人寿保险申请时效为自知道保险事故发生之日起 5 年内；人寿保险以外的人身保险的申请时效为自知道保险事故发生之日起 2 年内 |
| | 索赔材料 | 索赔材料的准备至关重要，详见表 3-13 所述 |
| 调查 | | 理赔调查是寿险理赔过程中的一个组成部分，但不是寿险理赔的必经程序，单证齐全、证明材料充分、保险责任明确的案件可以不调查；对某些赔案来说，案件调查是一个重要的步骤，理赔调查的目的不是为了直接确定是否赔偿，而是为作出结论提供必要的信息 |
| 通知 | 电话通知 | 结案当天，电话通知受益人或业务员 |
| | 网上通知 | 公司内部网可随时查询理赔案件的处理过程和结果 |
| | 信函寄达 | 对拒赔案件，公司将会发出拒赔通知书并以挂号信送达 |
| | 电话说明 | 对部分给付的案件，公司将会在电话中给客户解释原因 |
| | 手机短信 | 公司也可通过手机短信进行通知跟踪 |
| 领款（各公司采用方式有所不同） | 公司柜面领取现金 | 受益人可亲自领款，也可委托他人代领，如果委托他人代领，受益人必须出具明确的授权书，且代理人在财务柜面领款时必须同时出具受益人及代理人的身份证原件 |

(续表)

| 流程 | 项目内容 | 说　明 |
|---|---|---|
| 领款（各公司采用方式有所不同） | 银行转账 | 申请理赔时，要告知柜面受理人员受益人的银行账号，通知领款后，理赔金就会转到指定的账户中 |
| | 银行柜台领取现金 | 即凭公司开具银行领款凭证、直接到就近银行网点办理领取现金或转存手续。此种方式要求在银行柜面领款的只能是受益人本人，且需携带身份证原件 |
| 申诉 | | 客户本人对理赔案件的决定不满意或持有异议的，在接到理赔决定通知书15天内提交书面申诉，仅口头申诉而又不能提供新的证据材料者，原则上不另行受理。申诉材料应交至理赔部 |
| 咨询 | | 以材料齐全日为起点，一般情况下，简易案件10个工作日结案，预计超出10个工作日结案的案件，理赔人员应在10个工作日内主动联系客户或业务员，告知经办的进程。在规定的案件审核时间内，如确有必要，业务员可就案件情况向理赔部作进一步的反映和说明 |

1. 接报案

报案是指在被保险人发生保险事故后，知情人将该事故情况通知寿险公司的行为。当保险公司接到客户报案时，理赔程序就开始了。

1）报案受理作业流程

理赔人员确认出险人的身份后应详细记录报案事项、投保情况及事故者身份（被保险人或投保人）等报案信息，通过查询寿险公司的系统，对出险人的身份及其在公司的所有保单状态进行查询确认，根据查询结果分别作下述处理。

（1）未查到与出险人相关的任何保险合同的，应尽快通知报案人，告知该出险人未在本公司参加任何保险，并将该报案信息作为撤销报案。

（2）报案时客户提供的资料不够齐全的，应一次性通知报案人补充提供出险人的身份资料，以确认出险人的身份及其持有的保险合同。或在申请人提供理赔申请资料时一并补充，进一步进行出险人的身份确认。

（3）对已确认身份的出险人应进一步查明包括其作为投保人、被保险人在内的所有保险合同，以及寿险公司应承担保险责任的合同在出险时的效力状态，如出险人持有的保险合同全部为效力中止已满2年的，应尽快通知报案人，告知其不予立案的原因，通知客户不予受理。如出险人持有的保险合同为有效合同，应将这些合同置为"报案"状态，为核保、保全部门提供信息。如果是身故，经核实后，可以将保单的状态变更为"终止"状态，对该保单作出终止划账和终止续缴保费动作，并在保单中标记"有报案"。如需伤残观察，应书面告知客户有关伤残鉴定的注意事项。符合受理条件的案件，予以立案。

2）报案受理工作要点

报案环节应当引起理赔人员的高度重视。在报案登记过程中，接案人应准确记录报案时间，以便判断是否因延迟报案而增加理赔查勘费用。在从事理赔报案受理工作时，要特别注意以下几个问题。

（1）礼貌周到。无论所发生的事故是否属于保险责任，均应对客户表示同情和安慰。

（2）一次性向客户清楚交代有关手续。对报案需要提交的理赔资料（参见表3-12）应一次性交代清楚，不能有任何的遗漏，避免出现向客户重复索要理赔资料的情形。

（3）不随便承诺。报案人在理赔报案时会对他的理赔案件能否得到寿险公司的正常赔付表示十分关注，此时报案接待人员切忌随意解释，更不允许随意作出理赔承诺。

（4）注意方式方法。理赔接待人员在询问时一定要注意技巧,一方面要让报案人感觉到寿险公司专业优质的服务水平,另一方面在尽可能多地了解到事故有关信息时应避免引起报案人的不满或欺诈者的警觉。对于明显不属保单约定的保险责任事故应马上向报案人说明,不予受理。

（5）报案接待人员应具备高度的职业敏感性,能够敏锐地判断一个案子的复杂及重要程度。对情况比较特殊的案子(如死亡赔案尸体尚未处理的,涉及重大疾病和可疑慢性病的医疗赔案且出险人仍在住院治疗的,涉及刑事案尚未结案的,社会上普遍关注的,涉及金额较大等案件),必须在第一时间向上级理赔人员反映,以利于马上进行下一步的理赔调查工作,使寿险公司的理赔工作能处于比较主动的状态。

表 3-12  保险理赔所需资料一览表

| 申请项目 | 应备证件 | 说明 |
| --- | --- | --- |
| 意外医疗(门诊) | 1、2、3、6、8、12 | |
| 意外医疗(住院) | 1、2、3、7、8、12 | |
| 住院医疗 | 1、2、3、7、8 | 1. 保单/保险合同首页 |
| 一般住院津贴 | 1、2、3、7、9 | 2. 人身险理赔申请书 |
| 癌症住院津贴 | 1、2、3、7、9、10 | 3. 被保险人的身份证明 |
| 手术津贴 | 1、2、3、7、9、11 | 4. 被保险人的户籍证明 |
| 重大疾病 | 1、2、3、7、10 | 5. 受益人身份证明和户籍证明 |
| 防癌 | 1、2、3、7、10 | 6. 门诊手册 |
| 因患癌症的保费豁免 | 1、2、3、7、10 | 7. 出院小结 |
| 生命尊严提前给付 | 1、2、3、7、10 | 8. 医疗费用收据原件 |
| 疾病身故 | 1、2、3、4、5、6、7、13、15、16 | 9. 医疗费用收据复印件 |
| 因疾病身故的保费豁免 | 1、2、3、4、5、6、7、13、15、16 | 10. 重大疾病诊断证明书 |
| 意外身故 | 1、2、3、4、5、6、7、12、13、14、15、16 | 11. 手术证明 |
| 因意外身故的保费豁免 | 1、2、3、4、5、6、7、12、13、14、15、16 | 12. 意外身故证明 |
| 疾病残废(高残或全残) | 1、2、3、6、7、14 | 13. 居民医学死亡证明书 |
| 意外残废(高残或全残) | 1、2、3、6、7、12、14 | 14. 法医鉴定书或医院鉴定诊断书 |
| 宣告死亡 | 1、2、3、4、5、17 | 15. 户口注销证明 |
| | | 16. 尸体处理证明 |
| | | 17. 法院出具的宣告死亡证明文件 |

2. 立案

立案是一种形式审核,它要求理赔人员在受理案件的过程中对一些显而易见的事实即刻作出判定,如索赔单证是否齐全有效,出险人是否是被保险人,保险事故是否发生在保单有效期内等,如不符合索赔要求,则不予立案并退回索赔单证。

1) 立案规则

（1）立案条件。立案必须符合下列条件:保险事故发生,出险人是保险单上的被保险人,保险合同为有效合同,被保险人在保险有效期内出险,理赔申请在保险法规定的时效内。

（2）申请人条件。除条款有特别约定外,各项保险金的申请人为:残疾、重疾、医疗保险金为被保险人;身故保险金为受益人,未指定受益人的,由继承人申领;保费豁免为投保人、被保险人或被保险人的监护人;权利人也可委托他人代为申请,但必须向寿险公司提交有权利人(委托人)和代理人签名认可、授权明确的《理赔委托书》(见表3-13)及双方的身份证明。

**示例一**

表3-13 理 赔 委 托 书

××人寿保险股份有限公司:
本人系贵公司　　号保险合同之
□受益人　　　　　　　　　　　　□受益人的监护人
□被保险人　　　　　　　　　　　□投保人
现同意就本合同授权被委托人　　　(与委托人关系:　　　)持其本人身份证及其他必备证明资料前往贵公司代为办理以下指定事项:
□理赔申请　　　　□签订理赔协议　　　□受领给付款项
委托人郑重声明,凡由本理赔委托书引发的法律纠纷与贵公司无关。本委托书自委托人签名授权之日起生效。
委托人签名:
委托人身份证号:□□□□□□□□□□□□□□□□□□
日期:　　年　　月　　日
被委托人签名:
被委托人身份证号:□□□□□□□□□□□□□□□□□□
日期:　　年　　月　　日
被委托人通讯地址:
邮编:　　　　　　电话:
公司提示:委托人授权代办理赔事项时,请在授权理赔事项前□内打√,在未授权的理赔事项前□内打×。
特别说明:××人寿保险股份有限公司仅作为××人寿保险(集团)公司的代理人代理××人寿保险(集团)公司管理保险业务,代理业务有关的法律责任均由××人寿保险(集团)公司承担。

(3) 立案申请材料。根据理赔规定和理赔申请类别提供相应的证明材料。理赔申请书要求由权利人亲自填写,由代理人填写的应持有授权委托书及其委托人身份证明。在申请人提出理赔申请时,根据发生保险事故的性质和申请类别,申请人应提交不同的证明文件。

(4) 暂缓立案。如出险事故类型为残疾给付的,应根据相关证明材料进一步判断是否需要伤残观察。若需经180天观察期的案件,应暂缓立案,同时通知报案受理人出具《伤残观察通知书》(见表3-14)一式两份,一份交申请人,另一份由立案人留存待查。对180天观察期满的案件,立案人应主动通知被保险人至寿险公司指定或认可的司法、医疗机构进行伤残鉴定,根据伤残鉴定证明,视实际伤残程度决定是否立案(肢体缺失的无须伤残观察)。

2) 退件

事实上并非所有的理赔案件都能立案,对不能立案的索赔申请,寿险公司应及时通知保险金申请人,并将保险金申请人提交的索赔资料退还。有下列情形的通常不予立案:

(1) 出险人并非保单上的被保险人。
(2) 保险事故的发生不在保险期间内。
(3) 理赔申请超过保险法规定的时效。
(4) 申请人资格审查不合格。
(5) 证明资料不齐全且在规定的期限内仍无法补全的。
(6) 明显不属于保险责任范围的(如未投保意外伤害险而索赔意外伤害险的)。

上述情况及其他不符合立案条件的案件,立案人员必须填写《理赔申请材料签收单》,将处理决定及理由书面通知申请人,同时必须对申请人提交的原始单证复印留底后做退件处理,在复印件上注明日期及送件人的姓名存档,并将处理日期在《理赔申请书》(见表3-15)上进行登记。须强调指出,这种做法是为了防止申请人伪造其他的证明材料重新进行索赔。

**示例二**

表3-14 伤残观察通知书

尊敬的　　　女士/先生:

本公司收到您的理赔申请及有关证明材料后,经审核认为,您的伤残程度需治疗结束,经过180天的观察期才能视情况办理给付调查。请您在治疗结束,经过180天的观察期后,持保险单、申请书、出险当时及治疗/观察期结束时由我公司指定或认可的医疗机构出具的伤残程度鉴定证明,再向我公司办理理赔申请手续。

祝您早日康复!

公司地址:

联系电话:　　　　　邮编:　　　　　　年　　月　　日

业务员:　　　　　工号:　　　　组别:　　　　电话:

**示例三**

表3-15 ××人寿保险股份有限公司理赔申请书

填写前请您阅读本申请书黑体字及背面权益提示　　　　　　报案编号:

| 申请人信息 | 姓名 | | 性别 | | 与出险人关系 | □本人 □配偶 □父母 □子女 □其他:_____ |
|---|---|---|---|---|---|---|
| | 证件类型 | □身份证 □其他_____ | | 证件号码 | | |
| | 保险金达到1万元人民币或1 000美元请填写本行 | | 证件有效期限 | | 年　月　日　国籍　　　职业 | |
| | 固定电话 | | 手机 | | 电子邮箱 | |
| | 联系地址 | | 省/直辖市　　　　市　　　　区/县 | | | |
| | 领款方式 | □银行转账 | | □现金 | 开户银行 | |
| | 银行账号 | | | | | |
| 出险人 | 姓名 | | 性别 | | 联系地址 | |
| | 证件类型 | □身份证 □其他_____ | | 证件号码 | | |
| | 保险金达到1万元人民币或1 000美元请填写本行 | | 证件有效期限 | | 年　月　日　国籍　　　职业 | |
| | 提示:若出险人与申请人为同一人,则无需填写本栏。 | | | | | |
| 事故经过 | 时间: | 年　月　日　时 | | 地点: | | |
| | 详细经过:(如曾住院,请填写住院资料,如:医院名称、起始日期、疾病诊断名称等。) | | | | | |
| | 出险人现状 | □治疗中　□治疗结束　□身故(身故日)　年　月　日　□残疾(失能) | | | | |

| | 保险合同号码 | 授权变更项目 |
|---|---|---|
| 1 | | □固定电话 □手机 □电子邮箱 □联系地址<br>□连带变更本人其他保险合同的上述项目 |
| 2 | | □固定电话 □手机 □电子邮箱 □联系地址 |
| 3 | | □固定电话 □手机 □电子邮箱 □联系地址 |
| 保险合同变更授权:若本申请书载明的本人固定电话、手机、电子邮箱或联系地址与本人保险合同相关项目不一致,本人同意贵公司按本申请书内容变更保险合同相关项目。 | | |
| □出险人在其他保险公司投保 | 承保公司 | |
| □出险人已获第三方报销(赔偿) | 给付机构 | |

| 反保险欺诈提示 |
|---|
| 诚信是保险合同基本原则,涉嫌保险欺诈将承担以下责任: |
| 【刑事责任】进行保险诈骗犯罪活动,可能会受到拘役、有期徒刑,并处罚金或者没收财产的刑事处罚。保险事故的鉴定人、证明人故意提供虚假的证明文件,为他人诈骗提供条件的,以保险诈骗罪的共犯论处。 |
| 【行政责任】进行保险诈骗活动,尚不构成犯罪的,可能会受到15日以下拘留、5 000元以下罚款的行政处罚;保险事故的鉴定人、证明人故意提供虚假的证明文件,为他人诈骗提供条件的,也会受到相应的行政处罚。 |
| 【民事责任】故意或因重大过失未履行如实告知义务,保险公司可能不承担赔偿或给付保险金的责任。 |

| 其他声明及授权 |
|---|
| 1. 本人承诺本申请书内容完全属实,并无虚假及重大遗漏,且已阅读并知晓《反保险欺诈提示》。 |
| 2. 本人授权贵公司选择任意联系方式向本人发送各类通知并保留相关录音、回执或电子文档;若因本申请书填写不准确导致贵公司无法及时、准确给付保险金或送达各类通知书,贵公司不承担责任。 |
| 3. 本人承诺向贵公司提交符合保险合同约定且完整、真实、有效的理赔资料,并在向贵公司提交本申请书的同时提供本人及委托人身份证明原件,否则贵公司有权拒绝受理理赔申请。 |
| 4. 本人谨此授权凡知道或拥有任何有关被保险人健康及其他情况的任何医生、医院、保险公司、其他机构或人士,均可将所需的有关资料提供给贵公司,此申请书的影印本具有同等效力。 |

| 申请人签名: | | 申请日期: | 年 月 日 |
|---|---|---|---|
| 受理人签名: | 作业流水号 | 受理日期: | 年 月 日 |

## 客户权益提示

尊敬的客户:

为保护您的合法权益,请您仔细阅读并按以下内容办理理赔事宜。

1. 理赔权益人和应备资料

| | 申请项目 | 权益人 | | 应备资料 | |
|---|---|---|---|---|---|
| 身故给付 | 疾病 | 指定受益人或法定继承人 | | 5,8或9,16,17 | 1. 理赔申请书<br>2. 保险合同原件<br>3. 理赔委托书和受托人身份证明原件(仅适用于委托理赔)<br>4. 出险人身份证明原件<br>5. 受益人、法定继承人身份证明原件及与被保险人关系证明(户籍管理部门或公证部门出具)<br>6. 医疗费用发票原件、费用清单(处方)<br>7. 医疗费用发票复印件<br>8. 住院完整病历和出院小结<br>9. 门(急)诊病历/处方<br>10. 诊断证明(恶性肿瘤、其他重大疾病需提供相关病理或专项检验报告)<br>11. 残疾鉴定报告(明显肢体缺失无需提供)<br>12. 意外事故证明(适用于意外事故)<br>13. 自杀证明<br>14. 宣告死亡判决书<br>15. 手术记录<br>16. 身故证明书、户口注销证明、火化/土葬证明(提供其中的两项即可)<br>17. 申请人银行卡(折)复印件 |
| | 意外 | | | 5,12,16,17 | |
| | 自杀 | | | 5,13,16,17 | |
| | 法院宣告 | | | 5,14,17 | |
| 医疗给付 | 疾病住院医疗 | 被保险人 | 1.<br>2.<br>3. | 4,6,8,10,17 | |
| | 意外住院医疗 | | | 4,6,8,10,12,17 | |
| | 意外门诊医疗 | | | 4,6,9,10,12,17 | |
| | 日额津贴 | | | 4,6,7,8,10,17 | |
| | 手术津贴 | | | 4,6,7,8,15,17 | |
| | 重大疾病(疾病导致) | | | 4,8,10,17 | |
| | 重大疾病(意外导致) | | | 4,8,10,12,17 | |
| | 重大疾病(指定手术) | | | 4,8,10,15,17 | |
| 残疾给付 | 疾病导致 | | | 4,8,10,11,17 | |
| | 意外导致 | | | 4,8,10,11,12,17 | |
| 豁免保费 | 投保人身故 | 被保险人 | | 按上述身故或残疾项目执行 | |
| | 投保人高残 | 投保人 | | | |

注:上述为理赔申请重要资料,根据您的申请项目,本公司会要求您提供与本次理赔相关的其他资料。

2. 理赔权益人可选择下列方式办理理赔申请

(1) 自行申请：填写《理赔申请书》并携带完整理赔申请资料到当地柜面办理；

(2) 委托办理：填写《理赔申请书》和《理赔委托书》，由受托人携带上述资料到当地柜面办理；

上述表格可到我公司柜面索取或登录 http://www.×××××××.com/ 下载打印。权益人务必在上述资料上亲笔签名。

3. 若有多位理赔权益人，可以：

(1) 分别填写《理赔申请书》；

(2) 选择一人在申请人栏填写资料并签名，其他权益人填写《理赔委托书》即可。

4. 《理赔申请书》银行账号户名必须与申请人姓名完全一致。

5. 若上述权益人未成年或不具备完全民事行为能力，由权益人的监护人代为申请。

6. 公司查询电话：×××××。

3) 立案作业流程

(1) 立案审核。接案人员收到报案受理人员或申请人提交的理赔申请书、理赔申请材料签收单及相关证明材料后，在电脑系统中复核所有的报案信息，查询既往承保、理赔记录，审核理赔申请书、理赔申请材料签收单的填写是否符合要求，证明材料是否齐全，申请人是否符合申请资格。对立案审核结果，接案人员应做如下处理。① 符合立案条件的，进行立案登记。② 证明材料不完整或效力不足的，向申请人说明原因，通知客户尽快补齐证明材料。待证明材料齐全后，重新审核、立案。③ 对审核过程中发现的、申请人尚未申请理赔的、公司应承担保险责任的保险合同，应告知申请人补交保险合同。待证明齐全后，进行立案登记。

(2) 立案登记。经立案审核符合立案条件的理赔申请，接案人员做如下立案登记处理：① 对报案登记中记录不全的项目进行补充；对报案登记中记录不准确的项目进行补正，并计算预估赔付金额。② 应对申请人提出理赔申请的保险合同分别立案登记，记录立案时间、接案人等。③ 案卷移交。确认立案后，助理核赔员根据理赔申请及事故证明材料，将理赔申请书、授权委托书、理赔申请材料签收单及所附证明材料入档，送交核赔人初审。进行案卷移出登记，记录移交案卷的赔案号、理算人员姓名及案卷移交时间，并由初审人员签名确认。

3. 理赔审核（初审）

理赔审核是指核赔人审定保险事故及保险责任的行为与过程。它是正确给付理算的基础，是人身保险理赔中极为关键的一个环节。理赔审核要点与方法如下。

1) 审核保险合同的有效性

根据保单查询系统及相关证明材料判断申请理赔的保险合同在出险时是否有效。主要方法是：第一，根据保险合同及理赔申请书检查出险日期是否在保险合同载明的保险期间内；第二，根据最近一次交费凭证和保单信息上的保险费交至日期，检查出险时保险合同的效力是否中止；第三，如申请理赔的保险合同在报案前曾办理合同效力恢复保全作业，应进一步查明出险日期是否在复效前的效力中止期间；第四，对健康险复效后设有免责期的保险合同，应进一步查明出险日期是否在免责期间。

2) 审核出险事故的性质

审核人员根据保险合同、理赔申请及相关证明材料判断申请理赔的出险事故是否为保险责任范围内的事故。主要方法是：首先，检查出险事故是否在保险合同保险责任条款约定的事故范围之内；其次，检查出险事故是否为保险合同责任免除条款约定的情形之一。

3) 审核事故证明材料

审核人员根据理赔申请及相关证明材料判断出险事故的类型，检查申请人所提供的事故证明材料是否完整、有效。主要方法是：第一，根据理赔申请书和赔案信息判断出险事故的类型，如医疗给付、疾病给付或残疾给付等；第二，检查证明材料是否为相应事故类型所需的各种证明材料；第三，检查证明材料的效力，即是否为寿险公司认可的医疗单位、公安部门及相关机构所出具，证明材料的印章是否有效。

4) 审核案件是否需要调查

理赔员调阅被保险人的投保资料，根据报案情况，查看被保险人投保时的健康及财务告知、体检报告等事项，分析是否可能存在道德风险及责任免除的情况，以此确定是否需要进行调查及调查的重点。需重点进行调查的理赔案件包括以下几类：

(1) 预计赔付金额较高的赔案。
(2) 长期险合同订立 2 年内死亡的。
(3) 存在保险欺诈、恶意投保可能或有保险责任免除可能的。
(4) 核赔人认为其他确有必要进行调查的。

如上述案件事实清楚、证据齐全、责任明确，可免于调查，但必须制作免调审核单写明免于调查的理由。

### 案例 3-9

王某向寿险公司投保终身寿险 10 份，保险金额 100 000 元，个人意外伤害保险金额 50 000 元，并已交保费，寿险公司核保时发现王某正在患急性肝炎，未同意承保，但未退还保费，并书面通知王某 1 个月后体检，几天后，王某乘车时因车祸身亡，其受益人向寿险公司提出索赔，要求给付身故保险金。

[案例评析]

本案例中，寿险公司已书面通知王某体检，属延期承保，王某向保险展业员缴纳保费时，寿险公司向其出具保险费暂收收据，载明：本联暂由投保人留存，待本公司同意承保时，发给正式收据及保险单。在王某未通过复检寿险公司同意承保之前，很难认定双方意思表示一致，且寿险公司通知王某 1 个月后复检，是一种尚未同意承保的意思表示。对被保险人在寿险公司签发保单前出险，寿险公司是否承担保险责任，应区别不同情况予以处理。在具体操作中，一般区分意外伤害和人寿保险两种解决方式。

(1) 意外伤害保险。在交费后保单签发前出险，一般将保险期限追溯至缴费的次日零时，寿险公司予以赔偿。但被保险人职业未告知，且其职业属于拒保的，则可以拒赔；若属须加费承保的，则按比例给付。

(2) 人寿保险。在交费后保单签发前出险，属拒保体须延期或加费且必须体检方可决定是否承保的，可拒赔；属可保体又不存在免除责任的，应赔付。

审核结论：本案被保险人为一类职业，意外险无须加费承保，应按保险金额给付保险金。人寿保险退还其全部保险费。

4. 理赔调查

理赔调查是指保险金申请人按要求提供了完整的索赔资料，经过寿险公司初步立案，但由于案情比较复杂，根据已有资料尚不能明确保险责任而向事故的知情方、联系方或处理方进行的核实取证工作。

1) 理赔调查阶段的工作要点

理赔调查是一项时间性、技术性和纪律性都很强的工作。在具体调查一件理赔案件时特别要注意以下几点：

（1）快速。这是理赔调查工作的基本要求。理赔案件发生后，调查所需的第一手材料往往存在于事故发生当时。这就要求调查人员及时赶往现场，以便掌握事故的第一手资料。

（2）避免先入为主。理赔结论的公正原则是每位理赔调查人员必须遵循的原则。一件需要调查的理赔案件在经过全面细致的调查前，理赔调查人员绝不能对该案件带有个人看法。如果理赔调查人员事先已对将要调查的案子带有自己的成见，难免会影响调查的全面性和客观性，甚至影响到最终理赔结论的公正性。

（3）合法与保密。在保险理赔调查工作中理赔人员要特别注意两点：一是调查方式的合法，如取得寿险公司合法授权等，并充分做好与被调查人员或单位的沟通工作，双方建立一个良好的合作平台；二是调查过程中必须特别注意保密，除了因为这是国家法律的规定外，同时也能让被调查人员和单位有安全感，为长期良好的合作打下基础。其中要特别注意妥善处理好与被调查人之间的关系。因为有些时候被调查人不仅仅是被保险人，还包括业务员，甚至寿险公司的有关员工。

（4）敏锐把握案件的疑点。在很多时候，一件理赔案件会提供给理赔调查人员一些相关的信息，理赔调查人员如果能注意到这些信息，在调查时就可以避免走很多弯路。如过早索赔（特别是疾病身故或住院），异地出险报案时间过迟，签名字迹有异，保险金申请人所属企业经营发生重大问题等。理赔调查人员如能及时注意到类似的这些信息，就能够区分调查重点及采取相应的调查方式，从而有利于迅速结案。

（5）做好调查记录。理赔调查人员必须详细记录理赔调查的每一步骤，并将其保存在该案的理赔档案中。调查文件包括：保单信息、调查信息来源（如医院、医生、邻居、亲属等）、调查日期、授权书、联系函、调查时有关笔录（必须含讲述人的签名）及其他（如剪报，有关方面出具的书面证明等）。

（6）正确撰写理赔调查报告。在理赔调查工作过程中，理赔调查人员要注意每一次调查的记录工作，并尽可能取得书证、物证和证人证言。在完成调查工作后，应撰写详细的理赔调查报告。在调查报告中要详细列明调查人员、调查地点、调查时间、被调查的对象及详细的调查经过，并附上调查时所取得的证据，最后根据调查取证情况做周密的调查分析报告。

**案例3-10**

## 真 相

广东某农民林某年已50多岁，无妻，他的弟弟于2012年8月16日为其投保一份康宁终身保险，年缴保费2 340元，保额1万元。由于拖欠2013年的保费，保险合同中止。2014年7月20日，其弟申请复效，按合同条款规定，复效前要对林某进行体检。林某要求在北坡镇医院体检，获得通过。2015年5月17日，林某的保单经保险公司审核复效，并补交了两年的保费和利息共计5 005.05元。2015年8月19日，投保人交了第四年的保费2 340元，4年累计交保费9 360元。

2016年3月10日，林某的弟弟到保险公司报案，说林某因病于2016年11月25日在家中病故，并提供了北坡镇医院出具的诊断证明。此外还提供了2015年12月24日北坡派出所开出的死亡销户证明，证明林某死于2015年11月25日，其弟申请赔付3万元。

接到报案，理赔人员深入林某的村庄进行明察暗访，村中的居民反映林某得糖尿病多年，2015年6~7月，曾在私人医生庞某、北坡镇医院等处治疗，经医治无效死于7月20日。经过到私人医生庞某处查实无误，但无证据作依据，不能作出拒赔处理。

于是理赔人员深入到湛江火葬场调查林某的火葬记录。记录显示林某的死亡时间是2015年

7月20日14时50分。这样就证明死者其弟为了获得赔付3万元保险金而将死亡证明推迟到2015年11月25日,推算出刚好符合被保险人复效180天后死亡可以赔付的要求。查明真相后,保险公司作出了拒赔处理。

[案例评析]

理赔是保险公司服务的核心,理赔的及时与合理是保险公司信誉的体现。在理赔中,保险公司应特别注意欺诈风险的防范。

2) 理赔调查作业流程

(1) 案卷移入登记。调查助理接案后,应进行案卷移入登记,记录所接案件的赔案号、调查人姓名、代码及接案时间。

(2) 理赔调查。理赔调查人员根据理赔调查申请提示的调查要点,采取适当的形式与方法,对该案件查勘取证。需异地机构代理查勘的理赔案件,理赔调查人员应委托相关分支机构代为查勘取证。在对案件有关当事人以及知情人的调查过程中,理赔调查人员应及时撰写调查笔录记录调查人的姓名、调查时间、调查地点,被调查人的姓名、职业、年龄以及调查内容,并尽量提请被调查人亲笔签名认可。

(3) 理赔调查报告的撰写。理赔调查报告是对理赔调查全过程的总结性文字材料。对保险责任的认定具有重要的价值。不论给付金额大小、是否拒赔、理赔案件的社会影响程度如何,只要是经过调查的理赔案件都应认真书写理赔调查报告。完整的理赔报告应包括以下几个方面:① 被保险人的基本情况,如被保险人的姓名、性别、年龄、工作状况、生活习惯以及社交情况。② 保险合同内容核实情况,主要包括保险合同生效日、保险金额、投保告知事项、有无体检、契约调查事项、保险合同有无失效、既往有无理赔记录、核保有无特别约定、投保人及受益人的状况等。③ 案件的基本情况,主要是对理赔案件发生、发展的过程进行描述,描述内容可以归纳为"七何"要素(即何时、何地、何事、何人、何故、何情、何物)。在叙述方面,可以采取顺序法,也可采取倒序法。④ 理赔调查思路,写明理赔调查的重点及要解决的问题。⑤ 理赔调查过程及获取的证据。理赔调查人员依据调查思路,明确调查方向,并列明调查过程中所获取的证据。⑥ 调查结论。理赔调查结论是经过理赔调查后对理赔案件发生、发展客观事实的高度概括,是理赔审核人员和后续其他的相关人员分析理赔案件的主要参照物,是理赔调查活动的终结。形成调查结论应注意:语言要精练;不要主观臆断;不下理赔结论,只下调查结论。

(4) 调查结果的处理。理赔调查报告撰写完毕后应及时送交核赔人员。

5. 理赔计算

理赔计算简称理算,是指理算人员对索赔案件作出给付、拒付、通融赔付、豁免处理和对给付保险金额计算的过程。理算人员根据保险合同进行理赔计算,缮制《理赔计算书》和《理赔案件处理呈批表》。

1) 给付理算

对正常给付的索赔案件的处理,应根据保险合同的内容、险种、给付责任、保险金额和出险情况计算出给付的保险金额。如身故保险金应根据合同身故责任进行计算;伤残保险金则根据伤残程度及鉴定结果,按规定比例计算;医疗保险金则根据客户支付的医疗费用进行计算。

2) 拒付理算

对应拒付的案件,理算人员作拒付确认,并记录拒付处理意见及原因。对保险合同由此终止的,应在处理意见中注明,并按条款约定计算应退还保费或现金价值,以及应扣款及金额;对保险合同继续有效的,应在处理意见中注明,将合同置为继续有效状态。对拒付案件,应向客户发送《拒绝给付通知书》,见表3-16。

**示例四**

表3-16 拒绝给付通知书(样本)

保单号:2011yw0088194

险种名:人身意外伤害综合保险

申请人:李××及张××

被保险人:张××

尊敬的××女士阁下:

您好!本公司对贵被保险人遭遇的不幸深表同情。

您递交的理赔给付申请书已收悉。经理赔调查,2012年2月20日在寓所发生的贵被保险人因一氧化碳中毒身亡属实,但事故过程中并不存在任何意外伤害致其身故的原因,您在申请给付时也未能举证贵被保险人因意外伤害的原因致身故。根据本合同格式条款第五条第七款的约定,本公司遗憾地表示不承担给付保险金责任,退还未满期保费,本合同效力终止。

如有任何查询,请与本公司联系。

专此函达

公司咨询电话:95×××

理赔部门电话:×××××

××保险公司××市分公司<br>2012年3月7日

3) 豁免保费理算

对应豁免保费的案件,理算人员作豁免确认,将保险合同作"已理算且保费豁免"处理。

4) 理赔理算的注意事项

(1) 理赔计算应按赔案编号逐单进行,同一保险合同号码项下的主险和附加险在同一计算书内计算。

(2) 对保险金额逐年递增的赔案,理算时应注意金额的变化。

(3) 主险、附加险同处在宽限期间,申请附加险给付的赔案,在理算时主险和附加险欠缴保费应同时扣减。

(4) 如投保年龄或性别与实际情况不符,导致实缴保费小于应缴保费,应按比例赔付;如实缴保费大于应缴保费,应按实际保额计算给付,并无息退还多缴的保费;赔付后合同继续有效的,续期保费按实际年龄对应的缴费标准收取。

(5) 在计算、核定理赔给付金时,应注意下列事项:① 投保人是否有尚未归还的保单借款,如有,则应相应扣减借款本金及利息;② 保单是否处于保费垫缴状态,如是,则应相应扣减垫缴保费的本金及利息;③ 是否有欠缴保费、预收保费,如有,应相应扣减欠缴保费或退还预收保费;④ 如申请人延误报案的,还可扣除因申请人延误报案而发生的核赔、查勘费用;⑤ 如有未领取的满期保险金、红利、利差,应予以补付;⑥ 如在宽限期出险,计算时应扣除欠缴保费。

**实战演练3-2**

正确填写领取保险理赔款所需的单据

陈和先生(公司经理,庆春路嘉德广场B17F,230873196902060449)于2012年10月16日为自己购买保额为60万元的国寿祥和定期寿险,并购买保额为10万元的附加意外伤害保险。保费为年缴，通过银行转账形式，其开户银行为中国工商银行，账号10085133，保单指定受益人为其子陈乙。

2015年7月25日，被保险人因病去世；2015年8月2日，其妻向保险公司报案。

提示注意事项如下。

(1) 被保险人因病死亡，保险公司接到报案，填写理赔报案登记表(见表3-17)。
(2) 受益人向保险公司提出理赔申请，填写理赔申请书(见表3-15)。
(3) 保险公司立案调查，填写理赔调查记录(见表3-18)。
(4) 保险公司确议赔付，填写理赔计算书(见表3-19)。
(5) 送达理赔领款通知书或短信通知客户理赔款项已入账。

**表3-17 理赔报案登记表**

| 报案时间： 年 月 日 时 | | 受理人： | 受理人代码： |
|---|---|---|---|
| 出险人资料 | | | |
| 姓名： | | | |
| 证件类型： | | 证件号码： | |
| 保险合同号： | | | |
| 联系电话： | | | |
| 联系地址： | | | |
| 事故资料： | | | |
| 事故类别：□意外 □重大疾病 □手术 □疾病 □其他( ) | | | |
| 出险人当前状况：□身故 □住院治疗中 □门诊治疗中 □已康复 | | | |
| 事故发生时间： 年 月 日 时 | | | |
| 事故发生地点： | | 事故处理机关： | |
| 事故经过描述： | | | |
| 报案人资料 | | | |
| 姓名： | | | |
| 联系电话： | | | |
| 联系地址： | | | |
| 业务员资料 | | | |
| 业务员姓名： | | | |
| 业务员编号： | | | |
| 业务员联系电话： | | | |

表 3-18　理赔调查记录

| 报案登记号 | | 案件号 | | 调查序号 | |
|---|---|---|---|---|---|
| 事故人姓名 | | 性别 | | 出生日期 | |
| 事故日期 | | 证件类型 | | 证件号码 | |
| 调查类型 | | 调查日期 | | 查讫日期 | |
| 调查项目 | | | | | |
| 查证途径 | | | | | |
| 事实与证据 | | | | | |
| 调查结论 | | | | | |
| 证明材料及件数 | | | | | |
| 调查人员 | | 报告日期 | | | |

表 3-19　理 赔 计 算 书

| 赔案编号 | | | 保险合同 | | |
|---|---|---|---|---|---|
| 出险人 | | | 客户号 | | |
| 出险人身份 | □被保险人　□投保人<br>□连带被保险人 | | 处理结果 | □给付<br>□豁免保费 | □拒赔<br>□协议给付 |
| 给付责任 | 主险名称 | 附加险1 | 附加险2 | 附加险3 | 合计 |
| 医疗费用 | | | | | |
| 日津贴给付 | | | | | |
| 残疾给付 | | | | | |
| 疾病给付 | | | | | |
| 死亡给付 | | | | | |
| 其他 | | | | | |
| 合计 | | | | | |

主险明细：

1. 疾病名称：

2. 残疾部位：　　　　　　　　　　　　　　　　　　　　残疾给付比例：

3. 意外事故类型：

| 附加险 | 住院医疗、门诊医疗类： | | | | | | |
|---|---|---|---|---|---|---|---|
| | 治疗费 | 药品费 | 材料费 | 床位费 | 检查费 | 其他 | 合计 |
| | | | | | | | |

6. 复核和审批
1) 复核

复核是理赔业务处理中的一个关键环节,具有把关的作用。通过复核,能够发现业务处理过程中的疏忽和错误,并及时予以纠正;同时复核对理赔人员也具有监督和约束的作用,防止理赔人员个人因素对理赔结果的影响,保证理赔处理的客观性和公正性。复核的内容要点如下。

(1) 出险人的确认。
(2) 保险期间的确认。
(3) 出险事故原因及性质的确认。
(4) 保险责任的确认。
(5) 证明材料完整性与有效性的确认。
(6) 理赔计算准确性与完整性的确认。

2) 审批

已复核的案件逐级呈报给有相应审批权限的主管进行审批。根据审批结果,进行相应的处理。批复需要重新理算的案件,应退回理算人员重新理算;批复需进一步调查的案件,应通知理赔调查人员继续调查;批复同意的案件,则移入下一个结案处理环节。

7. 结案和整理归档
1) 结案

理赔人员收到核赔人移交的理赔案卷后应进行案卷移入登记,记录赔案号、结案号、结案人姓名及移入时间等。

(1) 给付案件的处理:① 继续有效的合同处理。缮制《批单》一式两份,一份附贴在保险合同上,交还给客户以明示;另一份归档。缮制《理赔领款通知书》寄送申请人。根据保险合同可以明确受益人的,应在通知书中注明受益人的姓名;无法确定受益人的,提示继承人凭公证书或其他证明材料前来办理领款手续,如代领款还应出示《理赔委托书》。同时将保险合同作"已结案且合同继续有效"处理。② 效力终止合同的处理。缮制《理赔领款通知书》寄送申请人,同时注明保险合同效力终止的原因。将保险合同作"已结案且合同终止"处理。

(2) 拒赔案件的处理:① 继续有效合同的处理。缮制《拒赔通知书》寄送申请人。通知书中应注明拒赔的原因,提示申请人取回保险合同等证明材料。将保险合同作"已结案且合同继续有效"处理。② 效力终止合同的处理。缮制《拒赔通知书》寄送申请人。通知书中应注明拒赔原因及保险合同效力终止的原因。如有退费款项,应同时在通知书中予以反映,并注明金额及款项归属人,提示前来领款。将保险合同作"已结案且合同终止"处理。

(3) 豁免案件处理:应豁免保费的案件,缮制《豁免保费通知书》寄送申请人。将保险合同作"已结案且合同豁免保费"处理。

(4) 领款处理:① 领款人的确定:如领款事项为退还保费、现金价值、未满期保费、预缴保费,则领款人为投保人或其委托人的代领人。如领款事项为保险金给付,则领款人为合同约定的保险金受益人或其委托的代领人。对保险合同未指定受益人,或未明确指定受益人,或所有受益人丧失、放弃受益权的,应视情况及金额由公证部门出具公证书或由法院确定保险金额领款人及份额。② 领款人应出具的材料:领款人应提供《理赔领款通知书》《拒赔通知书》、领款人身份证原件、银行账号(需通过银行转账领款时)等。委托他人代领的,除按上述要求提供材料外,还应提供受托人身份证原件及领款人出具的《理赔委托书》。

2) 整理归档

结案人员将已结案的理赔案件的所有材料按规定的顺序排放和装订,并按业务档案管理的要求进行归档管理,以便将来查阅和使用。

(1) 理赔案件结案后,助理核赔员对案卷中的材料与明细表内容核对后签收,按顺序将案卷进行装订后归档。

(2) 理赔归档的材料及装订顺序:理赔案卷目录;保险单正本或复印件;理赔申请材料签收单;委托授权书;理赔给付申请书;理赔调查报告书及相关调查材料;各类通知书;领款收据及批单;被保险人、受益人身份证明;申请人申请索赔的各种事故证明材料和医疗费用等有关单据;合议笔录;案件呈报或上报上级公司的报告书副本及上级公司批复文件;起诉书、应诉书、答辩状、法庭调解书和庭外和解协议书。

### (二) 理赔业务处理技巧

#### 1. 理赔沟通技巧

理赔处理的沟通技巧就是通过理赔人员与被保险人或受益人采取电话、会面、书信、电子邮件等方式,使双方对理赔案件的某些观点、看法、思维方式等达成一致。

沟通是理赔案件处理中最重要的技能,也是最基本的技能。有效的沟通在理赔案件的过程中是必不可少的。下面是理赔沟通技巧的要点。

(1) 在理赔案件处理时应明确被保险人或受益人提供的资料是否齐全;及时向其说明寿险公司通常的处理程序;向被保险人或受益人明确在规定的时间内理赔处理完成时就会有结果等。

(2) 请被保险人或受益人留下电话号码或其他便捷的联系方式,承诺一有结果会马上通知对方。

(3) 在立案后的调查过程中要尽可能地与被保险人或受益人保持必要的联系,如通报案件的处理进程等,从心理上给被保险人或受益人以安慰。

(4) 当可以进行正常赔付时一定要告知被保险人领取赔款时所需准备的资料,领取的时间、地点等,避免他们遇到由于所带资料不全而反复奔波的麻烦。

(5) 当不能理赔时,不能简单地以电话告知拒赔的决定,而要请被保险人或受益人来公司或理赔人员上门与他们面对面地进行沟通,讲明不赔的法律或条款依据,听取他们的意见,有针对性地一一解答,减轻他们的抵触心理,避免矛盾的激化。

#### 2. 理赔谈判技巧

(1) 知己知彼。只有在对理赔案件有全面的了解并有充分准备的基础上才能选择具体而有效的谈判方式,使自己立于不败之地。要真正地了解对方,必须明确他们的需求,这样才能采用行之有效的手段和方法。因此,在谈判之前,获悉对方的信息并确定相应的谈判方式是很重要的。

(2) 刚柔并用。当理赔人员处于维护条款和法律的严肃性的问题上与对方谈判时,一开始便要和盘托出理赔人员的最高条件,在气势上压住对方,但要注意语气和态度。这种方式适用于与一些极个别无理取闹的对手的谈判,逼迫对手让步。如对手以硬碰硬,不妨用"我们可以采用正常的法律程序"等与对手交涉。当优势不在自己时,如对某些条款的理解产生歧义时,也要从谈判对手的角度考虑,以不变应万变,不动声色,让对手尽情发挥,躲过对手的锋芒,从而为达成一个妥协的又不使寿险公司的利益受到较大损失的协议做好准备。

(3) 找出对方的失误。从准备谈判时开始就拿出重要精力发现对手的失误,并尽可能声明这种失误对寿险公司或将对寿险公司造成的危害。如在由于被保险人不如实告知的拒赔,谈判中就要应用这样的谈判技巧,说明不如实告知已经或将要给寿险公司带来什么样的危害,这样谈判起来就会更加主动。在应用谈判技巧的过程中,理赔人员一定要注重诚信,在维护保险条款的严肃性、控制风险的同时还要注重文明礼貌、售后服务等问题,让对方感到心服口服。

(4) 学会赞赏。适时的赞赏是储蓄感情的良方。在理赔谈判时不要由于自己是寿险公司的理赔人员就觉得自己对条款、法律、保险责任的理解样样都是正确的,对方的主张样样都是错误的,而要适时地对谈判对方对于保险的正确认识给予肯定和表扬,以缓解谈判中的气氛。

(5) 不要使用刺激性的语言。人际关系专家指出,谈判双方之间可以讨论,但不能有过于激烈的争论。火药味十足的争论是人际关系的一个陷阱,在争论中是没有赢家的,对理赔案件处理中的谈判双方来说更是如此。在谈判中无论对方的态度如何,无论对方的言语有多么的恶劣,理赔人员都要以一种平和的心态去面对,不能以怨报怨、恶语中伤,否则会使有利转为不利、使优势转为劣势。

(6) 学会倾听,走进对方的世界。学会倾听对理赔人员尤为重要。客户在谈判中往往急于证明是自己正确的,希望尽快得到理赔,而遭受拒绝后则往往不能接受,并对理赔人员的观点产生逆反心理,这种心理是十分自然的。理赔人员应学会认真倾听,并适时地作出回应,然后巧妙地引出别的关键的话题,以便在没有冲突或气氛缓解的情况下继续谈判。

(7) 注意营造谈判的氛围。最有效的交流应该是让我们的话走进对方的心。为达此目的,营造出良好的谈判氛围是很重要的。心理学早就证明,人在接受负面信息时会产生自我防卫心理,而使用恰当的技巧可以降低这种自我防卫心理。

3. 理赔调查过程中的技巧

理赔处理过程中的调查、分析、决策也要根据不同的情况使用不同的技巧。如在理赔调查中不仅要听取被保险人或受益人对出险情况的叙述,也要调查第三方对于案件情况的描述,第三方可以涉及目击者、邻居、单位、警方或医疗机构等。调查时可以借助从事过公、检、法、司等背景的人员,借助专业的调查设备和管理软件,借助专业的调查公司,借助其他寿险公司的调查机构等,这些都是在理赔调查中可以采取的技巧。

理赔分析时,不仅要有自己的思路,也要有集体讨论的意见,不仅要有理赔人员的意见,也要有医学、法律专业人士的意见,不仅要有公司内部的意见,还可以征询同行对于案件处理的分析意见等。在决策时更要群策群力,特别是对疑难案件的处理,技巧的运用可以使困难的情况变得简单、容易。

总之,在理赔案件的处理过程中,理赔技巧的运用是不可或缺的,技巧运用得好坏关系理赔案件处理的时效,关系理赔案件的正确处理,关系风险的控制,关系寿险公司形象的维护。

**案例 3-11**

**理赔技巧在实务中的运用**

根据保险事故发生原因的区别,理赔案件也可以分为不同的类型,而处理这些不同类型的理赔案件时所应用的理赔处理技巧也不同。以下是一个意外事故理赔的案例。

2015 年 12 月,某保险公司理赔人员接到报案,称两天前某被保险人由于交通事故当场死亡。尸体被发现时已经冻僵,投保险种中有高额的意外伤害保险。理赔人员在接到报案后按日常的程序进行了登记后准备前往查勘,但由于雪大封路,所以在保险事故发生后第四天才前往,此时发现被保险人的尸体已经火化。在前往交通事故处理部门的调查过程中发现该案由于是单方面的责任事故,且由于被保险人的尸体已经冻僵,家属强烈要求迅速火化等原因,交通事故处理部门没有对被保险人的尸体进行尸检,也没有进行血液酒精含量的测定(尸体冻僵的原因)。最后由于此案没有能够找到意外伤害保险条款责任免除事项,保险公司进行了全额赔付。

[案例评析]

从上面意外险意外身故的案例处理中可以看出这样一点,就是在意外险案件的处理中,某些资料获得的机会是很少的,有很大的时间和条件限制。没有这些资料就不能完全保证案件处理的正确性,也就谈不上风险的控制。因此在本案处理报案或接受报案后就要应用一定的沟通技巧,以求获得理赔人员处理案件所需要的关键资料,如本案中的被保险人血液酒精含量。本案中理赔人员可以采取以下的沟通措施,如迅速与交通事故处理部门的负责人取得联系,询问事故处理的情况、进展,有无进行或有无准备进行尸体检验,有无血液酒精含量测定,如果没有则要力争得到对方的协助,说明这些资料对保险理赔的重要性。此外,与被保险人的直系亲属取得联系,要求进行证据保全(即尸体暂时不能火化),要求其与保险公司配合,讲明利害关系,必要时与被保险人的家属签订证据保全协议。相信通过以上处理技巧,无论是交通事故处理部门还是被保险人的家属大都会在一定程度上给予配合,从而达到理赔人员对关键资料收集的目的。

## 拓展阅读

### 泰康人寿理赔流程

一、客户报案

时间限制:保户在保险事故发生之日起10日内通知本公司。

报案方式:电话报案、亲自到公司报案、网上报案、业务代表转达报案。

二、寿险公司立案调查

1. 寿险公司对符合要求的案件立案。
2. 判定保险事故发生后被保险人是否受损。
3. 判定保险损失是否在可赔付范围之内。
4. 核实其他事故、诊断等证明。
5. 保险赔付额的计算。
6. 确定保险金给付对象。

三、寿险公司结案赔付

1. 寿险公司在调查结束后结案并通知保户领取赔款或发出其他通知。
2. 有些案件寿险公司之所以不赔,主要是由于以下几种情况:

(1) 投保前已经患有疾病,投保时又未履行如实告知义务;

(2) 保险单尚未生效或已经失效期间发生的保险事故;

(3) 保险单观察期间发生的保险事故;

(4) 牙齿的镶、种、补及其他的修复治疗;

(5) 患有先天性疾病或遗传性疾病;

(6) 未在寿险公司指定医院住院治疗;

(7) 属于公司条款规定的法定传染病;

(8) 公费、劳保医疗管理部门规定的自费药及其他自费项目;

(9) 文件不齐全;

(10) 属于除外责任。

四、泰康保险公司对理赔时限有着严格规定:一般案件从立案日期到结案,不能超过10个工作日,重大疑难案件不超过60个工作日,特殊案件需延长时间的,要经总公司理赔管理部门批准。

(资料来源:泰康在线,http//www.taikang.com)

# 任务四 寿险业务流程实训操作
（以国泰安保险综合业务实训软件为例）

**案例** 家住镜州市大鹏新区宝通街025号（邮编：412359）在镜州市人事厅从事文员工作的何炳其（联系电话：15221577666；身份证号码：311121197507273654），投保了一份2016年7月28日起效的保额为30万元、保险期间20年的国泰安爱相随定期寿险；缴费方式：趸交；保单受益人为其配偶尤恭泽，身份证号码：311121197607276699。体检结果显示：身高179 cm，体重78 KG，身体健康，无疾病病史。

## 一、承保

### （一）客户信息录入

1. 基本信息录入

根据案例信息录入投保人和被保险人的基本信息（如图3-4所示），完成后点击【保存】按钮进行保存。

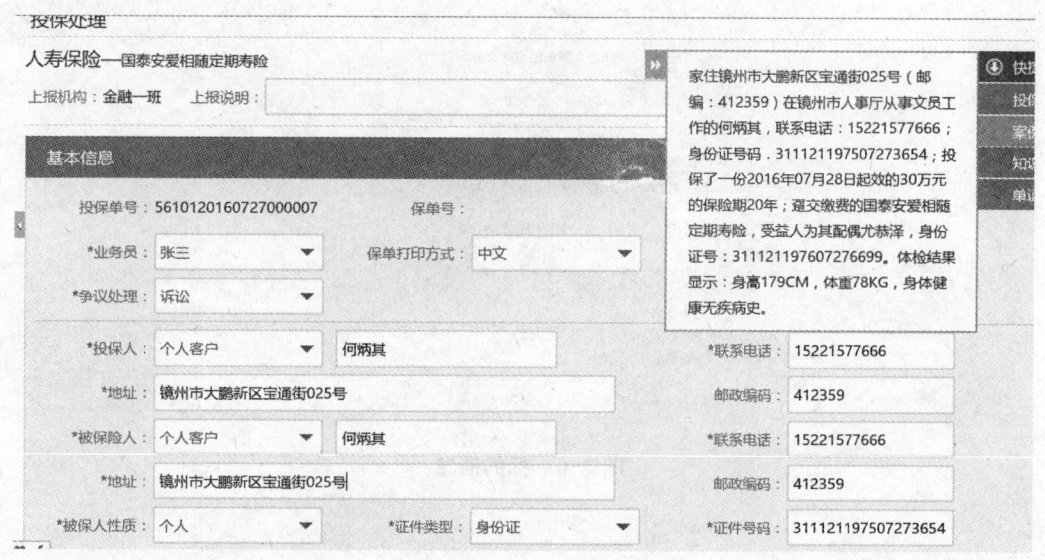

图3-4 基本信息

2. 客户信息录入

根据案例信息准确录入客户信息（如图3-5所示）和标的信息（如图3-6所示），完成后点击【保存】按钮进行保存，保存成功的投保单会自动存储在暂存界面。

需注意的有以下几项。

（1）争议处理，选择仲裁则需填写仲裁地，选择诉讼则不填写。

（2）投保人和被保险人要根据具体情况选择"个人客户"。

（3）被保人性质根据客户性质据实进行选择"个人"。

（4）证件类型据实选择相对应的"身份证""护照"和"其他"。

（5）保险起止期，保险起期默认为系统日期第2日0时，保险起期必须大于投保日期（即大于系统时间），保单一经生成不可批改保险期限（特别说明：选择了定期寿险的险别后，系统自动确定保

图 3-5　客户信息

图 3-6　标的信息

险止期)。

(二) 缴费方式确定

选择险种名称、保险金额、保险期间和缴费方式,点击【新增】图标,新增成功后,可编辑或删除,点击【计算】进行保费计算(如图 3-7 所示)。若付费方式选择划卡,核保通过后在出单员——承保——见费出单界面进行缴费处理;若付费方式选择支票,核保通过后在财务专员——收款确

图 3-7　险别及缴费方式

认——投保收款确认界面进行收款确认。点击【保存】按钮进行保存处理。

### (三) 健康状况录入

如实录入投保人和被保险人的健康状况,如图 3-8 所示。

| 健康状况 | | 被保险人 | 投保人 |
|---|---|---|---|
| 询问事项 | | | |
| 1. 被保险人身高 179 (Cm)体重 78 (Kg),投保人身高 179 (Cm)体重 78 (Kg)。 | | | |
| 2. 有无吸烟习惯?若有,请详述:(被保险人)每天___支,已吸烟___年;(投保人)每天___支,已吸烟___年;若现已停止吸烟,请说明停止吸烟的原因及时间: | | ○是 ◉否 | ○是 ◉否 |
| 3. 有无饮酒习惯?若有,请告知饮何种酒___,饮酒量___(两/天),饮酒___年。 | | ○是 ◉否 | ○是 ◉否 |
| 4. 有无驾驶执照?若有,请告知有无交通事故记录___ | | ○是 ◉否 | ○是 ◉否 |
| 5. 有无参加飞行、潜水、跳伞、武术、拳击、赛车等危险运动或爱好? | | ○是 ◉否 | ○是 ◉否 |
| 6. 近期体况:最近 6 个月您是否有新发的或以往曾有的任何身体不适?如:反复头痛、眩晕、胸痛、咳嗽、咯血、气喘、腹痛、便血、紫斑、消瘦(体重在3个月内下降超过5公斤)。 | | ○是 ◉否 | ○是 ◉否 |
| 7. 近期诊治:您最近 6 个月是否接受过医师的诊察、治疗、用药、住院或手术建议? | | ○是 ◉否 | ○是 ◉否 |
| 8. 您过去曾否住院诊疗?若有请写明住院的原因、时间、治疗结果及医院名称___ | | ○是 ◉否 | ○是 ◉否 |
| 9. 您是否曾经患有或被怀疑患有以下疾病?若是,请在备注栏注明疾病名称、医院名称、治疗时间和结果: | | | |
| A. 支气管炎、肺炎、肺气肿、支气管扩张、肺结核、哮喘以及其他呼吸系统疾病; | | ○是 ◉否 | ○是 ◉否 |
| B. 精神症、抑郁症、神经官能症、癫痫病、肢体麻痹、脊髓病变、重症肌无力、帕金森病、脑中风、脑动静脉畸形、短暂性脑缺血、肝豆状核变性,以及其他神经、精神疾病; | | ○是 ◉否 | ○是 ◉否 |
| C. 高血压(指血压的收缩压≥140mmHg或舒张压≥90mmHg)、冠心病、先天性心脏血管病、心脏瓣膜病、风湿性心脏病、主动脉瘤、肺心病、心肌炎、心律失常、以及其他心血管疾病; | | ○是 ◉否 | ○是 ◉否 |
| D. 肝炎、乙肝病毒携带、脂肪肝、肝硬化、胰腺疾病、慢性胃炎、肠炎、消化道溃疡及其他消化系统疾病; | | ○是 ◉否 | ○是 ◉否 |
| E. 肾炎、肾病综合症、多囊肾、肾功能衰竭、肾结核、他泌尿系感染以及其他泌尿系统疾病; | | ○是 ◉否 | ○是 ◉否 |
| F. 癌症、肿瘤、白血病、腺瘤、息肉、囊肿、结石、血管瘤、任何包块或肿物、紫癜症、贫血、脾脏疾病; | | ○是 ◉否 | ○是 ◉否 |
| G. 糖尿病、甲状腺疾病、甲状旁腺疾病、肾上腺疾病、脑垂体异常、类风湿性关节炎、风湿病、痛风、肌肉骨骼关节疾病、红斑狼疮、免疫性疾病、免疫缺陷病(艾滋病或艾滋病带原)、性病、皮肤疾病; | | ○是 ◉否 | ○是 ◉否 |
| H. 白内障、青光眼、视神经或视网膜病变、中耳炎、鼻中隔偏曲、扁桃体炎等; | | ○是 ◉否 | ○是 ◉否 |
| I. 先天性疾病、遗传性疾病、脑外伤后遗症; | | ○是 ◉否 | ○是 ◉否 |
| J. 尘肺、矽肺、石棉肺、各种慢性中毒等职业病; | | ○是 ◉否 | ○是 ◉否 |
| K. 有无以上未提及的其他疾病或症状。 | | ○是 ◉否 | ○是 ◉否 |
| 10. 身体残疾情况:有无智能障碍?是否失明、聋哑、跛行、小儿麻痹后遗症?有无脊柱、胸廓、四肢、五官、手指、足趾畸形或功能障碍?有无言语、咀嚼、视力、听力、嗅觉、四肢及中枢神经系统机能障碍? | | ○是 ◉否 | ○是 ◉否 |
| 11. 女性补充告知栏(被保险人为女性且为14岁以上含14岁请填写): | | | |
| A. 是否正在怀孕?如是:孕期___周; | | ○是 ◉否 | ○是 ◉否 |
| B. 是否患有或曾经患有子宫肌瘤、子宫内膜异位症、月经不调异位妊娠、乳腺炎、乳腺增生、乳腺包块或肿块、血性溢乳、阴道不规律出血、不孕症等女性疾病? | | ○是 ◉否 | ○是 ◉否 |
| 12. 婴幼儿补充告知栏(2周岁以下不含2周岁填写):出生时身高___Cm,体重___Kg。是否为早产、难产、过期产?有无抽搐、窒息?有无体重不增或增长缓慢? | | ○是 ◉否 | ○是 ◉否 |

图 3-8 健康状况

## （四）受益人信息录入

选择受益人与被保险人的关系、性别和证件类型，输入受益人姓名、证件号码、出生日期、受益顺序和受益份额等，如图 3-9 所示。

图 3-9　受益人信息

## （五）特别约定录入

根据需要录入特别约定，如图 3-10 所示。

图 3-10　特别约定

## 二、核保

核保员点击"基本信息""客户信息""标的信息""险别及缴费方式""健康状况""受益人清单""特别约定"等页签，根据快捷菜单中的案例进行比对核保。

选择核保意见"通过"或"不通过"，选择不通过时在备注栏填写不通过的原因，点击【确定】按钮核保操作成功，如图 3-11 所示。核保成功后投保单状态变为"预核通过"，对于预核通过的投保单可在出单员见费出单或财务专员收款确认界面进行缴费处理。

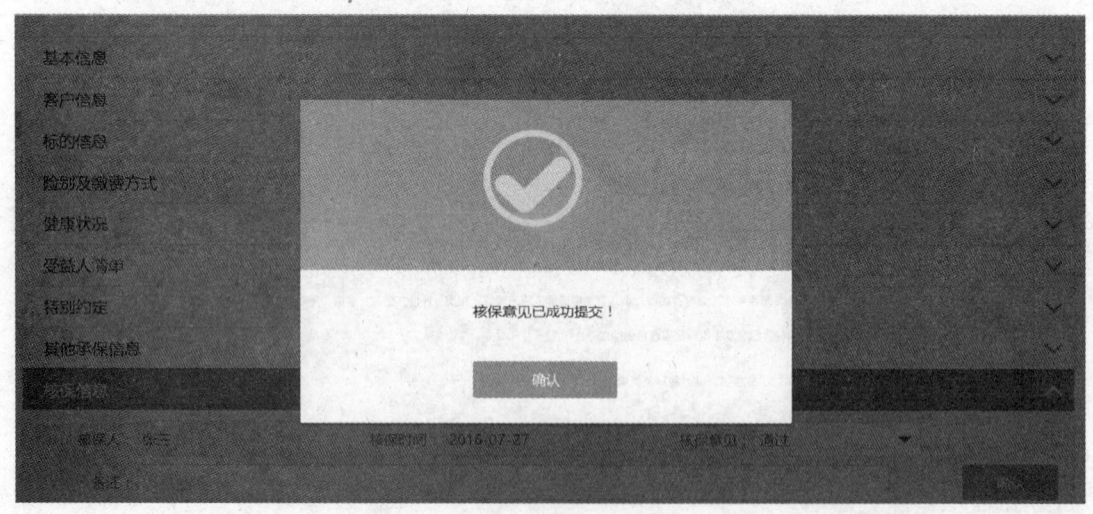

图 3-11　核保信息

## 三、缴费

在出单员处点击【见费出单】即进入缴费处理界面,对状态为未缴费的投保缴费单可进行缴费处理。点击【缴费处理】按钮打开缴费界面,如图 3-12 所示。点击【缴费确认】按钮,缴费成功,如图3-13所示。缴费成功的申请单变为"有效保单"。

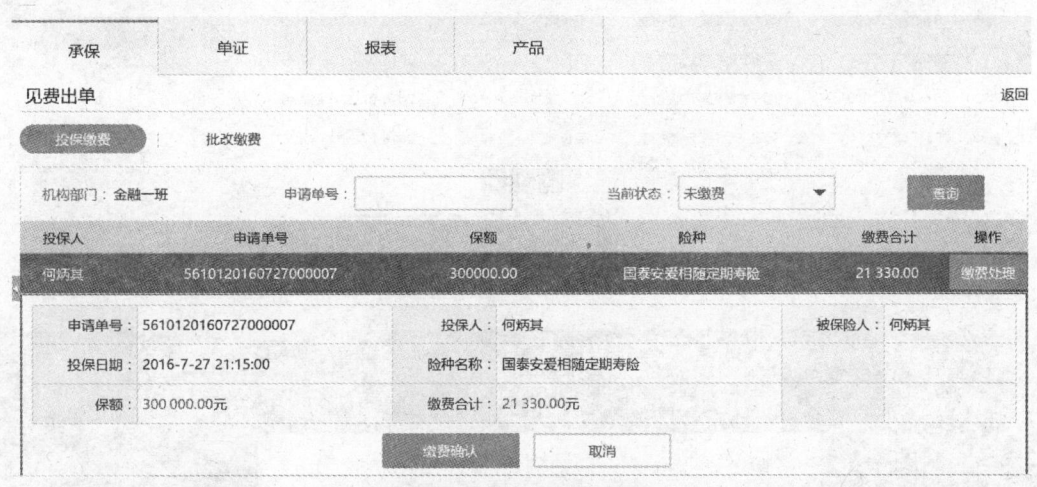

图 3-12 投保缴费处理

图 3-13 投保缴费确认

## 四、单据打印——保单、发票

### (一) 保单

选中要进行打印预览的记录,如保单号为:6610120160727000007 的国泰安爱相随定期寿险,选择单据类型"保险单"(如图 3-14 所示),点击【打印预览】按钮,弹出打印参数输入界面,输入定期寿险的印刷号码:B61012016000000235(由单证管理员下发给出单员使用,可在出单员——单证处查询),如图 3-15 所示。

点击【预览】按钮进行预览(如图 3-16 所示),点击【打印】按钮进行打印,点击【取消】按钮关闭参数输入页面。

图 3-14 保单打印——保单选择与查询

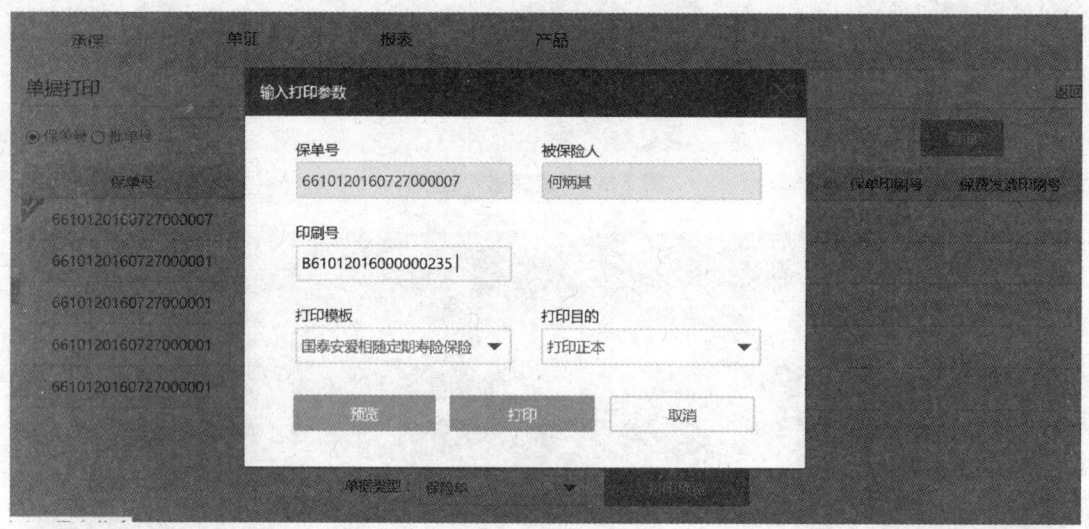

图 3-15 保单打印——输入打印参数

图 3-16 保单打印——打印预览

## （二）发票

选中要进行打印预览的记录，如保单号为：6610120160727000007 的国泰安爱相随定期寿险，选择单据类型"保费发票"（如图 3-17 所示），点击【打印预览】按钮，弹出打印参数输入界面，输入发票的号码：R11412016000000002（由单证管理员下发给出单员使用，可在出单员——单证处查询），如图 3-18 所示。

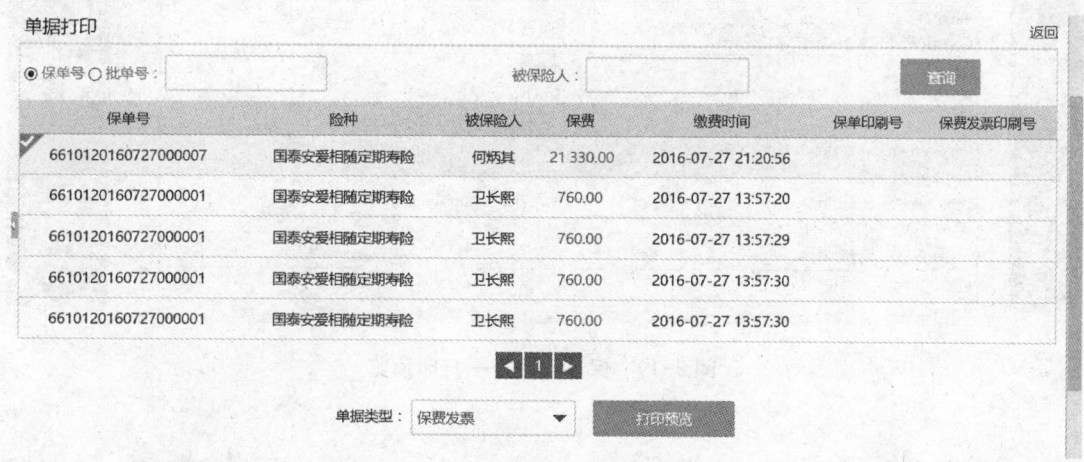

图 3-17　发票打印——发票选择与查询

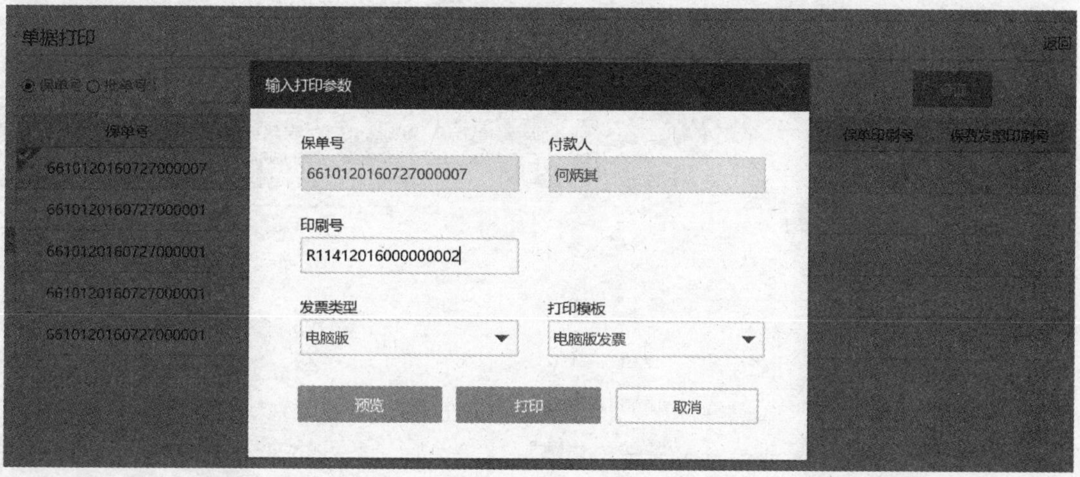

图 3-18　发票打印——输入打印参数

点击【预览】按钮进行预览（如图 3-19 所示），点击【打印】按钮进行打印，点击【取消】按钮关闭参数输入页面。

## 五、理赔

### （一）接报案

点击【新增报案】按钮打开报案页面，输入定期寿险保单号：6610120160727000007，根据案例进行相应信息（报案人姓名、联系电话、出险时间、出险地点、报案时间、报案方式、出险原因、出险过程、出险结果等）填写，如图 3-20 所示。

根据案情填写相应信息，点击【保存】按钮进行暂存处理，状态为"报案"；点击【提交】按钮进行

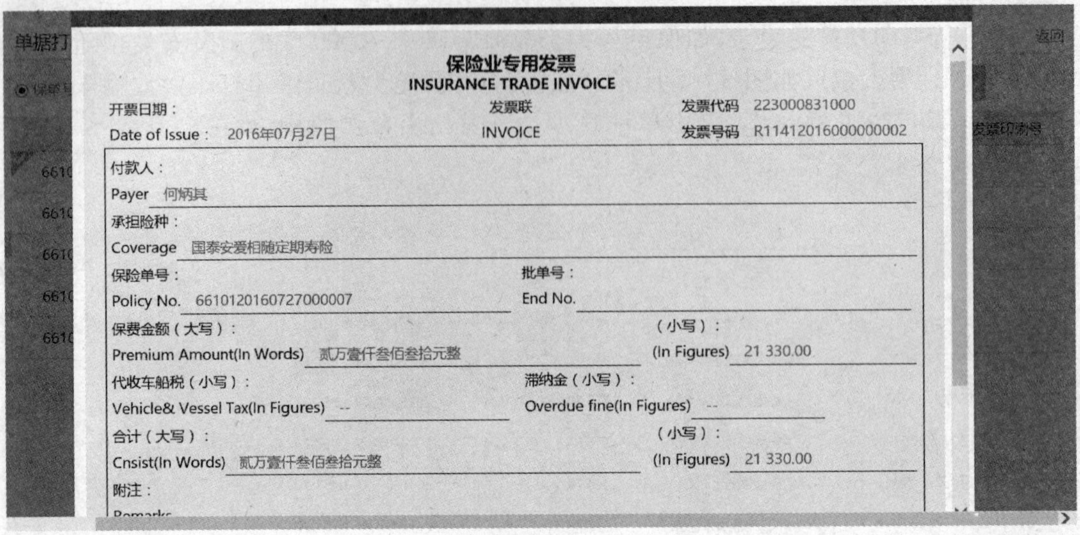

图 3-19　保单打印——打印预览

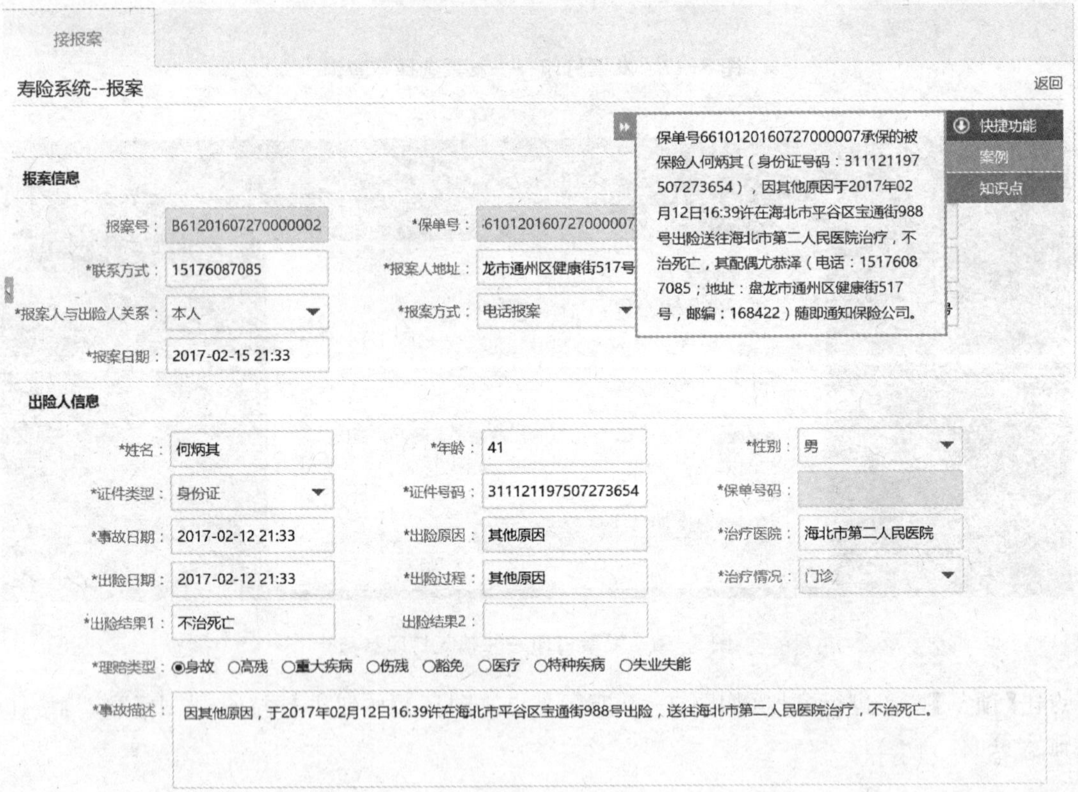

图 3-20　填写报案信息

报案提交,状态为"已报案"。

(二) 立案

(1) 选择要进行立案的案件。以保单号 6610120160727000007,报案号 B612016072700000002 为例,点击操作按钮进入查勘操作界面,如图 3-21 所示。

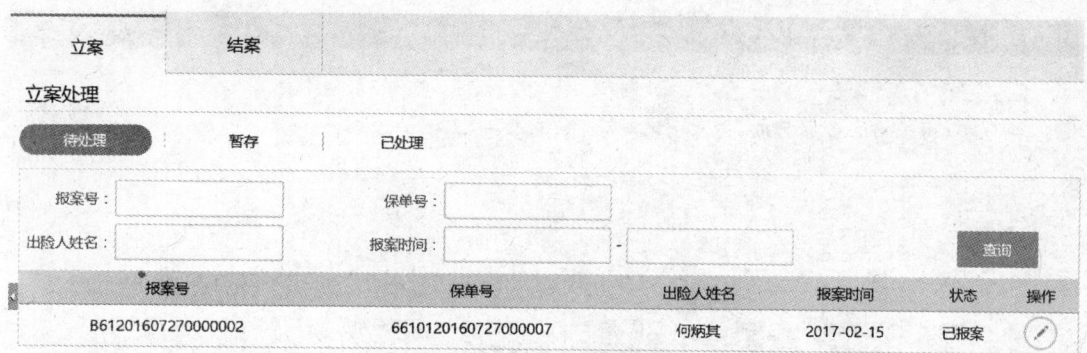

图 3-21　查勘操作进入界面

（2）根据案例填写立案基本信息并保存。立案基本信息包括申请人姓名、申请人电话、出险地点、申请人与被保人关系、申请人地址、受益人证件号码、收款人账号、账户名称、开户行、立案日期、立案结论等，如图 3-22 所示。

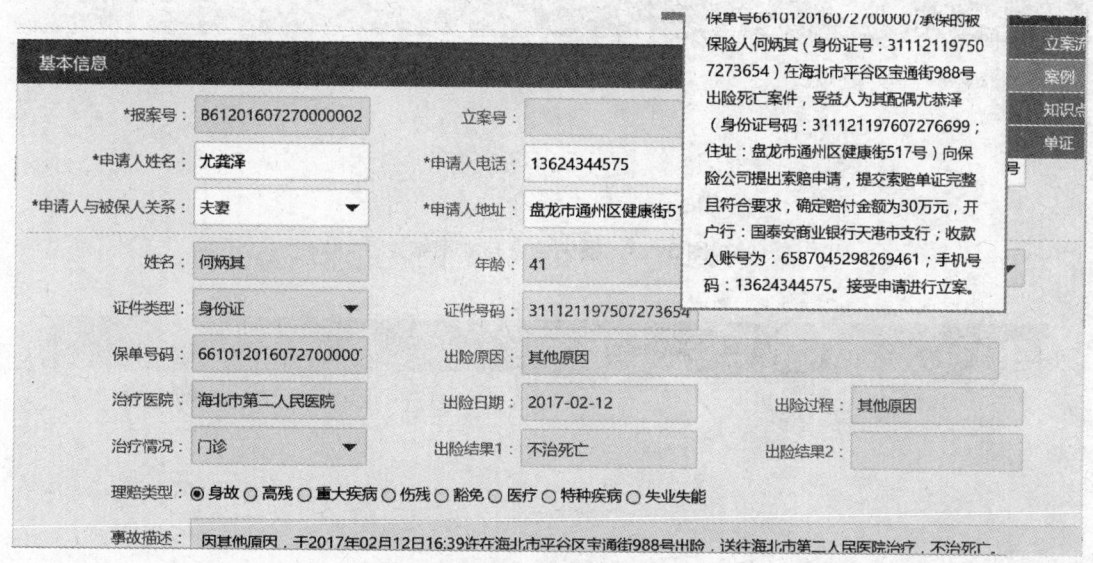

图 3-22　立案基本信息

（3）根据案例中的信息录入损失信息、赔付险种和赔付金额，并保存，如图 3-23 所示。
（4）完成影像信息，上传相关证件电子版，如图 3-24 所示。
（5）在以上操作完成后，点击【提交】按钮，则立案完成，如图 3-25 所示。

### （三）核赔

核赔员点击操作按钮进行核赔操作，以报案号 B612016072700000002 为例，如图 3-26 所示。

点击【报案信息】【立案信息】按钮进行相应详情查看。

根据案例信息，报案、立案信息及公司业务规定填写核赔意见"通过"或"不通过"，选择不通过时在备注栏填写不通过的原因，点击【确认】按钮核赔操作成功。核赔成功后进行结案处理。

### （四）结案

查勘员点击操作按钮进行结案操作，以赔案号 P610120160727000002，保单号 6610120160727-000007 为例，如图 3-27 所示。

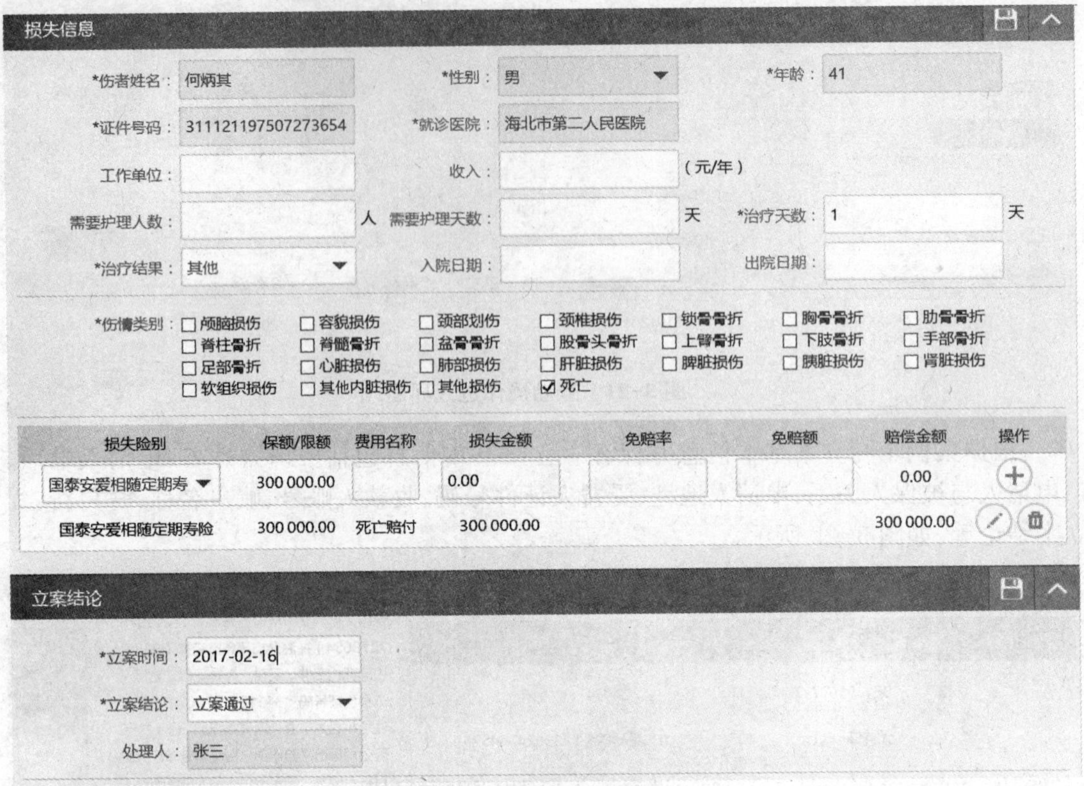

图 3-23 损失信息与立案结论

图 3-24 影像信息

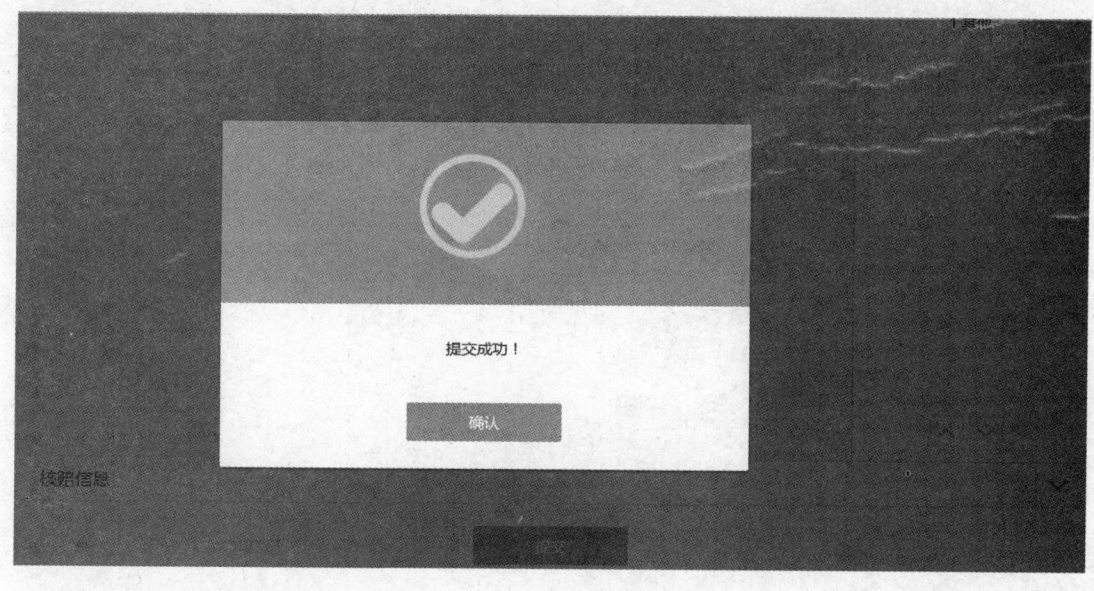

图 3-25 提交立案

图 3-26 寿险核赔

确定结案日期,点击【确认结案】按钮进行结案操作,结案完成后可到财务专员处进行付款确认。

(五)赔付

以赔案号:P6101201607270000002 为例,财务专员选择"付款确认"/"寿险理赔付款确认",在"未确认"状态下,点击【付款处理】按钮打开付款界面,如图 3-28 所示。点击【付款确认】按钮付款成功,如图 3-29 所示。

(六)单证管理

1. 单证查询

在单证查询界面,确定"单证类型",输入单证年份(2016,默认输出),输入编号范围,如"01""20",点击【查询】按钮,根据查询条件在列表中输出满足查询条件的结果;可查看单证的状态及当前持有人。

图 3-27　结案

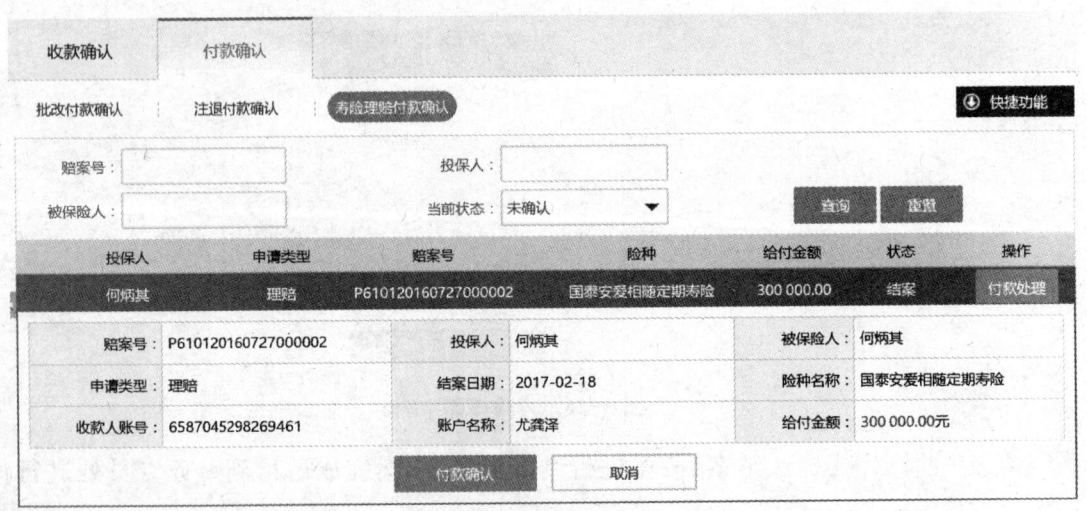

图 3-28　付款界面

2. 入库操作

在单证管理员处,点击【入库操作】按钮,单证类型选择"国泰安爱相随定期寿险保单",输入编号范围和要入库的单证数量,点击【单证分配】按钮即可显示要入库的单证。点击【入库确认】按钮完成入库操作,如图 3-30 所示。

3. 出库操作

在单证管理员处,点击【出库操作】按钮,单证类型选择"国泰安爱相随定期寿险保单",确定年份,输入编号范围,点击【查询】按钮即可输出符合查询条件的已入库保单,钩选要出库的单证,点

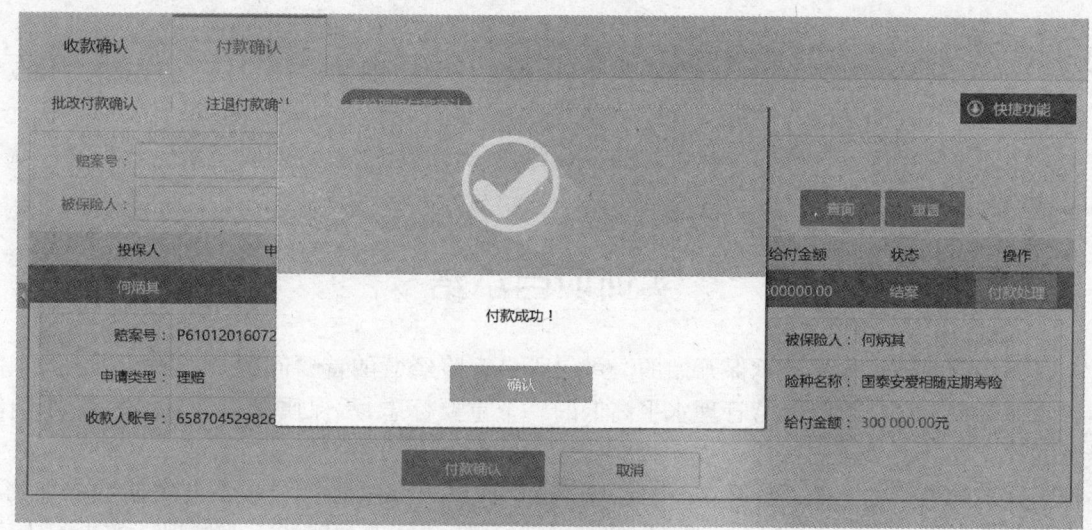

图 3-29 付款确认

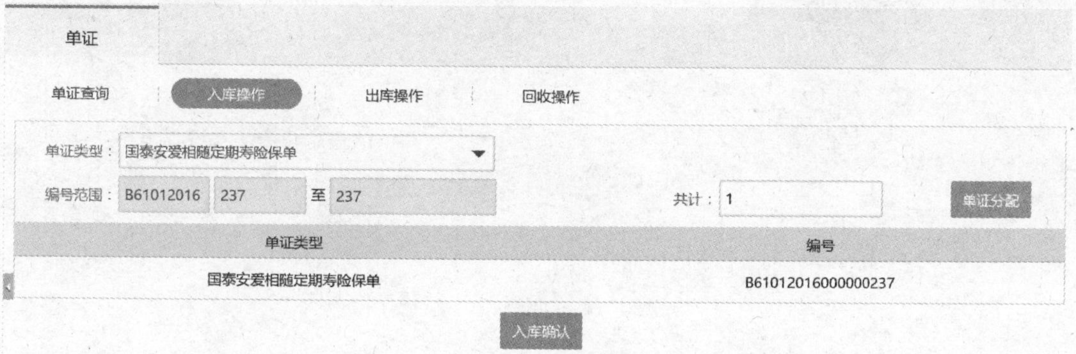

图 3-30 保单入库

击【出库确认】按钮完成单证出库操作，如图 3-31 所示。

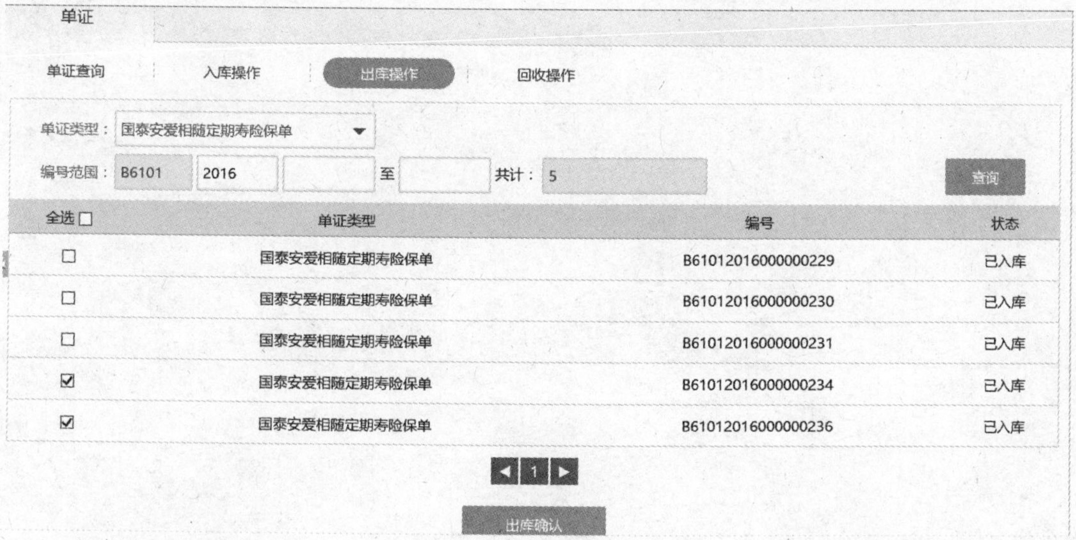

图 3-31 保单出库

4. 回收操作

在单证回收界面,选择"单证类型",确定年份,输入编号范围,如"41""45",点击【查询】按钮,在列表中输出符合查询条件的单证。

钩选需回收的单证,点击【回收确认】按钮弹出回收确认界面,选定回收至角色,点击【确认】按钮,回收成功。

## 实训项目小结

人身保险的业务运作是从承保开始的。承保既是寿险经营的首要问题,也是寿险经营的基础工作。承保质量是反映寿险经营管理水平高低的一个重要标志,承保质量高低直接关系到寿险企业经营的稳定和经济效益的好坏。

理赔是寿险经营的一个重要环节,寿险理赔给付能够大大增强社会成员防灾防损的能力,消除突发事件对社会心理的不利影响,从而成为人寿保险社会管理功能的重要体现。如果说人寿保险是一种信用的话,那么理赔便是其信用的实现和检验。

# 项目四 保险营销基本技能训练

## 一、实训目的

学习本实训环节,使学生对保险营销的基本技能有充分的认识和把握,并能将相关技巧灵活运用于实践当中。

## 二、实训要求

学生应认真准备、积极配合、真正投入所扮演的角色之中。

## 三、实训设计

在教师的指导下,学生分组、分角色进行模拟演练,增强营销各环节的实践技能,培养自信、流利的口头表达能力。

## 四、实训内容

(1) 各种客户开拓技能。
(2) 潜在客户资料卡的建立与填制,客户信息的档案管理。
(3) 接触客户的主要方法及与客户面谈技巧。
(4) 以需求为导向的保险行销。
(5) 产品组合设计的原则、技能及产品建议书的设计和说明技巧。
(6) 异议处理的原则、方法和话术技巧。
(7) 促成技巧和应答话术。
(8) 转介绍的各种方法以及如何对转介绍拒绝做灵活有效的处理。

## 五、考核标准

本项目的考核采取过程考核与结果考核相结合的方式,结合学生的实战演练情况,坚持学生自评、小组互评和教师考评相结合,分别占比20%、30%和50%。

# 任务一 客户开拓技能训练

## 一、客户开拓的方法

客户开拓是保险行销人员取得良好业绩的重要基础工作。保险行销员应懂得如何运用合适的方法和有效的途径,如何运用引导性的话题及各种辅助工具来完成客户开拓工作。寻找客户的方法非常多,下面介绍几种常用的方法。

### (一) 缘故开拓法

1. 缘故开拓法的优点

(1) 易接近客户,易取得客户的信任,易判断准客户所需的产品,拜访成功率较高。

(2) 准客户资料易于收集,客户资源比较可靠,且易获得转介绍名单。

(3) 缘故开拓法是保险展业员增加推销经验的最佳捷径。

2. 缘故开拓法技巧

缘故开拓法的优点很多,它是保险展业员开拓客户的首推之法。在应用这种方法时,应注意以下几个要点。

(1) 要坚持最专业的服务。面对"缘故",一定要用真诚服务的态度来对待,绝不能打马虎眼,必须以最专业的水准为其设计一份最适合的保单。

(2) 绝不强迫推销。保险展业人员不能因为客户是自己的亲友就随随便便,虽然是亲友却没有必须购买保险的义务。保险展业人员应从加强他们的保险观念入手,让他们了解或体会到保险的功能,从而激发他们的保险需求,促使他们主动购买。

(3) 要勇于利用你的"缘故"。缘故就是你认识的人,即要善于利用你的"缘故"。从本质上来说,每个人都需要保险。因此,当保险展业员在和自己认识的人打交道时,就要有意识地向他们宣传和销售保险。与其让一个陌生的保险展业员向他们展业,还不如利用自己的关系直接向他们陈述保险的优点,力争抢得先入优势。

(4) 要赢得别人的信赖,时时注意建立个人的人际关系网。信赖是达成交易的基础。只有在客户信赖你、信赖你所在的保险公司的时候,他才会选择在你手上买保险、在你们公司买保险。因此,保险展业人员要注意赢得别人的信赖,并时时处处有意识地建立个人的人际关系网。

(二) 陌生开拓法

1. 陌生开拓的主要方法

(1) 搭积木法。搭积木法是陌生拜访行销的基本功,它根据客户的基本状况,每次拜访时告诉客户某方面保险相关知识,如社保养老和社保医疗、保险原理等,渐进式激发客户需求,每次进步一点点,即由不熟悉到熟悉,由不信任到信任,由不认同到认同。搭积木法并不认为每次拜访就意味着成败,而是将整个拜访过程有效分解,使拜访变得简单化,每次拜访只完成整个行销过程的一部分,有效降低拜访难度。

(2) 顾客需求分析法。顾客需求分析法是根据所了解的客户信息和资料,帮助客户分析其寿险需求:如社保医疗的缺口、社保养老的危机、投资理财知识、保险的功用和意义等,保险展业员的专业往往会赢得客户的尊重和信赖。

(3) 市场调查法。以市场调查的方式接近客户,即可起到信息搜集的作用,又可为保险展业员建立庞大的客户群打下基础。保险展业员可事先印制一些市场问卷请客户协助填写,从中可获得客户的相关信息,也可对客户的基本情况有一个感性的认识,以帮助保险展业员初步筛选客户。

实际上,陌生拜访的方法远不止这些,陌生拜访是一种讲求技巧与艺术的方法,下面的案例可对我们有所启发。

### 案例 4-1

某天晚上小刘翻阅报纸,无意间看到一条报道:某个工厂因一位女职工患重病住院,已花去了医疗费15万元还没治愈,于是工厂动员职工捐款,两天内募捐总额达到4万多元。小刘觉得这是一个拓展业务的好机会,第二天一早,小刘就驱车到了该厂。见到厂长后,小刘马上热情地跟他握手,很激动地介绍来意,说:"我看到了昨天的新闻报道,得知你们厂××同志的不幸遭遇,一方面对她的不幸深表同情,一方面又为她的幸运而庆幸,因为你们这个厂在您的领导下,全厂职工齐心协力帮助她渡过难关,很感动人,所以我一定要来跟您这位了不起的厂长见面,同时也想表示我的心意。我也捐款200元,您看可以吗?"厂长一听马上说:"好,欢迎,欢迎。"小刘接着说:"我在人寿保险公司工作,我觉得人生真是处处有危机,而人们往往在平安的日子里不愿意去想这万一的情况,您说对吗?"厂长不时地点头。"生活已经告诉人们这样一个浅显道理:防患于未然。为了保证你们厂不再发生这类不幸的事件,以及不需要再为这不幸而连累全体职工,厂长,您看我带给您的这项保障计划,可能就是一颗令你们安心生产的'定心丸'。"厂长说:"我觉得你讲得很有道理,让我们厂研究一下如何?"小刘说:"厂长,在生产管理上您是行家,在保险方面可能我了解得多一些,可否让我有机会在你们下午的厂务会议上向厂领导做一番说明?您看,我这个要求是不是给您添了很大麻烦?"厂长回答:"不要紧,可以的。"

通过下午近两个小时的努力,小刘终于做成了一件完全是陌生拜访而来的大保单。

**【案例评析】**

陌生拜访的形式可以不拘一格。本案例中,小刘能利用一份报纸捕捉到关键信息,并进行成功的陌生拜访,是值得借鉴的。

2. 陌生开拓法技巧点

陌生拜访是一个很讲究技巧和原则的方法,要想正确把握该方法,必须注意以下要点。

(1) 要有良好的心态。陌生拜访较为简单、直接,但面对的拒绝也较多。因此,保险展业员首先要有良好的思想准备,自己所拜访的每一位客户都有可能令自己欣喜,也都有可能令自己沮丧,不论结果如何,保险展业员都要以健康的心态面对。

(2) 做好充分准备。保险展业员要做好自身形象、展业资料、展业工具和产品知识等方面的准备。要留给客户一个良好的第一印象;要保持高昂的士气、必胜的信心;保险展业员的神态要自然,仪态要大方,举止要得体。同时一定要备好有效证件,在对陌生人进行自我介绍之后应主动出示说明,这样可以消除对方的戒心。

(3) 要进行大量的拜访活动。陌生拜访遵循"大数法则"的原理,只要被寻访的对象数量足够多,必定可以找到准客户。但要注意,陌生拜访也不是天女散花似的毫无目的,而是事先经过选择的。有些人喜欢将学校、机关或企业团体列为陌生拜访的对象,但不管拜访对象如何,最好能事先收集和了解拜访对象的基本资料,并持之以恒地开发下去。

(4) 要明确陌生拜访的目的。陌生拜访的目的在于得到准客户的姓名、地址和电话等资料,客户其他的拒绝理由保险展业员不要太在意。不要向客户乞求,只需说明自己想提供的产品和服务即可。

(5) 注意设计好第一句话的说法(见陌生开拓法开场白话术演练)。

(6) 善于利用名片、调查表等展业工具,吸引客户的注意力,提高拜访的成功率。

(7) 在拜访前,保险展业员应根据产品的特点、自身的长处选择比较适当的人群与范围。

(8) 保险展业员要注意分寸的把握,掌握好拜访时间,要及时告辞,不要奢望一次促成。

(三) 链式开拓法

1. 链式开拓法的优点

(1) 易于取得对方的信任。

(2) 易于收集客户资料。

(3) 被拒绝的机会较少,成功的机会较大。由于有他人的介绍,可以大大地避免保险展业员寻找客户的盲目性,并有助于保险展业员赢得客户的信任,成功的可能性非常大。因此,保险展业员应懂得重视和珍惜。

2. 链式开拓技巧点

转介绍是获得准客户名单最好的方法,通常被称为行销的快捷键,但在实际应用中应注意以下要点。

(1) 要取信于现有客户,努力留住老客户。老客户才是最好的客户,只有留住了他们,他们就会成为最忠实的介绍人和最有效的推销人。

(2) 对所介绍的客户,保险展业员要进行详细的评估和必要的推销准备,要尽可能多地从现有客户处了解新客户的情况。

(3) 要向现有客户确认是否将其姓名告知被介绍的客户,并在约见后向现有客户表示感谢。

(4) 无论客户是否介绍成功,保险展业员都务必写信或以其他的方式向介绍人表达谢意。这些行为都会鼓励客户再给保险展业员介绍新的客户。

### (四) 信函开拓法

1. 信函开拓的优点

(1) 可以表达保险展业员对客户的尊重,可避免上门拜访而客户不在造成的时间上的浪费。

(2) 可避免因直接拜访而与客户的工作发生冲突,引起客户反感的不良后果。

(3) 通过信函,可使保险展业员的风度、情怀跃然纸上,可以联络到许多保险展业员想见却不认识的人士。

2. 信函开拓技巧点

(1) 信封信纸都要使用上等品,可以请公司领导签字,由公司统一发送以示隆重。

(2) 内容简明扼要,直接切入主题。内容一般以公司介绍与险种介绍为主。

(3) 措辞一定要优美、入情入理,又能打动人心。

(4) 承诺有更详细的资料和公司的小礼品可以赠送,有复函的再行寄送。

(5) 避免使用那些使读者的注意力不能集中在主要意旨上或使主要意旨模糊的材料。

书写信函的目的只是为了引起客户的关心,使其产生愿闻其详的念头。所以信函应简短,只强调想得到面谈的机会即可。以下是一封较好的信函示例。

### 示例一

尊敬的张经理:

您好!

我是××人寿保险公司的×××,近日看《新安晚报》得知您又在合肥开设了一家分店,这已是您所开的第8家分店,在恭喜您的同时也由衷地为您感到高兴,因为我是您酒店忠实的顾客,在现在餐饮业竞争极为剧烈的时期,您用您独特的经营方式,使得酒店生意越做越好,这不能不让人敬佩。

我们公司最近推出了一种寿险计划,许多与您背景相似的成功人士都认为极有价值,相信您会感兴趣。

非常希望能有机会与您见面,并向您请教在经营方面的一些问题。我会在近日内登门拜访,届时请惠予接见。

祝:

生意兴隆!身体健康!

×××敬上

年　月　日

### (五) 咨询调查开拓法

1. 咨询调查开拓法的概念与特点

咨询调查开拓法即通过咨询和市场调查寻找客户的方法。通过咨询和市场调查,可以倾听客户意见,是寻找客户的重要手段。此外,市场调查还可帮助保险展业员了解市场动态、清楚市场需求、理解客户感受,为制订寻找客户计划打下坚实的基础。

2. 咨询调查法技巧点

(1) 做好记录。对那些有投保意向的客户,应当设法让他们留下姓名、家庭地址、工作单位和电话号码,并及时核对,保证准确无误,以便进一步联系跟进。也可当场预约时间、地点,及时提供服务,促成签约。

(2) 争取现场签单。尽量引导客户作一次性交易,利用同伴集体的力量争取现场签单,提高效益。

### (六) 查阅资料法

1. 查阅资料法的概念与特点

查阅资料法又称资料开拓法,是指保险展业员通过收集、整理、查阅各种现有文献资料来寻找客户的方法。行业各种统计报表、有关政府部门公布的资料、行业和协会的资料、企业黄页、工商企业目录、大型博览会或展览会名单、电视、报纸、杂志、互联网等大众媒体都是很好的资料来源。通过这些资料查阅既能保证一定的可靠性,也能减小工作量,可以最大限度地减少工作的盲目性。同时还可以展开先期的客户研究,了解客户的特点、状况,提出适当的客户活动针对性策略等。

2. 资料开拓法技巧点

(1) 要学会阅读资料,搜索资料中包含的客户信息。

(2) 注意收集资料的可靠性和时效性。如果资料来源或提供者的可信度较低,或资料反映的是以前的情况,则会对展业起阻碍作用。

(3) 资料收集后,可通过电话拜访、信函拜访等方式进行探查,对有机会发展业务关系的客户开展进一步调研,将调研资料整理成潜在客户资料卡,就可形成一个庞大的客户资源库。

**案例 4-2**

广州中保的展业员陈新认为,销售保单是一项最具挑战性的工作。开始时,他很盲目,像扫荡似的一家家拜访,但效果不好,很多时候甚至连门卫都不能通过。后来他在看到一本广州市政府编的《广州政报》,里面除了刊登广州市的各种政策法律、法规之外,广州市的各政府部门、大公司、大企业的领导变动情况也尽在其中。在这份报纸的提示下,现在已没有门卫能拦住他了,因为他一进门就报出某某局长、经理之名,说是应约而来。类似的例子还有很多,如工商企业名录、各地区和各部门的电话号码簿、大型博览会或展览会的名单等,保险展业员可以在有选择的甄别后,进行拜访和联系。

【案例评析】

从本案例中可以看出,保险展业员要学会从各方面收集客户的信息资料,因为客户资料的收集与甄别是保险展业成功的前提与关键点。

### (七) 影响力中心法

1. 影响力中心法的概念及特点

影响力中心法是指保险展业员在特定的销售范围内发展具有影响力的中心人物,利用他们帮助寻找客户线索的方法。这种方法应用了心理学中的光辉效应法则,即人们对自己心目中享有一定威望的人物是信服并愿意追随的。因此,只要确定中心人物,使之成为现实的客户,就很有可能引出一批潜在客户。该法避免了保险展业员重复单调地向每一个潜在客户进行讲解和说服工作,节省了大量的时间与精力。同时,保险展业员也可利用中心人物的名望与影响力,提高自身的形象和声望。

2. 影响力中心法技巧点

使用这种方法,保险展业员一旦在中心人物上攻关成功,就可以获得突破性的进展:推销对象的信任度越高,越容易取得成功。但是,使用这种方法的难度较大,一般来说,中心人物往往公务繁忙,态度傲慢,要取得他们的配合对保险展业员的要求很高。所以不要把希望过多地寄托在中心人物身上,影响了其他方法的开拓。

## 二、客户开拓实战演练

演练要求如下:
(1) 请学生熟读、背诵话术(话术和开场白可自行合理设计)。
(2) 三人一组进行角色(客户、保险展业员、观察员)互换演练,演练后交流分享心得,时间20分钟。
(3) 请一组学生上台展示、分享。

**(一) 缘故开拓法常用话术实战演练**

(1) 阿姨,最近还好吗? 前段时间我一直忙于找工作,没空看您,如今我已经找到了一份很合适的工作,就职于寿险公司任展业员,培训了几天,学了不少知识,对保险有了更深层次的认识,我觉得您有必要为自己及家人买一份保障,建议书我已经设计好了,晚上7点我去拜访您吧?

(2) 王先生,您好,一直以来,无论是在工作上还是在生活上都多亏有您的大力支持与帮助,真的非常感谢。目前,我们公司正值十周年庆典,凡投保的人员都有纪念品赠送。若能在您周围的朋友里面介绍经济比较富裕,人缘又好,受人尊重、事业成功的朋友给我,我将把公司赠送给我的礼品转送给您,以表谢意(动作:递笔和纸)。

(3) 表哥(姐):您好! 我在保险公司接受了训练,也通过了国家考试,目前在××保险公司上班。在这次训练当中,我学会了一套家庭风险管理计划,非常受用;而在我们众多亲朋好友当中,就属您最有远见,最能够接受新的观念,我很想与您一起分享。不过,表哥(姐)您千万不要因为我在卖寿险保单,才需要跟我买保险,这样您会觉得浪费钱,而我也会有很大的压力,因为这是人情保险,我也没有什么成就感。我希望您听一听,顺便可以多了解一些常识,而我讲一讲,也可以多增加一些本事;因为我多讲一次,就会更加熟悉一些;如有不对的地方,您也可以指点一下。如果听完之后,您觉得不错,可以投资,我也会给您最满意的服务;如果您不满意,那也没关系,我们会把您的意见带回公司研究,直到您满意为止。

总归一句话:"买卖不成仁义在",因为陌生人绝不会给我这个机会。不论您买或不买,我都非常感谢您! 我最多请您想一想,在您的朋友当中,有谁适合这份保险计划,也能让我去跟他分享。当然我会顾及您的面子,善待您的朋友,绝不会勉强他购买,这样您能接受吗?

**(二) 陌生开拓法话术实战演练**

例一:以问句开始拓展业务

保险展业员:先生,您好,打扰一下,请问您是我们的客户吗?

客户:你是什么公司的?

保险展业员:哦,我是××寿险公司的。

(1) 客户:不是。

保险展业员:不要紧,先生,我看您的气质这么好,还以为您是我们公司的客户,这是我的名片,希望我能成为您忠诚的保险代理人。

(2) 客户:是。

保险展业员:恭喜您! 先生,感谢您支持我们××,请问您买了什么产品,年交保费多少?

例二:我是来为你们创造现金的

客户:保险展业员又来了。

保险展业员:我不是来推销保险的,我是来为你们创造现金的。

客户：创造现金，什么意思？请你解释一下（机会又来了）。

例三：客户是上帝

保险展业员：先生，您好，今天我专程来拜访您，想了解一下上帝对保险的看法。

客户：什么上帝？

保险展业员：因为您是上帝，客户都是我们的上帝，所以，我今天专程来拜访上帝。

（我笑了，上帝也笑了）

例四：消除戒心

保险展业员：先生，您好！我是××保险区域服务专员刘慧芳，我正在做保单售后服务品质调查，请问您对您保单的售后服务满意吗？

（1）客户：满意。

保险展业员：您的观念很好，能够挑选这么优秀的业务员。您的保额一定很高，大概有××万元吧？您的保险保障一定很完整，就像这样：寿险××万元，意外险××万元，医疗险××万元。另外，您的先生（太太、儿子、女儿、爸爸、妈妈）都已经投保了吗？

（2）客户：不满意。

保险展业员：不会吧！通常业务员设计的保单和服务应该很完整，可以让我看一下您的保险内容吗？

例五：声东击西

保险展业员：王先生您好，可不可以借用您5分钟，帮您自己填一份问卷？（立即作填写动作）请问您买哪一家保险公司的保单？请问1年的保费有多少？

例六：直接切入

保险展业员：（1）您好，这里有一份资料提供给您参考，每年（月）只要××元就可以拥有下列保障……

（2）您好，送一份资料给您参考，（停顿一下，观察表情）我跟您说明一下，您比较容易了解，每天只要……

（3）先生您好，我是××保险寿险顾问刘慧芳，在此地作巡回服务，请问您现在买的是哪一家保险公司的保险？

客户：对不起，我很忙，没时间！

保险展业员：（1）对不起、对不起，打扰您了！这一份资料留在这边，请您参考，如果您有需要的话，请您跟我联络，我再来拜访。

（2）没关系，我等一下。

（3）是、是、是，您通常是不是下午比较有空？我下午5点再来好吗？

（4）是、是、是，那留一份资料给您参考好了，如果您有兴趣我们再联络。

（三）链式开拓法话术实战演练

1. 开门参考话术演练

（1）陈先生，您好！我是您的好朋友张某某介绍来认识您的，我姓林，获知您最近刚升职（结婚、买房子、做爸爸）了，是吗？真是恭喜您了。

（2）请问是张先生家吗？您是张先生啊，您好！是这样的，我是您小孩的老师介绍来认识您的，我帮老师做了一份保险计划，他觉得很好，让我推荐给您。今天或明天晚上7：00左右，我到您家拜访您，只需花您10分钟时间，您看行吗？

2. 要求推荐话术演练

（1）陈先生，您对这份保障计划满意吗？相信您的亲戚、朋友、同事中有很多像您一样有爱心、有责任感而且需要保险的人,您能否介绍两三个像您一样热情、好接近的人给我?请在这儿写上他们的姓名和联系方式。

(2)陈先生,感谢这段时间以来您对我工作上的支持和帮助,不知您觉得我的为人怎么样,服务是否让您满意?为您服务是我的工作职责,同样我也乐意为您的亲戚和朋友提供周到细致的服务,最近您身边有没有结婚、乔迁及升职的朋友?请在这儿写上他们的姓名和联系方式。

(3)表哥(姐):您好!我在××保险公司服务一段时间了,这些日子多亏有您的照顾,真是十分感谢!今天您能够接受这份家庭风险管理计划,对我而言更是最佳的鼓励。表哥(姐),您平常为人很成功,人缘也广,尤其愿意提携后进,可否请您帮个忙,替我想一想在您的朋友当中有谁像您这样有爱心、深具责任感的,介绍我认识一下,或者有哪几位跟您一样,需要这份家庭风险管理计划呢?表哥(姐),请您放心,我绝不会勉强您的朋友一定要购买这份保险,就像我没有勉强您一样,他给我30分钟,我给他一个值得交的朋友。麻烦您帮我写个介绍函好吗?

(4)费小姐,您好。感谢您这段时间以来对我的关心和照顾,您能够接受这份家庭保障计划,对我而言真的是很大的鼓励。我真不知如何感激您费小姐。我是一名区域服务专员,我的职责是将保障送给每一位像您这样有爱心和家庭责任感的人手中,使每一个家庭在安详、温馨中度过。费小姐,通过这段时间的接触,我知道您是一位乐于助人的人,您肯定也很乐意帮助我,对吗?俗话说,好东西要和好朋友一起分享。如果有一天您在百货公司折扣期间买了一件很满意、很实用的物品,同时您刚好知道您有一位朋友也打算买这东西,我相信您一定会通知他的,对吗?既然您觉得您的家庭保障计划不错,我想您必定希望您的朋友能有机会来了解一下,不知道您认识的人当中有没有需要的呢?请您把他们的名字写给我,我会主动与他们联络,跟他们研究一下如何作更好的家庭保障规划。

(5)谢先生,我想请问您一个问题,假若您有一位挚友不幸英年早逝,您到他的灵堂前致敬时,蓦然回首,看见好友的妻子与儿女,想起他们日后的生活将孤苦无依,我想您一定很难过,而且他的妻子若请您帮忙,希望向您借点钱时,我想您一定不会拒绝。但是您打算就这样帮她一辈子吗?您有能力负担吗?您的帮忙对她们来说是足够的吗?我想答案应该是否定的。所以我想对于一个具有爱心与家庭责任感的人而言,就像您一样,最根本也是最好的解决办法应是在问题还没发生前就先做好安排,为家庭的未来作好打算。因此,有效地介绍亲朋好友认识保险的真谛,才是确实可以帮助到他们的作法,事后的懊悔是无济于事的。请问您认识的人当中……

3. 分角色演练

保险展业员:王小姐,很高兴能有这样的机会和您结识并为您提供服务,对我的服务,您还满意吗?

客户:不错,还好!

保险展业员:谢谢!王小姐,如果有一天您在百货公司买了一件很满意又很实用的物品,同时您刚好知道您有一位朋友也需要这东西,您会介绍给他吗?

客户:会,我当然会。

保险展业员:我也觉得您一定会的,因为我已察觉您是一个热心、豁达的人。现在您既然觉得我提供的产品和服务都不错,那么我想您一定希望您的朋友能有机会了解,对吗?不知道您的朋友中有谁刚生了小孩的,(递上笔和纸)我会和他们及时联系,为他们提供我的产品和服务,当然了,我会把与他们联络的情况及时向您汇报,您放心吧……

(四)案例分析

案例4-3

### 李晨的客户在哪里

李晨今年刚大学毕业,为了接触社会,尽快提升自己的社会交往能力,李晨选择从事保险展业工作,他认为做保险虽然辛苦,但接触的人多,自己能学到许多东西。经过培训后,李晨来到了营业部。这时,李晨发现他在这个城市没有什么亲戚,所有的朋友又都刚刚从学校出来,经济状况不佳,不知道该找谁谈保险。每天晨会结束后,李晨总是提着皮包站在公司的门口不知道该往哪里去。

**【分析讨论】**
(1) 从李晨的实际情况出发,他应该如何开发准客户?
(2) 请你帮李晨制订一个准客户开发计划。

### 案例4-4

#### 有钱人应不应该成为准客户

林维明是一个比较"有思想"的保险展业员,看到其他的伙伴们接触到大客户,签下大单,他的心里既佩服又羡慕,于是他一心琢磨要挖掘出一个大客户,签一个大单。一个偶然的机会,林维明看到报纸上的"20××年中国财富排行榜"后顿时豁然开朗,迅速记下前10名的名单,并做好了下一步的接洽准备。林维明心想这10个人只要其中任何一位成为自己的客户,自己就可以逍遥四五年了。于是林维明开始了他的准客户开发计划:第一步信函联系,结果数以百计的信全部石沉大海;第二步电话交流,不管什么时间段一律被秘书挡驾;第三步陌生拜访,不是总裁正在开会、宴请、剪彩、授奖,就是不在国内。总之,林维明费尽心思也没能见到任何一位。时间随着努力也在不断流逝,周围的同事们无论大单、小单也都有收获,而半年的时间林维明却一无所获,这对一贯自信的他打击颇大。针对林维明的准客户开发计划,公司的主管和同事也存在不同的意见,有的人认为林维明志向远大,目前只是火候未到,还应继续;有的人认为林维明好高骛远,把这些"富豪"列为准客户是不切实际的。

**【分析讨论】**
(1) 你赞不赞成林维明的准客户开发计划?为什么?
(2) 从准客户的评估标准来看,林维明的开发计划有哪些地方需要调整?

## 任务二 准客户寻找与管理技能训练

### 一、寻找准客户的方法

#### (一) 运用评估工具表

通过各种途径获得客户资料后,保险展业员可用潜在客户评估表(参见表4-1)来评估潜在客户,衡量他们是否具备准客户的条件,避免浪费时间在一些不合格的潜在客户身上,对评分高的客户进行重点挖掘。潜在客户评估标准主要可从客户购买需求、购买能力、购买决策和投保资格等方面进行。

1. 潜在客户是否存在保险需求

虽然人人都需要保险,但关键要清楚客户对寿险有着怎样的需求,保险展业员要站在客户的立场上分析他们的需求。只有双方对保险需求有了认同感,才能成功促成客户投保。

2. 潜在客户是否有足够的购买能力

潜在客户若有保险需求,还需要具备足够的保费支付能力。保险不是救济,保险是有代价的。如果潜在客户的经济条件有限,无力支付保费,那就构不成准客户的条件。

3. 潜在客户是否符合特定的资格和条件

寿险公司只承保具有合格投保条件的客户,保险展业员必须了解潜在客户是否符合寿险公司的承保条件。

4. 潜在客户是否有购买决策权

评估潜在客户是否具有购买决策权有助于保险展业员节省时间和精力，提高成交率。

5. 潜在客户是否能够接近

保险展业员要对接近客户的可能性作出判断。有些客户既有需求和购买能力，又有决策权，但也许仍然不能作为实际行销对象，因为保险展业员对这些人无法接近或很难接触到。

总之，只有既存在购买需求、购买能力和购买决策权，又符合承保条件能够接近的潜在客户，保险展业员才能将其锁定为准客户。

表4-1 潜在客户评估表

| 姓名： | | | | | | | | | | | |
|---|---|---|---|---|---|---|---|---|---|---|---|
| 来源：<br>A. 亲戚朋友<br>B. 同学和校友<br>C. 兴趣相近的朋友<br>D. 过去和现在的邻居<br>E. 经由配偶或子女所认识的人<br>F. 社交团体认识的朋友<br>G. 职场朋友和与职业相关的朋友<br>H. 时常付款的对象 | | | | | | | | | | | |
| 日 期 | | | | | | | | | | | |
| 出生年月 | | | | | | | | | | | |
| 住址与电话 | | | | | | | | | | | |
| 备 注 | | | | | | | | | | | |
| 评估类别 | 累计总分（最高74分） | | | | | | | | | | |
| 职 业 | 行政管理 | 8 | | | | | | | | | |
| | 经营商务 | 8 | | | | | | | | | |
| | 专业人士 | 7 | | | | | | | | | |
| | 公务员 | 6 | | | | | | | | | |
| | 业务人员 | 5 | | | | | | | | | |
| | 文职人员 | 5 | | | | | | | | | |
| | 家庭主妇 | 3 | | | | | | | | | |
| | 服务业 | 2 | | | | | | | | | |
| | 制造业 | 2 | | | | | | | | | |
| | 学生 | 1 | | | | | | | | | |
| 家庭年收入 | ≥120 000 | 12 | | | | | | | | | |
| | 60 001～120 000 | 10 | | | | | | | | | |
| | 30 001～60 000 | 9 | | | | | | | | | |
| | 20 001～30 000 | 6 | | | | | | | | | |
| | 10 001～20 000 | 4 | | | | | | | | | |
| | ≤10 000 | 2 | | | | | | | | | |

(续表)

| 评估类别 | | 累计总分(最高74分) | | | | | | | | |
|---|---|---|---|---|---|---|---|---|---|---|
| 年龄 | ≥45 | 4 | | | | | | | | |
| | 35~44 | 6 | | | | | | | | |
| | 25~34 | 8 | | | | | | | | |
| | ≤24 | 2 | | | | | | | | |
| 婚姻状况 | 已婚有子女 | 10 | | | | | | | | |
| | 已婚无子女 | 6 | | | | | | | | |
| | 单身 | 1 | | | | | | | | |
| 相识时间 | ≥6年 | 4 | | | | | | | | |
| | 3~5年 | 2 | | | | | | | | |
| | ≤3年 | 1 | | | | | | | | |
| 交往程度 | 亲朋好友 | 8 | | | | | | | | |
| | 普通朋友 | 4 | | | | | | | | |
| | 泛泛之友 | 2 | | | | | | | | |
| 每年联络次数 | 8次以上 | 8 | | | | | | | | |
| | 4~7次 | 4 | | | | | | | | |
| | 1~3次 | 2 | | | | | | | | |
| | 完全没有 | 1 | | | | | | | | |
| 接触程度 | 很容易 | 8 | | | | | | | | |
| | 容易 | 4 | | | | | | | | |
| | 不易 | 2 | | | | | | | | |
| | 很困难 | 1 | | | | | | | | |
| 人群影响力 | 很好 | 8 | | | | | | | | |
| | 较好 | 4 | | | | | | | | |
| | 还可以 | 2 | | | | | | | | |
| | 没有 | 1 | | | | | | | | |

**(二) ABC 分析法**

ABC 分析法,即保险展业员将所收集到的客户资料根据其经济能力和保险意识进行 A、B、C 三种分类。A 类客户为经济条件好、保险意识强的客户;B 类客户为经济条件好、保险意识较差或保险意识好、经济条件相对较差的客户;C 类客户为经济条件和保险意识都差的客户。显然 A 类是重点拜访的客户,C 类客户基本可放弃。

## 二、准客户管理方法

准客户管理并不是要保险展业员去管理客户,而是要对所收集的客户名单进行评估,对评估合格的准客户进行系统的资料收集,为行销工作打下坚实的基础。

**(一) 资料建档管理**

准客户的管理是通过建立准客户档案,系统收集准客户的信息资料,进行整理归类,及时补充及科学利用的一系列工作。建立"客户资料卡"是进行准客户管理的基础。客户资料卡通常由客户基本资料及客户记录单构成(参见表4-2)。

表4-2 准客户资料卡

| 姓名 | | 年龄 | | 出生年月 | | 职业 | |
|---|---|---|---|---|---|---|---|
| 工作单位 | | | | 电话 | | | |
| 家庭住址 | | | | 电话 | | | |
| 配偶姓名 | | 年龄 | | 子女姓名 | | 出生年月 | |
| 工作收入 | | 预期收入 | | 额外收入 | | 配偶收入 | |
| 全家储蓄 | | 其他投资 | | 外债 | | 不动产 | |
| 简要经历 | | | | | | | |
| 兴趣爱好 | | | | | | | |
| 社团宗教 | | | | | | | |
| 个性 | | | | | | | |
| 健康状况 | | | | | | | |
| 保险意识 | | | | | | | |
| 险种需求 | | | | | | | |
| 已保险种 | | | | | | | |
| 拜访情况 | | | | | | | |
| 约访时间、地点、拜访内容 | | | | | | | |
| 访后印象 | | | | | | | |
| 险种需求 | | | | | | | |
| 成交原因 | | | | | | | |
| 失败原因 | | | | | | | |

资料来源：中国人寿保险股份有限公司培训材料。

1. 客户资料卡建立

客户资料卡的信息应该是全面的、广泛的。只要保险展业员与客户有接触，就应立即把客户资料详细记录在客户资料卡上，同时，还应回想当时交谈的情形和对方的反应，加以修正或补充。从客户资料卡上既要看到客户的全部情况，又要反映保险展业员在这次推销行动中的全部记录，然后反省、检讨和修正，再拟定出下一次的推销策略。

(1) 客户基本资料。客户基本资料包括客户的姓名、出生年月、配偶姓名及年龄、儿女及年龄、工作种类、职业特点、收入状况、家庭地址、教育背景、职位、是否投过保和对保险的认识等。

(2) 客户记录单。客户记录单主要记载保险展业员工作方面的情况。如是否预约过，拜访的时间、地点、拜访次数、谈话内容，拜访后的印象，成交的可能性，客户实际需要的险种，拒绝的原因和应补充的内容(备注)等。

2. 客户资料卡填写注意事项

(1) 是否在访问客户后立即填写此卡。

(2) 是否完整填写客户资料卡上的各项资料。
(3) 是否充分利用客户资料并保持其准确性。

3. 客户资料卡的管理

资料不进行加工整理就没有生命力。一名优秀的保险展业员应对客户资料进行系统的分级、归类、科学的调整、筛选及有效利用。对评估得分较高的准客户要重点开展各项活动,拉近与客户的距离,争取客户的信任,挖掘准客户的保险需求。

(1) 突出重点。既要避免分散使用行销力量,做到有主有次,又要避免轻视低级客户,做到一视同仁。保险展业员可把较多的时间和精力用于说服较高级别的客户,但要向低级别的客户提供同等质量的保险和售后服务。重点客户不仅要包括现有客户,且要包括未来客户和潜在客户。

(2) 灵活运用,进行动态管理。在展业实战中,准客户的情况及保险展业员对他的认识皆会发生变化。因此,资料评估得出的结论与会谈或者深入调查后所作出的结论出入较大,需要定期对客户资料与类别作适当的调整,以确保准客户的数量和质量。同时,保险展业员还应随时掌握准客户的新情况,将准客户的有关资料进行汇总,清楚地分析和发掘准客户的潜在购买能力。应以灵活的方式使"死"资料变成"活"资料,从而提高客户管理效率。

(3) 信息化处理。信息化处理即将客户的资料分类整理、建档,变成有用的信息,这个过程便是信息化处理。信息化处理的方式有手工抄写式资料卡和电脑存档两种。

(二) 分级管理

对准客户的分级管理就是根据标准把合格的准客户划分为不同的等级,以便有计划,有重点地开展销售活动,以期取得最佳的销售效果。分级管理有助于避免行销工作的盲目性,抓住良好的销售机会。

准客户的分级标准即利用准客户资料卡对准客户进行分级管理和有效的开发。将所有准客户资料进行合理分级,不同级别的客户制定出不同的拜访策略。通常可根据准客户的资料及拜访情况将准客户分为六级。

(1) A级,理想的潜在客户。他们具有以下特征:健康状况良好、有足够的支付能力、易接触、富有责任心、保险意识强、迫切需要保险保障。

(2) B级,较为理想的潜在客户。他们具备了相当的优势,但还有某种因素影响着他们,要进一步做好跟进工作。

(3) C级,健康状况暂时欠佳的客户。这类客户的经济状况良好,但因为健康方面的原因,目前暂时不适宜投保。

(4) D级,身体健康,但经济状况不大稳定者。

(5) E级,目前对保险认识尚不足者或经济状况欠佳的客户,待他们经济状况改善后再行动。

(6) F级,新客户和难对付的客户。其他的方面都不错,但对保险的认识还不够或认识上存在偏差的客户。对这类准客户应保持联系,不断引导。

**案例 4-5**

小王是保险公司的保险展业员,在步入行业的前两年,其营销业绩呈现高速上升的势头,但进入第三年其营销业绩却出现了惊人的下降,对此小王非常困惑。一日,小王前去拜访一位营销专家,并谈及了他的困惑。营销专家思考片刻,说:"把你的客户资料给我看看。"小王拿出他的通讯录。"你只有客户的姓名和电话吗?"营销专家问。"是的,我的记性很好。""看你的通讯录中大约有400多人的记录,你每个人都能准确记忆吗?"营销专家问。"能记个大概吧。"小王回答。"大概?"营销专家反问。小王感觉到了什么。"你把你的客户,按你认为的新老标准分类看看。"营销专家向小王提出了要求。小王对自己的资料进行了归类,并用百分比表示。新顾客占到了80%,而老顾客仅仅占到20%。"看到了吧,问题的症结是你的客户管理出了问题。"营销专家看了小王的统计说:"你的客户管理存在两个问题:第一,你的资料过于简单,你总在依靠自己的记忆,其实人的记忆力是有限的。第二,你总在寻找新客户,而忽略了老客户的维系。"

小王听了营销专家一席话后,发现自己豁然开朗了。如果你是小王,你会因此而意识到什么?

【案例评析】

从本案例中可以看出,若不对客户资料进行科学的分类管理,那么客户的资料就是"死"资料,没有任何价值。而在对客户资料进行管理的过程中,应特别注意对老客户进行维系。因为,老客户是新客户的源泉。开发一个新客户的成本约是维系一个老客户成本的5倍之多。老客户是新客户的源泉。

## 三、准客户寻找与管理技能训练

学生以个人手机通讯录为潜在客户源,运用前述寻找准客户的方法和准客户管理方法,对潜在客户进行评估和分类,寻找10位最有开发价值的客户源,并填写准客户资料卡。

# 任务三 接触面谈技能训练

## 一、接触前的准备工作

接触客户是推销过程中的一个重要环节,能否成功地接触客户关系到整个展业工作的成败。要想在接触环节中取得成功,首先必须做好接触前的准备工作。接触前的准备内容主要包括五个方面,即展业工具的准备、客户信息的准备、产品资料的准备、保险展业员的自我准备及销售拜访计划准备。

### (一)展业工具的准备

展业工具具有强化说明、促成签约的功能,是展业过程中必不可少的武器。展业工具包括身份证明资料、展示资料、签单工具、展业小礼品及其他展业必备品五类(参见表4-3)。

表4-3 展业工具说明

| 展业工具类型 | 具体物品 | 功能与作用 |
| --- | --- | --- |
| 身份证明资料 | 身份证、工作证、展业证书、名片、识别卡和司徽等 | 证明自己的身份,取得客户的信任 |
| 展示资料 | 公司简介、产品介绍、个人资料、理赔案例、宣传单、各种简报和数据图片等 | 宣传公司与寿险产品,提升公司企业形象,消除客户疑虑 |
| 签单工具 | 保险条款、费率表、投保单、保费预收据、投保建议书、钢笔、白纸和计算器等 | 演示和说明寿险产品,并促成寿险产品的销售 |
| 展业小礼品 | 纪念品、赠品和小玩具等 | 拉近与客户的距离,改善与客户的关系 |
| 其他展业必备品 | 纸巾、小镜子、小梳子和口红等 | 满足展业的日常需要,树立专业化的形象 |

### （二）客户信息的准备

接触前应了解和掌握大量的客户资料，如自然状况（姓名、性别、年龄和学历等）、健康状况、家庭状况、个人嗜好、经济能力及最近活动等，并对这些资料进行归类、分析，以便从大量的资料中寻找到接触客户的切入点。客户资料掌握得越多，客户形象就越清晰，与客户面谈的共同语言就越多。

**案例 4-6**

一天，原一平搭出租车出去办事，途中遇到红灯停在一个路口。原一平无意中转头向窗外看了一眼，正好看到与他同行的一辆黑色豪华轿车里面坐着一位很气派的老人。原一平心想，这老人一定大有来头。于是他让司机跟上那辆车，抄下那辆车的车牌号。随后，原一平打电话去交通理事所查这个车牌号的车主，原来他是一家大型公司的董事长。

然后他打电话到该公司，说："你好，是××公司吗？今天我在出租车上看到坐在那辆黑色豪华车上的老先生非常面熟，好像在哪见过，但我一时想不起来，您能帮忙提醒一下吗？我没有其他的意思。"对方说："那是公司董事长山本先生。"

原一平终于知道那辆车的车主是谁了，然后就开始调查他的学历、出生地、兴趣和爱好等。当一切都调查清楚后，他就直接去拜访山本先生。由于原一平对山本先生情况的熟知以及对他公司的全面了解，这件事就容易入手了。后来，山本先生成了原一平先生的客户。

【案例评析】

从本案例中可以看出，保险展业员对客户信息把握得越详细，其展业的成功率就越高。

### （三）产品资料的准备

在展业中，保险展业员的主要工作就是将产品或服务介绍给客户并努力说服客户作出购买决定。要做到这一点，保险展业员必须对自己推销的产品了如指掌。充分掌握保险产品知识是展业成功的前提。

### （四）保险展业员的自我准备

保险展业员的自我准备主要包括保险展业员自身形象准备、心理素质准备和推销访问计划准备等内容。

（1）自身形象准备。仪容仪表是一个人身上最吸引人的地方，它体现了一个人的精神面貌。当人们相见时往往首先会注意到对方的仪容仪表。因此，保险展业员的仪容必须干净、整洁，服饰要与自己的年龄、身材和气质相协调，同时应随拜访的对象、时间和场合的变化而变化。

（2）心理素质准备。良好的心理素质是保险展业员事业成功的关键。保险展业员良好的心态和心理素质会赢得客户的理解、喜爱与信任。保险展业员不健康的心态和脆弱的心理素质会让客户产生怀疑，甚至愤怒，从而拒绝购买。因而，面对客户，保险展业员应具有对待自己的信心、化解问题的耐心、融化客户的爱心、帮助客户的热心和关切客户需求的诚心。

### （五）销售拜访计划准备

与潜在客户见面时，对该讲哪些内容，怎样讲才能达到目的等问题，保险展业员都应在与客户见面前做好事先的设计。实践证明，销售拜访计划越详细，准备越充分，促成的机会就越大。一般来说，在接触客户前，保险展业员应根据不同的客户来设计销售拜访计划。销售拜访计划主要包括拜访时间的安排，拜访地点的选择，谈话主题、开场白及话术的准备等。

## 二、接触的基本流程

### （一）寒暄

面谈时若气氛紧张只会造成客户的不安，从而加强其抗拒心理。因此，保险展业员应根据事前对客户的了解,表达对客户的赞美或选一些对方容易谈论及感兴趣的话题让客户放松下来,营造一种融洽的面谈气氛。寒暄的要领如下。

(1) 询问。问客户感兴趣的话题或关心客户的近况。保险展业员千万不要问一些有威胁性的问题或客户比较敏感的问题。

(2) 聆听。专心倾听能给人一种亲切与被尊重的感觉。认真倾听才能真正地了解他人的心声,使客户在不经意间泄露自己的真实意图。

(3) 少说。在寒暄的过程中,应尽可能让客户多说话,以便了解客户的想法,让客户感到他才是主角。

(4) 观察。仔细观察客户的表情神态,捕捉客户的想法。透过目光交流,传递对客户的尊重、钦佩、重视与关心。

## (二) 表明意图

在与客户接触的过程中,保险展业员要很快地以自信的态度清晰地表达出拜访的理由,让客户感觉到保险展业员的专业及可信度。如"今天非常感谢张总能给我这个机会来跟您解说一下,我们公司新出来的这些产品特别适合像您这样的成功人士……"

(1) 自我介绍。自我介绍的过程就是推销自己的过程。自我介绍,目的在于给客户留下良好的第一印象。保险展业员可借助名片进行自我介绍。

(2) 公司概况及服务内容介绍。公司概况介绍,主要介绍寿险公司的性质、经营理念、取得的成就等。如合众人寿保险股份有限公司(以下简称合众人寿)是中国十大寿险公司之一,是经中国保险监督管理委员会批准的一家综合性人寿保险公司。企业性质为全国性、股份制寿险公司。公司可经营一切人身险险种(含各种法定险种)。合众人寿率行业之先提出了"合众保险,理赔不难"的服务举措,为其在行业内外赢得了广泛的赞誉。服务内容介绍主要表明自己与客户接触的目的,如"作为合众人寿公司的一名客户服务专员,我的主要任务就是接触像您这样的人士,并为你们提供全面的保险咨询服务或进行保险宣传活动"。

(3) 消除客户的戒备心理。消除客户的防卫心理是"成功接触"的关键。美国前总统里根曾说过:"你在游说别人之前,一定要先解除对方对你的戒心。"只有在迅速地打开客户的"心防"后,客户才能敞开心扉。

### 案例 4-7

初秋,辛苦而快乐的一天又将结束。吴小姐在回家的路上浏览夜景,一幢居民住宅楼耸立眼前。灵感突至,何不来此开展业务?有这么漂亮的住宅,主人家境必定不差。

回到家里,兴奋之情使吴小姐无法正常休息,她索性抓紧时间做计划,落实具体步骤,当天就写了一份"安民告示"。第二天,通过大楼管理委员会,在通知栏上写道:"××大楼全体居民:你们好!我是××寿险公司的业务代表,近日将为本大楼居民提供免费上门保险咨询服务活动。""安民告示"传达了吴小姐将登门做客的信息,以消除他们的戒备心理,为排除展业障碍奠定基础。第三天晚上,吴小姐怀着忐忑而又兴奋的心情按响了一户门铃,应声而出的是一位40岁左右的知识型女性,吴小姐说明来意,她便很有礼貌地回答:"噢,已看到了安民告示,但我今天实在没空,正在做出国前的准备。"吴小姐一听信心大增,果然大家已注意到她的存在与即将造访,于是,吴小姐马上微笑地说:"噢!不好意思,打扰了,能否冒昧地问一下您出国是留学还是商务考察?什么时候能回来?能否在您回来的时候,我再为您提供咨询服务?"就这样,吴小姐知道了她的归期,做好了登记。过了一段时间,吴小姐如期而至,第二次按响了她家的门铃,女主人开门一看是吴小姐,面露疑色,见此情景,吴小姐赶紧再报家门,诉说缘由:"因您出国考察,上次未能尽责地为您咨询,今天特意来为您服务。"很快,吴小姐被客气地迎进客厅,随即浓香的咖啡出现在吴小姐的面前。由于有了先前的序曲,她们之间的陌生减少了许多,多了几分亲近。她们谈了很多,吴小姐详细地作了保险展示说明,进而互相探讨,提升观念。顺理成章的她成了吴小姐众多客户中的一员。在这幢大厦内,由于"安民告示"的效应,吴小姐找到了许多客户。

【案例评析】

保险展业首先应注意消除客户的戒备心理,因为打开了客户"心防",就等于打开了客户的"心扉"。本案例中,吴小姐就是巧妙地利用"安民告示"来消除客户的防备心理,进而取得展业成功。

### (三) 让客户了解面谈的内容及利益

要及时切入面谈主题,并说明面谈能给客户带来哪些利益或好处,这样客户才能引起注意或产生兴趣。如"陈先生,首先感谢您给我时间,我今天来见您的目的,是想和您共同做一个财务状况的分析,同时,还想跟您分享一些财务管理计划,经过分析之后,如果您认为有需要的话,我会提供一些资料给您作进一步的参考。就算现在不考虑,起码您了解了这方面的知识,将来您自己或者您朋友有这方面的需要时,也会多一种选择"。

### (四) 寻找客户购买点

进入面谈时,保险展业员要了解客户的背景、想法及寿险需求,找出客户真正的购买点。寻找客户购买点的方法主要有以下两种。

(1) 客户资料收集。要收集下列资料以便深层次地了解客户的需求,这些资料包括客户家庭成员的有关资料、客户家庭经济状况的有关资料、子女教育需求、目前享有福利的状况和客户的健康状况等资料,从客户资料中挖掘购买点。

(2) 要有技巧的提问。保险展业员应多和客户进行交流沟通,并能技巧地提问,以便收集更多的客户资料,从而挖掘客户的购买点。

### (五) 提供参考意见

通过上述步骤后客户已经明白有关自己切身利益的问题,此时保险展业员应及时地导入保险观念,引发客户思考,同时表明人身保险产品是解决人生保障问题的最好途径,并提供合适的险种。

## 三、接触的主要方法

面谈时,最主要的目的在于能透过保险展业员的观察力与话术技巧来收集客户的资料或情报。面谈的方法主要有以下几种。

### (一) 缘故拜访法

(1) 开门见山法。开门见山法是指一经与准客户接触,就直接引入寿险话题。该方法适用于准客户与保险展业员具有十分熟悉的关系。

(2) 看望法。看望法是指在通过缘故关系制造出和谐气氛的基础上,采取给老客户送小礼品或看望小孩的方法,询问对方的生活近况,追溯感情,并适时引入寿险话题的方法。

### (二) 推广新险种法

推广新险种法是指保险展业员利用寿险公司的新险种作为与老客户或新客户面谈的话题,创造合适的接触机会,并发掘准客户新需求,以达到推广新险种的目的。

### (三) 请教接近法

请教接近法是指保险展业员虚心向客户讨教问题,利用这个机会达到接近顾客的目的的一种方法。在实际展业工作中,多数客户都有一种"自以为是"的心态,保险展业员若能登门求教,自然会受欢迎。

### (四)赞美接近法

赞美接近法是指通过赞美营造良好的谈话氛围,拉近彼此间的距离,消除客户的戒备心。赞美接近法的实质是保险展业员利用人们希望被赞美的心理来达到接近顾客的目的。

美国心理学家威廉·詹姆斯说:"人类本性上最深的企图之一是期望被赞美、钦佩和尊重。"渴望被赞美是每个人内心的一种基本愿望,用这种方法接近顾客有时会收到意想不到的效果。

**案例 4-8**

有一次,一个保险展业员向一位律师推销保险。律师很年轻,对保险没有兴趣,但保险展业员离开时的一句话却引起了他的兴趣。

保险展业员说:"安德森先生,如果允许的话,我非常愿意继续与您保持联络,我深信您前程远大。"

"前程远大,何以见得?"听口气,好像律师怀疑保险展业员在讨好他。

"几周前,我听了您在州长会议上的演讲,那是我听过的最好的演讲。这不是我一个人的意见,很多人都这么说。"

听了这番话,律师竟有点喜形于色了。保险展业员马上请教他是如何学会当众演讲的。律师的话匣子就打开了,说得眉飞色舞。临别时律师对保险展业员说:"欢迎您随时来访。"

没过几年,他就成为当地非常成功的律师。这位保险展业员和他保持联系,最后成了好朋友,保险生意自然也越来越多。

**【案例评析】**

人人都喜欢听夸奖自己的话,客户也不例外,保险展业员要准确地把握客户的心理,恰当地赞美客户,在融洽的交谈中寻找机会推销。

### (五)利用推销工具接触法

利用推销工具接触法即利用事先印制的相关问卷调查表对客户进行随机访问,以调查社会大众对寿险的认识、对寿险商品的需求和对寿险公司的满意度等为话题,征询社会大众对这些问题的看法,从而引发寿险话题。如"××先生(小姐):您好!打扰您了,我是××人寿保险公司的市场调查专员,是专门负责这个社区的。主要想看看市民对现在的医疗保险有什么好的建议(拿出市场调查表,参见表4-4和表4-5),好让我们公司结合市民的需求推出一些适合人们的医疗保险,耽误您几分钟,麻烦您配合一下,我们将非常感谢!"(将调查表和笔拿出开始做调查)。

**表4-4　保险需求市场问卷调查表(未投保的市民填写)**

编号_____ 年___月___日

1. 当社会已由计划经济改革成为市场经济后,保险对您重要吗?
   □重要　　□不重要　　□不清楚
2. 在此之前您未投保的原因是什么?
   □不了解　　□不相信　　□经济原因　　□健康原因
3. 近阶段您有投保的计划和打算吗?
   □有　　□没有　　□缓段时间　　□说不定
4. 如果准备投保,您最想了解的是什么?
   □保险的意义和作用　　□保险条款　　□保险公司　　□投保手续和程序
5. 如果准备投保,您将首先为谁办保险?
   □自己　　□配偶　　□子女　　□父母
6. 假如您准备投保,您认为最需要什么样的保险?
   □住院医疗保险　　□疾病健康保险　　□意外伤害保险　　□人身保障保险
   □投资受益保险　　□定期养老保险　　□分红养老保险　　□教育婚嫁保险

(续表)

7. 您认为保险缴费期哪种年限更适合您？
   □10年　　□15年　　□20年　　□25年　　□一次性缴清
8. 您认为保险公司的哪种服务方式最能让您接受？
   □自己亲自到保险公司办理　　□代理人上门服务办理
   □电话服务　　□其他

   您的回答对我国正在蓬勃发展的民族保险业至关重要，对建立合理高效的人寿保险制度功不可没，我们将对您填写的资料进行科学系统的统计分析，为了便于将有关资讯回馈给您，请您留下：
   您的姓名_____ 年龄_____ 性别_____ 职业_____
   联系电话_____ 联系地址_____
   衷心感谢您对我们工作的支持，我们将采用随机抽奖方式，适当时候送上一份小小的纪念品。
   中国××保险公司××分公司市场调研部

表 4-5　市民保险需求调查表（已投保的市民填写）

编号　　年　月　日
1. 请问您投保的时间是_____年____月，投保的保险公司是_____。
2. 请问您是为谁办的保险？
   □自己　　□配偶　　□子女　　□父母　　□其他
3. 请问您办的是什么类型的保险？
   □住院医疗保险　　□疾病健康保险　　□意外伤害保险　　□人身保障保险
   □投资受益保险　　□定期养老保险　　□分红养老保险　　□教育婚嫁保险
4. 请问您办的保险的保险期限是多久？
   □1年期　　□定期　　年　　□终身保险
5. 您对保险公司的服务满意吗？
   □满意　　□不满意　　□一般　　□不清楚
6. 您认为保险公司的哪种服务方式最能让您接受？
   □自己亲自到保险公司办理　　□代理人上门服务办理
   □电话服务　　□银行转账
7. 您对保险公司新近推出的哪些新险种比较关注？
   □投资理财保险　　□终身分红养老保险　　□单独办理的医疗保险
   □新的少儿教育养老保险　　□终身分红人身保险　　□综合健康保险
8. 如果条件允许，您准备再加保吗？
   □同意　　□不同意　　□缓段时间　　□说不定

   您的回答对我国正在蓬勃发展的民族保险业至关重要，对建立合理高效的人寿保险制度功不可没，我们将对您填写的资料进行科学系统的统计分析，为了便于将有关资讯回馈给您，请您留下：
   您的姓名_____ 年龄_____ 性别_____ 职业_____
   联系电话_____ 联系地址_____
   衷心感谢您对我们工作的支持，我们将采用随机抽奖方式，适当时候送上一份小小的纪念品。
   中国××保险公司××分公司市场调研部

### （六）保单检查接触法

保单检查是一个恒久不变、永不过时的接触主题。保单检查法即通过对已有保单的客户进行保单的整理及年度检查，再次为客户梳理保险责任及保单利益的一种售前服务行为。该方法适用于已成交或未成交的客户，经常联系或久未联系的客户，同样也适用于不属于自己客户的人。

### （七）电话约访法

电话约访法是一种最方便、最快捷，又最具有实效的销售技巧，它可以缩短人与人之间时空上的距离，巧妙地建立与客户的友谊桥梁，并可以大大提高工作效率，推进业务发展。

1. 电话约访技巧

电话约访技巧是销售的一项利器,要让电话的使用达到一定的效果,保险展业员必须掌握一定的技能。因此,保险展业员不妨多加研究,一点心思、一些小创意往往会带来意想不到的效果。

(1) 用声波塑造形象。打电话应使用中性的语气,不骄不馁、不卑不亢,从语气中显示保险展业员健康的品质。如果保险展业员渴望在自己的位置做得更好,那么请坐直身子、挺起腰或站起来,以这种姿势打电话能够向人传达出踏实可信的感觉。

(2) 从建立关系入手。提高电话谈话质量并不在于保险展业员谈什么,而是怎么谈,这就要求保险展业员从建立关系入手。建立关系就必须表达出保险展业员的诚意。而对陌生人,想在几十秒内表达出自己的诚意,那么保险展业员打招呼和谈话,最起码要有条不紊。

(3) 学会在电话中"握手"。在电话里互道"您好"的时候,就是代表着两个人的握手。如何通过电线握住彼此的手呢?关键的技巧是"停顿"。说完"您好"的时候一定要有必要的停顿。不停顿,等于碰了一下对方的手而不是握了一下手;不停顿,等于马马虎虎地握了一次手;不停顿,也等于对方放了手你还紧握不放。因此,保险展业员要在说完"您好"的时候作一次深呼吸,再接下文。

(4) 取得对方的信任。要想将商品推销出去,最基本的条件就是先取得对方的信任。如果面对面地接触,客户至少还能凭着对保险展业员的印象来进行判断,但是在电话中根本没有一个实体可做判断的依据,只能凭声音来猜测。因此,保险展业员的语调要保持委婉,但语气要坚决。86%的信息来自于语气,只有14%来自语言。

(5) 说话速度不宜太快。一般人在讲电话时说话速度会比面对面交谈快很多,可是对方并不熟悉我们的语调和用词。如果保险展业员说话速度太快,往往会使客户听不清楚保险展业员所讲的内容,也容易给客户留下被迫接受保险展业员的观点的感觉。

(6) 强调"不强迫……"。一般利用电话做初步交涉的主要目的在于取得预约拜访的机会,保险展业员应当再三强调"只是向您介绍一下保险的意义和功用,绝不强迫您……"。以低姿态达到会面的目的。

2. 电话约访应答技巧

(1) 没兴趣。

应答技巧:我明白任何人都不会对一些不清楚的事物感兴趣,我们只是提供一些资料、信息供您参考了解。如果您觉得值得深入了解,我们再深谈;如果觉得没意义,我会迅速离开,不会造成您的困扰,您看这样可以吗?(二择一法确定时间)

(2) 不需要。

应答技巧:是的!如果您觉得不需要,当然就没有见面的必要了,但我想在经过讨论评估后再决定有没有需要,这样是否会更好呢?能不能有机会很荣幸地与您约个时间见面呢?(二择一法确定时间)

(3) 没有钱。

应答技巧:我明白您的想法是尽量避免不必要的开支,但我要和您讨论的财务规划,绝不是要增加您的不必要开支,是反过来保证您有能力来应付生活上各方面的必要开销。我想您多听些信息、多了解一点是不会吃亏的,对吗?不知道有没有这个机会见到您?(二择一法确定时间)

(4) 忙,没时间。

应答技巧:不好意思,希望没有打扰到您,我相信您的工作十分忙碌,所以才事先打电话给您,与您约定一个适当的时间,以不打扰您的工作为原则,您看星期三或星期四哪天比较方便呢?(二择一法确定时间)

(5) 寄资料给我。

应答技巧:如果这样对您有帮助的话,我当然会这样做。但是财务规划这份信息若不能和您个人的需求相结合,寄这份资料便没有意义了,所以我很想和您约个适当的时间跟您分享。如果您有需求,我会留下一些资料供您参考,若没有需要,您就当多交一个朋友,多了解一份信息,您看这样可以吗?而且我这里的资料只有一份,资料里还有一些专业术语,我觉得当面讲比较好,不知您是星期四上午9点还是下午3点比较方便?(二择一法确定时间)

(6) 这样只会浪费你的时间。

应答技巧:谢谢您对我的关心,如果每个客户都像您这样关怀我们,我想我们工作起来会更愉快的,但我想跟您分享的这份信息对您来说非常有意义。您若能给我10分钟的时间,会发现这是一个值得探讨的信息。(二择一法确定时间)

(7) 请直接在电话里讲就可以了。

应答技巧:因为有东西要展示给您看,电话里也很难让您了解清楚,怕会浪费您的时间。反正我正好服务这个地区,您一般是家里还是单位比较方便?(二择一法确定时间)

(8) 这些时间我都不方便。

应答技巧:坦白地说,我跟您谈的事情不是您有时间才谈的。抱歉我不知您这么忙,可见您是很成功的人士。推荐人说不要打扰您太长的时间,只能花您10分钟的时间把一些有关的资讯告诉您,您什么时间方便,只要10分钟即可!

## 四、接触面谈

### (一) 接触面谈技巧

保险接触面谈是保险展业员运用各种方式、方法和手段向客户陈述产品及服务,游说并说服客户购买的良好机会,是整个销售环节中的最重要部分,它需要将适量的情感、逻辑和知识融合在一起。为了完成这一任务,要求保险展业员必须掌握接触面谈中倾听、提问、答复和语言等技巧。请记住,接触面谈的重点是推销人们的所需和所想,而不是保险展业员自己所想。

**案例 4-9**

甘道夫有一次拜访一位客户。甘道夫问:"你需要什么?"客户:"定期险。"甘道夫说:"我也认为你需要定期险。"客户感到十分惊讶,甘道夫简直就是一个天才,居然可以揣摩到自己所需要的东西。其实,甘道夫是个最聪明的人,先销售定期险给他,因为这位客户需要它。过了一段时间,当这位客户完全接受甘道夫后,他再销售终身寿险给他。甘道夫认为自己销售的是客户需要的保险产品,而不是自己认为应该销售的保险产品。

有一次,他拜访一位客户,客户对甘道夫说:"甘道夫,我对人寿保险一点也不懂,这就是我请你来这里的原因。""我可以给你一些建议吗?你能不能告诉我你今年多大,你的孩子几岁,你1年可以存多少钱?"

"我今年40岁……"客户在谈话过程中特别提到一句"我已经看过关于年金保险的资料了"。甘道夫不失时机地说:"年金保险,这就是我想与你分享的想法。"

【案例评析】

本案例中,客户认为甘道夫是个天才,决定向他购买一些年金保险。其实,甘道夫的推销技巧在于:"先给客户要的保险,再卖给他们真正需要的保险。"

### (二)面谈中的倾听技巧

倾听能发掘客户的真实想法,倾听能赢得客户的好感,倾听能帮助判断客户的意图,减少或避免销售中的失误。保险展业员在倾听时要做到以下几点。

(1) 保持耐心。要让客户畅所欲言,这样客户会感觉受到尊重,也可以增加他对面谈的参与,有助于建立面谈的气氛。

(2) 全神贯注。保险展业员应学会集中精神、专心聆听,并且时常反省自己是否完全明白客户所述的内容。一般来说,思维的速度比说话要快4倍。因此,人们往往容易在听的时候思考别的问题,造成听而不闻。记住,永远也不要因为专注于接下来自己要说的话而打断客户。

(3) 积极配合。与其他的语言手段一样,倾听也必须与陈述、提问相配合才能最大限度地发挥作用。这要求保险展业员具有主动精神和熟练的语言技巧,不应被动地等待客户表达思想,而应适时反应,让客户感到被关心、被重视,从而说出真心话。

(4) 快速核实。为避免遗漏或误解客户发出的信息,保险展业员应选择适当的时机和技巧进行核实。方法通常是逐句重复客户说的话。

(5) 站在对方的立场倾听。每个人都有自己的立场和价值观,保险展业员必须站在客户的立场,不要用自己的价值观去指责或评判客户的想法,要与客户保持共同理解的态度。

(6) 眼神运用。倾听时保险展业员的目光要真诚、专注、柔和地平视对方,要学会将自己的关怀和赞赏用眼神表达出来,要学会用眼神与客户交流,使客户从保险展业员的眼神中看到自信、真诚与热情。

(7) 善于引导。由于语言表达能力的原因,客户不能清晰、准确地传递信息,也有些客户不愿意透露某些信息。这时,保险展业员应对客户进行引导,让客户表达出真实的意思。

(三)面谈中的提问技巧

能否提出适当的问题是决定寿险推销成功与否的关键。保险展业员应通过一系列有技巧的提问引导客户去思考、去感受。正确选择提问的方式如下。

(1) 求教型提问。这种提问是用婉转的语气以请教问题的形式提问。这种提问的方式是在不了解客户意图的情况下,先虚设一问,投石问路,以避免遭到客户的拒绝而出现难堪局面,又能打探出客户的虚实。如一名保险展业员打算提出成交,但不知客户是否会接受,于是试探地问:"这险种非常不错,您能评价一下吗?"如果客户有意购买,自然会评价;如果客户不满意,也不会断然拒绝,使双方难堪。

(2) 启发型提问。启发型提问是以先虚后实的形式提问让客户说出提问者想要得到的回答。这种提问方式循循善诱,有利于表达自己的感受,促使客户进行思考,控制保险销售劝说的方向。如保险展业员可以问客户:"您是想购买保障型的保险,还是想买理财型的保险呢?"

(3) 协商型提问。协商型提问是以征求客户意见的形式提问,诱导客户进行合作性的回答。客户比较容易接受这种方式。即使有不同的意见,双方也能保持融洽关系,仍可进一步洽谈下去。

(4) 限定型提问。限定型提问,即在一个问题中提示两个可供选择的答案,两个答案都是肯定的。通常人们有一种共同的心理——认为说"不"比说"是"更容易和更安全。所以,保险展业员向客户提问时应尽量设法不让客户说出"不"字来。如与客户订约会,有经验的保险展业员从来不会问客户"我可以在今天下午来见您吗?"而是问:"您看,我是今天下午2点钟还是3点钟来见您?""3点钟来比较好。"当客户说这句话时,约定就已经达成了。

(四)面谈中的谈话技巧

(1) 不要独占任何一次谈话。谈话是双方的交流,只有双方都充分发表自己的意见和见解才能达成互相了解,而只有了解才会引导销售成功。优秀的保险展业员都是倾听的高手,他们只在关键的时候才会说上一两句话。

(2) 清楚地听出客户谈话的重点。与人谈话,最重要的就是听出对方的目的和重点。如果保险展业员的话语能引起客户的共鸣,保险展业员肯定会感到快乐和兴奋。要使客户乐于谈话,保险展业员一定要发现客户谈话中的内容。

(3) 适时表达保险展业员的意见。我们反对滔滔不绝,也反对一言不发。保险展业员应在不打断客户说话的原则下适当地发表自己的意见,这才是正确的谈话方式。

(4) 肯定客户的谈话价值。保险展业员应适时地表示自己对潜在客户谈话的肯定,以获得他的好感,增进彼此之间的友谊。

(5) 准备丰富的话题。丰富的话题可以避免谈话冷场,还可增加彼此的感情交流。丰富的话题靠的是保险展业员自身丰富的知识和见识。

(6) 辅以手势。在谈话中,要善于营造谈话气氛,辅以手势,使谈话更有说服力。同时,保险展业员要学会用整个身心去说话,造成一种谈话的优势以融化对方并说服对方。

(7) 要避免突出自我。保险展业员应避免多用"我认为……""我不同意这样说……",可将每一句话中"我"字都变成"您"字,谈话的效果一定会更好。

(8) 掌握好停顿的奥妙。交谈中的停顿非常重要,利用停顿可以整理自己的思维,引起对方的好奇和注意,还可用来观察对方的反应,促使对方回话或决定等。

**案例 4-10**

保险展业员小江在上周六早上碰到刚留学归来的小学同学陈小姐,陈小姐的父亲很有钱,她本人是律师,收入不错。当陈小姐知道小江是保险展业员时明确告诉小江,她的父亲很有钱,也很疼自己,如果她需要钱的话,只要开口父亲一定给,所以不要向她推销保险,否则朋友也做不成。请看小江是怎样激发客户寿险需求,最后让客户购买寿险保单的。下面是她们的一段对话。

小江:"陈小姐,我想问一个问题,大部分的人为什么要工作?"

陈小姐:"因为他们要赚钱生活。"

小江:"对啊!大部分的人都要赚钱生活。陈小姐,您是不缺钱花的,那您为什么要工作赚钱?"

陈小姐:"我工作的原因不是为了钱,我觉得用自己的钱比较舒服。"

小江:"万一你发生了意外,不能工作,不能继续拥有自己的收入,那你该怎么办?"

"我为您提供一个寿险计划,让您在任何情况下,都能够按照自己的个性和意愿过很有自尊的生活,您愿意了解吗?"

陈小姐:"那当然,说来听听。"

**【案例评析】**

和客户谈保险之前一定要预估客户的需求,保险体现的是金钱对于一个人的价值。客户不缺钱,她为什么要赚钱,因为她想要向父亲证明她自己有独立的能力;另外一点就是通过先提一般问题,再提个别问题,最后提出寿险是解决问题的最好方案这种方法来进行面谈。

## 五、实战演练

### (一) 实战演练

1. 实战内容

实战演练接触流程。

2. 实战目的

掌握接触技能。

3. 实战演练要求

(1) 分组,3人一组,(1人为客户,1人为保险展业员,1人为观察员)角色互换。

(2) 运用寒暄、赞美的话术,以开始面谈为通过标准。

(3) 演练心得分享:选表现最佳的1组上台表演。

4. 实战演练操作

现场场景:保险展业员在某写字楼进行接触面谈(转介绍拜访),已经敲门进入客户的办公室。

1) 开门寒暄

(1) 王老板,不知道您平日做何消遣?

(2) 李小姐,您有没有想过一个小孩从幼儿园到大学毕业需要花多少教育费用?

(3) 先生,能否请教一下,在目前的经济状况下,选择什么样的投资比较合适?

2) 寻求赞美

(1) 久闻大名,一直听林先生说起您,说您事业、家庭都很成功,您可要多多指教啊!

(2) 看得出来,您是个热情豪爽的人,我非常愿意跟您这样的人交往⋯⋯

(3) 真不简单,一直想向您讨教一些秘诀,我能像您一样成功就好了⋯⋯

3) 建立同理心

主要在于想办法消除客户的戒心与不安,使之拆除先前心里筑起的防御之墙或产生不妨谈一下的念头,再适时引入到共同话题之中。

4) 寻找共同话题

(1) 医疗、养老和子女教育等。

(2) 家用、退休收入、购买房屋和疾病医疗等。

(3) 资产保全、投资理财等。

5) 发现需求

客户的需求因受内外不同动力的激发,所以必须切实地把握激发客户需求的因素,并且在最适合的时机进行说服,以满足其需求,如医疗、保障、养老和责任等。

话术举例如下。

(1) 林先生,我们可以想象一下:如果一个人得了重大疾病像癌症,他还能不能从事原来的工作?他的收入会不会降低?他的家人是不是同时承受金钱上和精神上的压力?(从重大疾病入手)

(2) 林先生,谁都希望快乐平安地生活。我们肩上的责任很重,因为我们一人倒下,全家都得倒下。但是,会不会有那么一天我们不能回家,没有了收入?万一有这一天,我们的家人该怎样生活?(从家庭责任入手)

(3) 林先生,老并不可怕,怕的是年轻的时候没有做好规划,担心因病造成子女和家人永远的负担。您说对吗?(从养老入手)

6) 拒绝处理

(1) 客户:我不需要保险。

处理:我们都知道,"天有不测风云,人有旦夕祸福,"风险是无处不在的,防范风险应该是每个人都需要的,保险是一种非常好的规避风险的手段,它能带给您一生的保障。

您说自己不需要保险,这正是我来拜访您的原因。其实,要判断保单是否合乎您的需要,主要是看保险内容是否能够满足您对自己未来生活的期许。如果投保之后,能使您未来的生活更有保障,那么,您怎么能说没有投保的需要呢?

(2) 客户:保险没有用。

处理:其实,保险不是为了有"用"才买的。保险的主要功能是损失补偿和保障。没有"用"到时,说明我们平安幸福(既没有生病,也没有意外伤害造成收入减少或花销增加),且能有个保障防患于未然;万一出险"用"到时,它能带给您家人一份经济上的保障,体现您的一份责任和爱心。

**(二) 实战演练**

1. 实战内容

运用调查问卷表(参见表4-4和表4-5)接触客户。

2. 实战目的

提高学生接触客户的能力。

3. 实战演练要求

(1) 请部分学生上台模拟示范演练,1人扮演客户,1人扮演保险展业员,然后角色互换。

(2) 表情、动作、语言要自然。

4. 实战演练操作

(1) 寒暄赞美(开场白)。与客户聊正式话题前,应以轻松的话题开始。如对方是你的熟人,可以说:"海兄,这阵子在忙什么?生意越来越大了,恭喜恭喜……"

(2) 宣传公司实力。市场调查也是保险展业员宣传公司的良好时机,可将公司历年来的成绩或者当年的业绩告诉客户。

(3) 表明来意。不要不好意思开口,保险展业员要告诉对方你来的意图是让他填表。如"我现在到保险公司工作了,单位要求我们先做一些市场调查,你帮我填一下,主要是针对大众比较关心的问题,只占用你一点时间……"

(4) 填表沟通。在客户填写时,保险展业员可根据实际情况作些说明或补充,但要注意以下几点:① 态度自然。② 注意客户的反应,及时反馈。③ 反馈时应关心客户,体谅客户。④ 在客户表示兴趣时,保险展业员要及时争取获得为客户设计建议书的承诺,如"对于你所关心的问题,你是否已经有了解决的办法,如果我有一套解决以上问题的方法,您是否感兴趣或是愿意了解一下呢?" ⑤ 致谢告辞。客户完成填表后,保险展业员在致谢告辞的同时尽量约好近期再见的时间。如"您的每一点意见和建议我们都十分珍惜,在此我表示衷心的感谢!希望您对我的服务满意。您看,我们下次什么时候再见合适呢?"

**(三) 实战演练**

1. 实战内容

电话约访拒绝处理。(话术运用)

2. 实战目的

成功进行电话约访。

3. 实战演练要求

(1) 分组演练:3人一组(1人扮演客户、1人扮演保险展业员、1人扮演观察员),进行角色互换。

(2) 客户至少拒绝3次,保险展业员进行应答处理。

(3) 不能处理3个以上拒绝,或不能及时运用二择一法进行约访并捕捉到客户答应约访信号者,不能通过训练。

(4) 及时运用二择一法约访客户并准确地捕捉到客户购买信号并作促成者,通过训练。

(5) 能用微笑及肢体动作与语言配合促成约访者,评价70~80分。

4. 实战演练操作

(1) 客户背景:由你的客户王小姐介绍准客户,他们的职业分别为工薪阶层职员、私营小业主、白领、公务员和公司老板。

(2) 请运用电话约访技能与话术进行约访,并通过拒绝处理获得约见。

# 任务四  寿险需求分析与保险建议书设计

## 一、寿险需求分析技能训练

### (一) 发现客户寿险需求

1. 话术法发现需求

所谓话术,就是说话的艺术。话术是指一个经过精心安排、有逻辑性的"介绍谈话",是把正确的保险意义与功用以客户喜欢和接受的方式、方法,组织词汇词语传递出去。话术的设计通常是根据一般人的思维逻辑编写而成的,内容绝大多数都是一般大众生活常态的切身话题。话术一直在保险展业中扮演着关键的角色,是与客户交流时不可或缺的技巧。

1) 数据法话术

数据法话术,即通过一些数据的说明,引导客户意识到购买保险的必要性。如关于"教育金保险的数据话术"。

保险展业员:王小姐,我们做父母的,对儿女是有着说不完的关爱,希望他们永远能感受到我们的温暖。不过,不知您有没有想过,有些孩子却没这么幸运,有些孩子还没有成年就见不到父母,您有没有听说过?

客户:没有啊。

保险展业员:人生无常,什么事都有可能发生,为了孩子将来生活有保障,上学费用有保障,有一个光明的前途,我们应该及早均匀理财分散风险。我这里有一份财务计划,可以帮助您用很少的支出解决风险的问题,您是不是听我讲解一下?

2) 危机意识法话术

危机意识法话术,即通过一定的话术说明,唤起客户的危机意识,使之产生购买保险的需求。如"养老保险的危机意识法话术"。

保险展业员:王太太,您是个有见识、有主见的女性,您知不知道女同胞的寿命平均要比男同胞长多少?

客户:嗯,不知道。

保险展业员:女性的寿命比男性的寿命一般要长3年,加上夫妻结婚年龄平均相差4岁,妻子注定要独自生活7年。我们做女人的,年龄越大越没有安全感,不如早点为将来做一番打算,王太太,您觉得呢?保险正好可以为您解决这一后顾之忧,不妨听一听我的办法?

保险展业员:赵先生,您作为一家之主,责任重大。人们说,健康是人生最大的财富,更是您家庭的财富。据最新统计,现在重大疾病的发病率为72%,您更应该办理一份保障全面的综合保险。

3) 感性劝说法话术

感性劝说法话术,即通过感性的劝说引导客户去分析思考寿险问题。不是直接告诉客户其寿险需求,而是让客户自己发觉其寿险需求。如"责任与爱心的感性劝说话术"。

保险展业员:叶先生,看得出您不但事业有成,对家人也一定很有责任心,是吗?

叶先生:这是应该的。

保险展业员:是啊,我们每天在外面辛苦拼搏,还不是为了给父母争口气,让自己的爱人、孩子生活得更舒适、更有保障。说到底,父子情深、夫妻恩爱是人间最值得珍惜的东西,叶先生,你说呢?

叶先生:那还用说。

保险展业员：那如果在您的能力范围内，不用费很多钱就能保证父母妻儿将来衣食无忧、生活安稳，您会考虑吗？

4）直接切入法话术

直接切入法话术，即直接切入保险主题而唤起客户的需求意识。

保险展业员：您有没有投保呢？

客户：没有。

保险展业员：为什么那个时候没有决定投保呢？您心目中最理想的保单是什么样的？

5）讨教法话术

讨教法话术，即通过虚心向他人请教引出保险话题。如"一看您就知道是一位很有见地、知识渊博的人，站在您这么一位老板和家长的角度，您觉得保险对企业、对家庭有什么作用？"

2. 提问法发现需求

通过提问来发现客户真实的需求是发现客户需求最有效的一种方式，也是获得展业成功的基础。提问发现需求法是指通过与寿险相关问题的提问，引发客户思考，从而意识到自己的寿险需求。即换个角度让客户选择产品，为客户打开另一扇窗，让选择变得轻松。

1）家庭生活费用问题

如："在没有您的收入时，您的家人需要多少收入才能够维持现有的生活？在您照顾家庭的同时，是否想过，当风险发生在我们身上时，谁来帮您继续照顾家庭？"

2）子女教育金问题

如："您的孩子几岁了？您对他（她）的期望是什么？如果有一项计划，可以在风险发生时代替您继续累积教育基金、照顾子女，您是不是会比较安心？"

3）房贷债务问题

如："您有没有房贷？每个月要还款多少钱？您是否期望无论遭遇什么事家人都能有个安全的避风港？您的家人有继续支付房贷的能力吗？如果有一项计划可以帮助您的家人继续住在温馨的家，您是不是会比较安心？"

4）重疾医疗问题

如："假设您因病或意外需要马上住院治疗，面对一笔庞大的住院费用，您直觉的反应是什么？这对您的家人或您的生活会有什么影响？您是否期望无论遭遇什么事都不需担心医疗费用及收入中断的问题？"

5）退休养老问题

如："您希望退休时能有多少养老金？当您退休后，您和您的配偶是否有足够的钱安享晚年？您是否了解社会统筹养老保险能提供给您多少养老金？在未来竞争的社会中，您希望变成子女沉重的负担吗？您是否备有什么计划，好让您在年老时能自我照顾？"

（二）客户寿险需求分析

寿险需求分析是保险展业员最能向客户展现其专业的一个重要环节。客户寿险需求分析主要是针对客户在其人生发展的不同时期和阶段，依据其不同的收入、支出、家庭状况及所处的环境等因素对客户所面临的风险进行全面的分析和评估，从而帮助其制定寿险财务规划。

1. 家庭保障基本需求分析

1）早亡（人寿保险需求）

早亡即死亡风险，人走得太早，责任未了。早亡者对其家庭的财务收入状况会造成一定的影响。如果一个人向其家庭成员提供全部或部分金钱的扶助、支持，那么，他的早亡必将对家庭的财务收入状况造成巨大的影响，使得生存的其他家庭成员（如子女、配偶、父母或被抚养者）产生经济需求和保险需求。

2）健康丧失（健康保险需求）

人到老年经常会受到健康的威胁，一旦健康丧失则需要大笔费用，如住院、重病、癌症或伤残的治疗期间医疗费用和看护费用的准备（伤残费用）。这些费用意味着一笔庞大的费用支出。

3）失业（收入损失保险需求）

当一个人失去工作时必然带来经济上收入的损失，而且那些原本由"失业者"在经济上提供支柱的人也会失去依靠。如孩子未成年时，父母突然失去工作会导致孩子在经济上失去依靠。

4）退休（养老保险需求）

退休意味着经济收入的下降或减少。据估计，平均每一对夫妇在退休时将会丧失掉他们收入的40%，如果一对已婚夫妇要维持退休前的生活水平，就需要保持退休前收入的66%～82%。因而，除非进行适当安排以提供充足的收入来源，否则，退休必然意味着生活水平的下降。

5）子女教育（教育金保险需求）

子女是父母的未来，每个父母都希望子女能受到最好的教育。

2. 人生不同阶段的保险需求分析

在考虑寿险保障需求的大小时，首先应明确保险客户在家庭中的地位、责任、作用以及经济贡献如何，然后分析出其最关键的保险需求。

1）成人单身期

这个时期是未来家庭资金积累期。该时期客户的健康状况良好，无家庭负担，收入低，但稳定增长，保险意识弱。

（1）成人单身期的特点。这一时期保险客户的经济收入比较低且花销大。

（2）保险需求分析。意外风险保障可作为第一考虑的保险需求。若父母需要赡养，还可考虑购买5～10年的定期寿险，确保一旦发生不测，可用保险金支持父母的生活。健康风险保障方面，可考虑购买中短期的住院医疗保险、重大疾病保险等。储蓄需求方面，可以考虑储蓄投资型保险，以便在获得保障的同时变相获得一份"储蓄投资"，或购买隔年领取保险金的保险，如每隔3年、5年就领取保险金的保险，以达到积累组建家庭和保险业基金的理财目标。

2）家庭形成期

这一时期家庭经济收入增加且生活稳定，为提高生活质量客户往往需要较大的家庭建设支出，如购买汽车、贷款买房等。夫妇双方年纪较轻，健康状况良好，保险意识和需求有所增强。

（1）家庭形成期的特点。这一时期是家庭的主要消费期，客户的经济收入迅速增长。

（2）保险需求分析。意外风险保障：为自己和家人投保意外险，以使家庭获得经济上的保障，同时，为保证房屋供款的连续性，可以考虑购买一些定期险。健康风险保障：由于有了家庭责任，夫妻双方更应该注重对疾病的防范，多考虑投保短期、中期的健康保险和疾病身故保险。

3）家庭成长期

这一时期家庭成员不再增加，但整个家庭成员的年龄都在增加，家庭的最大开支是保健医疗费、学前教育费和智力开发费。

（1）家庭成长期的特点。这一时期父母的精力充沛，子女的自理能力逐渐增强，家庭健康状况良好，收入稳定增长，保险意识增强。

（2）保险需求分析。这一阶段是购买保险的重点阶段，子女的教育无疑是这一阶段的重中之重，可以购买教育险和两全保险。父母本身的安全和健康也是必须考虑的，除了意外和基本的医疗保障外，应考虑防御重大疾病。考虑到保费的合理性，应该提前购买一定的养老险。

4）家庭成熟期

这一时期夫妇双方年纪较大，健康状况有所下降，收入稳定在较高水平，保险意识和保险需求增强。

（1）家庭成熟期的特点。这一时期客户自身的工作能力、工作经验和经济状况都达到高峰状态，子女已完全自立，债务已逐渐减轻，理财的重点是扩大投资。

（2）保险需求分析。此时要为将来的老年生活做好安排，应该重点购买养老险。可兼顾安排健康、重大疾病保险，因为在多数情况下，此时的健康险产品价格已经很高，足以使实际意义大打折扣。可考虑终身死亡保险，以获得"资产保全"。进入人生后期，万一风险投资失败会葬送一生积累的财富，不宜过多选择风险投资方式。

5）退休规划期

这一时期夫妇双方的健康状况下降，收入将面临减少。

（1）退休规划期的特点。这一时期客户保险需求的主要内容应以安度晚年为目的。

（2）保险需求分析。退休期客户保险需求的主要内容是养老和健康规划。而此种规划需要在退休期之前进行考虑和购买；在退休期不适于购买保险，主要是考虑年龄和保费的问题。

### 案例 4-11

1. 客户基本资料

刘经理：30岁，月收入8 000元，某企业副经理，大专学历；妻子：刘太太30岁，月收入5 000元，医院职工；女儿：小佳，1岁；夫妻俩人均有社会统筹保险，拥有家庭轿车。

2. 客户保险需求的发现与分析

（1）沟通了解。因拥有家庭轿车，刘经理常开车外出。刘经理发生交通事故会给家庭带来经济等方面的压力；万一身体有恙，巨大的医疗费用开支造成事业前功尽弃，家庭会背上沉重的负担；小佳是父母的寄托，父母希望小佳接受良好的教育，同时希望稳健的投资渠道，提高家庭的生活品质。

（2）客户需求分析。刘经理幸福家庭的物质基础是刘经理的事业收入，使这份收入稳固成为保险展业员设计的重要理由，另一个理由是当刘经理过了黄金创业年段，当初的投入就变为了一生的固定财富。

（3）产品保障组合见表4-6。

**表4-6 刘经理一家的保障产品组合**

| | 投保险种 | 单位保额（元） | 交费期（/年） | 基本保费（元/年） | 推荐份数 | 保费小计（元/年） | 个人合计 保费（元/年） | 个人合计 保额（万元） |
|---|---|---|---|---|---|---|---|---|
| 刘经理 | 康宁终身 | 10 000 | 20 | 730 | 15 | 10 950 | 13 720 | 167 |
| | 祥和定期 | 10 000 | 20 | 25.1 | 100 | 2 510 | | |
| | 意外综合/意外 | 10 000 | 每年 | 10 | 20 | 200 | | |
| | 意外综合/医疗 | 10 000 | 每年 | 30 | 2 | 60 | | |
| 刘太太 | 康宁终身 | 10 000 | 20 | 680 | 10 | 6 800 | 6 960 | 42 |
| | 意外综合/意外 | 10 000 | 每年 | 10 | 10 | 100 | | |
| | 意外综合/医疗 | 10 000 | 每年 | 30 | 2 | 60 | | |
| | 鸿运少儿 | 10 000 | 至15岁 | 917 | 5 | 4 585 | 4 585 | 5 |

(4) 产品组合优势：① 保障突出重点，父母是孩子最大的保障，保障父母就是保障孩子；② 充分考虑家庭的保险需求，呵护高品质的生活，并为将来遗产税的出台早作准备；③ 附加功能灵活，充分根据家庭各种不时之需，提供人性化服务，减轻投保顾虑。

(三) 实践训练

1. 实战演练

实战内容：用话术法从 5 个方面分析客户需求。

实战目的：对客户寿险需求能进行准确分析。

实战演练要求如下所示。

(1) 分组。每 5 人一组，每组选 1 位小组长，协助掌握时间，保证学生轮流发言，演练时间 8 分钟。

(2) 严格要求学生背诵下面 5 个方面的话术，做到流利、通畅、完整。

(3) 运用话术法，针对客户不同的需求问题（1 人扮演客户），自行设计一整套强化购买点、激发其购买兴趣的话术。

(4) 演练结束后，每组派 1 位代表上台发言。

(5) 客户对象：工薪阶层职员、私营小业主、白领、公务员和公司老板。

实战演练操作如下所示。

1) 用话术法发现客户的寿险需求

(1) 家庭保障方面需求。

保险展业员：陈先生，您是一家之主，在您的关怀和照顾之下，您的太太和孩子都生活得很舒适。现在您的家人都在您的保护之下生活得很好，因为您就是他们的保险。但一个人无论多有本事，有两种事情是不能控制的，一个是伤残，另一个是意外。假使有一天突然您不能照顾他们，对您的家人来讲，您的太太不仅仅失去了一个丈夫，您的儿子不仅仅失去了一个父亲，最重要的是他们都失去了一个持续稳定的收入，您的家人会失去保障。但如果您拥有这个计划，就会保障您的家人在出现意外的情况之下生活不受影响。您的太太仍然可以每个月拿到 2 000 元，维持基本的生活，一直到您的儿子小明 22 岁自立为止。

(2) 子女教育基金方面需求。

保险展业员：陈先生，现在的社会多读点书是很重要的，如果将来小明有能力读大学，但因为经济的原因使他不能完成学业，以致影响了他的前途是很可惜的。一个完善的教育基金计划应该保障小明在接受高等教育时一定有一笔钱帮助他完成学业。有资料显示，2002 年深圳大学的学费、住宿费、生活费等加起来，一个本科生 1 年需要 1.5 万~2 万元的费用，4 年就要 7 万~8 万元。为了小明着想，陈先生您现在应该马上做好准备，保证将来可以有一个教育基金给他。

(3) 退休金方面需求。

保险展业员：人生的旅程会有多长我们大家都无法预测，不过我很相信陈先生未来的收入会随着您的经验和学问一起增加，但到您 60 岁退休的时候，您的收入可能会大幅减少。其实我们辛辛苦苦工作了这么多年，都希望退休之后可以安享晚年。现在生活指数这么高，我们的儿女照顾自己的家庭已很不容易，何况以后还要供养我们？所以退休时有一笔自己可以支配的钱来安享晚年就很重要。

(4) 应急的现金需求。

保险展业员：陈先生您现在 30 岁，人生遇到顺境的时候可能有好的收入、好的投资机会，但如果平常没有积蓄的话可能机会就会错过；人生在逆境的时候可能又会因大病、失业等而需要一笔资金去应付。无论顺境还是逆境,需要用钱的时候能够自己拿出来总比跟别人商量要好。一个好的保障计划基本上可提供一笔应急钱,令您把握好机会或者应对困境。

(5) 有计划的储蓄。

保险展业员:一般人储蓄的习惯都差不多。一开始很有决心,但到了一段时间就会因为想买车、装修房子或旅行等而动用了存款,很难坚持下去。而保险从某个层面上来说是一种"强制储蓄",这个储蓄计划是先确定一个目标(保额),然后用一个完善的保险规划和充分的时间去完成。中途如果发生意外的话也可以保证这个计划的完成。换句话说,这个储蓄计划是可以百分之百成功的。

2) 客户寿险需求的分析

保险展业员:陈先生,如果一个计划能够提供以上5个优点,您觉得对您来讲是否有用呢?

客户:当然有用!

保险展业员:以上5个方面,依您目前的情况来看,您觉得哪些最重要(对您影响最大)?

客户:太太和儿子以后的生活费。

保险展业员:陈先生,我为您设计的这个计划需要以下3项资料。

第一,陈先生您的出生日期?

客户:1973年2月1日。

第二,您抽烟吗?过去5年有没有做过手术?

客户:我不抽烟,也从没动过手术。

第三,一般人都会预留收入的10%~15%作为家庭保障计划的预算,轻轻松松,在不影响日常开支的情况下,不知道陈先生您每个月可以存多少钱来参加这个计划呢?

客户:500元吧!

保险展业员:陈先生,我会根据这几个资料给您设计一个最适合您的计划。我需要两天的时间给您做这份计划,我们后天同样的时间或者下午4点哪个时间比较方便?

客户:下午4点吧!

保险展业员:到时我带计划来详细解释给您听,下次见面的时候我们需要大约半个小时。这里是一份关于我们公司的简介,我送给您,请您有时间看一看。到时见,谢谢您。

2. 案例分析

案例 4-12

### 假如生命只剩一天

有一位客户在认识邹兴之前已买了很多保险,每年光是交保费就要交20万元左右,虽然如此,但客户的保险大部分是买给子女的,自己的保额却很少。针对这一点,邹兴就从税务、保障资产、创造现金的观念来跟客户沟通。创造现金是一个很重要的观念,邹兴总不忘问客户:"你要赚多少钱才够"。

"5 000万"客户回答。"那么,我现在卖给你5 000万的保额,你1年只要交××钱,就可以做到。""保险真的可以这样子吗?"客户非常诧异。"当然!"

在邹兴与客户谈保险的过程中,他发现大多数客户买保险只是纯粹买了保险这个东西,却不知道为什么要买,也不了解个人买保险的真正意义。

这位客户有气喘的毛病,邹兴明白地告诉他:"气喘很容易蒙主召见,有时甚至只要30秒就说拜拜了,假如你的生命只剩下一天,你会做哪些事情"。

"……"客户听着默不作声。

"我会关心太太、子女要怎么办,财产要怎么转移。"客户仔细地想了想,回答了邹兴的问题。

"这就对了,我们每个人都会有最后一天,只是不知道这一天会在什么时候到来"。

**【分析讨论】**

(1) 邹兴是如何帮助客户发现保险需求、建立保险观念的?

(2) 案例中邹兴哪些地方做得好?如果是你,你会怎么做?

## 二、人身保险产品组合与建议书设计

### (一) 产品组合设计的前提条件

1. 完整准确的客户资料

产品组合的重要前提是成功的接触。只有在接触、面谈阶段完全确认客户需求才能"量体裁衣"地作出符合客户需求的产品组合。

2. 娴熟的产品专业知识

进行各类产品的搭配,要求保险展业员充分掌握人身保险产品的保险条款、熟悉各险种的特色、功用和亮点,同时能熟悉竞争对手的产品。

3. 正确的营销理念

保险展业员应站在客户的立场思考问题,要树立险种没有最好只有适合与不适合的观念,应尽量满足客户的需求,先卖给客户想要的险种,再卖给客户最适合的险种。

### (二) 产品组合设计的基本原则

1. 险种搭配原则

险种搭配原则即主险与附加险之间进行搭配。低主险,高附加险,达到保障高、保费低廉的组合。如"主险+主险+附加险"(回报高)"主险+附加险"(保障全面)。

2. 功能搭配原则

功能搭配原则即将具有不同功能特性的险种进行搭配,如保障型、储蓄返还型和投资型产品之间的搭配等。险种组合搭配应尽量全面,如寿险+健康险+意外险的搭配。

3. 不同期限产品的搭配原则

不同期限产品的搭配如长期险与短期险的搭配。一般来说,意外险、医疗险大多属于短期险,而终身寿险、养老险和疾病险等属于长期险。

4. 重点保障原则

险种组合搭配应有所侧重,从客户的利益出发,以客户的需求和购买力来确定产品组合的方向,突出客户的重点保障需求。如是偏重养老,还是偏重保障;是偏重医疗,还是偏重教育或是为了理财避税等。

### (三) 产品组合设计技巧

1. 按条款功能组合

针对不同的保险条款所提供的不同保险责任进行组合,突出不同功能的互补作用,既注重保险面的拓展,又突出主要责任的比重。如"健康+意外"组合、"养老+健康"组合、"投资+健康"组合和"基本保障+医疗"组合等。

2. 按时间段进行组合

针对人生旅途中不同年龄段的不同需求设计出阶段鲜明、连贯互补、突出重点的组合方案。如单身期间(20~30岁)的年轻人,主要以保障自身为主,最好的组合是保费低廉、保障高的产品,比如,"终身寿险+定期寿险+意外伤害保险""重大疾病保险+健康保险"。又如,进入退休规划期(40~50岁)的中年人主要面临的是退休后生活水平上的保障,最佳组合是"养老保险+终身寿险+意外伤害保险+医疗保险"。

3. 按家庭责任组合

根据家庭成员在家庭中所扮演的角色和承担的责任进行组合。不同角色的家庭成员若发生意外给家庭带来的影响程度是不同的。非经济支柱的家庭成员如发生不幸所带来的主要是精神打击,而作为经济支柱的家庭成员如发生不幸则整个家庭将陷入困境。保险展业员可仔细区分谁是家庭中的主要经济支柱,设计保险产品组合方案时对家庭中的主要经济支柱要注重保险责任,以"定期寿险+意外伤害保险"为主,非经济支柱的家庭成员则以"疾病+养老保险"为主。如丈夫是家庭中的主要经济来源者,为他定制的保险套餐是"定期寿险+意外伤害保险+重大疾病保险";妻子是家庭中的次要经济来源者,其保险套餐可以是"终身寿险+重大疾病保险";子女则以教育储蓄保险为主。

4. 按需要层次组合

保险客户的需求是多层次的,不同经济水平、不同文化素养、不同性格的客户都会表现出对保险需求的差异性。依据保险需求的层次性原理,险种组合也应遵循这种分层次组合的原则,适合由低到高的需求渐进,由浅层次组合转入深层次组合。目前,我国居民的总体收入水平还不高,大部分人的保险需求仍处于低层次,传统的保障性的产品组合还大有市场。但也要注意,大中城市的高收入者购买保险的目的不仅是为了满足对生命的保护需求,也是凸显身份、责任心的一种表现,这时的保险产品组合应该是"身份组合"与"责任组合"。

(四) 产品建议书设计

1. 产品建议书设计原则

保险产品建议书的设计是在对准客户的具体情况大致了解、找到准客户的需求点和购买点之后,根据其适当的需要、所能负担的保费等为其进行量身设计。保险产品建议书的设计应遵循下列原则。

1) 适当需求原则

在为客户制定产品建议书之前,应对客户个人及家庭面临的主要风险或未来的主要经济需求进行分析,帮助客户分析目前哪一种风险或哪几种风险或经济需求是客户必须优先考虑的,是可以通过购买人身保险产品来有效防范或有效解决的。因而,所设计的产品必须符合客户的需求,尊重客户切实的经济风险。

2) 全面保障原则

一个好的产品建议书应是在同样费率标准下,客户获得的保障全面且保额高,以充分实现全面保障原则。如烧伤、跌伤等意外事故有无医疗补贴,意外身故、疾病身故有无赔付,经济状况特别好的是否做好财产保全的规划等,这些都是衡量保障是否全面的标准。

3) 合理保额原则

产品保额的设计一般应以客户的年薪为标准量入为出。从理论上讲,通常以其年收入的 10 倍左右为合理保额。如果保额不甚合理,会导致客户保障不全面。过低的保额犹如让高个子穿童装,反之,亦然。

4) 适当保费原则

应根据客户的收入状况来确定客户应交的保费。保费过高会给客户的日常生活造成一定的影响,易发生退保现象;保费支出太低,客户就不能享受到最充分的保险保障。一般而言,长期性的年缴保险产品的保费支出应控制在家庭年收入的 10%~15% 为宜。如果客户购买的是保障型险种,则应以其收入的 5% 作为保费,即用很少的钱就可得到高额的赔付。至于新型保险产品如投资连接保险、万能保险和分红保险等主要是为满足客户的理财需求。此类保险的保费支出主要与客户的财务承受能力和风险承受能力相关,没有一定的标准。当然,具体险种还可根据具体情况灵活把握。

5) 先大人后小孩原则

这是一个非常重要的原则,但常被保险展业员所忽视。许多客户因疼爱和关心孩子,错误地认为应先给孩子买个保障,殊不知若家长没有任何保障,一旦出险,孩子的保费将没能力支付。因而,在设计产品建议书时,要依据不同家庭的情况充分考虑这一关键问题,以专家的姿态给家长提出更诚恳、更切实、更经济的建议。

6) 先保障后储蓄原则

先保障后储蓄原则是指购买保险的客户应首先选择保障型保险,在拥有充足保障的基础上,再建议购买具有储蓄或投资功能的养老、理财等险种。因此,在产品建议书中首先要给家庭的主要经济支柱设计提供此类保险,免去客户的后顾之忧,待经济状况比较宽裕时再考虑退休、养老储蓄保险。

2. 产品建议书设计格式

一份周全的产品建议书应该是一份完整的投资理财计划书,它可以为客户带来完善的保障,使其能够买到最需要的东西。一般寿险产品建议书的设计应包括以下五个组成部分。

1) 封面

封面设计通常应明确简洁,有一定的吸引力,让客户感受到保险展业员的认真与专业。封面类型通常包括传统型、温馨型和少儿型三种类型。封面内容主要包括寿险建议书名称、寿险公司司徽、客户姓名、保险名句、建议书的设计人及特别声明等。

2) 导言

导言即开篇词。导言应亲切而不肉麻、朴实而不失情感。如每个人都希望在退休后能共赏金阳余晖,闲暇的日子仍旧多姿多彩、充满欢乐。相信这份专为您设计的保险能够满足您心中的愿望!

3) 公司简介

公司简介主要包括公司的历史、现状,展望公司的未来等。

4) 设计思路与需求的分析

在设计产品建议书之前,首先要对客户的需求作进一步分析,帮助客户明确自己最需要的寿险需求是什么,然后让客户了解保险展业员的设计思路,知道此份计划是专门为他量身定做的,从而对保险展业员产生信任感。产品建议书的设计思路通常可从家庭的角度出发,从主要收入来源的角度出发,从弥补各产品缺陷的角度出发,从良质保单角度及还本的角度出发。

5) 正文

(1) 保单特色。保单特色主要介绍该产品建议书的综合特点、综合保障利益等。

(2) 产品组合。产品组合能改善单一保险产品的不足,满足客户的寿险需求。

(3) 保障利益内容。保障利益内容主要包括保险金额、保险费用、保险期限、缴费方式、各项保险利益的详细说明和效益分析(现金价值表)等内容,让客户明白这份寿险产品建议书究竟能够为其解决什么问题,他及他的亲人能够得到什么具体的利益。

(4) 注释。注释主要包含专业术语的注释、客户特殊情况的注释、数据的注释和在表格中没有言尽的内容规范等。

(5) 落款。落款必须注明公司营业部、地址、展业员工号、姓名、资格证编号和联系电话等联系方式。

(6) 结束语。结束语可用一些美好的祝词体现对客户的关心或祝福,也可以写些有关保险的名人名言,让客户觉得这份产品建议书是有价值的。当然还可套用格式化的结束语。比如,"本计划是根据您的家庭情况专门设计的,非常符合您的需求",又如"这套计划一直深受和您一样的年轻朋友的夸赞和认同,不少人已经接受了这套保障计划,因此,我想您也一定会对它感兴趣"。

(7) 封底。封底设计应同封面设计风格相同。

总之,寿险产品建议书的格式和内容并不是一成不变的,可根据具体需要进行适当的调整。如有的产品建议书可配上寿险的意义与功用,客户投保指南,推荐本产品建议书的理由、理赔服务等内容。但总体上产品建议书要求整齐、简洁明了、逻辑清晰、内容完整真实,不要过于追求形式上的特色而忽视了其最根本的目的。

### 示例二

投资理财保障计划建议书

人生致富除了要不断努力创造之外,还要懂得用钱赚钱,否则财富就会缩水。选择投资分红型保险,就是让寿险公司帮您投资理财,鉴于中国人寿保险公司的资金规模和人才优势,可保您稳赚不亏。

尊敬的陈先生:您好!

为了对您及您的家人负责,根据您的实际状况,特为您设计如下保险计划供您参考,希望对您有所帮助!

投保年龄:45周岁

| 险种组合 | 保险金额(元) | 年交保费(元) | 缴费期 |
|---|---|---|---|
| 千禧理财 |  |  | 年 |
| 鸿鑫两全 |  |  | 年 |
| 合计 |  |  |  |

本计划年交保费：　　　　元,或月交约：　　　　元,平均每天交约：　　　　元。

保障利益如下:
- 生存保险金:80周岁前每3周年可享受　　　　元的生存金,80周岁后每3年享受　　　　元的生存金。可作为养老补充费用或休闲娱乐费用,越长寿,领得越多。
- 满期保险金:80周岁时领取1.5倍的保险金　　　　元。
- 身价保障金:80周岁之前因病或意外身故保障金　　　　元。
- 保单红利:分享保险公司的经营成果,红利领取灵活方便。

(未尽事宜以条款为准)
××人寿保险公司××支公司
理财顾问:周×× 电话:0591-877××××
全国统一服务热线:95×××　 本计划仅供参考,具体以条款为准!

3. 撰写产品建议书的技巧

产品建议书所表达陈列的逻辑架构能显现出保险展业员的专业程度,学习撰写产品建议书的技巧有利于客户更加了解寿险产品,从而更加认同保险展业员的建议,促进销售。撰写产品建议书通常应满足下列要求。

(1) 掌握客户的资料。在撰写产品建议书前应把所有与客户相关的资料备齐。

(2) 让客户感到满意。当客户准备采取购买行动时一定是对现状不满或想要改善现状,一旦客户心里有了这种想法并且在摸索进行时,保险展业员能及时提供给客户一套适合客户的解决方案,这无异于帮了客户的大忙。要撰写出让客户满意的产品建议书,关键在于要能正确地分析客户的问题点与需求点。

(3) 与客户做好沟通。不要回避客户提出的问题,保险展业员应该坦诚地与客户讨论所有的问题,与客户进行有效沟通。如果遇到困难,应该试着提供备选方案,使保险展业员提供的产品和服务更值得信任。

(4) 不要孤军奋战。可让销售主管参与,他们可以帮助保险展业员为客户提供最好的解决方案。

(5) 借鉴以前的成功经验。撰写产品建议书时,保险展业员没有必要一切从头再来,保险展业员应学会从以前成功的产品建议书中汲取经验,创建自己的电子数据库。

(6) 保持页面清晰。为了让产品建议书更加吸引人,保险展业员应该在产品建议书的页面上保持适当的留白。尽管产品介绍的内容应该简短,但最好还是在页面上保留足够的空间,不要让文字充斥,堆满文字的产品建议书会让客户感到厌倦。

(7) 保证语法、字词和标点的正确。如果产品建议书中充斥着错误的标点符号和字词,客户就不可能仔细地阅读产品建议书。因此,保险展业员必须抽出时间对产品建议书进行仔细的修订,保证其内容通俗易懂,标点正确,前后一致,从而提高产品建议书的可读性。

### (五) 产品建议书说明

产品建议书说明主要是向客户传达寿险理念,分析、了解客户的寿险需求,让客户明确自己的需要,并以专业的销售技巧详细地阐述客户获得保险产品后能如何解决他们所关心的问题,将客户潜在的保险需求转化为现实需求。

1. **产品建议书有效说明的基本要点**

(1) 选择合适的场所和时间。说明和了解保险计划需要一些时间,保险展业员要尽量避开客户忙碌的时间,选出适当的时间和地点,不受干扰地进行产品建议书的解说。

(2) 必须运用逻辑并诉诸感情的方法。通常一个保险规划必须讲求逻辑性,但有时诉诸情感会比据理力争更能打动人。因此,在保险产品建议书解说时适当地使用逻辑诉诸感情可以增加销售效果。

(3) 拟定顺序进行说明。进行产品建议书说明时应讲究条理,按一定的顺序进行,否则东一句、西一句的会使客户感到混乱,无法明白保险展业员在说什么,使客户丧失对保险展业员的信赖而导致谈话草草结束。因此,必须在保险展业员进行产品建议书说明前做好充分的准备,牢记说明的顺序。

(4) 强调产品的特征和利益。说明保险产品建议书时,保险展业员可以一并使用产品简介去强调保险产品的特征和长处。保险展业员要让客户明白为什么自己建议其购买这个产品,这个产品能解决客户的什么问题或忧患,能带给客户什么具体的利益等。

(5) 充满自信。保险展业员要对自己设计的产品建议书充满信心,清楚地知道客户的需求设计的产品建议书会有相当的说服力,它能带给保险展业员成功销售的自信。

2. **产品建议书说明技巧**

(1) 保持微笑和耐心。在说明产品建议书时,保险展业员应将自己的心情放松,始终保持微笑,创造一个轻松愉快的环境。同时,语气要保持平和,语速适中,在适当的时候应有一定的停顿、解释,要留给客户一个让其发问的时间。

(2) 内容简单化。一份综合的产品建议书所涉及的内容或许较多,作为非专业人士的客户要在短短的时间内将所有的内容完全消化是有一定难度的,这要求保险展业员必须选择最主要、最关键的需求点进行充分讲解以吸引客户。

(3) 数字功能化。让数字成为有意义的功能。要善于创造意境,将枯燥的数字描绘成美丽的画面,把"钱"变成实际的利益。对那些用来辅助说明的数据资料要了解清楚,如储蓄、股票和债券等数据要真实可信,标明时间点和出处,这样才能成为产品建议书的有利佐证。

(4) 生动形象化。在说明时应尽量避免使用专业术语,采用生活化、口语化的语言。要把保险条款上生硬的"保险责任"转换成与客户切身相关的"客户利益",也可用生活中的例子加以辅助说明,增加客户的联想与印象。解说时言辞要简短有力。

(5) 专业熟练化。在进行产品建议书说明时,保险展业员要对保险条款、保险费率及其他公司的同类产品等情况非常熟悉,以建立自己的专业形象。保险展业员只有表现出足够的自信与专业,客户才会放心地购买。

(6) 产品优势重复化。保险展业员必须不断重复提到产品的好处,不断重复客户的需求。因为保险展业员很清楚的东西,客户却可能前听后忘。因此,保险展业员必须重复购买点,重申客户关心的事情,直到客户认同保险展业员的产品确能满足自己的需求。

(7) 让客户参与。客户不喜欢完全由保险展业员推销给他的产品,因而在进行产品建议书说明时一开始就应让潜在客户参与进来,与他共同设计他的生命规划。同时,保险展业员可以和客户一起重新检查其寿险需求的关键点。如这样的保障金额是否足够,老年后的生活费用是否有着落,附加的特约保障内容是否充足,保障期间是否同人生周期各个阶段相配合等。

(8) 用笔引导客户的注意力。用笔指点、少用手,这样比较礼貌,而且客户也看得较清楚,关键部分还可以用笔画出来,用笔与客户一起做假设计算(准备好两支笔)。

(9) 最佳位置的选择。保险展业员尽量不要选择与客户正对面的位置,这种位置代表对立与竞争,双方会有压力。保险展业员应选择坐在客户的右边或与客户成90度角,这样可以使客户觉得保险展业员跟他是同一阵线的,可以拉近客户的距离,制造亲密感。

(10) 巧用目光。在进行产品建议书说明时,保险展业员的目光要随时移向准客户以示尊重,并随时观察客户的反应。当保险展业员进行说明时,客户会用他的眼神、表情、姿势和动作等肢体语言告诉保险展业员自己的看法和意见,因此我们必须捕捉到客户细微的身体语言,领会准客户真正的心意,随时调整谈话的内容。

(11) 确定客户完全了解。在说明过程中要适时询问客户的意见,解说时尽量运用问答式,让客户有表达意思的机会,若客户出现不了解的地方要重新讲解。客户只有真正对产品建议书完全清楚明白才有可能购买。

(12) 努力创造再拜访机会。通常保险产品的销售不是一次就能成功的,产品建议书的说明是为进一步沟通所作的必要工作,但并非马上成功。因此,在说明时应努力创造再次拜访的机会。

(六) 实战演练

1. 产品组合设计实战演练

实战目的:提高学生产品组合设计能力。

1) 实战演练示范

第一,背景资料。

客户基本资料:投保人,女,28周岁,某销售公司业务经理,其先生为总经理。该公司效益一般,有自家汽车和商品住房,两人合计年收入除了投入再生产资金运作外,尚有约10万元。有一儿子,现年1周岁。

客户需求:着重考虑儿子将来教育费用的问题,最好能集中使用一笔钱能满足孩子在高中、大学阶段的费用,适当考虑婚嫁和养老问题。

第二,实战演练要求。

(1) 能判断出客户的寿险需求。
(2) 产品设计中,家庭成员应全面考虑。
(3) 险种组合中应有购买点分析及险种组合的说明理由。
(4) 列出综合保障利益。

第三,实战演练操作。

(1) 产品组合设计思路。在现代家庭中,孩子是父母的掌上明珠。从客户的要求来看,主要设计的险种应该是以教育险为主,鉴于以上原因,考虑以"鸿宇两全"为主,另带传统险的"子女教育A+英才少儿",以便比较好的符合客户要求,同时用"附加住院医疗"为辅,提高客户投保欲望,促成的力度也比较大。险种组合设计参见表4-7。

表4-7 客户保险需求计划

| 险种名称 | 保险金额(元) | 交费期限 | 应交保费(元/年) |
|---|---|---|---|
| 鸿宇两全 | 40 000 | 3年 | 21 144 |
| 子女教育A | 20 000 | 13年 | 1 900 |
| 英才少儿 | 20 000 | 17年 | 950 |
| 住院费用补偿 | 5 000 | 每年 | 285 |
| 合计 | 85 000 | | 24 287 |

(2) 本产品组合特点分析:① 定期领取高额免税助学金,孩子成才有保障;② 附带风险保障,解除家长后顾之忧;③ 享受保费豁免权益;④ 交费期相对较短,不断递减交费压力;⑤ 定期储蓄性险种,比较适合中低收入者投保;⑥ 享受公司经营效益分红,并可将红利用于增加保额。

(3) 客户利益分析。① 教育金:a. 15~17周岁:每年领取2 000元高中教育金,3年合计6 000元;b. 18岁:大学报到金16 000元;c. 19~21周岁:大学教育金,每年领取10 000元,合计30 000元;d. 22周岁:大学毕业待业金6 000元;e. 25周岁:领取婚嫁金32 000元;f. 60周岁:领取养老贺寿金80 000元。② 生命保障(18周岁前生命保障金):a. 子女教育保险的现金价值;b. 鸿宇保险所交保费的130%;c. 英才少儿所交保费的1.5倍;d. 18~60周岁生命保障金最高为80 000元。③ 住院保障。每年若因疾病或意外住院,可在5 000元内给予报销。④ 红利:a. 累积生息:每年可享受本公司经营红利,红利以复利方式累积生息,若按中等红利计算,60周岁时,可累积红利为156 779元;b. 可把每年的红利转为增额保险,增加被保险人的身故保险金和养老金,每1元红利可增加保额1.44元。⑤ 其他。一份保单两代保障:若投保人在"子女教育保险(A)"或"英才少儿"的交费期内失去交费能力(身故或高残),则免交以后各期保险费,少儿每年可得到1 000元成长金至21周岁,还可照样享有各项教育金保障。

2) 实战演练

根据下列资料,分析客户的保险需求,并按客户需求为其设计产品组合方案。

客户资料如下。

王先生:32周岁,私企老板,年收入50万元左右,有房有车,无医疗保障。

王太太:29周岁,全职太太。

王明明:5周岁,男孩。

家庭基本年支出:日常生活、教育、医疗、供楼等共需18万元;房子15年按揭,每年按揭款5.4

万元,15年共81万元。

2. 产品建议书设计实战演练

实战目的:提高学生建议书设计能力。

实战演练背景如下。

(1) 程某,男,30岁,今年1月份他的小宝宝出生,房贷共20万元左右,他基本不做任何投资,公司对子女的医疗费用可报销50%,自己可100%报销;有较高的身故及意外保障;程某的收入是太太的2倍之多(税后7 000~8 000元/月,太太3 000元左右/月),太太所在公司有部分保险。家庭的预算为8 000元/年。

(2) 客户寿险需求打算:程某想给孩子进行教育险投资,给太太考虑大病险。初期想法是不为自己考虑保险。

实战演练操作如下。

1) 客户寿险需求分析

宝宝的出生在给男女主人家庭带来欢乐之余,同时也给新爸爸新妈妈增加了肩上的责任重担,具有保险意识的男主人将保险作为理财的基石显得非常明智。但是,男主人的投保预期显然走入了投保误区,因为在科学投保的原理中,两个"优先投保"原则是必须遵循的。

(1) 家庭中,经济支柱优先投保原则。从案例中得知,男主人的年收入占整个家庭收入的70%以上,为一级风险保障对象,更是家庭投保的重中之重,而不应将孩子和太太的保障作为重点。

(2) 个体中,保障产品优先投保原则。风险对每一个个体而言都是平等的,所以首先应该安排客户本身最急需的保险种类。通常,我们将发生几率低、一旦发生将严重影响家庭财务平衡的风险放在首位,其顺序先后为:身故(对整个家庭带来的经济风险最大)、残疾(失去劳动和收入能力)和重大疾病(昂贵的医疗费用和营养费用支出)。而孩子的教育费用不一定局限于保险产品,应该在家长安康基础之上通过其他的理财手段来实现。

2) 寿险产品建议书设计

对这样一个收入一般、有20万元负债的新三口之家如何来规划保障呢?我们的建议是:突出重点、拾遗补缺、着眼当下、量力而行。

(1) 男主人。已有公司提供的意外、医疗、身故保障。要考虑到一旦罹患重大疾病,公司提供的医疗保额是否足够?假设跳槽,新公司的类似保障是否继续存在?退休后的健康医疗危机如何化解?为此建议:一是及时投保重大疾病保险,为自己建立一个终身的健康保障账户,重疾保额应满足中等治疗水平的医疗费用,以20万~30万元为宜,可将消费型和分红返还型组合,同时附加一些住院津贴型保险。二是公司提供的身故和意外保险的额度是否能满足房贷总额和年收入的10倍(保证家庭10年的基本生活费用、孩子的成长教育费用)?如果不足,则需补充,其中定期寿险必不可少,其保障的期限与贷款期限、孩子成长周期相吻合;如已足够,无需重复投保。三是保费支出建议控制在5 000元以内。

(2) 女主人。公司有部分保险(保险责任和保额不详),可投保10万元保额的意外伤害保险、10万元保额的重大疾病保险(含女性疾病保险责任)和附加住院津贴保险。每年的保费支出在3 000元左右为宜。

(3) 孩子。一是及时参加当地政府有关少儿医疗保险;二是父亲所在公司可享受50%的医疗报销费用,可不再购买商业医疗保险;三是投保10万元保额的消费型少儿重大疾病保险,每年的保费仅需几百元;四是待孩子开始学步时,及时投保意外伤害保险。

综上所述,保费支出不要因为初为父母的欣喜而过于盲目,原则上以自己感觉承受无压力为好,还有孩子出生以后生活花费会大幅加大,应有心理准备。所以,孩子的其他保险不必过多考虑,毕竟家长的安康才是孩子真正的"保险"。

3. 产品建议书说明时的应答技巧实战训练

学生两人一组,分别扮演客户和保险展业员,教师作为观察员,择优上台演练分享。

(1) 建议书留下来,再研究研究。

应答技巧:其实这也是我的想法。如果您是电脑专家,我想买一台电脑,请问我是拿一些宣传资料回去研究好,还是现场请教像您这样的专家好?(等待)肯定是请教您好。

保险也是非常专业的,不如现在听我介绍一下建议书内容,看看是否适合您的需要,有问题也可以直接问我。

(2) 保费太贵。

应答技巧:这样的保费对像您这样年收入3万多元的家庭来说一点都不贵,其实这是一套关于您家庭财务风险管理的建议。您如果说负担不起保费,那就更表示您需要买这一份保险套餐。试想您每月收入减少10%不是照样生活吗?

(3) 我想与××公司作比较。

应答技巧:保单其实没有好坏之分的,只有合适不合适之别,每个公司的险种只是内容各有侧重,回报客户的金额却都差不多,就像工商银行、交通银行和农业银行他们的储蓄方式各有不同,但利率基本都是一样的。所以刻意的比较是没有意义的,而关键是要选好保险公司、选好保险展业员,更好地获得售后服务。

(4) 我认为还是存银行好。

应答技巧:您说得没错,我自己也储蓄,几乎所有买过保险的客户都有钱存在银行里,但是这跟买保险并不冲突。因为他们发现利率和费率的回报都差不多,但保险还能提供保障。而银行却没有,虽然它存取方便,但作为应付日常急需却很难,反而保险能在危难时为自己真正地积累一笔财富。您看您存在银行里的钱和存在保险公司里的钱应几比几才合适呢?

# 任务五　异议处理技能训练

## 一、化解异议(拒绝)的技巧

客户的异议存在于销售的任何环节或销售的每一步。保险展业员愈是懂得处理异议的技巧,就愈能冷静、坦然地化解客户的异议。

(一) 端正异议处理的态度

1. 异议出现是正常的

异议是展业开始的第一步。异议通常是客户本能的一种反应,客户提出异议并不代表着其将拒绝购买保险产品或不接受保险展业员的计划和意见,而是表示他们尚存有顾虑、想法。由此可见,客户出现异议是极为正常的。客户的异议不仅不会阻碍销售,相反可以使保险展业员因循客户的异议而找到成交的途径。如通过异议可发现客户的寿险需求,通过异议可了解到客户对销售建议所能接受的程度,通过异议能发现客户拒绝的真正理由等,为成功销售找到突破口。

2. 沉着冷静,坦然自若

面对异议,保险展业员不要惧怕恐惧,应以平常心对待。当客户提出异议后,保险展业员一定要保持镇静,要善于控制好自己的身体语言。如听到异议时,保险展业员或滔滔不绝,或只言片语,或面带微笑,或凝神静听,显出一种大将风度。最忌讳的是一听到异议就坐立不安,表情严肃紧张,并急于回答解释,这样不但不能排除异议,反而会愈弄愈糟。

3. 诚实、恳切

在展业过程中,保险展业员应站在客户的立场为客户着想,体恤和关怀客户,以热忱的态度对待客户,这样易赢得客户的好感和关注,拉近与客户的距离。

4. 热情、自信

面对异议,保险展业员要对自己和自己所销售的产品充满自信。当保险展业员满怀热情不厌其烦地为客户解释保险、规划保单时,当保险展业员拿出种种保险方面的咨询材料供客户参考时,当保险展业员尽自己所能帮助客户把购买付诸行动时,保险展业员的热情往往会感动客户,保险展业员的自信往往会感染客户,因为热情和自信是一种可以相互传动的能量。

5. 避免争论

保险展业员在回答客户的反对问题时应尽量避免争论。与客户交谈的目的是为了收集客户资料,发掘客户潜在的寿险需求,而不是为了某个问题争辩。因此,当客户习惯性地要挑起争论时,保险展业员可以采取迂回手段先适当地退让一步,然后再说出自己的建议。

6. 灵活处理

客户的异议千奇百怪,具有较大的随意性,保险展业员不必事事当真。对一些难以回答清楚的问题可以暂时搁在一边,待弄清楚了问题性质后再决定回答与否。对客户无理的要求保险展业员可以义正词严地坚决予以拒绝。

(二) 把握异议处理的原则

保险展业员在处理客户异议时,为了最大限度地消除或者转化客户异议,应树立以客户为中心的营销观念,并遵循以下原则。

1. 倾听原则

倾听是我们能给予他人的最好的赞美。保险展业员要通过身体前倾及其他姿势告诉客户你在倾听,要通过微笑、点头鼓励客户继续说。英国著名学者麦克唐纳博士在他的《神奇推销术》中曾说过,让客户充分表达他的异议,即使你知道他下一句要说什么,也不要试图打断……没有一个客户会喜欢自作聪明的保险展业员,除非保险展业员表现出对客户及其问题有兴趣,否则他永远不会赢得客户的信任。因而,保险展业员要通过仔细聆听来促成销售。

2. 尊重客户原则

尊重客户是保险展业员良好修养的一个体现,只有尊重客户,才能在此基础上做好异议转化的工作。当客户异议产生时,保险展业员应从客户的立场出发考虑客户异议产生的原因,既要消除客户的异议,又要增进与客户的感情。无论客户异议有无道理和事实依据,保险展业员都应以温和的态度和语言与之回应,这会使客户感受到保险展业员诚挚的态度与谦虚的品德,而从心里对保险展业员产生好感与尊重。

3. 永不争辩原则

保险销售最忌讳的是强辩,不给客户留情面。在展业过程中,满足受尊重的需要是客户愿意接受推销的心理基础,很难想象感情和自尊受到伤害的客户会有兴致购买产品。因此,保险展业员应把客户当成合作伙伴,而不是竞争对手,只有"双赢",销售才会取得成功。

(三) 抓住异议处理的时机

选择适当的时机答复客户异议是处理客户异议的重要内容之一,它与答复内容、答复技巧具有同等的重要性。

1. 预先回答客户异议

防患于未然是消除客户异议的最好方法。在展业过程中,保险展业员如果觉察到客户可能会提出某种购买异议,最好在客户提出之前就主动提出来并给予解释。这样可争取主动,既能赢得客户的信任,又可避免因纠正或反驳客户的观点而引起的争论。

2. 立即答复客户异议

一般来说,客户都希望保险展业员能尊重和听取自己的意见,并立即作出满意的答复。在展业过程中,对直接影响客户购买决策的异议,保险展业员应立即予以答复,否则客户就有可能认为保险展业员无法或没有能力回答这些问题,或认为自己的意见是确有此事或是严重的。因而,立即处理会使保险展业员显得胸有成竹,表现出对自己及所销售产品或服务的自信与专业,这既是对客户的一种尊重,又可促使客户购买。

3. 延时回答客户异议

延时回答是指对客户异议并不马上答复,而是过一段时间再回答。保险展业员通常可在下列五种情况下推迟答复客户的疑虑与问题。

(1) 不能立即给客户一个满意的答复或没有足够的资料作说服性的回答,这时就应当暂时将客户的异议搁下,等时机成熟时再具体答复。

(2) 如果立即答复客户的异议会对销售洽谈工作产生不利的影响,保险展业员可延时回答客户异议。

(3) 如果客户异议会随着销售洽谈的不断深入而逐渐转化、淡化或消除,则没有必要马上回答客户异议。

(4) 如果客户异议远离销售主题,或对这一异议的回答会涉及一些对客户来说没有任何意义的问题时,保险展业员可以延时回答。

(5) 如果保险展业员预计推迟回答异议可以降低客户的抵触情绪或客户会替保险展业员回答时,可以延时回答。

4. 不答复客户异议

如果客户提出的异议不是真正的反对意见,而只是一种借口或情绪的发泄,保险展业员应不予理睬。当客户的异议只是一种自我表现,保险展业员最好不予反驳。

商界有一种说法,80%的客户异议不必回答。这个数字的来源真实性虽然很难考证,但事实上许多异议确实不需要回答。如明知故问的发难,容易造成争论的话题,可一笑置之的戏言等。保险展业员在不回答时可采取以下技巧:沉默;装作没听见,按自己的思路继续说下去;答非所问,悄悄扭转对方的话题;幽默一番等。

(四)掌握异议"处理"的方法

保险销售最易遭到拒绝,而这些拒绝多数只是借口而已。因而,如何处理拒绝变得非常重要。成功的保险展业员总是能巧妙地处理客户的拒绝,最后化拒绝为促成。一般的,处理拒绝的方法主要有以下几种。

1. 间接否定法

间接否定法是指保险展业员根据有关事实与理由间接否定客户异议的一种处理策略。它通常表现为保险展业员听到客户的反对问题后,先肯定对方的问题,然后用有关事实和理由婉转地处理该异议。其常用的句式是"是的(没错)……但是(不过)……"

比如,"是的,我完全了解您的感受。我的许多客户以前在决定是否购买我建议的保险计划时也都有这种感受。不过当他们购买后马上就发现这份保险计划的确能为他的家人带来足够的安全感,所以他们都很高兴自己当初能投保这项计划。"

又如,客户异议:"我虽然想投保,但保额低没意思,保额高又付不起那么贵的保费,等我有足够的支付力再买吧。"异议处理:"是的,您的想法的确不错,买保险这件事,最好是根据自己的意愿购买。不过,现在您收入低,保额可以低一点,等您收入提高了,保额再提高。这不是两全其美吗?而且,我们公司推出的万能寿险就能很好地解决您这个问题。"

## 2. 直接否定法

直接否定法是指保险展业员根据较明显的事实与理由直接否定客户异议的一种处理策略。其常用句型是"那可能是……"来否定客户的观点。

比如,客户异议:"好像保险公司都不赔。"

异议处理:"那可能是误传吧!条款上客户的保障权益写得清清楚楚,保单也是具有法律效力的,保险公司是不会不赔的。"

又如,客户异议:"保险公司是骗人的。"

异议处理:"那可能是一传十、十传百,传走样了吧?从来没有听说,一样东西可以骗人骗了200多年的呢,反倒是客户骗保的还时有发生。"

这种处理法的优点在于可以给客户一个简单明了不容置疑的回答,有力地为顾客释疑解惑。

## 3. 询问法

询问法是指保险展业员在未完全理解客户反对问题的具体内容时对客户进行进一步的询问,以了解客户到底需要解决什么问题。即让客户处于主动的地位,对客户的问题进行全面的了解,便于有的放矢地分析和纠正。这种方法常用"为什么"等开放式的提问法来打开客户的话匣子。

比如,客户异议:"我觉得你们公司的保险展业员服务不好。"

异议处理:"王先生您为什么会有这种印象。"

又如,客户异议:"保险都是骗人的。"

异议处理:"陈小姐,您认为保险是骗人的,能否告诉我您是不是曾经有过被骗的经历?"

## 4. 举例法

举例法即类比法,是指通过举例来反驳客户的拒绝理由。销售保险产品除了要进行理性分析外,还常常需要感性的引导。一些典型的实例或具有启发性的小故事可以在客户提出异议时加以运用,让客户受到启发,激发购买欲望。此法如运用得恰到好处可以产生良好的效果。

比如,客户异议:"保险都是骗人的。"

异议处理:"李先生,您有没有听说前段时间湖北有一架客机出事,遇险的乘客中凡是买了保险的人都很快得到了保险赔偿金,家人的生活有了一定的保证。真不知那些没买保险的乘客的家人如何度过这突如其来的难关。"

## 5. 转移法

转移法即不作正面解释,转移客户的注意力。保险展业员明知客户已提出反对问题,但因为无关大局或一时难以圆满回答,采取故意忽略、不予理会的态度,继续自己的话题或转移到别的话题。

比如,客户异议:"我太太不同意。"

异议处理:"您太太不同意吗?那您太太一定是为了家计着想,怕您的负担太重,真是一个体贴的好妻子。可是据统计,中国女性的平均年龄比男性长6岁,也就是说您太太至少要一个人独居6年。您是很爱您太太的,您也不会不为她的晚年着想吧。"

又如,客户异议:"听说你们保险展业员的佣金很高,我们的钱都被你们拿去了吧?"

异议处理:"王先生,您的交费方式是采用年缴还是月缴?"

## 6. 正面回答法

正面回答法是指当客户提出异议问题后,保险展业员利用事实和证据直截了当地否认和纠正客户的看法。虽然做推销工作常奉行"永不争辩"的原则,但并不排除必要时对客户的错误想法的直接否定和反驳。如当客户缺乏基本的保险意识或对保险展业员的工作认识比较片面时都可以直接进行反驳和纠正。但在使用这种方法时要注意以下问题。

(1) 态度真诚委婉。任何人都不喜欢被别人批评,为了避免触怒客户,保险展业员的态度要真诚,语气要温和,面容要带微笑,切忌伤害客户的自尊心。要让客户体会到保险展业员的一片苦心,进而促发他的思考。

(2) 有针对性地运用。这种方法虽然能直截了当地触及问题,但是运用不当就会有火药味。所以在运用此法时要根据客户的类型、具体的场合谨慎运用。对于固执己见、气量狭小的客户最好不用此法;在面谈气氛比较紧张的时候也不要用,否则易引起争执,导致销售的失败。

比如,客户异议:"你能给我打多少折扣?"

异议处理:"王先生,对不起,我们公司的保费是不打折的,打折是一种违规行为,我们奉行的原则是'客户至上,服务第一。'"

又如,客户异议:"我不需要保险。"

异议处理:"作为一家之主,不能给家庭提供保障,就不能算是尽职尽责的人,有爱心的人都会买保险。"

### 7. 未雨绸缪法

未雨绸缪法也称预防法,是指先预见客户可能的拒绝并提出解决的办法,使客户没有机会提出。如保险展业员预见到客户可能会因缴费期太长而拒绝购买保险,在说明时可以这么说:"也许您说缴费期20年太长了,您也可以选择15年期或10年期的。"

**案例 4-13**

## 异议处理

金女士是市建材局的一位公务员,保险展业员向其介绍投资连接保险已经有两个星期了。金女士向保险展业员索要了很多有关资料并与太平洋的万能寿险做了一定的比较。某日保险展业员登门拜访,下面是他们交流的过程。

保险展业员:金大姐,上次我给您送来的资料您看完了吗?

金女士:看完了,但是我觉得太平洋的万能寿险很不错,还有保底儿。(异议)

保险展业员:万能寿险和我们的世纪理财均是投资理财型的产品,可以说各有特色。万能寿险虽然有些保底,但是投资回报只有80%返还给客户。而我们的产品却是100%返还。(异议处理)

金女士:是吗?(沉默)

保险展业员:大姐,您是国家公务员,对国家的政策比我清楚,保险行业是朝阳行业,也是国家大力支持的行业(坚定对保险行业的信心),我们××保险公司目前在市场上的占有率已经超过50%,投资回报率的高低与资金规模的大小有直接的关系。您如果买了我们公司的投连产品,就如同买了支原始股,您的回报肯定会非常丰厚的。(坚定对公司的信心)

金女士:保险业是非常有发展前途。(认同你的观点)

保险展业员:您看10份怎么样?(促成)

金女士:压力大了点。

保险展业员:那就来5份好了,再少了投资功能就不明显了,那您就在这上面签个字吧。(促成成功)

## 二、客户异议处理话术训练

不同的客户对不同的产品或服务会有不同的拒绝原因,如何加以积极应对是保险展业员必须掌握的技巧。下面是客户异议的基本类型及应答技巧。学生两人一组,分别轮流扮演客户和保险展业员,对话术进行模拟演练。

### (一) 不需要型

世界上的任何需求都是创造出来的。"我不需要型"的人很多情况下其实并不是真正没有需求,只是处于本能的防范心理或对保险认识不足而已。

拒绝理由:"我不需要保险。"

话术处理:"风险是客观的,无处不在,规避风险是每个人都需要的。保险是一种赢得金钱和保障的工具。大家可能都不愿主动买保险,但有的时候等您明白需要保险时想买可能都来不及了。"

### (二) 不信任型

这类异议大多是由于客户对保险的偏见和误解而引起的。虽然看上去很严重,其实并不一定就是客户心中真正的疑虑。只要保险展业员对保险有深刻的认识,对自己所从事的事业有足够的信心,就能顺利地让客户接受正确的保险观念。且随着人们保险意识的增强,这类问题也会越来越少。

拒绝理由:"保险是骗人的。"

话术处理:"陈先生,您这么说一定有原因的,可以说来听听吗?"

### (三) 太贵型(我没钱)

要解决此类型的客户异议主要是摸清客户的真实想法,是真的没钱,还是推托之辞。尽管经济情况只有每个人自己最清楚,但是还是可以根据其穿着、神态等外在的表现进行初步判断。实在无法判断的就干脆放轻松点调侃一下,客户一般也会报以一笑,心情好的话很可能说出实情,如确实没有购买意图的话他们大多也不会在意。

拒绝理由:"我没钱,保费太贵了。"

话术处理:"李先生,你不用担心钱的问题,我们有各种付款方式配合您的经济状况,会让您付得非常轻松,没有压力。而且我们的保险计划也是按照您的经济状况来规划的。"

"陈先生,我了解您的感受,生活上确实有很多开支需要负担,正因为这样,这个保障对您家人就更加重要。万一发生不幸变故,有些人是有能力应付的,而没钱的人就必须靠保险这种制度帮助他们渡过难关。"

### (四) 我很忙,下次再说型

应对这种类型的客户,保险展业员常见的客套话能省则省,而是要单刀直入、直奔主题,在最短时间内使自己的话包含最有价值的信息。如果在最短的时间内找出客户关心的利益点或在开始的前3分钟能引起客户的兴趣那就有希望。否则,最明智的选择是保险展业员留下资料和联系方式,另约时间。

拒绝理由:"我现在在忙别的事。"

话术处理:"张先生,那我就不耽误您的时间了。不过,我们公司有一个新推出的个人理财计划,特别适合像您这样的成功人士。您的朋友江先生已经委托我给他做计划了,您是否也愿意了解一下这方面的情况?张先生,您是本周四有空还是本周五有空?"

### (五) 再考虑考虑型

此种类型的客户也是保险展业员经常碰到的。明明资料都已经给客户看了,明明产品已反复说明清楚了,好像一切都朝着马上要成交的方向发展,但最后还是换回这样一句话:"再看看,再考虑考虑"。前面的努力似乎全部付诸东流。客户之所以没有下决心来最终决定,肯定还有某一点没有打动他,所以这时候保险展业员必须当机立断,采取行动:一是可以直接询问客户到底还有什么疑问;二是马上针对客户的问题拿出解决方案。

拒绝理由:"我要考虑一下,或把资料留在这里,如有需要我会和你联系。"

话术处理:"深思熟虑固然是好事,但果断也很重要。机会一旦错过了就很难再有,对人寿保险来讲,这个道理就更加明显。因为并不是有钱就随时可以投保,事实上有很多人只是因为延迟了两三天就永远丧失了投保机会。所谓'有备无患,有保无险',还是越早决定越好。"

"陈小姐,现代人都很忙,一般人把资料留下后都很少会去翻阅,或因忙碌而忘了翻阅,从而错过许多可以保护自己的机会……"

## 三、实战演练

### (一) 固定话术实战演练

1. 实战内容

演练异议处理话术。

2. 实战目的

通过实践使学生掌握客户异议的话术处理技巧。

3. 实战演练要求

(1) 分组演练,1人扮演客户,1人扮演保险展业员,然后角色互换。

(2) 严格按下面的话术进行演练。

(3) 动作、表情自然,说话的语气要委婉、平和。

(4) 上台示范,分享。

4. 实战演练操作

客户:我没钱。

保险展业员:那没关系,王先生,除了没钱外还有什么原因使您现在不想买保险?

客户:没有。

保险展业员:王先生,您真是一个很有责任感的人,虽然现在收入不够高,但家庭生活还是安排得那么井井有条;王先生,您的意思是假如有钱的话,您一定会买保险是吗?

客户:那当然!

保险展业员:王先生,可否向您请教一个问题?

客户:没关系。

保险展业员:您是否想过,假如哪一天不小心必须进医院时,医院要求交几千元的押金,您会不会因为手头没钱而不住医院?

客户:那怎么会,没钱可以借。

保险展业员:当今社会,您觉得哪些情况最好借钱,哪种情况最难借钱?

(根据客户的反应引导:当您经济好的时候,急用钱时,或许还能借到钱;但当您经济不好时,又生病,这时借钱最难——因为担心您还不起。一句话:越是没钱的人越难借到钱。您觉得有没有道理?)

客户:那倒是。

保险展业员:平时自己积点小钱,或实在不够时向人借一点,投资一份保险可以避免因重大疾病或意外事故造成大笔支出。假如没有保险,出了什么事却借不到钱,就是家人厚着脸皮借了一大笔债也不利于治疗。体外的病好医,心里的病难治啊。

客户:你说得没错。

保险展业员：那您现在是购买健康医疗险还是购买重大疾病险？（进行积极促成）

（二）自编话术实战演练

（1）每人自选5道客户的反对问题进行处理，并自行编写处理话术。

（2）老师进行通关考核的过关把握，人人必通关（要求话术流利通顺）。目的在于让学生体验客户的异议，并能用合理的"话术"进行异议处理。

（3）客户拒绝理由：① 我不需要保险；② 我单身没有家庭负担，不必投保；③ 把钱存在银行比较好；④ 我已经没有预算了；⑤ 我想买其他寿险公司的产品；⑥ 我对保险没兴趣。

## 四、案例分析

**案例 4-14**

### 小于的困境

从新兵营毕业后，小于进入了寿险公司，他为自己确定了陌生拜访的销售策略。他认为本地的小型合资企业较多，而且都在比较偏僻的地方，一般保险展业员不愿意去，所以他打算先去试试这个市场。接下来的1个月里，他每天都穿上干净的职业装到城郊的合资企业去拜访。这些合资小企业多半是当地人和港、澳、台地区的公司合办的，从内地招收一些打工的人干活。小于不会讲当地话，只能用普通话和那些讲当地话的工厂老板交流，每次小于谈及保险，那些老板都会说"我不需要保险""我买那些东西干什么"等加以拒绝。尽管小于多次去拜访，他们对他还是不理不睬。1个月下来，小于1份人寿保险也没有卖出去，只卖了几个意外卡。小于觉得很气馁，晚上躺在床上想来想去，他觉得自己的形象也比较好，态度也很好，不知道这些小老板为什么就是不接受他，他不知该从哪些方面去突破困境。

【分析讨论】

（1）小于的销售策略是否适合他目前的情况？

（2）为什么那些老板会提出异议，这些异议产生的原因何在？

（3）请你帮小于想出3个走出困境的办法。

**案例 4-15**

### 真实的故事

谢仁致对胡先生说："告诉您一个真实的故事：一位父亲开车载了全家人去兜风，但在半路上发生了车祸，父亲受了重伤，因出血过多被送到医院。医生急诊的结果认为，除了输血外再没有挽救生命的其他方法。紧急调查在场人的血型后，适合输血的除了最小的女儿之外再也找不到第三者了。于是，医生问她说：'你为了挽救你父亲一命，愿意捐血吗？'那位小姑娘立刻答应了。经过一番准备后开始输血。经过一段紧张的时间，终于在那位父亲的脸上看到气色好转。显然他已渡过了生命难关，大家好不容易松了一口气。但在这时候医生却发现那位小姑娘脸色苍白，仍躺在床上发抖。医生急忙问她：'怎么啦，哪里不舒服呀'。'不，并没有不舒服，不过我到底什么时候会死呢？'她对输血的常识竟然一无所知，以为为了救父亲一命必须奉献自己的生命。"

"我也有一个小女儿，她对输血也同样毫无所知。每当夜晚我下班时，她都会跑来扑在我身上。这时我总会想到，如果有必要她一定也会为我献出生命。如果是那样，我也要努力为她做些事才对呀。我所能做到最微小的事情就是为她的将来每月支付小额的保费。这样的话，一旦我发生了不测，我女儿就可以领到一笔保险金。如果我能活到60岁的话，那笔钱就统统归我了……"

看着膝下叽叽喳喳的小女儿,沉浸在故事中的胡先生有点动情,随即在投保单上签上了大名。

【分析讨论】
(1) 虽然没有激烈的处理异议,为什么客户接受了谢仁致呢?
(2) 我们能从中学到些什么?

## 任务六　保单促成技能训练

### 一、保单促成主要方法与参考话术

促成的方法很多,保险展业员应根据不同的情景、不同的客户类型选择适合的方法,要灵活使用各种方法,不要死套话术。保单促成的方法主要有以下几种。

#### (一) 假定同意法

这种方法是假定准客户已经同意投保。假定同意法对保险展业员具有明显的优势,可以顺利地从说明阶段进入完成阶段,可以继续保持面谈的主导权。使用该法时不必探询客户的决定,只需等待成交。

促成参考话术如下:
(1) 陈先生,这份保单的功能是能为您提供必需而全面的保障。如果没有问题,请您在这里签下字。
(2) 我现在就把投保单填好,请把您的身份证给我吧。

#### (二) 二择一法

人们往往会对拿不定的事情一口回绝。二择一法就是针对这一点巧妙地运用人类微妙的心理进行促成的方法。当别人问你选择 A 还是 B 时,表面上尊重了你的选择权,实际上却缩小了你的选择范围,促使你做出二中择一的回答。二择一法能使客户回到保险展业员事先预设的轨道。但在设定客户的思考范围时,保险展业员应注意问题的设计,以免带来新的拒绝问题。

促成参考话术如下:
(1) 保费的缴纳,您要选择年缴还是月缴呢?
(2) 缴费期间您是选择 10 年还是 15 年呢?

#### (三) 激将法

请将不如激将。当客户经反复思考已接受保险展业员的产品建议书,就是下不了决心,无法作出决策、迟疑不定时,可适时地运用激将法,激起客户的购买欲望。

促成参考话术如下:
(1) 您的好朋友董先生已经投保了,以您的实力相信应该没有问题吧,更何况您是一个非常有责任的父亲。
(2) 张太太,其实保险就像车子、房子和钱一样。看您先生这么爱您,再说这钱并没有花掉啊,最终受益的还是您和孩子,其实没有责任心的男人才不会买保险。

#### (四) 化整为零法

化整为零法即将准客户每年承担的保费平均成每月、每天,让准客户感觉到很轻松。

促成参考话术如下:
(1) 您一年的交费为 7 200 元,平均到每个月 600 元,折合每天才 20 块钱,您就可以拥有 62 万元的终身保障,真的很划算,不如现在我们就填写资料吧。
(2) "每天少抽一包烟,50 万元的身价永相伴,算起来真是很划算的。"

### （五）总结成交法

总结成交法即通过对产品建议书陈述性的总结归纳，要求客户签单的方法。

促成参考话术如下：

（1）张先生，总结刚才我向您介绍的，您的这份保障计划共有四大优势：第一，交费低、保障高；第二，保障全面，生存给付和身价保障同时拥有；第三，一人投保，三代受益；第四，安享分红，意外惊喜。您看我还有什么地方没有讲清楚？那我们现在就开始填写投保单吧。

（2）张先生，您保单全部的保障，包括养老、意外和医疗，1年的保费是1.5万元，平均每个月1000元左右，您还有不清楚的问题吗？如果没有，您在这里签字就可以了。

### （六）角色互换法

角色互换法，即将客户与保险公司或保险展业员自己的角色互换，让客户来承担保障责任。假设已为客户设计好产品建议书，年交保费是7 200元，但客户认为买保险不划算。促成参考话术如下：

"张先生，现在我把7 200元交给您，但您要答应我一个条件，万一我得了重大疾病，您赔我10万；万一我因意外离开了，您赔我家人30万；如果20年后，我平安无事的话，您再把这笔钱连本带息一起给我好不好？"客户："这个怎么可能"。保险展业员："您做不到吧？我也做不到，但保险公司就能做得到，您就不要犹豫了，我们现在就填写资料吧"。

### （七）风险分析法

风险分析法是指利用生活中的一些感人故事、真实数据强化人们的风险意识，建立他们的危机感，从而促使客户及早购买。此方法适用的人群主要以年轻人为主。

促成参考话术如下：

（1）其实我们每个人都不知道自己的明天会怎样，许多被诊断为癌症晚期的患者都不敢相信，如果有一天……

（2）昨天还活生生的人，今天忽然离我们而去了，他的孩子、妻子，谁去照管呢？

### （八）利益驱动法

利益驱动法即站在客户的立场帮助客户分析早投保早得到保障和投资收益。利益容易驱使人们行动。

促成参考话术如下：

（1）周先生，您的这份保障计划在交费期内有充足的身故保障金，您期满后又有一笔养老祝寿金……根据您的保障额度，现在投保可免体检。另外，您这个月投保少算一岁，可以省1 000多元。

（2）黄先生，你看卢先生由于较早地参加保险计划，现在都已经开始享受保险投资带来的回报了，真的很划算。其实您也可以早点考虑。

**案例 4-16**

几个人在沙漠里行走，天已经黑了，几颗稀稀落落的星星在头顶上眨着眼睛。忽然，空中传来一种高深莫测的声音："你们赶快在地上捡几块石子儿，天亮以后，你们将又高兴，又后悔。"几个人听了后，莫名其妙，但谁也不想违逆神灵的意愿，就随便捡了几块石子，放在衣兜里，因为捡多的话会很沉。天亮的时候，他们按照神灵的话翻开衣兜一看，结果全都目瞪口呆，石子儿全部变成了钻石。他们果真又高兴，又后悔。

**【案例评析】**

其实，买保险的道理跟故事中的道理是一样。当你没有遇到风险时，觉得保险遥不可及，但你一旦遇到了风险，就会后悔当初为什么没有买保险或没有多买保险。

## 二、保单促成技巧

### (一) 事先做好充分的准备

保险展业员在拜访客户之前要做好充分的准备。一是做好心理准备,不要有恐惧心理,顺其自然,不要给客户压力,自己也不要有压力。二是做好物质准备。事先准备好相关的签单资料,如投保单、人身投保提示、转账授权书和收据等,儿童可能还会涉及婴幼儿健康问卷,高额保单还会涉及高额财务问卷等,避免失去促成时机。三是做好个性化服务的准备。有的客户会有一些特殊情况,这些情况保险展业员是否已经问过相关部门并得到准确的答案。如客户曾患有过某种疾病,这个情况保险展业员是否已经问过核保医生该怎样处理,结果会是什么情况。当保险展业员能准确地预估到结果,相信客户会被保险展业员的专业度所折服。

### (二) 充满自信

保险展业员要相信自己的产品建议书是最适合客户的,要对自己的产品建议书充满信心,保险展业员的自信能感染客户,促成交易成功。

### (三) 合适的位置

在保单促成时,位置的选择相当重要。首先,保险展业员要选择一个比较安静的环境,这样才不会给客户太大的压力,彼此之间的沟通也会相对顺利。其次,保险展业员应选择与客户坐在同一侧,以免产生距离感。最好能设法坐在客户的右边,好让自己所计算出的各项数值直接进入客户的视线范围中。如果条件允许,应向客户更靠近些,让客户觉得保险展业员对这件事非常看重,这样就会引起他的重视。

### (四) 让客户有参与感

任何人都不喜欢被人牵着鼻子走,即便是对保险完全外行的人也是如此。客户购买的保险是关系到他未来生活的经济保障,因而应根据客户的需求设计出2~3份可相互替代的产品建议书,并分析每份产品建议书的特色与优势,让客户参与进来共同探讨选择,客户会将自己的情感融入这份产品建议书中。只有让客户参与进来,保险展业员才能巧妙地进行引导,让客户觉得完全是他自己作出的决定。

### (五) 反复提出成交

保险展业员在说明每一个销售重点后都要提出成交,以确认这个重点是否是客户关注的利益点。记住,客户并不是每次发出购买信号后就一定会签约,要尝试多次促成。据统计,一次推销至少需要3次close("结束"的意思),因为前两次大多是无意识的假拒绝。

### (六) 异议处理后要趁热打铁

保险展业员在每次处理完客户的一个异议问题后都要有促成动作。客户购买产品的两个最充足的理由:一是感觉愉快,二是问题获得解决。

### 案例 4-17

有一个美国人叫艾逊,靠推销装饰给纺织公司为生。纽约有一家大纺织厂是他的目标客户,他每星期跑一次,整整跑了3年,始终没有谈成一笔生意。老板总是看一看草图,双手一摊,说:"很抱歉,我看今天我们还是谈不成"。后来,艾逊想了一个办法,故意带着未完成的装饰草图再次去见那位老板。"我想请您帮个忙,这里有一些未完成的草图,希望您能指点一下,以便让我们的艺术家们根据您的意思修改完成"。这位老板答应看一看。3天后,艾逊再次去见那位老板,老板中肯地提了意见。而后,根据老板的意见,艺术家们修改了图案。结果,这批设计图案全部推销给了这位老板。从此,艾逊用同样的方法轻松地推销了许多图纸。

**【案例评析】**

在展业过程中，保险展业员要注意对客户心理的把握。客户通常都愿意主动购买而不希望被强迫购买，即使产品很好。所以，让客户对产品产生兴趣是展业成功的关键。

### （七）不制造额外问题

所有的手续如填写投保单、签名、收取第一次保费等尽量不要分开做，分开做不仅浪费时间而且容易节外生枝、横生变故。

### （八）不可贬低同行竞争者

保险展业员要遵守专业的执业操守，不要随意攻击同行产品。任何事物都不可能是完美的，每个公司的产品都会有它的特色，同时也存在不足，保险展业员应客观对待。

### （九）不要操之过急

操之过急等于杀鸡取卵。适当的时候做适当的事，如果促成时机未成熟往往会适得其反，得不偿失。如果一次销售很难促成时，保险展业员可以先告辞，给客户留下好印象，为下次拜访打下基础。

### （十）保持良好的心态

保险展业员要保持良好的心态，促成时要按捺喜悦，做好签约中的每一个动作。遭拒绝时，切忌面露不悦，要保持笑容，以平常心态面对。保险展业员要向客户争取转介绍，并增强与客户的友谊，为下次接触打下基础。

### （十一）适时退出

签单后保险展业员尽量不要在客户处多逗留，应及时恭喜客户，并找机会适时退出。如"恭喜您拥有了这份保障。我现在就把您的投保资料交到公司，以便您的保单及时生效。保单大概要10个工作日才能制作完成，保单一出来我就给您送过来。那我就不多待了，王先生再见"。用这样的话作为结束语，客户会感到非常的舒服。

## 三、保单促成的误区

### （一）不敢提出签单要求

许多保险展业员失败的主要原因就在于他们不敢主动地请求客户签单。有些保险展业员害怕提出签单要求后，一旦客户拒绝将会破坏洽谈气氛，有些保险展业员甚至对提出签单要求感到不大好意思。不提出成交要求，就像我们锁定了目标却没有扣动扳机一样，这是不正确的，因为没有要求就没有成交。保险展业员应积极主动地提出成交要求，适当实施压力，积极促成。

### （二）等待客户提出要求

在实际展业过程中，许多的保险展业员误认为客户会主动提出签单要求，但事实上绝大多数客户都采取被动态度，需要保险展业员首先提出签单要求。即使是客户主动购买，如果保险展业员不主动提出签单要求也难以促成。

### （三）主动制造问题

客户没有提及的问题或是客户根本没想到的问题，保险展业员却自己提出，然后自问自答，这样会引起客户的不安，觉得自己是不是还有什么问题没考虑周到，要不要再问问其他的朋友等。这样促成的机会也就从保险展业员的身边溜走。因此，保险展业员应做到有问有答，不问不说，千万不要因为自己知道得多而主动制造麻烦，或是将简单的问题复杂化了。

### （四）对成交期望过高

这是极不利于成交的心理障碍。保险展业员对成交抱有的期望太高就会在无形中产生巨大的成交压力,就会破坏良好的成交气氛,引起客户的反感,直接阻碍成交。

**(五) 放弃继续努力**

一些保险展业员把客户的一次拒绝视为整个销售失败,放弃继续努力,结果是前功尽弃。一次成交失败并不是整个销售工作的失败,保险展业员可以通过反复的促成动作达成最后的交易。

### 四、促成的应答技巧

临近保单促成时,客户通常会提出以下类型的异议来再一次地拒绝购买。因而保险展业员事先应对这些异议做到心中有数,用合理可行的话术进行处理解决。客户异议通常包括以下几种。

**(一) 再看看其他公司的计划书**

参考话术:陈先生,我很明白您现在的想法(感同身受)。其实作为一个消费者,考虑清楚是一件好事,除了这个原因外,您还有什么原因是需要考虑的呢(确认真正的异议)?买保险是一个长期计划,当然是要尽量比较一下。不过,陈先生,所有的保险产品都是按相同的死亡率、利率来计算的,保险保障相同,保险费都差不多,最主要的是要看保险公司的实力和保险展业员的专业水平,××人寿保险公司是中国最大的人寿保险公司……通过这段时间的接触,您也可以看出我的用心和能力,相信我能为您做好服务工作。请问您的地址是……(默认承诺法)

**(二) 我有亲戚朋友卖保险的**

参考话术:您向您亲戚投保了吗?(没有)是啊!相信您也知道,保险是一种长期契约及复杂的商品,需要专业的设计与服务,当然,我并不是说您的亲戚不专业,但就是因为是亲戚才会含有"人情"的成分,我只是希望您不要因为人情保险而丧失了您的权益,您应该给您自己一个选择的权利。

**(三) 你把佣金退还给我**

参考话术:能交您这样的朋友,就算不赚钱我也愿意(感同身受)。不过您也知道,佣金是保险公司付给我们的,并未从您的保费中获取,保险价格是统一的,没有打折的说法。今天您愿意跟我购买这份保单就代表您对我的肯定与认同,我不会辜负您的期望,一定能给您一个满意的服务(处理问题),请问您的受益人是写您的太太还是您的小孩(二择一法)?

**(四) 你不干了,我的服务怎么办**

参考话术:我相信谁都会担心这个问题(感同身受)!除了这个原因外,您还有什么原因是需要考虑的呢(确认真正异议)?当然,我不能跟您拍胸脯保证我一定能做一辈子,但我会尽我所能把服务做好;如果真有一天我不再做保险了,我们公司会安排非常可靠的人来为您服务,在这过程中若有任何服务不周之处,您还可以打我们公司的服务热线来咨询或投诉(处理问题)。您是投保10万还是20万呢?(促成)

**(五) 我已经投保过了**

参考话术:恭喜您,您有这么好的眼光,不知您投了什么保险,何时买的,买了多少,怎样搭配的?不过现在人们的生活水平提高很快,3年前都不敢想象如今会拥有这一切,可现在都实现了,正如人长大了,还要不断再买合身的衣服一样。您当时的保险还能完全满足您现在的需求吗?请您给我一个机会,让我再为您量身定做一份新的保障计划吧!

我很赞赏和佩服您的远见卓识。那么您的家人他们不需要保险吗?您可以为他们考虑一些保险,让全家都平平安安、顺顺利利。

**(六) 现在忙,改天吧**

参考话术:对不起,实在是打扰了。今天没空没关系,我想您的意思是有空就可以谈谈的,那么李先生,您是明天上午有空还是后天下午有空呢?

正是因为您很忙,所以我才专程登门来简单地向您介绍我公司的服务,提供适合您的保障计划,只耽误您10分钟的时间,即使您不买,也就当作了解一点信息吧。

#### (七) 怕通货膨胀钱不值钱

参考话术:钱可能会贬值,但是收入也会增加,保费负担也就相应减轻了。再加上及时加保,贬值就无须担心了。再者,如果我们只想到经济上的贬值而不愿意投保,万一我们自己先贬值了,吃亏的还是我们的家庭。

### 五、保单促成实战演练

1. 实战内容

(1) 用促成的5种方法(默认法、二择一法、风险分析法、化整为零法和激将法)分别进行保单促成。

(2) 掌握促成时常见的几种异议处理话术。

2. 实战目的

实践的目的是把握促成方法。

3. 实战演练要求

(1) 分组进行演练。3人一组(1人扮演保险展业员,1人扮演客户,1人扮演观察员)。

(2) 熟练掌握促成的方法及异议处理的方法与话术。

(3) 态度自然自信,话术含金量要高。

(4) 客户扮演者应给予3~5个异议。

4. 实战演练操作

(1) 回家再和太太商量商量。

(2) 再考虑考虑。

(3) 再看看其他公司的计划书。

(4) 你必须把佣金退还给我。

(5) 你不干了,我的服务怎么办。

## 任务七 转介绍技能训练

### 一、转介绍流程

#### (一) 赞美客户

赞美客户即称赞推荐者并肯定他的决定。如"张先生,祝贺您使自己和家人拥有了完善的财务安全保障,您的决定是非常明智的,它将满足您的要求,让您无后顾之忧。"

#### (二) 建立信任感

建立信任感就是确定客户对保险展业员的服务感到满意与肯定,取得客户的认同。

#### (三) 要求提供名单

保险展业员要用引导性问题争取客户名单。如:"李先生,请问您最好的朋友是谁?(客户一时想不起)没关系,那您认识的人中最近有谁升职、换工作、结婚、生小孩或搬家呢?"

#### (四) 确认名单并收集相关资料

取得名单后,保险展业员要及时询问被介绍者的基本资料。比如,"您时常提起您的好友林先生,请问林先生在哪里工作呢?他结婚了吗?"又如"谢谢您提供这么多名单给我。为了给他们提供专业服务,能否请您提供一些他们的资料?"提问后要及时递上笔和纸(注意要面带微笑,并用期许、鼓励的眼光看着对方)。

#### (五)请求转介绍
准确锁定转介绍的客户,并确定可以用何种方法与客户取得联系,最好能请客户帮忙打电话或写推荐函。

**示例三**

推 荐 函

陈兄:
　　多日不见甚念,近日我认识了一位新朋友,透过他的专业规划与讲解让我悟到很多人生道理,人要活得潇洒必须得有一份保障。凭我的直觉,宋先生为人蛮不错,是值得交往的,今把他介绍给你,正所谓好的事情要同好朋友分享!

关爱您的好友:×××<br>年　月　日

#### (六)承诺及时汇报接触情况
即向客户承诺能及时反馈与其所介绍的客户的联系情况。如:"林先生,与您介绍的朋友见面后,不管结果如何,我一定将见面结果告诉您"。

#### (七)向客户致谢
感谢客户,感谢推荐者并要求直接推荐。如"非常感谢您给我提供这些宝贵的资料。我跟他们联系前可否请您向他们介绍我是您的寿险顾问呢,或者如果您方便,可否麻烦您带我去拜访他"等。

## 二、转介绍流程实战演练

1. 实战目的

实践的目的是培养学生转介绍技能。

2. 实战演练要求

(1) 分组演练,1人扮演客户,1人扮演保险展业员,角色互换。
(2) 严格按程序进行,表现自然。

3. 实战演练操作

(1) 寒暄与赞美。

保险展业员:张经理,您好!最近忙吧!看您神采奕奕,今天是否有什么喜事?
客户:哪里,刚才在与隔壁办公室的李经理说笑话,小王,今天来有什么事吗?

(2) 说明来由,制造借口。

保险展业员:没什么特别的事,主要是来看看我们的上帝而已。哦,顺便问一下,上个月我给您办理的康宁综合医疗保险,回去看了以后有什么问题吗?如果有疑问,我正好可以为您解释一下。
客户:谢谢!我已经清楚了,没什么问题。

(3) 提问导入。

保险展业员:没什么问题我就放心了,如果有疑问随时可以找我。对了,张经理,上次我听说您是××大学毕业的,那您真是名副其实的高材生,而且,我听说你们那一届同学分配到我们地区的有10多位,是吧?
客户:是的。

(4) 连续发问,掌握信息。

保险展业员:您是他们当中单位分配最好的吧?

客户：哪里，我们那批分配回来的很多人的单位都不错，我并不算是最好的。
保险展业员：那么，他们主要分配在哪些单位呢？
客户：他们有的在烟草，有的在税务……
保险展业员：哇，他们都是在有实权、有效益的好单位。对了，烟草局我是经常去的，不知道哪一位是您的同学？
客户：就是那位分管人事的李局长。
保险展业员：你们经常联络吗？
客户：我们经常在一起喝茶、钓鱼。

（5）提出要求。
保险展业员：认识你们这些领导，以后办起事来也方便些，张经理，您能给我介绍认识一下吗？
客户：……
保险展业员：我为您设计的健康保险对他也一定适合，因为每一个人都是关心健康的，特别是像您这样生活层次很高的人！那么，您就给我一个他的电话或者现在您亲自给他打个电话，您看怎么样？
客户：可以，我给你他的电话，你去找他吧。

（6）致谢。
保险展业员：非常感谢。

## 三、转介绍的应答技巧

（一）我真的想不出来到底谁需要保险

参考话术：事实上，很多客户也都和您有同样的顾虑，我不是要您告诉我有谁需要保险，这是我应该去了解的。您只要告诉我他们的姓名就可以了。您认识的人中谁刚结婚了，或者是刚生孩子了呢？

（二）让我先问问他们是否有兴趣

参考话术：非常感谢您能先跟他们联络，根据我们的经验，很多时候客户愿意帮助我们向亲友讲述保险的功能，可是每个人的财务状况不一样，若他们有疑问我却不能在场立即向他们解释清楚，这样会使他们在不完全了解的情况下作出决定，您同意我的看法吗？您认识的人当中有没有正打算买房子或是已经买了房子的呢？

（三）我给您名单没问题，但不要说是我介绍的

参考话术：王先生，我了解您的顾虑，在我们交谈过程中您应该不会觉得我曾强迫您做任何一件让您感到困扰的事情，对不对？如果我打电话给他们时，告诉他们我认识您，您应该不会介意吧！我只是希望他们不要把我当成陌生人，这样可以吗？请问您认识的人谁最近刚买了房子？

（四）我的朋友好像都没有什么钱，我先问问他们

参考话术：我明白您的意思，我真羡慕您的朋友，您这么替他们着想。其实，他们是否需要，是否有购买能力，我们都不能确定，这要等我和他们接触后才知道，就和您当初一样，我先是想把这个财务安全的信息介绍给您，而后您才觉得有需求，不是吗？您不认为将这么好的信息传递给您的亲朋好友对他们的家庭保障十分有益吗？再说，我也不认为花上20分钟的时间免费听取专业的财务需求分析会让他们有耽误时间的感觉。最近有谁刚刚乔迁新居呢？

## 四、转介绍名单获取实战演练

1. 实战目的

实践的目的是提高学生转介绍技能。

2. 实战演练要求

(1) 分组演练,在与客户面谈时正确运用转介绍话术,以获得更多的准客户名单。

(2) 5人组成一小组,以小组总成绩为准,评出优胜小组。

(3) 仅有一次通关机会。

**拓展阅读**

### 转介绍与服务的关系

美国麦肯锡咨询公司通过运用转介绍展业的1 200位业务员,调查转介绍与服务次数的关系。

1. 1 200名业务员,服务次数与转介绍成功的比例关系如下:

(1) 服务1次——5%;

(2) 服务2次——20%;

(3) 服务3次——60%;

(4) 服务4次——63%;

(5) 服务5次——65%;

(6) 服务6次——78%。

2. 3 400位客户转介绍的原因如下:

(1) 被保险展业员所感动——58%;

(2) 认可所买商品的利益——23%;

(3) 信任公司及保险展业员——18%;

(4) 其他——1%。

3. 客户被感动的原因,麦肯锡调查了2 000位客户,主要数据如下:

(1) 创造附加价值——48%;

(2) 提供额外服务——30%;

(3) 被关心爱护、持续不断地被关注——12%;

(4) 规范的服务——8%;

(5) 其他——2%。

### 促成环节中八个主要戒律

一、急躁盲目

在促成的过程中,最忌讳的是盲目跟进,在时机未成熟时,给准保户留下不良的印象。促成应该是水到渠成,而不是强迫的。否则,保单下来后的10天犹豫期恐怕会产生更难收拾的后果。

二、准备不周

在内在和外在的准备上,必须十分周到,方能发展到促成的阶段。如果您觉得准保户的心理准备已经健全,在出门前,您是否要仔细检查自己的配备是否齐全?纸、笔、名片夹、投保单、详细的资料,甚至再多准备一份建议书。准备不齐,就贸然想让签约成功,无疑是舍近求远、痴人说梦。

三、施加压力

在买卖的过程中,消费者最不愿面对强迫推销的情况。强迫推销很容易令人产生反感而断然拒绝。因此,不要给保户太大的压力,否则,易招致相反的效果。

四、立场对立

如果您在促成期,让准保户产生"彼此是对立"的感觉时,要想顺利缔约成功,恐怕是难上加难。保险行销不同于传统的推销,应是站在客户的立场,为其规划人生的理财、风险等方面。一旦产生立场对立的气氛,彼此犹如战场上的敌人,不是你亡,就是我胜。准保户会一心想要逃避、想要拒绝。因此,促成时,多站在客户的立场,为他们着想,您反而会获利。

五、贪念

促成并非一夕可期,在多次的往来沟通中,相信已经和准保户建立一定的共识与默契。即使是成就高保额的个中高手,也必须一步步踏实地经营。

如果您一心只想到佣金的多寡,想要促成,成功几率微乎其微,因为客户的眼睛是雪亮的,心思是灵敏的。您所想的是会形诸于色的。因此,您一旦不顾客户的真正需求,只想到自己的奖金、佣金及报酬时,贪念一生,即使生意做成,恐怕也是仅此一次,绝无下回了。

六、墨守成规

促成的机会是处处存在的,关键在于您能否确实抓住。在和客户相谈甚欢时,可以试探性地尝试促成。因此不一定要将所有的步骤完成才进行促成。有时配合当时的状况先促成,再慢慢地服务消费者也是一个可行的方法。墨守成规,不知变通,不思创意,是现代保险展业员的大忌。

七、轻许承诺

在促成的前夕,保户最关切的议题应数理赔、满期的种种权利等。您切莫为了争业绩而轻易许诺,夸张了理赔的额度,故意避重就轻。

八、削价返佣

相信部分行销伙伴曾面临过准保户要求降价、退佣的要求;不管真是同业的作为还是准保户的手段,您一定要守住这项规则——不能降价或退佣。因为,保险是长久的服务事业,价格是公司厘定的,削价求售或退佣以招揽保户绝非长期的经营之道。

在促成的关口,您一定要守住这一项原则。您是让准保户有此认知,您是站在他的立场为其设计最合适的保单而获得应有的报酬。未来,将有一二十年的服务工作要做,您的坚持才是保户最大的保障。否则,您价格让步,准保户可能会需求无度,希望在保费上获得更大的降价空间,届时要如何收拾呢?

## 实训项目小结

销售是一种创造性的工作,它要求保险展业员到市场上去创造商机。纵然寿险产品能够解决客户的问题,但并不意味着客户会自动上门,因此,保险展业员必须想法吸引客户,接近并创造面谈机会。如果保险展业员用95%的时间去接触,那他只要用5%的时间就可以促成;如果保险展业员只用5%的时间去接触,那么他100%不会成交。

销售就是"用产品和服务满足客户的需求",需求是一切销售的前提。掌握了客户的需求,就是掌握了销售的主动权。设身处地为客户着想,站在客户的立场去分析客户的需求,我们的销售就会成功。记住,客户从我们手上买去的是他们需要的产品,而不是我们推销的产品。

"世界上没有新鲜的事物,只有新鲜的组合"。寿险产品因自身的局限,单一产品无法全面满足客户的风险需求,因此将不同功能或期限的寿险产品进行有机组合,不仅满足了投保人多样化的保险需求,也有利于增加保单件数,同时还充分体现保险展业员的专业水平。而产品建议书的制作可以为寿险产品提供包装和试用的机会。

一般人都希望按自己的想法去自由地购买产品,而不希望被推销。但请记住,客户提出异议并不一定是对保险展业员所在的公司或产品有任何的不满;相反,在大多数情况下,异议反而可使展业工作进行得更顺利,正所谓"嫌货才是买货人"。事实表明,当客户有异议时,展业成功率为64%;当客户毫无异议时,销售成功率反而降低10%。关键是保险展业员能否懂得用正确的技巧来处理这些异议问题。因此,不要害怕客户任何形式的拒绝,只要保险展业员弄清客户拒绝购买的真正原因,一切问题就会像医生找到了病因一样变得明朗起来。

促成是一个勇气与技巧并用的环节!销售的所有环节都是为促成服务的。认真领会及巧妙运用促成技巧是保单签订的直接内因;相反,促成的失败在某种程度上也就直接影响着保单的签订失败。因此,保险展业员应掌握促成的技巧,把握好促成时机,千方百计地促成交易。

最好的、最有价值的客源其实就是来自那些被保险展业员服务过的,并且对保险展业员非常满意的客户,经由转介绍而促成的比率几乎高出陌生拜访的10倍。转介绍是最有效的业绩来源,是优秀保险展业员必备的技能。保险展业员应具备看到"客户背后的客户"的眼力,因为真正的展业就是让客户不断地给保险展业员转介绍。

# 项目五 人寿保险售后服务技能训练

## 一、实训目的

通过学习本实训环节,学生应掌握寿险保单递送的方法和操作技巧,掌握寿险保单理赔的流程、方法和操作技巧,掌握寿险保单保全的主要内容和保全服务的要点,能为客户提供高质量的售后服务。

## 二、实训要求

学生应认真准备、积极配合,真正投入所扮演的角色之中。

## 三、实训设计

在教师的指导下,学生分组、分角色进行模拟演练,增强售后服务各环节的实践技能和自信、流利的口头表达能力。

## 四、实训内容

(1) 保单递送服务要点、技能及注意事项。
(2) 寿险理赔服务的要点、技能、注意事项及理赔服务的方式。
(3) 寿险保单保全的主要内容及服务要点。

## 五、实训考核

本项目的考核采取过程考核与结果考核相结合的方式,结合学生的实战演练情况,坚持学生自评、小组互评和教师考评相结合,分别占比 20%、30% 和 50%。

## 任务一 保单递送服务技能训练

### 一、保单递送服务要点

#### (一) 保单递送前的准备工作

1. 仔细检视保单

保单递送前应重新详细核对保单内容,确保保单载明的事项内容清楚、准确无误。保单检视内容主要包括:投保人、被保险人、受益人的姓名,保额及所交保费,附加险内容,缴费期,保单生效日,条款与保单是否有骑缝章等。

2. 资料整理归档

保单递送前应充分利用保单资料建立起客户档案或主顾卡,并将保单复印,确保保单资料已完整保存,以便做好售后服务。

3. 保单条款解说的准备

递送保单时,引导客户再次确认自己的寿险需求,并强调本保单能充分满足客户的需求。保险展业员应对保单条款中重要的部分(如现金价值、缴费、保额、免责部分等)进行再一次说明,同时承诺个人服务价值。

4. 其他的准备

(1) 将保单用封套装好,同时将自己的名片贴于保单封套上醒目的位置,以示重视。

(2) 在封套内或在封套上面的名片上附一张交费提示卡,内容包括投保人的姓名、年交保费金额、交费时间、存折的名称及账号,便于客户查询。

(3) 准备一份附有公司标记的小礼品或个人自购的小礼品。

5. 电话约访客户

一切准备妥当,保险展业员应打电话预约保单递送的时间和地点,恭喜客户有了一个保障及理财规划,同时填写《保单递送备忘录》(见表5-1)。

表5-1 保单递送备忘录

| 客户姓名 | | 保单号码 | |
|---|---|---|---|
| 1. 核对以下资料是否正确无误 ||||
| □投保人姓名 | □缴费方式 | □身份证号码 ||
| □投保人年龄 | □签名 | □性别 ||
| □缴费金额 | □缴费期限 | □被保险人姓名 ||
| □被保险人年龄 | □受益人姓名 | □特别约定 ||
| □通讯地址 | □职业 | □出生日期 ||
| □保额 | □保费 | □健康状况 ||
| □其他 ||||
| 2. 需要备齐下列工具 ||||
| □名片 | □投保单 | □保单封套 ||
| □签字笔 | □纸 |||
| □计算器 | □服务承诺 |||
| 3. 将客户资料存档 ||||
| □电脑 | | □自己的资料库 ||
| 4. 填表日期: 年 月 日 ||||
| 5. 备注: ||||

(二) 保单递送服务流程

1. 及时递送保单

保险展业员应及时将保单递送到客户的手中,让客户觉得其所购买的保单确实很有价值。

2. 重申保单条款内容

递送保单时,保险展业员重申保单条款内容、在保单中的权利和义务,并表达祝贺之意。通过对客户投保的肯定,让客户清楚地了解保单条款,明白自己在保单中的权利和义务。

3. 同客户一起检查保单

列出保单及相关资料的清单,同客户一起检查保单资料的完整性,包括保单号、保单签发日期、被保险人的年龄、基本保额、保费、缴费方式、缴费年限、名片、交费提示卡、建议书、保单正本和发票等,也可利用保单检核表和客户一起检查保单内容(参见表5-2和表5-3)。

表5-2 保单检核表——保单资料及相关附件

| 1. 保单资料及相关附件是否正确且齐全 | | |
|---|---|---|
| (1) 保单客户基本资料 | □正确 | □不正确 |
| (2) 保险合同回执 | □有 | □否 |
| 2. 保单重点整理(条款重点、给付方式等) | □有 | □否 |
| 3. 保单夹整理 | | |
| (1) 保单 | □有 | □否 |
| (2) 名片 | □有 | □否 |
| (3) 其他 | □有 | □否 |

表5-3 保单检核表——保单及保单说明

| 1. 请客户核对保单内容 | | |
|---|---|---|
| 2. 保单内容及重要条款说明 | | |
| (1) 保单内容 | □有 | □否 |
| (2) 契约撤销权 | □有 | □否 |
| (3) 缴费及宽限期间 | □有 | □否 |
| (4) 除外责任 | □有 | □否 |
| (5) 售后服务(柜台、电话中心、公司网站) | □有 | □否 |
| 3. 保单回执签收 | □有 | □否 |

4. 请投保人签收

请客户在回执单上亲笔签名,同时保险展业员应许下服务承诺,提示客户若对保单有任何的不解或疑义都可直接与自己联系,对客户的其他寿险需求可在将来预算充足时再考虑,保险展业员将竭诚为客户提供服务。

5. 服务评估

保险展业员可利用评估工具让客户对其服务进行反馈,以便及时发现服务中的成绩与问题。评估工具包括:专业印制的专业服务评估问卷、我的服务承诺等。如:"周先生,非常感谢您,让我有机会向您提供我和我公司的寿险理财服务,不知您对我的服务评价如何?请多提宝贵建议,以协助我在今后可以不断改善,把工作做得更好。"

6. 要求介绍推介

递送保单是要求转介绍的好时机。保险展业员必须充分利用好这一时机。

7. 再次表达谢意

保单递送任务完成后,保险展业员不要忘记再次向客户恭贺,对客户的选择与决定表示赞扬,并为有机会为其提供服务而表示感谢,以及特别为其介绍准客户而重申谢意。

(三)保单递送技巧

(1)征求客户的同意后,保险展业员可在上班时间将保单送到客户的工作单位,以便扩大自己的社交圈。

(2)在递送保单时,保险展业员可有意识地走错门,以创造保单销售契机。

(3)保险展业员应准备好空白的投保单及其他的展业工具,以防有客户随时投保所需。

(4)保险展业员应认真做好保单递送过程中每一个环节的动作,不要轻视它,因为保险展业员的每一个动作都是这张保单续保的关键所在。

(5)切忌让别人代送保单。无论多忙,保单一定要由保险展业员亲自递送到客户手中,以示保险展业员认真负责的工作态度,增进与客户的进一步联系。

(6)切忌仅单纯递送保单。递送保单时,保险展业员切忌签完保单回执就走,而没有向客户再次说明和强化保单利益与保单功能,没有要求转介绍或进行一次转介绍要求遭客户拒绝后,就主动放弃。

## 二、保单递送实战演练

实战目的:熟悉保单递送流程与技巧

实战演练要求如下所示。

1. 分组与角色互换

2人一组(1人扮演客户,1人扮演保险展业员),5分钟后互换角色。扮演保险展业员角色的同学注意以下环节。

(1)是否恭喜客户并再次说明保险利益。

(2)是否留下名片及服务承诺。

(3)是否多次(5次以上)要求转介绍

2. 选出两组学生,按照上面递交保单流程进行演练。

要求扮演客户的学生至少要提出1次拒绝。每组演练时间为5分钟,教师点评。

实战演练操作如下所示。

保险展业员:王姐,您好!恭喜您为自己和家人购买了这份保险。一般人通常不一定会考虑到未来的风险,但您有这个观念,说明您很富有远见;剔除经济上的情况不说,并不是所有的人都能够投保寿险。实际上,人寿保险只有当客户在健康、道德、财务的条件全部通过后才能买到,所以您的保单能顺利承保,说明您的健康、道德、财务都非常好啊!

客户:哪里,你过奖了。

保险展业员:让我来重新解释一下您保单的保障范围……(展示保单进行说明),刚才所讲的还有哪些内容需要我再详细解释呢?(等待回答)

客户:没有了。

保险展业员:如果没什么问题,我就正式将这份保单交给您,非常感谢您一直对我的信任,请在这儿签收(拿出保单送达书回执)。如果将来对保单有不清楚的地方,您随时都可以联络我,或公司有任何最新资料我都会及时通知您。

客户:好的,谢谢。

保险展业员:在您熟悉或认识的朋友当中,像您这样特别有责任心或爱心的能介绍一下让我服务吗?

## 任务二 理赔服务技能训练

### 一、理赔服务要点

理赔是寿险公司售后服务的核心内容,也是最能体现售后服务水平和寿险公司形象的环节,其服务要点如下。

**(一)积极协助客户准备理赔资料**

当投保的客户出险后,保险展业员应尽快告知客户或客户的家人寿险公司理赔所需的各类材料,同时详细地告知客户寿险公司理赔的程序。寿险理赔材料一般包括:①保单;②人身险理赔申请书;③被保险人的身份证明;④被保险人的户籍证明;⑤受益人身份证明、户籍证明、与被保险人的关系证明;⑥门(急)诊病历;⑦出院小结;⑧医疗费用收据原件、费用清单(处方);⑨医疗费用收据复印件;⑩诊断证明(癌症、重大疾病诊断证明书需同时提供相关检查、检验结果资料);⑪手术证明;⑫意外事故证明;⑬死亡证明书;⑭法医鉴定书或医院鉴定诊断书;⑮户口注销证明;⑯遗体处理证明;⑰法院出具的宣告死亡证明文件;⑱存折首页复印件(如选择银行转账)等。

具体理赔项目及其相应所需的理赔材料参见表 5-4。

**表 5-4 理赔项目及申请理赔时应备的资料**

| |
|---|
| 1. 意外医疗(门诊):①②③⑥⑧⑩(+⑫)⑱ |
| 2. 意外医疗(住院):①②③⑥⑦⑧⑩(+⑫)⑱ |
| 3. 疾病住院医疗:①②③⑥⑦⑧⑩⑱ |
| 4. 一般住院津贴:①②③⑥⑦⑨⑱ |
| 5. 癌症住院津贴:①②③⑥⑦⑨⑩⑱ |
| 6. 手术津贴:①②③⑥⑦⑧⑨⑪⑱ |
| 7. 重大疾病(防癌):①②③⑥⑦⑩⑱ |
| 8. 因患癌症的保费豁免:①②③⑥⑦⑩ |
| 9. 生命尊严提前给付:①②③⑦⑩⑱ |
| 10. 疾病身故:①②③(+④)⑤⑥⑦⑬⑮⑯⑱ |
| 11. 因疾病身故的保费豁免:①②③(+④)⑤⑥⑦⑬⑮⑯ |
| 12. 意外身故:①②③(+④)⑤⑥⑦⑫⑬⑮⑯⑱ |
| 13. 因意外身故的保费豁免:①②③(+④)⑤⑥⑦⑫⑬⑮⑯ |
| 14. 疾病残疾(失能):①②③⑥⑦⑭⑱ |
| 15. 意外残疾(失能):①②③⑥⑦⑫⑭⑱ |
| 16. 宣告死亡:①②③(+④)⑤⑮⑰⑱ |
| 注释:带"+"号的数字表示,如有该项材料,则需提供。 |

资料来源:中国平安人寿保险股份公司。

## （二）对出险客户及时慰问探视

客户一旦出险，保险展业员如果能在第一时间给客户送去慰问和探视，客户会心存感激。在探视过程中，保险展业员也可大致判明该客户是否可获赔偿，若无法判明，可与理赔部联系，并把理赔部门的意见及时告知客户，使客户心中有数。相反，如果出险后寿险公司对客户始终不闻不问，客户感受不到寿险公司人性化的服务，易产生理赔难的想法，影响寿险公司的信誉和整体形象。

## （三）做好投保客户的思想工作

当理赔部门合理地作出拒赔或部分赔偿的决定时，保险展业员要耐心地做好客户的思想工作。当理赔案件可能需要持续较长的时间时，保险展业员应与客户保持密切的联系，及时地向客户汇报理赔的进程，让客户放心，避免因客户的紧张情绪所造成的麻烦。

## （四）注意理赔态度

在理赔过程中，理赔部门及相关部门的态度尤为重要。支持性、协助性、同情心的服务态度通常较易赢得投保客户的认同并淡化他们焦虑的情绪，当然也可减少客户的抱怨。若理赔人员一副爱理不理或是拖拉、傲慢的态度，将会使客户的心情从焦虑转为愤怒，大大影响客户对寿险公司的满意度与忠诚度。

## （五）做好理赔回访

理赔结案后，客户拿到了理赔款，但是理赔服务并没有结束，客户很可能有很多的理赔问题需要解答和澄清。如果在理赔结案后能及时地对客户进行电话回访，帮助客户解答和澄清相关的理赔问题，那么一定会使客户得到意外的惊喜，客户的满意度自然会提高。

## （六）防范保险欺诈

理赔是保险过程的最后环节，也是寿险公司防范保险诈骗的关键步骤。理赔部门一方面要为绝大多数的客户提供主动、迅速、准确、合理的给付，努力实践寿险公司重合同、守信誉、服务优良的承诺；另一方面要保持警觉，及时地发现保险诈骗行为，做到对广大投保人负责，对社会负责。

### 案例 5-1

2012年6月，刚离异不久的陈某通过婚介认识了同样离异的王某并与其确立了恋爱关系。2013年6月，陈某开始向各大保险公司咨询办理保险的各项事宜。同年7月15日，在陈某的催促下，两人登记结婚了。结婚当天下午，陈某就迫不及待地带新婚妻子王某找到保险公司，为其妻投保了100万元意外伤害险、50万元大病统筹险，并由王某支付6 000余元保费，受益人一栏填写的是陈某的名字。

2015年8月29日，陈某在街上看见了在路边长椅上睡觉的李某，就提出拿4万元让李某杀掉其妻。20岁的李某从老家来北京做水果生意，赔了本正发愁没地方住，于是就答应了。当年9月3日上午，陈某把李某带到家里，递给他一把尖刀，然后敲开房门，王某把李某当成是陈某的好友，将两人一同迎进屋，趁王某不备，李某将其杀害，这一天，刚好是王某43岁的生日。

王某被害后的第3天，陈某就向保险公司提出理赔要求，令陈某没有想到的是，李某在案发后的第10天就投案自首了。根据李某的供述，公安机关迅速将陈某缉拿归案。

在法庭上，陈某竟矢口否认其在公安机关所作的杀害王某的供述。另一犯罪嫌疑人李某则说，他在杀害王某时才知道王某和陈某是夫妻，他因实在受不了死者被害时痛苦的面孔，才选择投案自首。

【案例评析】

本案例中，先赠送"人身保险"再雇凶杀妻的陈某挖空心思企图骗取百万保险金，结果到手的却是一张逮捕证。

## 二、理赔服务注意事项

提供良好的售后服务才能拥有长期稳定的客户群和良好的业绩,保险展业员在帮助客户办理理赔手续时要注意下列事项。

### (一) 如实反映案情

发生保险事故后,保险展业员一方面要及时、如实地通知寿险公司,同时还要协助客户办理申请手续,给付申请书应由申请人自己填写,保险展业员不可代替。

### (二) 不轻易向客户做承诺

在理赔申请过程中,保险展业员要热情服务,但不可以代表公司随意地向客户做任何承诺。

### (三) 提醒客户备齐各种相关资料证明

保险展业员比客户了解索赔程序及所需的相关单证,所以要多给客户提醒,以提高时效。同时,保险展业员要提醒客户在法定时效内申请给付,以维护客户的利益。

### (四) 协助寿险公司进行案情调查

保险展业员直接接触客户,招揽保单,同时也是第一线的核保人,对客户的情况最清楚。因此,在理赔人员进行调查时要积极提供尽可能的帮助。

### (五) 对客户资料保密

保险展业员应对客户投保、理赔中涉及个人资料的情况保密,不能擅自用客户理赔的原始资料进行展业宣传。

## 三、理赔服务的方式

除了要遵循一定的原则外,理赔服务还要采取恰当的服务方式。恰当的服务方式主要有以下几种。

### (一) 保赔分离、集中服务

保赔分离、集中服务的核心在于把承保和理赔分开,这样能使承保的人员无权理赔,理赔的人员不负责承保,两种人员各司其职、各负其责,有利于保险理赔人员严格按照理赔标准执行赔付,减少了理赔中的随意性,能够有效地避免错赔、滥赔和以赔谋私等不良行为,为理赔的准确性、时效性、科学合理性提供了保证。

### (二) 建立报案中心和定损中心

建立报案中心和定损中心有利于提高第一现场率,合理降低赔付率,有利于规范理赔业务,树立寿险公司的良好形象。

### (三) 推出理赔承诺

寿险公司可以利用各种媒体或保户联谊会、恳谈会向社会、向保户郑重承诺保险理赔宗旨,以便接受社会监督,提高服务水平。

### (四) 公布安民告示

通过在电视、报纸上公布投保客户须知等,为客户出险后的报案和理赔提供一种引导。

## 四、寿险理赔实践训练

### (一) 理赔场景模拟演练

背景:张先生年轻时在中国平安保险股份有限公司为自己投保了基本保险金额为15万元的万能型终身寿险,并附加了10万元的意外伤害险和2万元的意外医疗保险。10天前,张先生不幸遭遇一起交通意外事故,送医院抢救无效死亡。料理完后事,张先生的儿子张三作为唯一的保单受益人向保险公司申请理赔。

要求:将学生分成3人一组,分别扮演张三、接报案专员和保险理赔员,模拟演练如下理赔场景。教师作为观察员对各组进行点评,并选择1~2组表现优异者,上台示范。

场景一:接报案

张三:您好,我是张××的保单受益人张三,家父张××生前在贵公司投保了终身寿险附加意外险和意外医疗保险,10天前因为一场交通意外事故抢救无效死亡,我想申请索赔。

接报案专员:好的,请您详细说明下保单号及事故发生的详细经过。

张三:我们的保单号是……出险时间是……出险地点是……出险原因是……抢救治疗情况是……

接报案专员:好的,根据您所说的情况,我们已查阅了保单,确认了出险时间在保险期限内,初步论证了属于保险责任。我们需要相关凭证,请您把《出险通知书》及相关单证交给我们。

张三:这是我的《出险通知书》及相关资料。(递交)那么你们什么时候能理赔呢?

接报案专员:好的,是这样的,我们会尽快在系统内录入您的报案信息进行立案,之后我们会派人去相关部门作相应的调查,有什么问题或要求我们会尽快通知您的。

张三:好的,谢谢。

场景二:理赔通知

旁白:保险公司派人去公安机关和医院进行了相应的调查,确认符合理赔条件。之后,理算人员进行了理赔计算,经复核人员复核无误后,保险公司致电给张三。(嘟嘟嘟)

理赔专员:喂,您好,我是中国××保险公司的理赔专员×××。

张三:您好,我是张××的保单受益人张三。

理赔专员:您之前提交的索赔申请已经批准下来了,我们将保险的赔款通知已经通过邮件发送给您了,您收到和确认了吗?

张三:我收到了,且赔款通知已确认无误。

理赔专员:好的,我公司会在3天之内将保险赔款打入您的账户,并短信通知您。

张三:好的,谢谢。

(二)理赔服务案例

案例 5-2

### 售后服务精心周到

人寿保险是一种永久性的产品,它为客户提供长远的保障,所以保险展业员要与客户保持联系,随时提供满意的售后服务。唯有在保险展业过程中乐于助人、持之以恒地提供优质服务的保险展业员才能在市场中站稳脚。

记得有一次,我带了一位新员工去一栋写字楼进行陌生拜访。一位中年女士显得非常激动,大声地说:"保险都是骗人的,你们卖保险的时候都说得好得很,等我们买了就不是这样了,服务太差了……"通过她的大肆渲染,旁边的几个同事也在附和。

我很平静地等她说完:"我完全能理解您的感受,也非常能够体谅您的心情。"她听到我这番话时,脸上的表情渐渐地平静了许多,语气也平和了。

看见她这样的转变,我深入地了解了给她造成这样误解的原因,原来是这位女士在同业办理的一份养老险没有附加住院医疗,而她上年因阑尾炎手术住院,当她出院后到寿险公司进行理赔时,未能陪付。并且更让她生气的是,连给她办理保险的代理人都已经不干了,所以她满腹牢骚。

对于这一问题,我把她视为自己的客户,当成自己没有办理妥善的问题,耐心地给她讲解,通过我仔细的解释,她反而笑着说:"看来这里面学问还大着呢,也怪我自己当时太疏忽了,真是谢谢你啊,你今天给我上了一堂非常专业的保险课啊!你真是太专业了。"随即让我没有想到的是她竟然很起劲地了解起其他险种,并且让我给她和爱人各做一份计划。听到她要办保险,旁边她的两位同事也赶紧走过来问有没有适合他们办的。

通过这样一个问题的解决给我们以后的工作也带来了很多的帮助,类似这样的问题对我们寿险代理人来说几乎是天天可以遇到,但往往不是每个人都能处理得很好,其实这些也是服务的体现。在销售保险产品的环节中服务是必不可少的奠基石,因为寿险行业中有这样一句话,我始终把它当作我的座右铭,那就是"做保险就是做人"。

**【案例评析】**

做好售后服务是保险展业员的重要一课,良好的售后服务能改变人们对保险错误的认识;良好的售后服务能赢得客户的信任;良好的售后服务是保险展业中必不可少的奠基石,是获得新客源、开辟新市场的一条重要生命线。

(资料来源:新华人寿保险股份有限公司新疆分公司行销二部,程强)

**案例 5-3**

### 境外救援责任保险

刘先生出国前其所在单位为其投保了太平洋《出国人员意外伤害、医疗、救援保险B款》保险,保费560元。按照条款约定,在合同约定之日起60天内,刘先生将享有最高40万元身故保障、30万元医疗费用和20万元境外救援费用保障。2015年1月30日,刘先生在德国突发心肌梗死,迅速送往当地医院进行心脏手术。手术后医生建议刘先生回国休养。

太平洋寿险接到客户报案后迅速启动境外救援系统,委托合作方心安盛援助公司为刘先生安排了专门的医护人员远赴德国,为刘先生在回国的路程中提供完善的医疗服务。刘先生在德国手术期间的医疗费用也得到最高30万元的理赔。客户所在单位的领导对太平洋寿险及时、周到的境外救援服务非常满意,同时表示出国人员买一份高额保险,尤其是包括境外救援服务的保险十分必要。

目前获悉,客户单位之前未购买出国险的出国人员都在太平洋寿险购买了这款有境外救援责任的保险。

**【案例评析】**

良好的售后服务是保险展业进入良性循环的最佳途径,它不仅能赢得老客户的信赖,而且通过完善的服务、良好的口碑,还能吸引和发展一批新客户。

(资料来源:太平洋寿险北京分公司网站)

## 任务三 保全业务服务技能训练

### 一、保单保全的主要内容

保全服务涉及的内容主要有:投保人、受益人变更,一般错误更正,通信地址、电话、收费方式变更,领取方式变更,年龄、性别更正,职业、工种变更,交费方式变更,保险合同效力恢复,补发保险单,满期生存给付,利差返还,保单迁移等(参见表5-5)。本项目重点介绍保单保全服务项目的5种主要业务,即保单变更、保单复效、保单减退保、保单迁移和保险合同补发等服务要点与注意事项。

表 5-5 ××寿险公司人身保险产品的保全服务内容

| 序号 | 保全服务项目 | 寿险公司提供服务的时间 | | |
|---|---|---|---|---|
| | | 保险期限内 | | 年金给付期内 |
| | | 交费期限内 | 非交费期限内 | |
| 1 | 通信地址、住所变更 | √ | √ | √ |
| 2 | 姓名文字变更 | √ | √ | √ |
| 3 | 证件类别及号码变更 | √ | √ | √ |
| 4 | 性别错误更正 | √ | √ | √ |
| 5 | 出生日期错误更正 | √ | √ | √ |
| 6 | 更换投保人 | √ | | |
| 7 | 受益人变更 | √ | √ | √ |
| 8 | 增加附加险 | √ | √ | |
| 9 | 附加险核保 | √ | | |
| 10 | 投保要约的确认 | √ | √ | √ |
| 11 | 保险合同补发、换发 | √ | √ | √ |
| 12 | 解除合同 | √ | √ | √ |
| 13 | 保险关系转移 | √ | √ | |
| 14 | 续期保费交费通知 | √ | | |
| 15 | 保费抵交 | √ | | |
| 16 | 保费自动垫交 | √ | | |
| 17 | 交费方式变更 | √ | | |
| 18 | 授权账号变更或撤销 | √ | √ | √ |
| 19 | 减保 | √ | | |
| 20 | 保额增加权益 | √ | | |
| 21 | 减额交清 | √ | | |
| 22 | 可转换权益 | √ | √ | |
| 23 | 合同效力恢复 | √ | √ | |
| 24 | 利差返还 | | | √ |
| 25 | 红利给付 | √ | √ | |
| 26 | 生存金额领取通知 | √ | √ | √ |
| 27 | 年金领取方式变更 | √ | √ | |
| 28 | 年金领取年龄变更 | √ | √ | |
| 29 | 犹豫期撤单 | √ | 投保人签收合同的 10 日内 | |

**（一）保单变更保全服务**

由于人寿保险的合同期限较长,在较长的缴费期限内,投保人可能丧失缴费能力,投保人或投保人的姓名、住址等信息也可能发生变化,因而需要变更相关信息。

1. 投保人及相关信息变更

1)申请人

申请人为投保人。申请时,新旧投保人、被保险人均须在申请书上亲笔签名。

2)提交资料

需提交的资料包括:《保险合同变更申请书》(参见表5-6)、保险合同、投保人身份证明、新投保人《补充告知问卷》,若为他人代理办理的,还需提供委托授权书及委托人的身份证件等。

3)注意事项

(1)投保人及相关信息变更可在保险合同有效期内的任意时间提出申请。若存在保单抵押借款、保费豁免或保单失效,则不受理投保人的变更。

(2)投保人变更应由原投保人提出,并经被保险人同意后方可办理。

(3)若投保人身故,则申请资格人为被保险人本人,被保险人为未成年人时,由其法定监护人代为行使权利。更改后的投保人对被保险人应有可保利益。

表5-6 保险合同变更申请书(个人)

公司提示:

1. 申请合同内容变更时(通讯地址变更除外),请随附保险合同,以便我公司予以批注。
2. 申请增加健康险类附加险种或保险金额,更换列有免交未到期保险费责任的保险合同的投保人,请填写《补充告知问卷》,以便我公司进行核保处理。

| 保险合同号 | | | | | | |
|---|---|---|---|---|---|---|
| 投保人 | | 客户号 | | | | |
| 变更项目 | | 变更后内容 | | | | |
| 更正个人资料<br>□ 投保人 □ 被保险人<br>□ 受益人 □ 汇交人 | 姓名 | | 性别 | | 出生日期 | |
| | 证件名称 | | 号码 | | | |
| | 通讯住所地址:　　　　　　　　　邮编:<br>住所:<br>办公电话:　　　　　　　　　　　手机:<br>E-mail:<br>□连带批改本人其他保险合同的联系方式 | | | | | |
| □ 职业更变 | 职业 | | 职业代码 | | 变更日期 | |
| □ 更换投保人 | 客户号 | | 是被保险人的 | | | |
| | 姓名 | | 性别 | | 出生日期 | |
| | 证件名称 | | 号码 | | | |
| | 通讯住所地址:　　　　　　　　　邮编:<br>联系电话:　　　　　　　手机:　　　　　E-mail: | | | | | |
| | 更换原因 | | (更换后)投保人签名 | | | |
| □ 身故保险金受益人 | 受益顺序 | 姓名 | 性别 | 出生日期 | 证件名称 | 证件号码 | 是被保险人的 | 受益份额 |
| □ 生存保险金受益人 | | | | | | | | |

(续表)

| □ 交费方式 | □ 一次交清/趸交 □ 年交 □ 半年交 □ 季交 □ 月交 □ 不定期 |
| --- | --- |
| □ 领取年龄 | □ 50周岁 □ 55周岁 □ 60周岁 □ 65周岁 □ 其他 |
| □ 领取方式 | □ 一次性 □ 年领 □ 月领 □ 平准 □ 增额 □ 其他： |
| □ 减保 | □ 降低后保险金额　　　　元　□ 降低后保险费　　　　元 |

2. 受益人变更

1）申请人

申请人为投保人或被保险人。投保人申请变更受益人时，须征得被保险人的同意。

2）提交资料

需提交的资料包括：《保险合同变更申请书》、保险合同、最近一期缴费凭证、投保人身份证明和受托人身份证明。

3）注意事项

（1）受益人变更可在保险合同有效期和领取期内任意时间提出申请；变更受益人须相应变更下列信息：姓名、性别、身份证号码、受益人与被保险人关系等。

（2）对疾病、伤残、医疗保险金、各项津贴的受益人为被保险人本人的，不受理受益人的变更；保单状态为自动垫缴保费状态，或保单存在借款，不受理受益人的变更；变更后的受益人与被保险人的关系若为直系亲属且保额在规定的范围内（通常规定为20万～30万元）的不需重新核保，否则须重新核保。

（3）受益人为数人时，被保险人须指定受益顺序和各自的受益份额。

3. 客户基本信息变更

客户基本信息变更主要包括联系方式变更、缴费方式变更、缴费形式变更和年龄性别变更等，关于这些信息的变更应注意的问题见表5-7。

表5-7　客户基本信息变更注意事项

| 变更项目 | 申请人资格 | 申请时间 | 说明 |
| --- | --- | --- | --- |
| 地址、职业、工种变更 | 投保人 | 合同有效期内 | 职业变更者须在申请书上亲笔签名 |
| 缴费方式变更 | 投保人 | 缴费期内 | 应在缴费对应日前30日内提出 |
| 缴费形式变更 | 投保人 | 缴费期内 | 若变为银行转账，需填写《委托银行转账协议书》 |
| 领取形式变更 | 投保人或被保险人 | 合同有效期内 | 需提交被保险人身份证明 |
| 年龄性别变更 | 投保人 | 合同有效期内 | 被更正人须在申请书上亲笔签名（一般情况下，受益人的资料更正无须受益人签名） |

**案例 5-4**

张某于2014年6月15日投保意外伤害保险20万元、附加意外伤害医疗保险1万元。2015年6月15日上午，张某在锦文阁楼外11层处进行外墙装修作业，由于安全绳在19楼处断裂致使张某从11楼直坠3楼平台，当场死亡。

寿险公司在审核该案的过程中发现张某生前为某装饰工程公司的外墙喷漆工，最低应按5类职业收费承保，而其投保书中填写为"景灏商贸发展有限公司的安装工人，为4类职业"。核赔人依据核保人的意见，在充分考虑被保险人利益的基础上，决定按5类职业收费标准来计算给付金额,并报核保核赔部批准,作出赔付 129 230.77 元的理赔决定。

**【案例评析】**

客户职业变更若未及时更改会直接影响到寿险公司或客户自身的利益。因此,保险展业员应做好保单职业等信息变更及时通知寿险公司的利弊关系宣导,更好地维护寿险公司和客户双方的利益。

### (二) 保单复效保全服务

人身保险合同因投保人不按期缴纳保险费致使合同失效后,自失效之日起的一定时间内(保险条款一般都载明失效的时间,通常为 2 年),投保人可向保险人申请复效,经保险人审查同意,投保人补缴失效期间的保险费及利息后,保险合同即可恢复效力。

1. 申请人

保单复效保全服务的申请人为投保人。

2. 提交资料

需提交的资料包括:《恢复合同效力申请书》(参见表 5-8)、保险合同、最近一期缴费凭证、投保人身份证明、有关的补充告知、就诊资料(如果《恢复合同效力申请书》的告知栏有疾病告知)等。

表 5-8　恢复合同效力申请书

| 投保人 | | 被保险人 | |
|---|---|---|---|

告知事项(若条款列明有"免交未到期保险费责任"的险种,请同时填写"投保人"项下告知事项)

| | 被保险人 | 投保人 |
|---|---|---|
| 1. 身高体重:被保险人身高＿＿＿厘米,体重＿＿＿公斤;<br>　　　　　投保人身高＿＿＿厘米,体重＿＿＿公斤; | | |
| 2. 生活习惯:<br>A. 是否驾驶摩托车或其他机动车<br>B. 是否参加潜水、拳击、攀行、飞行、赛车及漂流等危险运动或嗜好<br>C. 是否服食任何成瘾药物或吸毒<br>D. 是否有饮酒或吸毒习惯? 如"是",已饮酒＿＿年,种类＿＿,每天饮酒＿＿(数量),于(年前)因为＿＿＿停止饮酒;已吸烟＿＿年,每天＿＿支,于＿＿年前因为＿＿＿停止吸烟<br>E. 是否计划 2 年内出国 | 是□ 否□<br>是□ 否□<br>是□ 否□<br><br><br><br>是□ 否□ | 是□ 否□<br>是□ 否□<br>是□ 否□<br><br><br><br>是□ 否□ |
| 3. 身体残障:<br>A. 曾否患听力、视力、语言、咀嚼障碍、智商障碍<br>B. 曾否患有脊柱、胸廓畸形、四肢、手、足、指残缺 | 是□ 否□<br>是□ 否□ | 是□ 否□<br>是□ 否□ |
| 4. 症状体征:是否曾患有或被告知有下列症状,或因下列症状接受治疗:<br>慢性咳嗽、咯血、胸闷、心慌、气短、水肿、声嘶哑、吞咽困难、呕血、黑便、腹痛、黄疸、贫血、肿块、血尿、蛋白质、皮肤淤斑、不明原因皮下出血点、渐进性消瘦、持续性头痛、晕厥、抽搐、昏迷、长期发热、高度近视 | 是□ 否□ | 是□ 否□ |
| 5. 病史询问:是否曾患有或接受治疗过下列疾病:<br>A. 高血压、先天性心脏病、风湿性心脏病、心内膜炎、冠心病、心肌梗死、心率失常、心肌炎、脑血管意外<br>B. 帕金森氏综合征、癫痫、脑部疾病、脊髓疾病、精神病<br>C. 哮喘、肺结核、肺气肿、支气管扩张、尘肺、矽肺、肺源性心脏病<br>D. 消化性溃疡、萎缩性胃炎、胰腺炎、肝硬化、乙肝或丙肝病毒携带者、胆道感染或结石 | 是□ 否□<br>是□ 否□<br>是□ 否□<br>是□ 否□ | 是□ 否□<br>是□ 否□<br>是□ 否□<br>是□ 否□ |

(续表)

| | 是 否 | 是 否 |
|---|---|---|
| E. 尿道结石或畸形、肾炎、肾病、肾功能不全、多囊肾、肾盂积水、前列腺疾病 | □ □ | □ □ |
| F. 肿瘤(包括恶性肿瘤及尚未确诊为良性或恶性之息肉、肿瘤、囊肿、赘生物) | □ □ | □ □ |
| G. 糖尿病、痛风、垂体机能亢进或减退、甲状腺功能亢进或减退、肾上腺机能亢进或减退 | □ □ | □ □ |
| H. 系统性红斑狼疮、风湿或类风湿病、结缔组织病及结缔组织疾病、椎间盘突出、疝、痔 | □ □ | □ □ |
| I. 贫血、血小板减少性紫癜、过敏性紫癜、血友病、白血病、被建议不宜献血 | □ □ | □ □ |
| J. 白内障、视网膜疾病、角膜疾病、青光眼、中耳炎及其他眼、耳、鼻、喉或口腔疾病 | □ □ | □ □ |
| K. 先天性疾病、遗传性疾病、地方病、职业病、药物过敏史 | □ □ | □ □ |
| L. 是否还有以上未列明的疾病? | □ □ | □ □ |
| 6. 诊疗、检查经历: | | |
| A. 过去 3 个月内是否接受过医生的诊断、检查和治疗 | □ □ | □ □ |
| B. 过去 5 年内是否因疾病或受伤住院或手术 | □ □ | □ □ |
| C. 过去 5 年内除健康普查外有否做过下列检查:X 光(透视、摄片)、心电图、B 超、CT 或核磁共振、脑电图、血液症状、胃镜、肠镜等内窥镜检查、病理活检、眼底检查 | □ □ | □ □ |
| 7. 你及你的配偶是否曾接受或试图接受与艾滋病有关的检查或治疗?在过去 6 个月内是否曾持续超过 1 周以上有下列症状:体重下降、食欲缺乏、盗汗、腹泻、淋巴结肿及皮肤溃烂 | □ □ | □ □ |
| 8. 父母兄弟姐妹中是否有人曾患有遗传性疾病、结核病、肝炎、肝硬化、癌症、糖尿病、肾病、心脏病、中风、高血压、动脉硬化、精神病或者是乙肝、丙肝病毒携带者或 60 周岁以前因病身故 | □ □ | □ □ |
| 9. 妇女专项 | | |
| A. 是否正在怀孕?如是,孕期____周 | □ □ | □ □ |
| B. 是否患有子宫肌瘤、子宫颈癌、卵巢囊肿、卵巢癌、异位妊娠、乳腺增生(包块、肿块)、乳腺癌、阴道不规律出血等疾病 | □ □ | □ □ |
| 10. 投保记录: | | |
| A. 目前是否有已参加或正在申请中的其他人身保险?如有,请告知承保公司、保险险种名称、保险金额、保险合同生效时间 | □ □ | □ □ |
| B. 过去 2 年内是否曾被保险公司解除合同或申请人身保险被延期、拒保或附加条件承保? | □ □ | □ □ |
| C. 过去有无向保险公司索赔 | □ □ | □ □ |

11. 投保人职业:过去 3 年平均年收入约为_____元,被保险人过去 3 年平均年收入约为_____元

12. 说明:(以上 2~10 项如"是",请列明问题编号及有关需说明内容,包括疾病诊治日期、诊治结果、诊治医院名称、债务情况等。对投保单及告知内容,我公司承担保密责任)

说明与授权

  1. 本人郑重声明,已如实告知上述事项,如有不实告知,贵公司有权解除已恢复效力的保险合同,并对解除合同前发生的事故不承担保险责任。

  2. 本人谨此授权凡知道或拥有任何有关本人健康及其他情况的任何医生、医院、保险公司、其他机构或人士,均可将有关资料提供给贵公司。此授权书的影印本也同样有效。

  投保人签名:     申请日期:  年  月  日

  被保险人(或其监护人)签名:    日期:  年  月  日

营业机构:    业务员:    工号:

3. 注意事项

（1）宽限期后60日内，投保人申请复效的保单可不经核保审核。

（2）保单失效2个月内原则上可不体检，但如果健康告知有异常或核保员认为有必要体检时，可进行相应的体检。失效2个月以上的保单，在投保时属非体检件的须做普检；投保时为体检件的，可按当时体检标准体检，同时核保员可根据实际情况增加体检项目。失效2个月以上的高额保件的续保，须重新填写高保额问卷，并重新进行生存调查。

（3）若保单尚有未清偿的垫缴保费或借款，应通知投保客户在办理复效时一并清偿。

（4）当主险失效时，其附加险同时失效。办理复效时，若客户仍需投保附加险，附加险部分应办理加保手续，附加险保费按被保险人申请复效时的年龄计算。

### （三）减退保保全服务

在保险合同有效期内，投保人可能会因经济状况发生变化或对风险的认识发生变化而要求减少保额或退保。减退保的申请可在保险有效期内的任何时间办理。

1. 申请人

减退保保全服务的申请人为投保人，须被保险人亲笔签名。

2. 提交资料

需提交的资料包括：保险合同、首期或最近一期保险费缴费凭证、《保险合同解除申请书》（参见表5-9）、投保人身份证明、受托人身份证明，若选择银行转账方式领款，还须提供活期银行储蓄存折首页或银行卡正面复印件。

表 5-9　保险合同解除申请书（个人）

公司提示：
1. 下述保险合同自我公司接到解除合同申请书之日起终止。
2. 申请结束保险合同，请随附保险合同原件，最近一期交费凭证、投保人及申请人身份证件。
3. 保险合同遗失时，须同时办理挂失手续。
4. 解除主险保险合同时，其附加险同时解除。
5. 投保人自签收保险合同之日起10日内申请解除保险合同，在返还保险费时，我公司将收取工本费，并扣减已支付的体检费。

| 保险合同号 | | | |
|---|---|---|---|
| 投保人 | | 联系电话 | |
| 申请原因：□经济原因　□险种不理想　□服务不满意　□出国移居　□公司信誉　□其他 | | | |
| 领款形式 □现金　□银行转账　□开户银行：　　户名：　　账号： | | | |

声明与保证：
　　本人已仔细阅读，理解贵公司提示并同意遵守，谨此向贵公司申请解除上述保险合同，同意贵公司依此申请书办理合同解除事项，同时保证该保险合同并无与贵公司之外的转让、质押事实，申请人没有与保险合同有关的诉讼事项。

投保人签名：　　　　　　　　申请日期：　　　年　　月　　日

若申请人不能亲自办理，委托他人代办时，请填写授权委托书

授权委托书
××人寿保险股份有限公司　　　　分公司：
委托人全权委托受托人（受托人　　　身份证号：）　持贵公司要求的必备文件，以委托人的名义前往贵公司代为办理上述保险合同解除事项。同时郑重声明凡由本授权委托书引发的法律纠纷与贵公司无关，本授权委托书自签发之日生效。

(续表)

| 委托人签名： | | | 受托人签名： | | |
|---|---|---|---|---|---|
| 日期： 年 月 日 | | | 日期： 年 月 日 | | |
| 受托人通讯地址： | | 邮编： | | 电话： | |
| 以下内容由保险公司填写 | | | | | |
| 处理意见： | | | | | |
| 受理人： | | 日期： | | | |
| 营业单位： | | 业务员： | | 工号： | |

3. 注意事项

(1) 若投保人在新契约保单的犹豫期(10日)内提出减退保,保险人应退还客户全部的保险费。若客户上门办理的,合同解除的生效时间以寿险公司接到客户申请日期为准;对于客户以邮寄方式申请的,生效时间以投保人寄出解除合同申请信函上的寄出地邮局的邮戳日期为准。

(2) 投保人若在犹豫期外退保,保险人按合同约定比例退还保单现金价值;犹豫期外减保,退还减少保额部分的现金价值。若存在健康加费和职业加费,则对加费部分按一定的比例退还;若主险的保险金额减少,附加险保额也应按寿险公司的内部投保规则作相应调整;对于非1年期附加险的其他险种,按保险条款约定的退保处理办法退保。

(3) 发生过伤残、医疗赔付的保单或已进入生存领取的保单不办理减退保。

(四) 保单迁移保全服务

如果投保人搬迁到其他城市或地区,可以提出保单迁移申请。

1. 申请人

保单迁移保全服务的申请人为投保人,但须经被保险人签字认可。

2. 提交资料

需提交的资料包括:转出《保险关系转移申请书》(参见表5-10),保险合同,最近一次缴费凭证,投保人、被保险人的身份证明,受托人身份证明,寿险公司要求提供的其他资料。

表5-10 保险关系转移申请书

公司提示：
1. 申请保险关系转移,请随附保险合同、身份证件等资料。如委托他人办理,请同时提供受托人的身份证件。
2. 申请保险关系转移,应由投保人提出,并在申请书上签名认可。
3. 转入转出公司均开办的附加险,可随主险一同转移,但续保时要按转入公司规定的费率执行,转入公司没有开办的附加险,按退保处理。
4. 保险关系转移后,指定医院须按转入公司的要求重新指定。

| 投保人 | | 客户号 | |
|---|---|---|---|
| 保险合同号 | | | |
| 保险合同号 | | | |
| 保险合同号 | | | |
| 保险合同号 | | | |
| 投保人最新通讯地址： | | 邮编： | 电话： |

(续表)

欲转往公司：

有无下列情形发生，若有，请在方框内选"✓"：
□欠交保费　　□垫交保费　　□未还借款　　□应领未领保险金　　□应领未领红利/利差

转移原因：□投保人迁移　□被保险人迁移　　是否愿意转移为相近险种：□是　□否

声明与保证：
　　本人已仔细阅读，理解贵公司提示并同意遵守，谨以此申请书向贵公司申请转移上述条款，并同意贵公司依该申请书办理转移事宜。
　　投保人签名：　　　　　申请日期：　　年　　月　　日

若申请人不能亲自办理，委托他人代办时，请填写委托授权书

授权委托书
××人寿保险股份有限公司分公司：
　　委托人全权委托受托人（受托人　　身份证号：）　　持贵公司要求的必备文件，以委托人的名义前往贵公司代为办理上述保险关系转移事项。并郑重声明凡由本授权委托书引发的法律纠纷与贵公司无关，本授权委托书自签发之日起生效。
　　委托人签名：　　　　　日期：　　年　　月　　日
　　受托人签名：　　　　　日期：　　年　　月　　日
　　受托人通讯地址：　　　　邮编：　　　　　电话：

以下内容由保险公司填写

处理意见：

受理人：　　　　　日期：

营业机构：　　　　　　业务员：　　　　　　　　工号：

3．注意事项

投保人需提供准确的联系地址、邮编和电话，以便寿险公司及时为投保人服务；保费应交日后办理迁移的，投保人应先缴清当前保费；有借款、垫缴保费的保单，投保人迁移前应先办理还款本息。

**（五）保险合同补（换）发保全服务**

保险单是证明保险人和投保人之间合同关系的有效文件，应妥善保管。若不慎遗失、污损，则须重新办理，寿险公司收取相应的工本费。

1．申请人

保险合同补（换）发保全服务的申请人为投保人或保险展业员。

2．申请时间

保险合同补（换）发保全服务的申请时间为保险合同有效期内。

3．提交资料

需提交的资料包括：《保险合同补/换发申请书》（参见表5-11）、投保人身份证明、受托人身份证明（若委托他人办理）、污损保险合同（若因污损而补发）、被保险人身份证明及最近一次缴费证明，寿险公司要求提供的其他材料（如遗失证明）。

表 5-11　保险合同挂失/补换发申请书

公司提示：
1. 申请保险合同补/换发，应由投保人提出，并提交身份证件等必备资料。
2. 补/换发保险合同须交纳工本费人民币 10 元。
3. 因保险合同污损而申请换发的，须交回原保险合同。
4. 保险合同挂失/补发须由投保人本人向公司申请。
5. 申请办理保险合同补/换发期间，不能受理解除合同、续期交费以外的其他保全事项。

| 保险合同号 | | |
|---|---|---|
| 投保人 | | 被保险人 |
| 客户号 | | 身份证号码 |
| 申请事项 | 个人保险合同填写 | □ 保险合同换发<br>□ 保险合同挂失、补发<br>□ 保险合同构件补发（构件名称：　　　）<br>□ 保险合同构件换发（构件名称：　　　） |
| 申请事项 | 团体保险合同填写 | □ 保险合同换发<br>□ 保险合同挂失、补发<br>□ 保险合同构件补发（构件名称：　　　）<br>□ 保险合同构件换发（构件名称：　　　）<br>□ 保险合同相关凭证补发（凭证名称：　　　） |

声明与保证：
　　本人郑重声明，自申请之日起，原保险合同作废，贵公司只依据本次补/换发件承担保险责任。原保险合同无任何转让、质押事实，也没有相关的债务及其他诉讼事项。

| 投保人签名： | 申请日期：　　年　　月　　日 |
|---|---|
| 处理意见： | |
| 受理人： | 日期： |
| 营业机构： | 业务员：　　　　　　　　　工号： |

4. 注意事项

若保单失效后申请补发，则应先办理保单复效手续。办理补发手续时，保单保全人员要核对投保人与被保险人的签章是否和预留的签章一致。新保单号码与原保单号码应一致，但内容为保单最新状态。

## 二、保单保全服务要点

### （一）保单保全作业流程

保单保全是对保险合同效力的维护，保全作业一般经过客户申请、受理、初审、经办、复核、单证缮制、清分以及日结、归档六个处理环节，其流程参见图 5-1。

### （二）保单保全变更申请途径

（1）投保客户直接向其所投保的寿险公司的保全部门提出变更申请。

（2）投保客户可委托他人如保险展业员、专门的收费员等到寿险公司服务网点的保全部门申

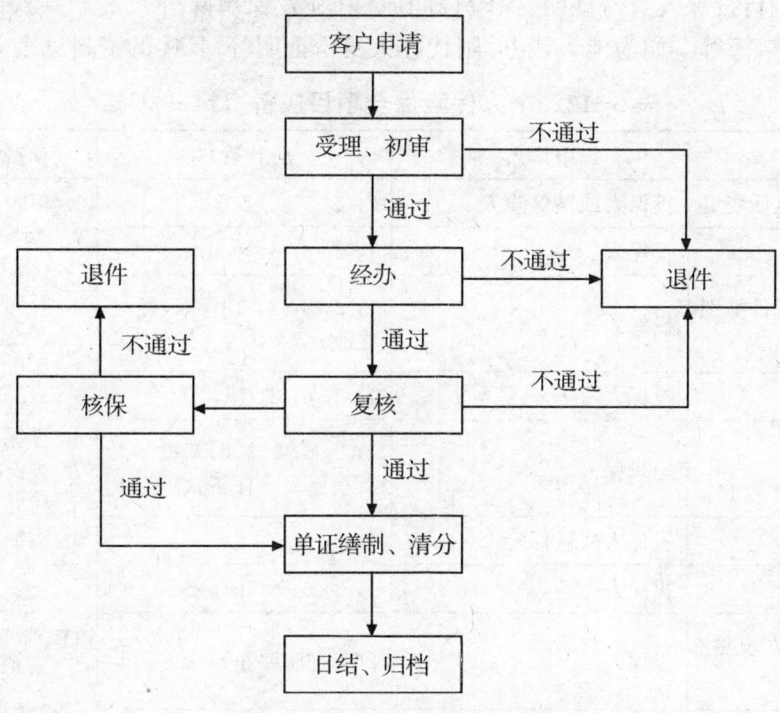

图 5-1 保单保全作业流程图

请办理。

(3) 投保客户通过信函提出申请。此类申请目前一般仅限于通信地址或住所变更、解除合同等寿险公司认可的保全项目。

(4) 通过类似中国平安的"一账通"等,在保险公司的官网自助办理。

**(三) 保单保全变更申请书填写要求**

(1) 客户用钢笔或签字笔按申请书上对应的项目正确、完整地填写,不应涂改。

(2) 申请书上的签章应与投保单上相应的签章一致。

(3) 申请日期应与委托书上的日期一致。

(4) 保单的状态应符合规定要求:① 在标准状态下,即保险责任尚未终止,保险合同依然有效,投保人也未申请迁出、保额变更等情况下,寿险公司可受理投保人各项保全申请,变更各项信息,如养老金领取、满期给付、保单补发、续期交费、转换险种等;② 在退保状态下,即在保险合同自然终止前,投保人提出提前终止保险合同,并领取保单的现金价值,保险人不再承担相应责任的情况下,寿险公司不受理任何保全申请;③ 在终止状态下,即保险合同所约定的保险期限已届满,保险合同自然终止的情况下,寿险公司不受理任何保全申请;④ 在迁出状态下,即在被保险人因工作或其他原因从本地迁往异地,为缴费和领取保险金的便利,向保险人提出变更托管公司的情况下,寿险公司不受理其他任何保全申请;⑤ 在保单失效状态下,即对于非趸交保单,投保人可能会因各种原因而欠交保费,在超过约定的宽限期(一般为 60 天)后,保单处于失效状态的情况下,寿险公司接受投保人在失效 2 年内提出的复效申请,其他的保全服务不受理;⑥ 在领取状态下,即年金类保单和其他返还性保单已经进入领取期的情况下,除可受理领取方式的变更和基本信息变更外,不能受理其他的变更操作。

**(四) 保全项目应备文件**

客户向寿险公司提出各项变更申请需有相应的文件并填写"变更申请书"。一般来说,保全应准备的文件主要有：投保人身份证明、保险合同原件（补发保单除外）、最后一次缴费证明、被保险人身份证明或户口簿等。如为他人代办，附代办人身份证明等，具体的资料见表5-12。

表5-12 个人保险保全项目应备资料一览表

| 服务项目 | 申请人 | 应备资料 | 应备资料代码说明 |
| --- | --- | --- | --- |
| 通讯地址/住所/电话变更 | 投保人或被保险人 | 2，6 | 1. 保险合同 |
| 性别/生日变更 | 投保人 | 1，2，3，6，8，18 | 2. 保险合同变更申请书（个人） |
| 姓名/文字变更/证件类别及号码变更 | 投保人 | 1，2，6，8，18，27（姓名更改） | 3. 补充告知问卷（个人） |
| 职业变更 | 投保人 | 1，2，6，8，18，21 | 4. 投保要约补充告知/确认申请书 |
| 投保人变更 | 原投保人 | 1，2，6，8，新6，新投保人3（投保人责任条款），28 | 5. 最近一期交费凭证 |
| 受益人变更 | 投保人或被保险人 | 1，2，6，7，8 | 6. 投保人身份证 |
| 保险合同复效 | 投保人 | 1，3，6，8，10，29 | 7. 被保险人身份证 |
| 续期交费转账授权/变更/撤销 | 投保人 | 2（附加险终止），16 | 8. 代办人身份证与委托书 |
| 终止附加险 | 投保人 | 1，2，6，8 | 9. 附加医疗险补充协议 |
| 增加附加险 | 主险投保人，同时被保险人在申请书上签名 | 1，2，3，9 | 10. 恢复保险合同效力申请书 |
| 附加险加保 | 投保人，被保人（增加有死亡责任附险） | 1，2，3，6，8，9 | 11. 解除保险合同申请书（个人） |
| 附加险减保 | 投保人 | 1，2，6，8 | 12. 借款申请书 |
| 犹豫期解除合同 | 投保人 | 1，5，6，8，11 | 13. 生存保险金/利差/红利领取申请书（个人） |
| 解除合同 | 投保人 | 1，5，6，8，11 | 14. 保险合同补/换发申请书 |
| 借款 | 投保人，但须经被保险人签字同意 | 1，5，6，8，12，23 | 15. 保险关系转移申请书 |
| 还款 | 投保人 | 12（投保人存执联），22，23（申请人留存联） | 16. 保险费自动转账付款授权书 |
| 生存金、年金、满期金、红利领取 | 生存受益人 | 1，5，8，13，19，20，24 | 17. 投保要约补充告知/确认书 |
| 保险合同补/换发 | 投保人 | 6，14，25（污损补发才需要） | 18. 被更正/告知人身份证 |
| 保险关系转移 | 投保人，但须经被保险人签字同意 | 1，5，6，7，8，15 | 19. 被保险户籍证明应备资料代码说明 |
| 出国告知 | 投保人，同时投保人、被保险人（若出国者为被保险人、受益人）都须有本人亲笔签名 | 1，2，6，8，18，26 | 20. 受益人身份证 |
|  |  |  | 21. 职业变更证明 |
|  |  |  | 22. 领取借款时的付款收据 |
|  |  |  | 23. 资料交接凭证 |
|  |  |  | 24. 存折首页复印件 |
|  |  |  | 25. 污损保险合同 |
|  |  |  | 26. 护照 |
|  |  |  | 27. 户籍部门出具的变更证明 |
|  |  |  | 28. 投保人死亡的证明，继承人共同同意变更何人为投保人的说明就诊资料 |

(续表)

| 服务项目 | 申请人 | 应备资料 | 应备资料代码说明 |
|---|---|---|---|
| 垫交还款 | 投保人 | 1,2,6,8 | |
| 保费垫交方式变更 | 投保人 | 1,2,6,8 | |
| 减少保险金额 | 投保人 | 1,2,5,6,8 | |
| 利差返还/红利领取方式变更 | 投保人 | 1,2,6,8 | |
| 变更期交保费交付方式 | 投保人 | 1,2,5,6,8 | |
| 变更领取年龄/领取方式 | 投保人,同时被保险人在申请书上签名 | 1,2,6,8 | |
| 减额交清 | 投保人 | 1,2,5,6,8 | |
| 保额增加权益 | 投保人,同时被保险人在申请书上签名 | 1,2,5,6,7,8 | |
| 健康/职业补告知 | 投保人,同时被保险人在申请书上签名 | 1,3,6,8,17,18 | |
| 投保单的补签名(要约确认) | 投保人,同时被保险人在申请书上签名 | 1,4,6,7 | |
| 可转换权益 | 投保人,同时被保险人在申请书上签名 | 1,2,5,6,7,8 | |

资料来源:中国人寿保险公司郑州支公司。

### (五)保单保全服务注意事项

(1)除退保外,其他的保全项目必须以保单有效为前提,如果保单失效,应先申请复效。

(2)申请保单各项保全,投保人必须在签章栏内签章,并填写身份证号码;如申请投保人、受益人变更的,同时须由被保险人签章,若被保人为未成年人,应请其法定监护人代签。

(3)涉及退费、退保及生存金领取金额较大的,应请客户亲自办理,不能代理。

(4)委托办理,受托人须携带本人及委托人的身份证,并在申请书上签名,填注其身份证号码,涉及内容变更及投保人变更、受益人变更等内容时,须同时出示投保人及被保险人的委托书。

(5)凡涉及续期收费的保全项目,如险别变更、缴费方式变更、保额变更等,若当期保费已缴交,则不得于本期办理变更。

(6)寿险公司的保全人员接受各项变更申请后,应认真审核申请人的资格及相关证件,如果变更对客户权益有重大影响,如变更保额等,应事先向客户解释清楚,避免引起未来不必要的纠纷,变更项目应完整,避免操作失误。

## 三、保单保全实践训练

请依据以下内容,完成相关保全业务。

2015年5月2日,张玉因家中被盗,保单丢失,于2015年5月10日委托其子向保险公司申请补发,并对保单进行部分保全。张玉因买车而资金不足,决定以后由其子为其交保费(由年缴改为半年缴,账户变为其子的中国银行卡95566123456789),并终止附加险"意外伤害医疗"(4份),减少基本险"意外伤害"(1份)、附加险"住院费用医疗"(1份)。同时,将身故保险金受益人变更为其儿子张默,并向银行申请保单质押贷款20 000元。2015年5月30日,经核保员和核保主任的审核,同意对该保单进行保全。同时,其余各部门人员也进行了相应的签名。

**拓展阅读**

**福建寿险理赔服务新标准:千元以下事故理赔一天结案**

2008年9月1日起,《福建省人身保险公司理赔服务标准》(以下简称《标准》)正式实施,届时,福建省各家寿险公司将实行简易案件快速理赔机制,即赔款金额在1 000元以下的简易案件理赔将加快。该《标准》要求,对索赔材料齐全、事实清楚、无需调查且赔款金额在1 000元以下的简易案件,要做到立案后1个工作日内结案。

近年来,福建省保险市场发展迅速,外资、台资保险公司尤其是人寿保险公司大举抢滩。然而,由于各公司经营理念不同、服务标准不一,保险纠纷也不断增多,阻碍了福建保险业健康发展。为规范人身保险理赔服务标准,维护投保人的合法权益,减少理赔纠纷,提升保险业理赔服务水平,福建省保险行业协会颁布了该《标准》,对人身保险报案、理赔等多个方面进行具体规定。

该《标准》要求各寿险公司应当开通24小时不间断理赔报案受理电话,发布保险合同约定的指定就诊医院目录信息;接到报案后,公司认为需要对保险事故的性质、原因等进行现场查勘的,应及时到达现场进行查勘,同时以书面形式通知客户准备索赔所需的相关证明、资料;在接到客户索赔申请时,公司应在3个工作日内查验有关承保资料和索赔单证,审查是否符合立案条件。对符合立案条件且索赔单证齐全的,公司应立即给予立案;对不符合立案条件的,应书面告知客户原因,并及时将索赔单证退还;对属于保险责任且不需要理赔调查的案件,应在10个工作日内作出理赔决定。对需要进一步调查核实,且在10个工作日内不能确定理赔结果的案件,应将理赔进展情况电话或书面通知客户。

该《标准》还规定,各寿险公司应当建立简易案件快速理赔机制,对索赔材料齐全、事实清楚、无需调查且赔款金额在1 000元以下的简易案件,做到立案后1个工作日内及时结案,并在公司规定的时限内给付。公司审核索赔申请后,决定拒绝赔偿的,应当及时向客户出具拒绝赔偿通知书,并说明拒赔原因;公司必须认真受理理赔服务投诉,并在7个工作日内给予回复。

(资料来源:福建省保险学会,2008)

## 实训项目小结

保单递送看似简单、容易,但里面却蕴涵着无限生机。保单递送既是售后服务的"新起点",也是新一轮业务拓展的"增长点"。有效地递送保单可以使保险展业员于细微处展现专业服务的魅力,让展业循环能够很好地运转下去。

理赔是售后服务的核心内容。理赔服务可以使客户切身感受到保险产品的意义和功用。理赔服务得好与坏是客户对寿险公司乃至整个保险行业信任与否的重要标准。因此,如何迅速、准确、合理地处理赔案是理赔服务工作的重要内容,也是理赔服务的宗旨。

保全服务是售后服务的一项重要的专业内容,保全服务既体现了保险合同的公平性,也体现了寿险公司对客户的一种人文关怀。良好的保全服务会不断地增强客户的信心与忠诚度,有助于寿险事业的拓展。在保全服务过程中,寿险公司必须以客户为中心,在合法、合情、合理的前提下,依照公正、公平、公开的原则,以准确、迅捷的方式向客户提供各类保全项目。

优质的续期服务、附加值服务及售后咨询服务可以让投保人或被保险人真正体会到寿险公司的关怀,这既可以提高客户的忠诚度、提升公司形象,又可以降低保单失效率和退保率,保证保险业务的稳定增长。

　　售后服务方式不拘一格、灵活多样,关键在于保险展业员是否有恒心坚持,是否能付出实际行动。把握一种有效的售后服务技巧去指导保险展业员的服务行为,会使保险展业员的售后服务更加完善,会让保险展业员在寿险行业中大放异彩。

# 项目 六 展业团队建设与管理技能训练

## 一、实训目的

通过学习本实训环节,学生应了解增员甄选、会报经营、晨会、创说会及产说会在展业团队建设中的地位与重要性;通过对增员技巧、会报经营技能、晨会、产说会、创说会会议流程技能的把握使展业团队的建设更规范、更有序,发展得更快速。

## 二、实训要求

通过实训,学生应对展业团队建设有充分的认知,熟悉专业化增员流程及操作要点,熟悉创说会与产说会的会议流程,掌握增员开拓的渠道和甄选的步骤与方法;把握会报管理的原则与技能、晨会运作流程与技巧,并能灵活运用各种话术进行增员异议处理。

## 三、实训设计

采取校内实训和校外实训相结合的方式。校内实训通过案例演示、角色扮演、实战演练、视频展示等方式,使学生掌握展业团队建设发展的基本技能。校外实训主要是带领学生到现场观摩寿险公司晨会、产说会与创说会或让学生协助办理一场创说会或产说会,使学生对所学的技能能够得以应用、巩固和提高。

## 四、实训内容

(1) 增员与甄选技能训练。
(2) 会报经营管理技能训练。
(3) 晨会经营技能训练。
(4) 创说会和产说会流程。

## 五、考核标准

本项目的考核采取形成性考核与终结性考核相结合的方式,形成性考核主要考核学生对基本技能要点的认识和掌握程度,终结性考核是指对学生设计答辩的考核结果,前者占比 30%,后者占比 70%。

## 任务一 增员与甄选技能训练

### 一、增员与甄选的认知

(一) 增员与甄选有关案例及相关知识的搜集

学生通过网络、书籍等,了解和收集保险公司增员与甄选的有关案例及注意事项。
参考网站:http://quick.xiangrikui.com/baoxianziliao。

(二) 增员与甄选的认知

通过前面学生自己搜集的资料和老师视频播放、课堂讨论,让学生了解增员与甄选的意义、流程和技巧。

## 二、增员案例评析

教师提供案例,学生分组讨论。各小组组长代表本组展示观点,最后由教师总结点评。

### 案例 6-1

增员是永续经营的事业

小方在心中对自己一直有一个规划,他的人生足迹也是按照他的设想一步步地实现。从保险展业员到主任,从主任到经理,小方所在的部门也越来越壮大,从不到10人发展到80多人,看到部门的蒸蒸日上,小方心满意足,认为现在是享受成果的时候了。在这种思想的支配下,加上督导不利,各级主管均不再把增员看成是工作的重点,小方所在的部门在2年之内没有再增加1名新人,部门由于缺乏新鲜血液也没有了往日的生机,士气低落,人员开始逐步流失,等小方开始发觉时已制止不住这种下滑的势头了。

【分析讨论】
(1) 是什么导致小方所在的部门出现由盛到衰的局面?
(2) 小方应如何正确对待增员?

### 案例 6-2

王东方的增员计划为什么流产

王东方是一个保险专业的本科毕业生,进入寿险营销行业1年半便当上了营销主管,他的小组有3名陆续招进来的保险展业员:小张是一名28岁的单身男性;小王是大学毕业3年的大学生,他们两人都不是本地人;刘阿姨是一个退休的本地知识女性。王东方想要扩大组织规模,便决定在小组内进行增员计划。由于业务紧张,王东方决定让小组成员分头去增员,小张和小王一起去了人才市场,增加3人,都是未找到工作的高中毕业生,回来后交给了王东方,刘阿姨通过缘故法增来了5个40岁以上的本地家庭妇女,王东方也没有详细询问他们便送这7个人接受了短期的训练。回到团队之后,王东方每天利用早会时间宣讲一些团队文化,他希望自己的团队以专业见长,所以也进行了保险专业知识的培训。但过了3个月,7个人中有6个人陆续离开了,王东方想不明白为什么他们要离开,他觉得自己的方向应该没有错误,他不知道是哪个环节出了问题。

【分析讨论】
(1) 王东方有哪些观点是正确的?
(2) 王东方是否选择了正确的增员方法?
(3) 王东方在增员流程上有哪些欠缺?

## 三、增员流程实训

所谓增员,就是不断地寻找出符合基本条件的人,吸引这些人来参与销售人寿保险的过程。增员工作与展业工作一样有其固有的环节和一个完整的流程,缺少中间任何一个环节都有可能导致增员工作的失败。增员实训主要包括增员规划与活动、增员开拓、增员接触前准备、增员面谈、增员后续动作等。

### (一) 增员规划与活动

业务主管要对展业团队人员的增长有一个具体的规划,对全年的增员目标进行规划,然后将目标落实到每个月,才能进行有效增员。如某业务主管增员计划表见表6-1。

表 6-1　某业务主管增员计划表

| 年管理津贴收入 | 6 万元 |
|---|---|
| 月管理津贴收入 | 60 000÷12 月＝5 000(元/月) |
| 月小组 FYC | 5 000÷10％＝5(万元) |
| 月小组 FYP | 50 000÷30％＝16.7(万元) |
| 需小组人数 | 167 000÷4 500＝37(人) |
| 需面谈人数(假设小组现有人员为 7 人) | (37－7)×5＝150(人) |
| 3 个月后达成目标的每日面谈数 | 150÷(25×3)＝2(人) |

## (二) 增员开拓

目标订立后,就要开始建立增员名单,进行增员开拓。增员对象主要有以下几方面的来源。

### 1. 缘故市场增员

缘故市场包括亲戚、同学、朋友、同事、志趣相投的人、邻居、日常生活中认识的人等,由于保险展业员对这个市场的人比较了解,因而可以把增员的重点放在保险展业员认为能力较强的人身上。缘故市场增员的成功率通常可在 85％以上。

### 2. 推介增员

推介增员即运用推介人增员的方法。推介人员可以是保险展业员、业务主管、推介人、业务来源中心和公司行政人员等。推介增员的成功率通常在 60％左右。

### 3. 人才市场

即通过长期在人才市场租定场位,在前来求职的人中寻找合适的人选。采用这种方法可获得较多的机会,且选择性较大。

### 4. 职业介绍所

即通过和一些职业介绍所订立合约,委托他们帮助物色合适的人选。职业介绍所通常对前来求职的候选人有较多的了解,这种方法可以节约许多时间。

### 5. 求职广告

通过定期浏览各种招聘网站上的求职申请,寻找那些合乎条件的人选,开门见山地解释寿险销售行业的情况与特色,进行直接增员。

### 6. 直接信函

即定期给一些人和团体寄信、发送邮件,通常可以采取:寄信或发送邮件给"影响力中心",请他们协助推荐人选;寄信或发送邮件给挑选过的客户征求人选;寄信或发送邮件给那些业务上有往来的熟人,请他帮忙他们推荐自己的交际圈的人员;寄信或发送邮件给一些保险展业员所熟悉的社会团体,请他们提供名单。

### 7. 影响力中心

影响力中心是指具有较广的社会关系,有一定影响力、认可寿险事业的人。利用影响力中心增员可以让他们利用自身优势来协助增员。影响力中心通常须具备两个条件:首先,其了解并认同寿险事业,也信任保险展业员;其次,这个人在其社交圈里必须有一定的影响力,这样才有可能作出有分量的介绍。

## (三) 增员接触前的准备

### 1. 确立理想增员的选择标准

具有下列特质的人在寿险营销事业中更能够获得成功。

年龄:男性25~45周岁,女性23~45周岁。

学历:高中以上。

婚姻:已婚有子女,有家庭经济负担的最好。

个性:吃苦耐劳、积极进取、外向合群;具有想要改善目前就业状况的欲望,有想要创业成功的欲望,精力充沛;具有令人接受的外表仪态与沟通技巧。

2. 准备好一套异议处理话术

良好的话术可以体现增员者的专业化水平,可以增强增员者的自信与感染力,可以提高增员效率。

3. 备好增员工具

增员者应充分利用增员工具进行增员活动。增员工具主要包括展业资料、增员手册、公司简介、报刊、网站增员VCD和薪资条等。

(四)增员接触面谈

1. 增员接触

可采用电话约访、信函沟通、直接拜访、开办创业说明会等方式与增员对象进行接触。创业说明会是吸引新人和接触新人的一项重要方式。

2. 增员说明面谈

面谈的目的在于吸引并说服最适宜的被增员者加盟。增员说明面谈是增员流程中一个非常重要的环节,一般由主管来进行。面谈应重点说明寿险佣金制和寿险营销的组织制度。当主管完整地介绍完寿险营销事业后,很多人都会产生兴趣,进而了解、理解、参与这一事业。面谈问题具体可根据增员面谈表进行(见表6-2),面谈后填写面谈报告表(见表6-3)。

表6-2 增员面谈表

| 序号 | 项目 | 内容 | 回答栏 |
|---|---|---|---|
| 1 | 理想报酬 | 1. 您目前1个月的薪水有多少,您满意吗?<br>2. 您最近1年内有无调薪?<br>3. 您是否希望当工作能力提升时,收入与报酬马上增加,而不要看别人的脸色及好恶。<br>4. 您是否希望您的工作是可以做自己的老板,收入多寡操之在己,而没有上限?<br>5. 与各行业的收入比较,您认为目前的工作收入是属于高收入吗? | 是□ 否□<br>是□ 否□<br>是□ 否□<br>是□ 否□<br>是□ 否□ |
| 2 | 升迁机会 | 1. 您目前的工作有升迁的可能吗?<br>2. 您是否希望不需要依靠人事背景,只要凭着自己的能力与努力即可升迁的工作?<br>3. 如果有一种工作能够让您在不久的将来带领10人、20人、30人,甚至更多的人,您是否愿意尝试呢?<br>4. 如果有一种工作能让您很清楚地看到您几年后的成就,是否会吸引您呢? | 是□ 否□<br>是□ 否□<br>是□ 否□<br>是□ 否□ |
| 3 | 个人成长 | 1. 您目前的工作可以增进个人成长吗?<br>2. 您希望在工作中不断提升个人工作能力吗?<br>3. 您是否希望从事的行业能让您成功的速度比您的朋友或同学更快? | 是□ 否□<br>是□ 否□<br>是□ 否□ |
| 4 | 产业远景 | 1. 你们公司的生意是否有发展潜力?<br>2. 您是否希望所从事产业发展的潜力是无限的? | 是□ 否□<br>是□ 否□ |
| 5 | 工作价值 | 1. 您是否希望帮助更多的人,而且又能帮助自己呢?<br>2. 您是否认为您的工作能让您迅速地拓展人际关系,建立社会地位呢? | 是□ 否□<br>是□ 否□ |

资料来源:泰康人寿保险股份有限公司。

表 6-3 增员面谈报告表

增员对象姓名　　　　　　　面谈主持人
应征职位　　　　　　　　　应征时间

| 仪容 | 不关心个人仪容 ☐ | 满意 ☐ | 比一般人好 ☐ | 穿着非常讲究 ☐ | 评语： |
|---|---|---|---|---|---|
| 亲切感 | 显得冷漠疏远 ☐ | 和蔼可亲友善 ☐ | 非常热情<br>非常友善<br>友善 ☐ | 非常热情<br>非常友善 ☐ | 评语： |
| 稳重性 | 非常紧张 ☐ | 对自己有信心 ☐ | 遇到困难时反应非常好 ☐ | 非常自信 ☐ | 评语： |
| 态度 | 对此工作感到怀疑 ☐ | 对此工作感到满意 ☐ | 渴望获得此工作 ☐ | 对此工作很渴望 ☐ | 评语： |
| 交谈能力 | 只能作普通的工作沟通 ☐ | 流利与表达均为一般水平 ☐ | 谈话很切题 ☐ | 表达能力相当优秀 ☐ | 评语： |
| 警觉性 | 略显迟钝，需要比一般人更多的说明 ☐ | 一般水准 ☐ | 理解力很强 ☐ | 非常好 ☐ | 评语： |
| 相关知识 | 普通 ☐ | 一般水准 ☐ | 高于一般水准 ☐ | 知识丰富 ☐ | 评语： |
| 相关经验 | 有意义的背景很缺乏 ☐ | 有意义的背景达一般水准 ☐ | 背景良好、经验丰富 ☐ | 经验与背景都非常好 ☐ | 评语： |

**（五）增员的后续动作**

根据我国《保险法》规定，保险展业员必须取得代理人资格证书才能经营寿险事业。合格的增员对象必须接受寿险公司的职前培训。因此，增员者应邀请合格的增员对象参加创业说明会，促成其进入新人培训班。

**（六）增员实践——增员名单卡填写**

请你快速填写你的增员名单，可参考增员名单卡（见表 6-4）进行填写。

表 6-4 增员名单卡

| | 姓名： | | 姓名： |
|---|---|---|---|
| 同事 | 性别： | | 性别： |
| | 职业： | | 职业： |
| | 联系电话： | | 联系电话： |
| | 姓名： | | 姓名： |
| 同学 | 性别： | | 性别： |
| | 职业： | | 职业： |
| | 联系电话： | | 联系电话： |

(续表)

| | | | |
|---|---|---|---|
| 朋友 | 姓名： | | 姓名： |
| | 性别： | | 性别： |
| | 职业： | | 职业： |
| | 联系电话： | | 联系电话： |
| 邻居 | 姓名： | | 姓名： |
| | 性别： | | 性别： |
| | 职业： | | 职业： |
| | 联系电话： | | 联系电话： |

## 四、增员面谈流程实训

### (一) 面谈资料准备

面谈资料主要包括下列内容。

(1) 行业和公司介绍：行业特性、各国投保率等数字分析以及本公司的历史沿革、资产、保费收入、企业文化等。

(2) 业务制度介绍：主要介绍佣金制度及保险展业员晋升的基本通道等。

(3) 收入与前景分析：具有代表性的保险展业员的收入表、十大热门行业介绍等。

(4) 训练课程介绍：各阶段训练课程安排及介绍。

(5) 性向测验表：了解准增员对象的性格特点、心理状况（见表6-5）。

(6) 记录表：记录面谈状况及对方的背景资料。

表6-5 性向测验表

姓名：  电话：

| | 1 | 2 | 3 | 4 | |
|---|---|---|---|---|---|
| | 强 | 弱 | 弱 | 强 | |
| 1. 幽默 | | | | | 严肃 |
| 2. 与世无争 | | | | | 好胜 |
| 3. 喜欢热闹 | | | | | 享受孤独 |
| 4. 淡泊名利 | | | | | 强烈企图心 |
| 5. 希望被肯定 | | | | | 随缘 |
| 6. 稳定就好 | | | | | 想创业 |
| 7. 喜好冒险 | | | | | 喜好保守 |
| 8. 不喜欢被打扰 | | | | | 主动交友 |
| 9. 勤劳型 | | | | | 清闲型 |
| 10. 疾恶如仇 | | | | | 好相处 |

|    | 1 | 2 | 3 | 4 |    |
|----|---|---|---|---|----|
|    | 强 | 弱 | 弱 | 强 |    |
| 11. 好动 | | | | | 好静 |
| 12. 冷漠 | | | | | 热情 |
| 13. 慷慨 | | | | | 节俭 |
| 14. 不善表达于外 | | | | | 赞美别人 |
| 15. 执著 | | | | | 富弹性 |
| 16. 不善言辞 | | | | | 说服力 |
| 17. 注重形象 | | | | | 不重外表 |
| 18. 委曲求全 | | | | | 敢要求别人 |
| 19. 自我激励 | | | | | 需要鼓励 |
| 20. 大而化之 | | | | | 注重小节 |
| 21. 谦虚有礼 | | | | | 率直纯真 |
| 22. 喜欢独自工作 | | | | | 领导经验丰富 |
| 23. 活泼 | | | | | 文静 |
| 24. 独善其身 | | | | | 善解人意 |
| 25. 合群 | | | | | 喜好独行 |

## (二) 增员面谈流程

增员实际上也是一种推销活动,它推销的是一份职业,其流程和产品行销流程基本相似,主要历经下列环节,即寒暄赞美和询问导入—增员点挖掘与资料收集—增员说明—拒绝处理—促成。

1. 寒暄赞美和询问导入

以适度的赞美拉近与对方的距离,通过提问的方式了解增员对象过去及目前的情况。提问问题通常包括以下几项。

(1) 请问你现在的工作有什么令你满意的地方?

(2) 你对目前的工作有什么不满意?

(3) 你能否说一说你心目中的理想工作是什么样的?

2. 增员点挖掘与资料收集

从与增员对象的寒暄中得到其目前工作不满意情况及未来工作理想,捕捉增员点后要肯定并加强其观念。增员点挖掘主要从以下两个方面入手。

1) 目前工作

通过了解增员对象对目前工作不满意的情况,捕捉增员点。

(1) 您觉得目前贵公司的营运状况好吗? 有展望性吗? 如果很好,您的努力与收入呈正比吗? 如果不好,公司可能结束营业,那您怎么办?

(2) 贵公司是什么企业? 您的升迁管道畅通吗? 公平吗?

(3) 您觉得主管和同事间相处和谐吗? 您喜欢现在的工作环境吗? 能充分享受工作的乐趣吗? 您觉得您适合这份工作吗?

2) 未来理想

通过了解增员对象未来工作上理想的情况,捕捉增员点。

(1) 您可不可能换工作？如果您换工作，希望待遇是多少？
(2) 怎样的工作环境和条件才能吸引您？
(3) 如果有人愿意提供资本和技术，而您只提供时间和工作，您有没有兴趣？

3. 增员说明

增员说明的最终目的是促使增员对象将寿险销售作为其工作的首选。增员说明主要说明寿险销售工作所具有的特点与优势，同时解答增员对象关于寿险推销工作的各种疑问。

在说明时应有针对性地进行，防止失实、夸大。重点说明以下几方面内容。

(1) 行业特点——寿险推销工作有十大特点。
(2) 公司简介——公司的特色与荣誉。
(3) 营业单位——单位的特点、风格与文化。
(4) 工作性质——推销工作职责。
(5) 佣金制度和特色——一分耕耘，多分收获。
(6) 培训及福利保障制度——终身培训计划及完整的保障计划。

4. 增员异议处理

解决异议，即对增员反对问题的处理（拒绝话术）。下面是典型的增员异议处理话术。

(1) 搞保险是卖人情、卖面子的工作，我没有兴趣。

处理话术：

● 面子大，人情多对推销保险当然是有帮助，但并不是最重要的条件。因为当今社会人们的教育水平普遍提高，已经能接受保障观念，推销保险是以专业知识及提供服务的方式来达到推销的目的，在发达国家，寿险推销员、医师、律师是一般家庭的三大顾问，很受人尊敬。

● 这是观念的问题，在社会上不管做生意或是做其他的工作，靠亲戚和朋友的帮忙是免不了的。何况现在人的消费观念都很成熟，只要你的产品好，服务到位，又能满足客户的寿险需求，大家还是乐于接受的，不存在卖人情。

(2) 招揽保险我没经验，无法胜任。

处理话术：

● 这方面你尽可放心，天下没有一个人是生下来就会做保险的，每一个人刚来公司的时候都没有什么经验，后来经过公司的各种培训自然就会做保险了（就像我刚进公司的时候……）。

● 我们公司有很好的培训制度，作为一个新进人员，公司会派有经验的人员陪同去招揽，很快你就会学到许多做保险的技巧，并辅导你在公司成长发展。

● 我要推销给谁？

处理话术：

● 每年有无数的婴儿出生。
● 每年有无数的人获得晋升，有更高的收入。
● 每年有无数对伴侣结婚，成立小家庭。
● 每年成万的年轻人开始有了第一笔收入。

以上这些状况及其他的更多情形创造了人们对人寿保险的新需求。

(3) 现在做保险太晚了。

处理话术：王先生，您有这样的想法真是太好了！您的意思是，如果不是太晚的话，您一定会从事寿险工作对吗？（等待回应）跟我相比是晚了些，但寿险事业是一个朝阳行业，在世界各国历经几百年不衰，还不断地在招聘新人入行，而我国的寿险只经历了几十年。今天的您对5年、10年后入行的新人来说能算晚吗？正因为您有这样的想法，那就更不应该犹豫了！

5. 促成

促成的目的在于让准增员对象参加创业说明会,邀请其参加职场早会及新人培训。比如,"我现在也不需要您马上作出决定,而且要加入我们寿险公司还需要通过一系列的面试和测试。这些资料留给您作参考,这里有一份求职表,请您先填写一下,以便于公司面试的时候用。"又如,"正好这个周六下午我们公司有一场创业说明会,您到时抽空去听一下,了解我们寿险公司的情况及保险行业的前景,到时候再做决定也不迟。"

（三）增员面谈实战演练

请学生两人一组,依照增员面谈的流程和话术进行角色扮演,时间10分钟。

## 五、甄选流程训练

寿险业务经营成功的秘诀在于能否善用人力资源,大量选拔合适的人才。甄选就是一个选择、淘汰的过程,是通过一系列的方法从一批人中找出理想的保险展业员,让团队快速健康地发展。

（一）甄选流程训练

1. 初步审查

甄选的第一步是审查候选人的背景资料,包括候选人的年龄、学历、经济状况和在当地居住的时间等,选出初步合格者,进入下一步工作。

2. 潜能测试问卷

通过一系列有关性格、交际技巧、处理异议能力等各方面的测试,观察候选人在寿险业的发展潜力。

3. 重点问题核查

针对被增员者填写的求职人员表,找出其中不明确的部分,以便在面谈时对被增员者进行进一步了解,加深对他的认识。

4. 审核其他的资料

其他的资料包括同事的意见和推荐人的意见。

5. 甄选面谈

此阶段,主管已获得大量的被增员者的资料,可以进行有的放矢地深入面谈,针对收集的问题对被增员者进行提问,尽量多地掌握被增员者的真实情况。

6. 作出总结

对候选人的所有评估资料进行汇总和分析,作出是否录用的决定,并有助于日后针对其优点和缺点进行训练。

（二）甄选工作的注意事项

（1）选人标准应严格遵守寿险公司的规定。

（2）要清楚地知道所要物色的人选类型。开始甄选前,增员者必须清楚地知道要物色哪一类型的候选人,并且清楚知道他们需要具备哪些特质,才有助于建立成功的事业。

（3）要有自己的增员哲学。

（4）要按照专业步骤执行增员选择流程。

（5）要令甄选程序客观。增员者作出的判断应建立在事实而非感觉的基础之上,凭感觉判断或许能令增员者满足,但却不能帮助增员者作出适当的甄选决定。

（6）从不同的角度衡量候选人。只从一个角度去判断候选人是否合适是很困难的。增员者应在甄选程序中运用不同的方法以决定该候选人是否真正合适。

(7) 绝不为考核而凑人数，或因此降低增员标准。

# 任务二　会报管理技能训练

## 一、会报与会报管理认知

通过网络，查阅资料，搜集有关会报与会报管理的知识，以小组为单位制作会报与会报管理知识的PPT并讲解。

## 二、案例分析

学生根据所给出的资料，分组讨论，选出1位小组成员代表本小组阐述小组观点。

**案例 6-3**

周辉的团队

2013年，周辉进入寿险公司，经过几年的经营，他的团队已发展到了37人。他是一个亲和力很强的主管，在这几年的经营中，他着力营建团队像家一样的温馨气氛，团队成员都很认同这一点，周辉经常和团队成员沟通，很少专门为某件事情开会，他认为大家都这么熟悉，说一下就行了，不必那么正式。随着团队人数的逐渐增多，部门的事务也越来越多；公司的业务竞赛要让团队成员认可和参与；部门的考勤要加强，因为有人会帮没来或迟到的人打卡，考勤制度形同虚设；要加强增员工作，补充团队人力资源；团队中有三四个女下属关系恶化，在部门内公开吵架；周辉希望能在营销方式上有些创新，他想做一些定点的社区开拓，但有个别主管不认同他的想法，使这件事搁置下来。

【分析讨论】

(1) 以上哪些事物周辉可以通过团队会议的形式来解决？
(2) 请你帮周辉策划一些会议来解决相关问题。
(3) 周辉的团队要进一步发展还需要在哪些方面进行改进？

## 三、会报管理技能训练

会议是沟通协调的一个重要手段，也是公开表达意见的场所。会议的组织策划与主持技巧是成功会报管理的前提和保证。

### (一) 筹备会议

筹备会议工作主要应做到以下四点。

**1. 拟定议题，确定目标**

这是一项最重要的准备工作。团队要从过去遗留的问题、目前碰到的问题和今后待解决的问题当中选出合适的议题。这就需要根据业务发展、队伍管理中所出现的各类问题进行评估，确定轻重缓急。一般而言，一个会议的议题应当是团队亟待解决的重大问题，议题确定后，团队还应确定会议要达到的具体目标。良好的会议目标应具备如下特点。

(1) 会议目标必须用文字列明。这样做有三个好处：一是有助于目标内涵澄清；二是不容易被遗忘；三是当目标种类繁多时，比较容易调和它们之间的潜在矛盾。

(2) 会议目标必须切合实际，即指有实现的可能又具有一定的挑战性。

(3) 会议的目标必须可以量化，即指目标具有可操作性。如为提高团队的销售举绩率，如果会议的目标仅强调"要提高举绩率",而没有具体地指出销售举绩率应提高多少,以及应在多长的时间内达到这个目标,那么与会者将很难提出建议,如果把会议的目标定为"在8月底之前令销售举绩率由目前的42%提高至50%",把目标进行了量化处理,与会者自然能很快地明确行动的目标。

2. 制订会议计划

会议计划主要包括确定会议的指导原则、方针、方法、议程、时间、人员、角色和会场等。会议的原则、方针主要是会议决策所依据的一些重要的组织规定以及团队运作之初就颁发的会议促进或阻碍的行为表。会议方法主要是指团队在汇集思路、选择方案时所运用的方式。会议议程是会议进行的程序,在制定会议议程时要吸收团队成员的意见,并尽力让会议按逻辑顺序展开。会议时间主要是指会议的起止时间、中间休息时间等。在选择会议人员时,应注意控制会议成本,尽量只要求与议题密切相关的人员参加,必要时可邀请团队之外的专家参加。确定会议角色就是选择团队会议主持人、流程观察员、记录员等。为了促进民主平等,锻炼团队成员,可以让团队领导成员轮流担任主持人。选择会场时要选择环境安静、适合讨论、设施齐全的地点作为会场,让与会人员在做、看、听、说、写等方面都得到合适的安排。

3. 资料准备

会议计划议订后,要将其形成文件资料并预先分发给各个与会人员,要让与会人员预先明了会议的议题、目标、议程等方面的信息。另外,会议还要向与会人员预先提供必要的背景信息,让他们预先对会议的各类情况有较具体的了解,形成自己的初步看法,以便在会议上进行交流。准备分发的资料主要是为了提高会议效率,让与会人员预先了解会议的概貌,促进会议顺利进行。让与会人员先熟悉各类背景信息、准备各自的方案可以缩短会议讨论时间,让宝贵的会议时间用于激发团队智慧,碰出创造的火花,而不是把时间花在熟悉资料上。

4. 其他准备工作

其他准备工作主要有逐项落实与会人员的住宿、交通及会场布置等。会议布置需要在选定的场所进行一些开会前的准备,如配备板架、书写工具、打扫场地等。对寿险团队而言,座位安排也很重要,那种面对面的座位安排最适合交流或讨论问题。把座位排成圆形或方形,让团队成员有围成团的感觉,可以营造团队成员间的亲和氛围,提高团队会议的生产力。

(二) 会议控制

会议主持人应掌控会议节奏,以增进其实效。团队会议的主持人要从会议开始、讨论、决策与结束这四个阶段来进行掌握,并预防各种问题的发生。

1. 开始

必须准时开会,坚决杜绝"寅时开会卯时到"的现象。会议一开始,会议主持人就应说明会议的议题、目标和议程,并进一步征求与会者的意见,只有在与会者一致同意的情况下才能更改议程。

会议开始时,会议主持人应首先将贵宾或来宾介绍给大家。如有必要,会议主持人还应宣布开会的原则与方针,重申团队拟定的会议行为规则,宣布会议流程观察员、计时员、记录员的人选与职责等。会议开始时的另一个重要任务是创造良好的会议气氛,如在开始时作些简单介绍,消除与会者的紧张心理,鼓励每个人积极参与,创造并保持一种没有约束、真诚坦率的气氛,尽量避免施加压力、搞批评说教等。

2. 讨论

会议中的讨论是为了让与会人员自由地发表意见,汇集各种想法,集思广益,为问题的最终解决准备条件。会议讨论阶段应注意下列事项。

(1) 会议主持人在会议讨论时要时刻抓住主题,在流程观察员的监督配合下,引导会议沿着议程展开,并与计时员一起来掌握会议讨论的进度。

（2）会议一定要有准确完整的会议记录。会议的各项决议一定要有具体执行人员及完成期限，如此项决议的完成需要多少资源，一定要在决议记录中明确说明，避免会后互相推诿，影响决议的完成。

（3）团队的每个与会人员，无论职衔大小、职位高低，在团队会议的讨论中都一律平等。对每个问题，每个成员都应发表意见，并且每个人的意见都应受到应有的重视。

（4）会议讨论时严禁私下交谈，如确实需要进行个别交流，可采用递条子的形式，避免破坏讨论秩序，同时要避免有不同的意见时发生争执。

（5）会议讨论时会议主持人要引导与会人员注意聆听、积极思考，吸取他人观点中的闪光点，努力提出更富有创见性的意见。计时员要时刻提醒会议主持人还有多少讨论时间，避免因时间不够而草草收场。

3. 决策

在决策阶段，团队需要完善和选择解决问题的方案。团队应尽量通过共识来作出决策，避免用投票表决的方式形成最终决议，因为这样会形成输家和赢家，使团队面临分裂的危险。当然，非正式的举手表达意见也是必要的，它也是评判团队是否已形成共识的手段。

重要的是，在决定前团队中的每个人都应有充分的机会来影响整个团队的看法，决策应反映全体人员的看法或至少是大多数人的看法，一旦决定，整个团队都应尽力给予支持。

4. 结束

在会议结束阶段要有人做总结，叙述最终结论，建议行动方案，分派工作，明确责任，规定期限，对整个会议作出评价，总结经验教训，并以振奋人心的话语结束会议。

（三）会议终了后的追踪工作

会后，团队应及时整理会议记录，作出会议简报或纪要分发给与会者，传达给与该会议有关的部门或个人，或向上级团队及公司汇报经过与结果，并做好团队会议档案工作。同时，要建立会议事后追踪程序，会议的每项决议都要有跟踪，如有意外可及时发现并适时调整，以确保各项决议都能完成。

## 任务三　晨会经营技能训练

### 一、晨会认知

通过网络，搜集有关保险公司晨会的相关知识，了解晨会的主要内容和作用。

### 二、晨会经营流程训练

（一）奏国歌（司歌）

（1）目的：营造健康向上的积极氛围，建设爱国、爱企业的职场文化。同时，可规范会议流程，严肃会议秩序，体现寿险公司的企业特色。

（2）运作要领：全体保险展业员要庄重、严肃、认真；乐曲在主持人话音落下时立刻出现；音量适中，要有振奋感。

（3）注意事项：全体展业员起立，正立，齐唱，齐颂。

（二）韵律晨操

晨操是团队文化建设的内容之一，是寿险公司的一大特色文化，有利于树立团队形象，展现营销风采。晨操的执行讲究互动性、多变性。晨操可以是自编的舞蹈、广播体操，也可以是动作幅度大、互动性强的游戏及其他健身操。

(1) 目的:舒展筋骨,活跃晨会气氛,提供同仁参与感及投入程度,增加晨会吸引力。
(2) 运作要领:精神状态饱满,衣着整洁,动作到位,边跳边唱。

(三) 敬业时间(出勤公布)
(1) 目的:落实单位的管理制度,及时把握单位情况,鼓励出勤,相互借力。
(2) 运作要领:对出勤情况要及时记录、重点追踪、正面引导、事后处理反馈。

(四) 喜讯报道
(1) 目的:正面激励、鼓舞人心。使每个人取得的成绩都能得到集体的认可,自身的价值得到充分展现,从而达到激励和鼓舞的目的。
(2) 内容:明星介绍(明星包括每日、每周、每月、每季、每年业绩明星、新秀以及在各种竞赛中产生的明星等,可根据营业单位的需要自由设定)、考核中转正及晋升人员名单、各种奖励通报等。
(3) 运作要领:喜讯内容正确无误,报道时要有背景介绍,结合经营重点事先汇集整理好资料。

(五) 经验交流或心得分享
(1) 目的:养成分享的习惯,塑造标杆,创造气氛,激励与鼓舞士气,刺激效果,建立团队精神,形成企业文化。
(2) 运作要领:对选定的对象进行事先了解、沟通、演练,帮助总结,引导分享内容。

(六) 专题时间

1. 信息窗口
(1) 目的:及时传递与营销业务有关或发生在公司内外的综合信息,通过信息发布使保险展业员掌握保险市场与发展动态,丰富展业知识与资讯,坚定工作信心。
(2) 内容:信息类别主要包括与保险专业有关的报道,社会新闻报道,有关投资理财的报道,有关医疗健康方面的报道等。
(3) 运作要领:注意知识和资讯的及时准确把握。

2. 专题论坛(报道)
专题报道在一般情况下可以说是展会经营的核心部分,其内容设计要紧紧围绕寿险公司和团队近期的经营主题,进行知识性、主题经验性的讲解。一般情况下,对专题讲解人的专业知识含量、总结能力、表述能力的要求很高。
(1) 目的:强化与推动现阶段经营重点,传授专业销售技巧,挖掘培养人才。如每日晨会可以讲授一个小专题,形成长期系统的专业培训。
(2) 内容:专业销售技巧或产品卖点、增员知识、保险理论知识、相关金融、医疗知识、新闻启示、日常生活知识介绍等。
(3) 专题论坛方式:专题报告(讨论、案例分析、演练、专家门诊等),技巧研讨,演讲比赛,影片欣赏等。
(4) 运作要领:由于时间有限,尽量选择小的题目讲深讲透。

(七) 政令宣导
及时传播寿险公司的政策、方针、制度、规则及相关管理措施和方案。一般由政令发出部门或有影响力的经理传达。
(1) 目的:了解寿险公司的经营方针、政策,公司经营观念的灌输及各项管理规定与落实。
(2) 运作要领:内容延伸,重点加强。

(八) 轻松节拍
(1) 目的:调节晨会气氛,塑造团队精神,提高保险展业员参加早会的意愿。比如,以富有哲理的小故事或寓言故事启发保险展业员思考人生的真谛。又如,不断地发掘保险展业员的自身潜能,激发主动精神,培养变不可能为可能的积极心态。

(2) 运作要领:形式多样,发挥个人所长,激情带动;明确游戏规则,注意时间控制。

(九) 欢呼口号

(1) 目的:团体互动,相互激励;鼓舞士气,再次激励;带着好心情出门展业。

(2) 运作要领:做好准备动作的提醒工作,要达到良好的气势效果,注意播放结束展会的音乐。

### 三、晨会经营流程实战演练

1. 实战内容

晨会流程的示范与说明。

2. 实战目的

把握晨会经营的流程与要点。

3. 实战演练操作

(1) 晨会前10分钟(配合轻快音乐)。各位伙伴,晨会即将开始,请收拾桌面,只留下笔和笔记本,请将手机关闭或调到静音,今天有喜讯的伙伴,请上台将业绩状况写在黑板上。

(2) 晨会开始。各位伙伴早上好(若台下伙伴回应不佳,可要求重来一次),让我们以充满热情喜悦的心迎接成功一天的来临,晨会开始,全体肃立,唱国歌,诵读公司晨会颂词。

(3) 热身运动。接下来,让我们以热烈的掌声欢迎×××伙伴为我们领跳青春活泼、魅力四射的"玛格连娜",有请音乐(完毕),掌声谢谢两位伙伴,请坐下。

(4) 敬业时间(放投影片)

现在开始敬业时间,请喊到的小组全体起立,由组长申报出勤状况。

第一小组(全体起立,齐声喊"到",若不整齐或太小声可要求重来)"第一组,应到××人,实到××人,全勤"(或××人病假,若全勤给予鼓励)。

(5) 喜讯报道(播放轻快的音乐)。经过一天的努力,有不少伙伴在今天给我们带来喜讯,请喊到名字的伙伴起立,我们以热烈掌声表示对他们的祝贺:×××举绩×件×××元(若未起立,可提议掌声不大,请再来一次)。

(6) 心得分享(出场音乐)。(若分享者是第一次上台,鼓励其报告时可先进行自我介绍)例如,在单位中有位伙伴,虽然他不是本地人,但每个月都能举绩10件以上,他昨天又举绩了1件3 000元保费,为何他能坚持每月有这样的成绩,现在让我们以热烈掌声欢迎×××伙伴为我们做分享。

(7) 轻松时刻(道具、音乐)。现在又到了大家期待的时刻,每次×××伙伴上台时总是带给我们喜悦与欢乐。现在,让我们以热烈的掌声欢迎×××伙伴为我们带来轻松时刻。

(8) 政令传达(出场音乐)。

(9) 欢呼结束。谢谢经理的指示,现在晨会已进入尾声,让我们以充满信心的欢呼口号结束今天的晨会,请全体起立(欢呼内容及动作提醒,或放映投影片),开始。

(10) 晨会结束。晨会到此结束,请各组离开会场,进行二度晨会。

### 四、晨会运作技巧实训

晨会是管理之源、动力之基。一切决策意图、经营机制、管理控制、活动管理、目标落实、文化灌输和业务激励都有赖于晨会的成功经营。因此,团队主管必须把握好晨会运作的技能。

(一) 晨会内容设计的要求

1. 晨会内容设计的目的

晨会总体内容的设计要达到下列目的:首先,晨会应使全体保险展业员热爱保险事业,热爱公司,热爱团队,热爱产品,追求上进;其次,晨会应能传授保险展业员工作的方法与知识,能对保险展业员进行必要的跟踪管理与激励。

2. 晨会内容设计的核心

晨会内容设计要做到"六性"与"六声"。"六性"即参与性、激励性、知识性、趣味性、教育性和权威性,"六声"即业绩声、成长声、读书声、掌声、笑声和歌声。晨会的具体内容应围绕公司、团队的年、月、周的活动主题,要围绕"业绩—心态—技能—理念"的核心主线设计,其具体要求如下。

1) 业绩——营业单位的生命线

营业团队的一切活动都是以业绩为中心,一切行为的是非标准最终要看它到底是促进还是阻碍业绩发展。因此,对营业团队来讲,离开业绩去谈晨会经营是不可思议的。

2) 心态——保险展业员的生命线

保险展业员的成败关键就在于心态的好坏。一个保险展业员有良好的心态,就能在面对拒绝与挫折时保持一颗坚定不移的心,锲而不舍,最终获得成功。所以,心态辅导是晨会经营主线中的重要内容。没有心态辅导的晨会就等于放弃了对保险展业员生命线的经营,就不是真正意义上的晨会。

3) 技能——保险展业员展业能力的根本

仅有好的心态,但技能欠缺也不可能会有好的业绩。因而,技能训练必然成为晨会经营主线的一个重要部分。

4) 理念——保险展业员的信仰体系总称

俗话说得好,做保险就是做人。保险展业员如果没有正确的信仰,他的为人就值得怀疑,他就无法进行有效的销售,就不可能在寿险行业取得真正的成功。因此,有些展业团队由于对晨会经营主线的不理解,往往忽视对保险展业员进行理念教育,这是极端错误的。

(二) 晨会宣导与主持的要点

1. 晨会宣导的基本要点

(1) 晨会宣导应是正面的、积极的。

(2) 晨会主持人上台之前要先酝酿宣导情绪,同时应把宣导的内容要点写在白板上。

(3) 宣导的语气要抑扬顿挫,宣导词汇要具有穿透力。

(4) 常结合当前的新闻热点提炼宣导内容。

(5) 宣导要给出明确的工作方法。如今天拜访的最佳理由,客户今天买保险的理由,最少要做到几访等。

2. 晨会主持的基本要点

(1) 晨会主持人必须进行事先准备,并做好与主讲人及晨会参与人的会前沟通。

(2) 主持时要体现团队精神,用团队力量去约束每一位参加者,任何人均没有特权。

(3) 主持时不谈影响保险展业员展业心态的敏感事情。

(4) 晨会中的训练、激励点要集中,避免散乱,兴奋点应适时转移。

(5) 要在晨会内容与方式上经常更新,想办法调动大家的热情,产生群体效应,产生共鸣。

(6) 按照晨会行事历程及标准晨会流程操作晨会。

(7) 要注意掌控好晨会的时间,不宜太长。

(三) 晨会策划技巧

1. 晨会策划的主要内容

(1) 内容安排。晨会的栏目及每个栏目的具体内容都要根据展业团队的具体情况事先有针对性地作好安排。

(2) 时间安排。晨会的时间一般固定不变,为30~60分钟。为了保证有限时间内的晨会质量,就要根据所安排的内容拟定时间的顺序及长短,并作出时间控制措施(如专题演讲,时间3分钟,时间一到,不管是否结束,演讲人必须结束)。这样一方面可以避免拖延,保证效果,不影响保险展业员的展业时间;另一方面使保险展业员养成严格的时间观念,培养保险展业员守时、惜时的意识。

(3) 职场安排。晨会的职场环境要根据展会的内容作适当的布置以烘托主题。此外,根据需要,晨会也可以到户外或其他特定的场所举办,但需要做好计划与安排。

(4) 角色分工。晨会中的角色包括主持人、领操人、表演人和考勤人等。晨会需要有多种角色的密切配合才能达到预期的效果。因此,事先做好分工是十分必要的。

(5) 程序设计。晨会的时间、地点、内容、角色只是晨会的各个元素,这些元素必须按照一定的程序组合运作起来才能完成晨会的过程。好的程序加上一个得力的主持人的掌控才能使晨会做到有条不紊、生机勃勃。否则,程序出了问题,晨会的运作就会出现混乱。

2. 晨会策划的步骤

(1) 收集资讯。资讯收集的内容主要包括:①市场动态;②同业动态;③公司政策动态;④营业部工作计划;⑤保险展业员的业绩、心态;⑥其他影响业务发展的相关因素。

(2) 确定目标。在充分拥有资讯的基础上,策划者要对营销工作的各种影响因素进行分析,找出迫切需要解决的问题,以此确定晨会的目标。

(3) 设置晨会栏目及内容。根据晨会的目标拟定晨会需要设置的栏目及内容。

(4) 确定时间及场地。晨会的时间与场地一般固定不变。但在特殊情况下,为了突出晨会主题,强化效果,晨会在时间安排上可以或早或晚、或延长或缩短,场地也可以自由选择。

3. 晨会策划的注意事项

(1) 调动士气。调动士气是晨会最主要的功能之一。所以,在执行过程中,营造良好的晨会气氛特别重要。高质量晨会的整个过程犹如一曲交响乐,该严肃的时候严肃,该活泼的时候活泼。良好气氛的营造可以使参加者受到感染和激励,重新鼓起干劲,满怀信心迎接新一天的挑战。

(2) 有效串联。晨会在执行过程中要注意栏目的连接,在一个栏目结束之前,下一个栏目的内容就要准备就绪。栏目之间还要穿插主持人幽默风趣的话语来进行过渡,使与会者有行云流水的感觉。

(3) 形式灵活。晨会无固定的形式,其活动方式并不局限于任何的特定模式,可以根据营业团队的需求与目标以更加灵活的方式表现出来。如对一个"电话约访"或"拒绝处理"的专题可以用专题讲座的形式由讲师讲述;也可以由1人扮客户,1人扮保险展业员,用角色扮演的方式更加直观地表现出来;还可以用小品的形式把电话约访中错误的地方表演出来,使大家在娱乐中受到教育与提高。晨会的形式不拘一格,关键是经营者要有明确的主题与良好的控制能力。

(4) 节奏明确。晨会在执行过程中要注意时间的掌控,这也是对主持人、讲师的基本要求。晨会不能影响保险展业员的业务时间,要注重实效,严格控制,并以制度化的形式把它固定下来。既能合理利用保险展业员的时间,又潜移默化地培养保险展业员遵时守约的良好习惯。

(5) 参与性强。晨会成功与否的重要标志之一是要看它是否调动了保险展业员的参与性。寿险营销是一种专业性、挑战性很强的活动。要让保险展业员有所收获,就必须让保险展业员积极参与进来,在参与中体验,从而改变保险展业员的态度和行为。晨会应避免主持人或讲师单方面的训导或宣讲。

(6) 协调性强。晨会的运作是团队合作的结果。一个好的晨会除了主持人与讲师外,离不开其他的幕后人员,如控制音响、维持纪律、道具准备等。

## 五、晨会策划实战演练

1. 实战内容

晨会(做个有责任心的保险展业员)。

2. 实战目的

把握成功晨会流程的运作。

3. 实战演练操作

晨会专题：做个有责任心的保险展业员(表扬富有责任心的人和事，倡导和鼓励伙伴们做一个有责任心的保险展业员)。

晨会目的：营造出一种人人推崇责任心的良好职场氛围。

职场海报："一个人若没有热情，他将一事无成；而热情的基点正是责任心""责任心是事业成功的基石"。

暖场音乐："从头再来"。

参考话术如下。

保险展业员：我认为客户是否有责任心与我没有什么关系。

主管：表面上看似乎没有什么关系，实际上关系很大。第一，客户本身是不是有责任心往往决定了他能否具备准客户的条件，一个有责任心的客户往往出于对自己和家人的强烈的责任感，会对保险感兴趣，因而也就较为容易做通他的工作，而没有责任心的客户则恰好相反；第二，与有责任心的客户接触所做的大都是答疑解惑的工作，而与没有责任心的客户接触所做的大都是说服工作，因此，两者的最终结局也是大相径庭，前者是或迟或早签单，后者也许仅仅是一种无效的转化工作。换句话说，是否具有责任心是衡量客户是不是准客户的起码条件。

● 大早会

【晨操带动】"从头再来"

由组训亲自带操，要感情专注、深沉凝重，动作舒缓雄壮，将歌词中那份浓厚的家庭责任感和不屈不挠的奋斗精神淋漓尽致地表现出来。

【晨会故事】改写的新闻稿

吉埃丝是一位美国记者。一天，她来到东京，到奥达克余百货公司买了一台唱机，准备送给住在东京的婆婆作为见面礼。售货员彬彬有礼、笑容可掬，特地挑了一台尚未启封的机子给她。然而回到住处，她拆开包装试用时才发现机子没装内件，根本无法使用。吉埃丝火冒三丈，准备第二天立即去百货公司交涉，并迅速写了一篇新闻稿：《笑脸背后的真面目》。

可是，令她想不到的是，次日一早，奥达克余百货公司的总经理和拎着大皮箱的职员赶到她的住处，一见面就连连鞠躬道歉。职员解释道：昨日下午清点商品时，发现将一个空心的货样卖给了一位顾客。此事非同小可，总经理马上召集有关人员商议。当时只有两条线索可寻，即顾客的名字和她留下的一张美国快递公司的名片。据此，百货公司展开了一场无异于大海捞针的行动，打了32个紧急电话，向东京的各大宾馆查询，没有结果。于是，电话打到美国快递公司的总部，深夜接到回电，得知顾客在美国父母的电话号码。接着，打电话到美国，方得到顾客在东京的婆家的电话号码，这期间共打了35个紧急电话。职员说完后，总经理将一台完好的唱机外加唱片一张、蛋糕一盒奉上，并再次表示歉意后离去。吉埃丝的感动之情可想而知，她立即改写了新闻稿，题目是：《35个紧急电话》。

启示：强烈的责任心是奥达克余百货公司竭尽全力、及时纠正错误的根本原因。从某种意义上讲，今天的市场竞争，就是责任心的竞争，做保险展业何尝不是如此。

**【晨会游戏】一个都不能少**

请4组伙伴参与,每组4人,主持人事先准备好4个成语,请每个小组选出的代表看,其小组中的其他3个人不知道成语的内容,每个小组的代表只能用手语表达成语中的第一个字,其余3个伙伴依次用手势表演其他的3个字,然后分别说出成语的内容。成语如:"手舞足蹈""冰天雪地"等。全部表演正确的为胜,颁发奖品。

寓意:少了一个便组不成成语。

**【感性时间】责任心助我成功**

分享的内容:自己主要因富有责任心而达成业务目标。始终把责任心看得很重很重,始终抱着这样的信念做人做事。

分享的要点:自己是个富有责任心的人,对自己负责,对家人负责,对同事负责,对公司负责,更对每个客户负责;凡事把责任心放在首位,把责任心视作为人处事的原则。举两三个实例。控制时间,突出要点。

**【晨会专题】责任心是事业成功的基石**

所谓责任心,是指一个人对自己和他人,对家庭和集体,对国家和社会所负责任的认识、情感和信念,以及与之相应的遵守规范、承担责任和履行义务的自觉态度。有责任心就会做事认真,有责任心就会全力以赴,有责任心就会不遗余力,有责任心就会克服一切艰难险阻,有责任心就会为心中的目标勇敢付出,有责任心就会具有牺牲精神,有责任心就会充满自信,有责任心就会产生无穷的力量,有责任心是一个人具有优良品质的保证,责任心是事业成功的基石。

一个有责任心的保险展业员很少计较个人得失,很少为不利环境左右,他会为了心中的那份强烈的责任感和神圣目标而发挥自己最大的潜能。一个有责任心的客户一定是个良好的准客户;而一个有责任心的保险展业员也必定是一个优秀的保险展业员。

● 二次晨会

事先准备好一块"我心中的那份责任"版面,将伙伴们从家中带来的亲情或友情照片张贴在上面,并请照片提供者在预留的位置上写出自己的责任语录。如在与父母的合影照下写上:"为了我至爱的父亲母亲能够安享晚年,我不再怕吃苦!"在与孩子的合影照下写上:"一切为了孩子!"在与某个客户的合影下写上:"您对您的家庭负责,我对您——我的客户负责"等。

组织大家讨论:责任心对展业的影响和作用;讨论有责任心的客户与缺乏责任心的客户的区别及其与展业成败的关系。

(资料来源:中国保险报,2009)

## 任务四 创业说明会与产品说明会会议流程实训

### 一、创说会与产说会认知

(1) 搜集资料,了解创业说明会与产品说明会的内容、流程等。
(2) 参加人寿保险公司举办的创业说明会和产品说明会,熟悉创说会和产说会的会议流程。

### 二、创业说明会会议流程实训

在众多的增员招募方式中,创业说明会是一种高效利用寿险公司资源、显现寿险公司整体形象的增员方法。通过创业说明会,提供招募支持辅导平台,促进增员成功。

创说会会议的基本流程是:前期筹划决策—会前准备—会议实施(会中)—会后检讨(总结追

踪)。记住,唯有每一个细节上的精彩才有整体的壮观。

### (一) 前期筹划决策

前期筹划决策主要是确定项目负责人,形成初步企划案。具体操作如下所示。

1. 确定参会人员数量、类型与说明会形式

根据已经确认参加创业说明会的人员类型(如教师、财务人员、医生、家庭主妇和下岗工人等),以及参加人员进入的渠道(如"1+1"增员、报纸招聘等渠道)确定创业说明会的组织形式、风格及讲师要求。

2. 选择会场地址

会场地址应选择交通方便、环境通风、照明充足、拥有必要的音像视听设备及接口场地。场地的入口处最好位于会场后部,以便减少人员进出带来的干扰。入口外的会场需要有接待被增员者的空间。会场消防通道标志清晰,没有杂物堵塞。

如果公司有适宜场所,可优先选择培训中心、会议中心,以便让被增员者感受公司的文化和工作环境。选择场地还应考虑参加人员类型、场地设备及档次等因素。

3. 预算会议费用

根据创业说明会的举办形式、选择场地等拟定预算费用,主要包括时间、地点的确认,增员层面资料的分析,与会人数、参会的相关人员及任务分配、成本预估等内容。

### (二) 会前筹备

召开工作会议,成立功能小组,制订工作计划。具体内容如下所示。

1. 设计创业说明会会议流程

会议流程包括:①会议开幕;②领导致辞;③专题片(保险公司宣传片);④播放《成功人物介绍》VCD;⑤专题分享"机遇与挑战";⑥有奖问答;⑦"保险人生"访谈或绩优人员分享;⑧性向测试;⑨交流和沟通时间。

2. 有关人员选择

主持人应气质好,有丰富的会议主持经验,亲和力好,声音表情到位,活泼并善于调动气氛。主讲讲师应具有感染力(最好是个险领导、资深讲师、组训、大主管等),且有良好的专业形象,表达能力强。实际访谈人员最好进行男女性别搭配且要具有一定的亲和力。

3. 确定职场布置方案

(1) 会场外。欢迎海报、易拉宝海报(1或2套)、会场(洗手间)指引标志、签到台、资料袋、签到表、不干胶、矿泉水、抽奖箱、绶带等。

(2) 会场内。"成就与梦想"大帽海报(喷绘)、易拉宝海报(1套)、主持台花、胸花、椅子、桌子、各种宣传海报、投影仪(幕)、电脑、多用插座、奖品、托盘、透明玻璃瓶、收据等。

4. 确定主要功能组职责

(1) 议程组的职责:①负责创业说明会流程控制,专题内容设计,主持人、讲师及访谈人员选择、辅导训练等工作;负责会议程序各项栏目主持人的甄选与培训,会后效果评估等。②负责主持人的安排及演练。③负责讲师的安排及授课设备的准备。

(2) 行政组的职责

行政组主要负责后勤保障工作。如负责物品的准备、人员花名册、资料袋、宣传单、会议议程表、纸、笔、面谈通知单、师徒协议、录取通知单等。

(3) 接待组的职责。接待组主要负责会前参加人员的联系落实和会议举办期间的接待工作。如迎宾、接待处布置,资料发放,登记,突发事件的处理,会场气氛带动,奖品的发放,带领参观职场等。

5. 安排全程彩排

创业说明会前一天进行全程彩排,要求按流程完整过一遍,各环节经过彩排,物料准备齐全,设备调试、音乐配合、电脑播放、主持人、礼仪均配合到位,自然连贯,演练效果经过议程组审核通过。

6. 会前准备

会前检查有无重大遗漏问题。如接待人员的服饰是否统一,是否面带笑容、仪态端庄,是否使用礼貌用语;会场布置是否整齐划一、风格色彩统一;路线指引是否清晰,各种标志是否清晰可见;主持人、讲师、访谈人员是否着装专业、气质大方;工作人员的工作证、保险展业员标志牌佩戴是否齐全等。

说明会前1个小时,接待组人员到位准备迎接,会场播放轻松音乐。说明会正式开始前,播放公司大型活动VCD、序幕播映PPT、总公司广告等。

（三）会议实施（会中）

会议实施是创业说明会成功的关键,其基本流程是:主持人开场词—领导致辞—团队风采展示—世纪明星行业—专题分享—轻松一刻—交流时间—参观职场。

（四）会后检讨（总结追踪）

每次创业说明会都会有成功和不足的地方,要及时组织评估,以利改进。另外,要提醒部属做好追踪工作,因为增员与销售一样,"一次促成"的几率太低,很有可能在一段时间以后才能成功。会后检讨的具体内容如下所示。

（1）专题内容表达是否到位。

（2）各部门配合是否到位。

（3）资料是否收集完整。

（4）追踪力度是否到位等。

## 三、创业说明会实战演练

1. 实战内容

创业说明会。

2. 实战目的

掌握创业说明会会议流程及操作要点。

3. 实战演练操作

流程一:主持人致开幕词。再次确认手机是否处于无声状态,并帮助嘉宾确认手机状态。对主持人的问好及说明以掌声热情配合,感染准增员对象,使之保持安静,认真聆听。

流程二:主持人按照投影片介绍出席主管。当主管起身致意时,以热烈的掌声回应。

流程三:领导致辞。以热烈的掌声欢迎领导上台,并投以敬重的目光认真聆听,结束后以掌声欢送领导离场后停止鼓掌。

流程四:公司上市专题片。仔细观看,放完后报以热烈的掌声表示祝贺,以烘托氛围,骄傲地向新人微笑点头,表示自豪。

流程五:项目组讲师专题分享"机遇与挑战"。以热烈的掌声欢迎讲师出场,并等讲师从主持人手中接过话筒站定后掌声落下,以示尊重和推崇,其间,与讲师所讲的内容做适度配合。

流程六:有奖问答游戏。鼓励新人积极参与,并对答对的新人报以掌声祝贺。

流程七:VCD播放《让梦想飞扬》等,仔细观看、保持安静、适度认同。

流程八:"保险人生"访谈。分别以热烈的掌声欢迎、欢送分享嘉宾,其间,认真聆听、适度配合,勿交头接耳。

流程九：性向测试。辅导新人认真填写，答案公布后，对于8分以上适合做寿险者给予适度的肯定、赞美和鼓励。

流程十：交流时间。与新人做进一步的交流和沟通，促成填表，到咨询台领取面试通知书，鼓励新人试试看，并约定下午见面到单位等待面试。

## 四、产品说明会会议流程及操作要点训练

### (一) 产品说明会会前操作训练

1. 确定产品说明会召开的具体事宜

确定产品说明会召开的具体事宜，包括时间、地点、参会人数、公司产品和主持人选派等。

2. 产品说明会的宣导内容

产品说明会的宣导内容主要包括：主讲人的背景及实力介绍；会场氛围的渲染与营造（可利用前期参会人员的经验分享）；公司对本次会议的重视与投入；邀请函的发放；人数控制；礼品精致；协助促成等。

3. 不要忽视发放邀请函的过程

因为"细节决定成败"。保险展业员要亲自将邀请函递送到客户的手中，并向客户明确邀请函是入场的唯一标志。在会议开始前，保险展业员要再次和客户确认邀请函上的时间和地点。另外，如果邀请函未能发出，应回收并调配给能约到客户但没有票的保险展业员。

### (二) 产品说明会操作细节训练

1. 创造"1+1"的参会

客户希望自己是受到尊重的，因此，保险展业员在一段时间内应该专注于一件事，解决一个问题，为客户详细讲解，专心促成。尤其应注意以下事项。

(1) 保险展业员应提前到达会场等候客户的到来。

(2) 会议开始前，指导客户学习材料。

(3) 注意客户在说明会中关心的问题。

(4) 收集客户在谈话中的各种信息。

(5) 及时解答客户心中的疑问。

2. 入场签到，佩戴鲜花

入场签到是正式会议必需的流程，目的在于防止与会议无关的人员混入场内，保证会议的正常秩序。佩戴鲜花便于确认客户的身份，利于为客户发放资料。

入场签到，佩戴鲜花的注意事项如下。

(1) 尽量避开签到高峰期。

(2) 引领客户排序，亲笔签到。

(3) 提醒客户签到后领取资料。

(4) 协助礼仪人员为客户佩戴鲜花。

3. 发放客户资料袋

对参会客户送发资料袋能提升会议的专业性与对客户的重视性。客户资料袋中应包括以下资料：小礼品、产品信息资料和客户购买意向确认书。

指导客户填写《客户购买意向确认书》（参见表6-6），凭此表领取签单纪念礼品及客户联谊函（转介绍函）（参见表6-7），让客户切身感受签单的感觉。

4. 签订投保书

引导客户签订投保书，完成促成动作。

表 6-6　××万能寿险客户购买意向确认书

尊敬的客户：

　　您好！感谢您信赖并选择××保险,我公司将以优质的服务给您满意的回报！祝贺您拥有了一份最时尚的保险商品,公司将向您提供一份温馨的礼品。

　　按照我国《保险法》规定,为了保证您的切身利益,请您务必在相关保险资料(投保书、建议书、保单回执等)上亲笔签名。

投保信息

| 客户姓名 | 性别 | 年龄(周岁) | 身份证号码 |
|---|---|---|---|
|  |  |  |  |
| 年交保费(元) | 交费期限(年) | 保险金额(元) | 追加保费(元) |
|  |  |  |  |

投保人签名：　　　　　代理人签名：
代理人代码：　　　　　部门代码：　　　　　　　　日期：

表 6-7　客户联谊函(转介绍函)

尊敬的客户：

　　您好,感谢您信赖并选择××人寿,"好东西一定要与好朋友分享",祝贺您拥有最时尚的保险商品,同时也希望您能介绍您的朋友认识××人寿,拥有保障！

我们的成功离不开您的支持与帮助。请您协助填写适合的朋友的名单！

| 序号 | 朋友姓名 | 性别 | 年龄 | 联系方式 | | 工作单位 |
|---|---|---|---|---|---|---|
|  |  |  |  | 手机 | 宅电 |  |
| 1 |  |  |  |  |  |  |
| 2 |  |  |  |  |  |  |
| 3 |  |  |  |  |  |  |
| 4 |  |  |  |  |  |  |
| 5 |  |  |  |  |  |  |

介绍人签名：

(三) 产品说明会基本流程与操作要点训练

1. 引导

操作要点：礼仪人员统一服装、统一绶带、统一用语。

2. 签到

操作要点：检票,在票上签上姓名,投入抽奖箱；向客户发放资料,引导客户入座。

3. 暖场

操作要点：可连续播放有关公司介绍的 VCD,也可播放精美的广告集锦(一是赏心悦目有品位,二是对客户不造成压力)。

4. 主持人开场白

操作要点：感谢来宾的到会；介绍会场要求（如手机声音关闭、不要随意走动）；介绍说明会流程安排；隆重推出第一主讲人。

5. 公司介绍

操作要点：讲述××寿险公司的历史与成就。

6. 中场互动

操作要点：可采用有奖问答形式，题目设计要简单有趣，调动现场气氛。

7. 转介绍环节

操作要点：赠送贺岁卡时主持人应引导客户写新春保障推荐表（用于转介绍）。

8. 产品介绍

操作要点：不过多地纠缠细节，主要介绍理财观念，突出产品卖点，同时可穿插寿险的功能和意义；可介绍几套建议书；产品介绍结束后可顺便讲解投保单的填写，为促成铺垫。

9. 主持人介绍奖品，表明签单有奖

操作要点：介绍"××附加险"；现场签单5万元以上赠送"××附加险"，签单都有小礼品（如钱币）赠送等。

10. 发签约意向书

操作要点：发意向书时要庄重；若是圆桌，每桌10人，保险展业员和客户都有，则每桌只发6张。

11. 保险展业员和客户沟通

操作要点：尽量帮助保险展业员争取促成的时间，提醒大家有抽奖活动，签完的客户也要留下，不要让人越来越少。

12. 播报签单业绩，发放签单奖

操作要点：签单的客户上台领奖，拍照留念，主持人播报签单情况，背景音乐热烈喜庆。

13. 穿插客户抽奖

操作要点：从所有的客户中抽取幸运客户，赠送小礼品（抽奖最多两次）。

14. 尾声

操作要点：主持人感谢客户、祝福客户，若有一些客户可继续谈，不宣布结束。

### （四）产品说明会事后操作要点训练

1. 产品说明会后续追踪——电话追踪

产品说明会事后操作要点如下所示。

（1）保险展业员：会后第一天马上与客户沟通确定入账。

参考话术：先生（女士）您好，首先感谢您选择了××公司，您已经签了意向书，我们公司昨天已经把您的投保资料录入电脑，您看是今天还是明天把钱存入账户？

（2）公司内勤：会后1周之内，主管以公司的名义与客户进行沟通。

参考话术：先生（女士）您好，首先感谢您选择了××公司，您已经签了意向书，但截至目前您还没有及时存入保费，为了保证您的利益使保单及时生效，我公司要求您的保险展业员必须回访客户，请您及时与您的保险展业员联系，谢谢您的合作！

2. 产品说明会后续追踪——利用确认函促成交费

操作要点：此确认函（参见表6-8）在客户签订《确认意向书》但未交纳保费时使用，以公司责罚保险展业员的口吻督促客户交纳保费。保险展业员可以将此函面呈客户，要客户配合，达到再次见面。

### 表6-8　客户确认函

尊敬的客户：

您好，感谢您信赖并选择了××人寿。由于我们保险展业员的工作延误，造成您在产品说明会上签订的《确认意向书》的承诺保费尚未交到公司，您的保障不能及时生效，在此我们深表歉意。我们会责成保险展业员限期改正，同时希望您对我们的工作提出几点改善意见，谢谢您的合作！

| 序号 | 意见描述 | 改善建议 |
| --- | --- | --- |
| 1 | | |
| 2 | | |
| 3 | | |
| 4 | | |
| 5 | | |
| 6 | | |

客户签名：

**3. 产品说明会后续追踪——利用回访函作持续追踪**

操作说明：此回访函（见表6-9）是客户在产品说明会未签订《确认意向书》时使用；以公司因工作不够到位造成客户对产品说明会产生反感，所以不愿进行后续的签单动作为由，要求保险展业员回访客户，表示对客户的诚意，听取客户的意见，改进工作。保险展业员可将此函面呈客户，要求客户配合，达到再次见面的目的。

### 表6-9　客户回访函

尊敬的客户：

您好，感谢您参加××公司客户联谊暨产品说明会，同时对我们工作不足之处深表歉意。为了我们在未来工作上的改善和工作效果上的提升，我们恳请您协助保险展业员完成下面的问题回答，并提出建议。谢谢合作！

| 您不购买的原因是 | □ 对公司不了解　　□ 保险展业员讲解不清楚<br>□ 说明会内容太多、时间太长　　□ 条款不容易理解 | |
| --- | --- | --- |
| 序号 | 意见描述 | 改善建议 |
| 1 | | |
| 2 | | |
| 3 | | |

**4. 产品说明会后续追踪——利用沟通函推荐保单存折**

操作要点：利用沟通函（参见表6-10）帮助客户梳理保单，使客户明晰家庭成员保险保障的总量和结构分布；明确客户及家人的保险利益；为客户及客户家庭着想，提供保单年检服务。

### 表6-10　客户沟通函

尊敬的客户：

您好，感谢您参加××公司客户联谊暨产品说明会。对于我们推荐的产品，可能不能满足您的保险需求；秉承"客户至上，服务至上"原则，我们将委派专业人员为您免费提供保险需求分析。衷心感谢您的合作！

| 免费服务项目 | □ 个人及家庭保障分析　　□ 家庭财务分析　　□ 家庭保单整理<br>□ 健康险咨询　　□ 养老险咨询　　□ 保障险咨询 |
| --- | --- |

客户签名：

## 五、产品说明会实战演练

1. 实战内容

产品说明会。

2. 实战目的

把握产品说明会会议流程及要点。

3. 实战演练操作

1）产品说明会会议流程

（1）会前提示：开场前15分钟，主持人作预告，灯光调暗，并滚动播放欢迎词、"请勿吸烟""请您把手机调到静音状态"等温馨提示。然后播放公司宣传片、公司组织保险展业员及客户的旅游活动和表彰大会等内容的剪接片。

（2）预热加温：说明会以抽奖的方式开始，为保险展业员提供要求客户早点到会的理由。讲师安排最早到场的3～6名客户上台抽奖，第二次的抽奖嘉宾可以是本命年或当月生日的客户，所有的抽奖嘉宾送出纪念品，以此调动会场气氛，还可以等待迟到的客户。

（3）领导致辞：领导致辞要简短，可以选择亲自迎送主讲人上台。

（4）主持人介绍讲师及说明会内容。

（5）讲师开始讲解第一部分内容，保险展业员把握签单机会。

（6）中场休息或抽奖，保险展业员把握签单机会。

（7）讲师开始讲解第二部分内容，保险展业员把握签单机会。

（8）绿色通道开通：主持人不能宣布会议结束，而是要宣布开通绿色通道；保险展业员把握签单机会。

（9）推向高潮：现场签单大礼品派送会。

2）关键沟通

（1）保险展业员配合讲师的课程内容作出正面的行为暗示：

① 做笔记。这样可以为课堂创造出一个良好的学习气氛，同时还可以引导客户作出签单的行为反应。

② 台下呼应。对讲师的提问要作出利于课堂继续开展的回应。

（2）保险展业员要掌握一定的话术，促成签单。

（3）保险展业员对任何一个客户都要坚持3次以上的促成努力，仍然无效者，做转介绍的努力。

（4）保险展业员不能有"结束"的概念，无论签单与否，送完客户后，保险展业员要仍然回到会场中。

（5）主讲人主讲的内容和回答客户提问咨询时要注意中性化，避免过激言辞。

3）注意事项

（1）四"提前"：提前1小时工作人员全部到岗；提前1小时督促保险展业员落实客户到场情况；提前45分钟关键人员、设备全部到位；提前30分钟投放欢迎彩屏，播放明快、急促、音量适度的开场音乐；若可能推迟正式开讲时间，一定要提前5分钟预告。

（2）灯光配合：入场时灯光敞亮，使客户能看清会场的布置；抽奖时灯光全亮；老师讲课时台上的灯光稍暗，台下的灯光较亮，让客户注意力集中，签单时再次将灯光打亮。

（3）宣传片和音乐的配合：提前30分钟可以播放轻松的幻灯片或者Flash，配以明快和轻松的音乐。上台音乐和签单音乐要事先确定。

（4）客户迟到时的应对：设立专门的"贵宾席"，对迟到的客户，礼仪人员先让其在门外稍作休息，片刻后礼仪人员才将迟到的客户由旁门引入会场。

（5）开通绿色通道时的注意事项：不可以宣布会议结束，也不可以打开大门。

（6）某些客户离场时的注意事项：礼仪人员开门欢送，礼貌地给予感谢，随即把门轻轻关上。

## 六、校外实践

参观校外实训基地——人寿保险公司举办的产品说明会和创业说明会，要求熟悉产说会和创说会的会议流程及操作细节与要点，并写出心得体会。

**拓展阅读**

五花八门的晨会形式

一、头脑风暴式晨会

【准备】将本部门遇到的一些较棘手的问题，如为什么出勤率差、为什么害怕陌拜、为什么不愿意记工作日志作为每次头脑风暴的题目。当然也可以研讨诸如售后服务的方法、目标市场的开拓。

【操作】主持人在白板（白报纸）上画一个大圆圈，将要讨论的主题写在里面，然后动员部门全体成员发表自己的看法和意见，越多越独特越好，每一个想法先不做批评全都写在白板上，最后做总结归纳，得出有益的结论。

二、嘉宾面对面的晨会

【准备】确定不同的主题，提前约请嘉宾，如公司各部门经理或室主任、其他部门的展业高手、已投保的客户以及与寿险行业相关的专家，如医生、证券行家、财税人员等。

【操作】采用中国中央电视台"实话实说"及香港卫视"锵锵三人行"的形式，在营业部中央或台前安排两个或三个座位，由一位主持人采访一位或两位嘉宾。主持人事先准备提问要点并与嘉宾做好沟通，谈话过程要轻松幽默，并可穿插保险展业员的提问，总之要让人有所收获。

三、记者招待会式的晨会

【准备】选定一个当前的热门险种或受关注的话题，一位主持人，一位或两位有相关能力的发言人，并在讲台前布置一长桌。

【操作】主持人及发言人在桌前就座，主持人先就发表的主题做简单介绍，然后请所有的保险展业员扮演记者自由提问，发言人作一一回答。对各式各样的提问，发言人要沉着冷静，或详细讲解，或简明扼要，或机智幽默。而主持人既要启发提问，又要控制场面。

四、情景话剧式的晨会

【准备】根据所确定的主题选择几位部门内的保险展业员，共同构思编演。注意事先最好要简单排练一遍，因为这是情景话剧，有一定的表演性质，而非即兴式的角色演练。

【操作】在部门里整理出一块小空地，根据剧情需要摆放一些桌椅之类的，表演就可以开始了。内容或是通过拜访支行零售业务科长谈对银保合作前景的展望，或是用推销演练法直接模仿柜面人员销售保险，或是节日送礼上门，新产品促销。

五、PTT式的晨会

【准备】在每张白纸卡片上写一个演讲题目，越怪异越无法理解越好，如"潘多拉的盒子""再作冯妇"等，或在白纸上写"千禧红""如何释放压力"等备用。

【操作】请平时较沉默寡言或不善言辞的保险展业员上台做3~5分钟的演讲。如果是跟保险无关的题目，要求绕到保险上来；如果是某个险种名，则要求做产品说明。主持人应注意掌控时间。

### 什么是一个高绩效的产品说明会

浙江某保险公司一场产品说明会的门票售价高达每张 100 元，业务伙伴还要争先恐后地争取名额。浙江的产品说明会每场至少能收入几百万。

（1）"高绩效"意味着要通过产品说明会真正起到能够帮助保险展业员促成签单的效果。

（2）产品说明会是一种销售的促成，而非普通意义的培训，细节保证效果，最终效果取决于最初的掌控。

（3）说明会是客户需求导向性的一种销售。从客户的实际需要出发，让客户有兴趣听，有理由购买。

（4）产品说明会是一种经营，是一个完整的企划。

（5）整个说明会是分阶段的，但保险展业员的销售促成是没有严格阶段划分，要在过程中签单。

（6）"高绩效"的 3 个重要指标，即当场签单率、会后签单率以及会后定期总签单率。

（7）召开产品说明会的目的是为了让可签可不签的客户签单，签得较少的客户通过产品说明会的有效运作能多签单。

（资料来源：万一网）

## 实训项目小结

增员是寿险事业永恒的主题，是寿险事业的生存之道、发展之本。可以说，选择了寿险，就等于选择了增员；选择了增员，就等于选择了成功。增员是一项日常性、持续性的工作，效果取决于保险展业员的用心程度。

"会"用心，"会"精彩，"会"成功！会议是团队管理的重要环节，是落实寿险公司政策、解决团队问题及加强人员管理的重要手段。团队要发展，必须有良好的会议经营。如何组织有效的、能解决问题的会议是团队建设中一项重要的管理技能。

晨会经营是寿险公司经营的一大特色。晨会作为寿险营销的一种系统性的管理方式和手段已深入到寿险运作的管理体系中，成为寿险运作中的重要一环。晨会经营更深层的意义在于使营销团队处于良性的宽松环境之下，运用必要的督促管理手段对保险展业员进行教育，提高保险展业员的综合素质，从而达到管理者心中所设定的目标。

创业说明会是寿险营销增员的重要手段之一，也是宣扬寿险公司文化、推动公司品牌形象的精彩一环。一场成功的创业说明会，不管是对增员者个人还是对整个团队都会起到事半功倍的效果。而产品说明会自从 1999 年兴起以后已成为了一种有效的销售促成方式，产品说明会现场促成签单率通常在 65% 以上。产品说明会不只是一个支持平台，更是一个活动管理平台。产品说明会可以协助保险展业员顺利地跨越产品说明的门槛，直至跨越促成的门槛。

# 参考文献

[1] 邹茵. 人身保险实训教程[M]. 北京:北京大学出版社,2010.
[2] 沈琳. 保险公司综合业务实训[M]. 北京:中国人民大学出版社,2010.
[3] 刘敏兴. 销售人员专业技能训练[M]. 北京:中国社会科学出版社,2003.
[4] 麦德思销售顾问中心. 保险业务员销售方法和技巧[M]. 广州:广东经济出版社,2005.
[5] 黎守明. 业务员入门手册[M]. 北京:北京大学出版社,2005.
[6] 张旭. 人身保险理论与实务[M]. 北京:电子工业出版社,2007.
[7] 万峰. 团队经营[M]. 北京:中国金融出版社,2003.
[8] 肖举萍. 保险专业销售技术[M]. 北京:电子工业出版社,2007.
[9] 尹文莉. 保险营销技巧[M]. 北京:清华大学出版社,2009.
[10] 曾娟. 机动车辆保险与理赔[M]. 北京:电子工业出版社,2005.
[11] 国泰安. 国泰安保险公司综合业务实训软件操作手册,2014.